庆祝昌都解放 70 周年系列丛书

昌都：70人 70个故事

杨青曲珍　刘晓江　主编

中国藏学出版社

序·奋斗的缩影，历史的抉择

每个地方都有自己独特的精神气质，昌都也不例外。

昌都的精神气质，蕴藏于横断山脉的高山深谷中，浸染于金沙江、澜沧江、怒江"三江并流"的险途湍流中，山脉大江绵延千里，别有一股挺拔、坚韧的气势。一方水土养一方人。昌都自古就是交通要冲，商贾宾客南来北往，多元文化在此交流融汇，使昌都人流淌着热情包容、重情重义的血脉。

由昌都报社集体采编的《昌都：70人70个故事》写的就是昌都地方的人和事。书中讲述了一系列新时代为幸福生活而奋斗的昌都人的故事，普通人在平凡岗位上积极进取，实现创造美好生活的人生梦想。实际上这70个故事背后彰显出的正是昌都人的精神气质和时代精神。这种精神沉淀于历史，根植于人文，迸发于当代，存在于昌都的历史变迁中。

每个梦想都值得灌溉，每个奋斗者都值得被记录。其实，每个人追求梦想的涓涓细流，终究要汇聚成伟大"中国梦"的大江大海。

一

1950年10月19日，西藏昌都宣告解放，五星红旗第一次在"世界屋脊"升起。今年，正值昌都解放70周年。

70年前，英勇的人民解放军打响了以战促和的昌都战役，把鲜艳的五星红旗第一次插上了西藏高原，昌都的历史从此翻开了新的一页。1951年元旦，中华人民共和国昌都地区人民解放委员会宣告成立，并颁发第一号布告。之后，西藏第一家书店、第一所小学、第一家医院、第一个气象站、第一个水文站、第一家银行等，数个"西藏第一"在昌都破壳而出、应运而生。1959年在党的领导下，昌都平息了达赖集团发动的武装叛乱，进行民主改革，废除了极端腐朽、黑暗的封建农奴制度，解放了生产力，为昌都的现代化发展开辟了道路。

70年弹指一挥间，今天的昌都，早已告别了封闭的自然经济，正向现代市场经济迈进。特别是党的十八大以来，昌都市坚决贯彻党的治藏方略和习近平总书记治边稳藏重要论述，抓住契机，更上一层楼，进入了经济社会发展最好、群众增收最快、城乡面貌变化最大的时期。今日的昌都，经济社会快速发展，人民生活安居乐业，民族团结更加巩固，脱贫攻坚战稳扎稳打，呈现出社会全面进步，欣欣向荣的美好景象。

昌都，一个有梦的城市，一个有魂的城市，一个有精神的城市，必将以敢为人先、开放创新、图强不息的时代风貌，重塑藏东明珠的新辉煌！

二

人民群众是社会物质财富、精神财富的创造者，是人类社会发展的最终决定力量。而每一个继往开来的时代，都呼唤着步履坚定的人们，也为他们准备好了壮阔的历史舞台。

"知责任者，大丈夫之始也；行责任者，大丈夫之终也。"这本书记录的正是这样的昌都人，和他们把个人追求与梦想融入"中国梦"之中，把个人前途与国家民族命运相结合，在实现中国梦征程中实现自己人生价值的故事。这本书通过口述实录的方式，从不同层面真实呈现当前昌都社会各个阶层、各种职业、各个年龄段的人们对人生梦想的渴望与追求，记录他们当下的状态，展示他们追梦路上所表现出来的勤奋、坚强、创新、奉献、感恩等美好品质，带给人们以积极向上的力量，引导人们坚定理想信念，树立良好道德风尚，同时展现昌都解放 70 年来发生的巨大变化。

这些故事告诉我们：在越来越浮躁的时代，专注与极致愈加稀有而可贵，只有脚踏实地专注于每一件平凡的事，平凡的工作也可以创造不平凡的成就；社会的稳定发展，人民的安居乐业，离不开用汗水和鲜血驱逐黑暗的守护力量；新中国从站起来到富起来再到强起来，每一次历史性的伟大飞跃，离不开人的不懈努力、永不服输的坚持与坚守，从而凝聚起一个国家蓬勃向上的精神力量。

写下每一篇故事的笔者，他们也是"中国梦"的践行者。他们带着热情走基层，带着责任观察受访者，带着感情采写报道，走遍了昌都 11 个区县的山山水水。真实记录一个个西藏昌都故事，以及故事背后透露出来的社会发展主流和本质。这不仅需要笔者"走下去"，也需要笔者"沉下来"，带着强烈的感情捕捉生动事例、真实细节和动人场景。可以说，《昌都：70 人 70 个故事》每一篇报道的采写都是一次"走转改"的生动实践。需要说明的是本书中，每位人选均经过相关部门和社会推荐的基础上产生，多数故事曾先后在《昌都报》上刊出。现将这些稿件形成《昌都：70 人 70 个故事》，作为昌都解放 70 周年的献礼书目。

站在 70 周年的门槛旁回望，他们是国人踏实奋斗的缩影，也是大国崛起的佐证，砥砺沉潜，忘我奉献，是当之无愧的骄傲与自豪。

三

国家的命运与个人的前途是紧密关联的。国家命运是个人梦想生长的土壤，只有将个人梦想融入国家强盛的奋斗与人民福祉中，才能获得广阔空间和无穷力量。实现中华民族伟大复兴的中国梦，是中国人民伟大的现实追求，能够把个人的追求与梦想，与国家民族的追求与梦想融为一体，是一个国家和民族之幸。这其实也是每一个中国人的幸运。

70年来，无数优秀的昌都儿女，胸怀强烈的报国之志，把个人理想与祖国命运紧紧联系在一起，把个人志向与民族振兴紧紧联系在一起，取得了令世人惊叹的成就。个人命运如此，民族命运也同样。党的十九大把"铸牢中华民族共同体意识"写入党章，成为全党全国各族人民实现中国梦新征程上的共同意志和根本遵循。作为命运共同体，各民族只有将本民族的前途命运同中华民族的前途命运紧密相连，才能有发展的前景和希望。各民族之间要交往交流交融，要手足相亲、守望相助，在尊重差异、包容多样中，把维护国家统一和民族团结作为各民族的最高利益。

昌都70年的巨大变化彰显了社会主义制度的优越性，而这个优越性一方面体现在坚持以人民为中心的发展思想，全面落实党中央各项惠民政策，抓住人民群众最关心最直接最现实的利益问题，全力做好普惠性、基础性、兜底性民生建设，让各族群众有更多获得感、幸福感、安全感。

习近平总书记在2020年春节团拜会上讲到："时间不等人！历史不等人！时间属于奋进者！历史属于奋进者！为了实现中华民族伟大复兴的中国梦，我们必须同时间赛跑、同历史并进。"这是关于"中国梦"的总动员，给了我们莫大的激励与鞭策。

中国梦，是每一个中国人的梦想，是所有中国人的希望，是我们对未来的积极展望。无数历史事实告诉我们，中国梦的实现要靠每一个人的努力，个人梦想的实现推动国家梦想的实现，国家梦想的实现又保障个人梦想的完成。历史的机遇就在眼前，每个人的努力融为一体，百年中国梦必将实现。

梦想的力量，其实也是信仰力量，也是价值观的力量。梦之力，延而无限，大而无穷。

目　录

第一辑　峥嵘岁月筑丰碑

1

第二辑 亲历巨变话沧桑

目　录

第三辑　初心映照党旗红

第四辑　立足岗位勤奉献

目　录

第五辑　脱贫路上领头雁

第六辑　巾帼英姿展风采

目录

第七辑　春风吹开百花香

第一辑

峥嵘岁月筑丰碑

"昌都战役的胜利是走出来的"

原十八军52师154团团长郄晋武与昌都战役大迁回

郑晓强　群旦次仁

郄晋武与妻子郭蕴中合影（2016年12月）

庆祝昌都解放70周年，不得不提昌都战役；昌都战役，不得不提正面牵制与战役大迁回结合的作战方法。而当年，十八军52师154团执行的正是战役大迁回任务。

时任团长郄晋武，如今已是百岁老人。

9月20日，他的女儿郄革红向赴成都采访的笔者讲述了父亲当年的事迹。事后，她还就笔者的初稿提供了修改意见，力求最真实地反映那段历史。

重任在肩

郄晋武，河北省平山县人，1937年参加八路军，次年加入中国共产党。

在艰苦卓绝的抗日战争和解放战争中，他发扬英勇善战、敢打敢拼、冲锋在前、吃大苦耐大劳的作战风格，从普通战士成长为野战部队的一名团长。而154团在他的带领下，也锤炼成一支在任何艰苦环境中都拖不垮打不散的钢铁劲旅。

"这也是上级在进军西藏前首选154团作先遣主力，并赠予该团'进军先锋'锦旗的主要原因。当昌都战役需要战略迂回时，这项重任又落在父亲的154团肩上！"郄革红说。

1950年10月6日，郄晋武率154团从邓柯出发渡过金沙江，实施外线远距离大迂回。

这堪称军事史上最悲壮的行军之一。他们在海拔4000至6000米的高原上，跨越西康、青海、西藏三个省区，与青海骑兵支队日夜急行，13天走了约1100华里，穿过横断山脉，跨越许多大雪山和冰河，还在甲桑卡和类乌齐等地痛击遭遇之敌。

经过艰苦努力，他们终于在军、师要求的时间内，赶在藏军西撤之前到达昌都以西、被称为"五路口"的恩达，完成了战略大包围任务，确保了昌都战役的全面胜利。他们在饥寒交迫中创造了步兵与骑兵速度相当的奇迹，受到西南军区的通令嘉奖。

时任52师师长吴忠曾评价道，昌都战役的胜利有很多条件，单就战役指挥来说，最大的成功是我军实行了正面牵制与战役大迂回相结合的方针。"倘若我们不是采取这一方针，而是把主要兵力使用于藏军防御正面，或者只实施浅纵深的迂回，势必使昌都藏军主力及早决策西撤，那么，围歼战将变成追击战，战役就会是另一种结局。"

"当然，在高原地区实行大纵深、远距离的战役迂回，需要付出很高的代价，其艰巨程度是过去在内地作战无法相比的。"吴忠说，"在各路部队中，这一路行程最远，而且沿途地形复杂，气候变化大。"

冲锋在前

"在抗日战争和解放战争中，父亲曾多次身负重伤。有一次，他胸部中枪，战士处理烈士遗体时发现他还活着，才使他死里逃生。他常说自己很幸运，原来还以为自己活不过 30 岁。"郗革红说，"多次的生死考验，铸就了他视死如归的革命战斗勇气。他带兵打仗总是身先士卒，冲在最前面。部队官兵一看见他高大的身躯，就胆量倍增，个个跟着他向前冲。"

这次执行大迂回的任务，他仍然是走在先头部队中，以起表率作用，加快完成迂回任务。郗革红向笔者讲述了这场千里迂回中的几个插曲：

10 月 6 日，郗晋武早上 5 点就起床整理好行装准备出发，到江边一看，计划一起走的二营未到。他等不及侦察排和师领导来到就先出发了。由于马的体力不济，他多是拉着马走，而且连警卫员都不带，一连几日带着一个尖刀班前行，于 10 月 12 日翻越一座海拔5000 余米的雪山到达香达（位于囊谦县内），赶上了先于他们 2 天出发的骑兵支队。

10 月 14 日，师和团其他领导相继来到，指定团党委会放囊谦寺。郗晋武为了尽早赶到囊谦寺，当天中午 12 点又带队出发。黄昏，这帮人马在囊谦寺以北的一座山上遭到大风、冰雹的袭击，被迫于山上宿营。此夜，红军长征时掉队流落西康、遇到154团要求重返革命队伍的战士周大兴，在饥寒交迫的恶劣环境中因严重的心脏病不幸牺牲。

这天晚上10点，迫不及待的郄晋武又带骑兵通信员白和尚、许金鼎继续前进。天黑得伸手不见五指，他们在指南针看错了方向，失足从山上滑入山沟。万幸没有掉入河中！黑暗中遇到一座白塔，他们在塔下冻了一夜。直到天亮，才看清方向，他们又急行50里，赶抵囊谦寺。

10月16日，在冰河上急行。郄晋武总听到"咯喳咯喳"响，觉得战士不肃静，让营长去纠正两次无效。他自己去看，才发现是前卫班战士的衣服、裤子已冻成冰块，行走极度困难，响声就是冰块摩擦产生的。他为战士们的任劳任怨而感动，为自己错怪部队而惭愧。

除了飞驰前行，154团还夺取了类乌齐以北藏军的前哨据点甲桑卡。这是昂曲河右岸的一个村落，是由青海入康的重要通道。双方隔河交战数小时，直到晚上6点多，藏军不支，向西南方溃逃。

胜利在握

事实上，154团及骑兵部队并不是"整齐划一""威风凛凛"地踏进恩达——部队走得连不成连，排不成排。一个团的行军队形长达数十公里，而经过长途跋涉，许多马匹累倒累死，不少骑兵成了步兵。

但战士们着眼战役全局，冒着生命危险，日夜兼程，准时赶到指定地点，截断了敌人退路，达成了战役合围任务。"有人讲，昌都战役的胜利是走出来的。这话是有道理的。"吴忠在一篇回忆录中写道。

值得一提的是，昌都战役还有一个"尾声"。

在类乌齐战斗中漏网的藏军七代本普隆·札巴次丹跑到洛隆，以一部兵力控制了怒江上的嘉玉桥，妄想阻止我军继续西进。同时，纠集来自各地的散兵游勇和被我军遣散的藏军200余人，扬言要将他们武装起来，进行"反攻"。

接师部命令，郄晋武从恩达轻装出发，征服了海拔4000多米、绵延四五十公里的瓦合山，又翻越了陡峭的努西拉卡山，于11月11日晚上6点"突然"出现在嘉玉桥头。当时，几名藏军士兵正在逼迫群众破坏桥梁。还没反应过来，他们便成了我军的俘虏。

为了防止敌人得到消息，他们决定连夜奔袭洛隆。从嘉玉桥到洛隆有40多公里，中途还要翻越海拔4000多米的扎西拉山，但战士们斗志昂扬，天刚破晓便赶抵。部队突然冲进城内，仅消耗30发子弹，便结束了战斗。普隆·札巴次丹被活捉！

154团乘胜追击，又投入两个连的兵力，于15日解放硕般多（现洛隆县硕督镇），18日进占边坝。

随后，按照上级安排，154团驻扎洛隆，遵照毛主席"自己动手丰衣足食""进军西藏不吃地方"的指示，开展了长期建藏、打消换班思想的教育，一边等待和平谈判，一边进行生产自助。

如今，硕督镇河岸的百棵大柳树和300亩肥沃的耕地，便是当年郄晋武和官兵们开垦留下的。

《十七条协议》签订后，1951年8月，郄晋武才按照上级指示率团离开洛隆宗。直到1962年6月，他再次临危受命，从内地回到昌都，任昌都军分区司令，参加指挥中印边境自卫反击战瓦弄方向的战役。

"昌都是父亲高原生涯的起点，也是他最后参战的战场。那里的山山水水、一草一木，都刻在了他的记忆深处。"郄革红说，"父亲借昌都解放70周年之际，请昌都报社转达他对昌都和昌都人民的美好祝愿，祝愿昌都越来越繁荣、人民越来越幸福！"

笔者手记：在困难面前身先士卒

人们常说，伤疤是男人的勋章。在战争中多次身负重伤、死里逃生的郄晋武老人，满身挂满"勋章"。这位老人戎马一生，战功赫赫。

最令笔者感动的，是他"带兵打仗总是身先士卒，冲在最前面"。

我们能想象到当年进军昌都的路程是多么艰辛，尤其是战役大迂回，要在海拔4000至6000米的高原上跨越许多大雪山和冰河，13天约走了1100华里。

这是一次多么悲壮的行军啊！

在巨大的困难面前，需要的正是身先士卒的精神。正是在老党员郄晋武的示范带动下，"部队官兵一看见他高大的身躯，就胆量倍增，个个跟着他向前冲"。

在困难面前身先士卒，正是共产党员应有的本色。时代在变，但这种本色没有变。

在抗震救灾中，一个个共产党员挺身而出；在援鄂抗疫中，一个个共产党员冲锋在前……

他们铭记并践行"时刻准备为党和人民牺牲一切"的誓言，将危险抛在身后，将自己抛往一线，为党和人民拼下一场又一场伟大的胜利。

向他们致敬！

缘起昌都，恋恋七十季

原十八军女战士李国柱

杨青曲珍

　　70年前，藏东高原战火纷飞的年代，一位思想进步、追逐理想的普通女兵，和一位意气风发、战功赫赫的青年将领，在达玛拉山脚下开始了一段情缘，并携手一生不离不弃。他们就是十八军52师政治部康藏工作队队员李国柱和时任十八军52师副政委的阴法唐。

　　"我18岁认识法唐，转眼70年，虽然随着年纪越来越大，身体越来越差，但是相互扶持、相互照顾着，还是非常的幸福和快乐。"今年

李国柱

88 岁的李国柱用流利的藏语说到，朴实的言辞间是经岁月沉淀后的深情。

缘起昌都

纯净的眼神、齐耳的短发、嘴角挂着心愿得偿时的笑意——这是进藏前夕，李国柱拍摄于眉山的一张照片。

"军政大学快毕业时，十八军代表吕松同志到学校作进藏动员，知道西藏人民还在农奴主残酷剥削压迫下，过着牛马不如的生活，我没办法继续视若无睹地享受新中国的生活！"会后，李国柱提交了入藏申请，经过组织审查，如愿被分配到主攻部队十八军 52 师政治部康藏工作队，提供战勤服务。

1950 年的 9 月 1 日开始，克服海拔高、危险大、保障差，以及作为女性的特殊心理、生理障碍，与男兵们同一标准地徒步跋涉 66 天，上千公里，战胜无数的艰难险阻后，李国柱和战友们终于在 11 月 7 日抵达昌都。

到昌都后，部队等待中央指示的间隙，边休整边开展群众工作。一天，师政治部组织科长刘月亮找她谈话，询问对个人问题的想法，她一时没明白，认真地回答："我有个人问题，今后一定在领导和同志们的帮助下克服改正。"刘科长只好草草地结束谈话。

"他可是位文武双全的优秀干部，为革命做过大贡献"经过三次云里雾里的谈话后，机关里两位已婚的大姐找到她，单刀直入地挑明了刘科长的意思，并由衷赞叹介绍对象的为人。之后，李国柱暗自观察了一段时间后，少女的心扉逐渐被阴法唐政委深厚的理论知识、精彩的战斗经历和亲切和善的个性打动了。

一场风波

当年，在清一色的军人队伍中，女兵的到来给单调的军营生活注入了明快的色彩，小小一点的举动都会引来一大片关注的目光，何况敏感的恋爱问题，更是容易引发大家注意和议论，甚至是非议。所以，李国柱低调的恋情刚开始，就引起了一场风波。

按照"背着公路进西藏"的指示，1951 年 5 月，十八军开始修筑东起昌都达玛拉山、西至埃拉山，全长 455 公里的康藏公路甘孜至昌都段。为加快进度采取两头同时动工的方式进行，李国柱被派去参加达玛拉段公路端的修筑。两个月后，她因一阵剧烈的腹痛中晕倒在工地上，被医生诊断为急性阑尾炎，紧急动了手术。阴法唐知道后因为任务在身，就派警卫员给她送来了一封信、一点茶叶、约半斤糖，为病痛中的她送去了一份甜蜜和安慰。

1952 年初，52 师直属机关到达太昭（现在的工布江达县），并开展反贪污、反浪费、反官僚主义运动。李国柱在这次活动中被贴了大字报。"在昌都住院期间四号首长派人给你送了什么东西，这可是贪污。你必须老实交代。"这是她第一次经历运动，急得立即写了个小字报做说明，但还是觉得百口莫辩。直到后来被师政治部评为团功，自己是不是犯了大错的疑惑才稍微有所缓解。

恋爱就这样在一会儿甜蜜、一会儿惊吓中继续，虽然没有多少见面接触机会，更没有逛街、看电影等恋人间的互动，但是李国柱和恋人的心却因为共同的理想、共同的目标、共同的追求中越走越近了。为了不负进藏初衷，她和阴法唐约定：一定要等全西藏解放和自己入党两个愿望都实现才结婚。

特别婚礼

1952 年 5 月初，部队抵达拉萨。西藏军区决定整编部队，阴法唐被安排到江孜做地方工作。李国柱听说后，面对即将到来的离别，心里难免不舍和忧虑，但是作为军人，她强迫自己一不打听消息，二不申请同行，静静等候组织安排。

5日下午，李国柱悄悄打开刘月亮科长递来的字条，一看上面写着："李国柱同志，下班后到司令部一趟。"到了司令部，李国柱被带到首长小伙房，除了她和阴法唐、刘科长，席间还有几位首长，桌上摆了简单的五六个家常菜。李国柱自始至终都把头垂得低低的，目光一直紧盯自己的膝盖，根本不好意思抬眼打量周围的人。这时，一个人站起来简短地讲了一段话，就是革命伴侣要携手革命到底的祝福话——确定了猜想，李国柱心里又喜又羞。"尽管当时总共才六七个人，但到底是哪几位领导参加？我到现在都没搞清楚。"李国柱讲到这里，又是一阵清脆爽朗的笑声。

当晚，一间4平方米的小房子里，一张用木箱支起来的床和一床单人军被，李国柱度过了她的新婚之夜。由于当时社会局势还没完全稳定下来，少数散兵游勇会随时袭扰，为保卫安全，窗外一直有警卫员值守。那个来回走动的身影，是李国柱除了每位新娘都有的温馨甜蜜之外，给她留下的特别印象。

次日，李国柱早早起来跑到市场上，用4块大洋（她一个月的工资），买了包散装的水果糖，回到政治部机关，在一片善意的玩笑声中分发给同事们，算是请大家吃喜糖了。

婚后，阴法唐很快向新调任的江孜进发，前往司令部办公室工作的李国柱有一段路程同行。和所有新婚夫妇一样，两人沿途时时都在一起，几乎形影不离。一个多月艰苦的旅途，反而成了她一生中的最甜蜜最幸福的时光，特别是借宿在群众大井房中，睡在地铺上数星星、看月亮的时刻至今深深印在她的记忆里。

情凝西藏

因爱情之花是在雪域高原绽放，青春热血在雪域高原沸腾，李国柱的骨血里深植着对西藏的爱。

在藏工作期间，李国柱多次因为身体适应不了高原环境，但是她咬牙坚持了二十三年，直到患上中度肝硬化，丈夫被打成反革命分子进行劳改，才在组织安排下无奈告别深爱的高原，先后在福建、山东、北京等地工作。1990年，才退休一个月的李国柱就爽快接受西藏自治区政府邀请，回聘到驻北京办事处的经济联络处工作，帮着自治区政府部门协调中央各部委、协助开展项目论证、申请建设款项、推进项目活动等。之后，李国柱又接着在北京建藏援藏协会工作。"只要是与西藏有关的事，我能帮上忙的都义不容辞，所以退休后的生活反而更加忙碌了"她说。

最好的融入是用同一种语言交流。李国柱对西藏的爱，还体现在藏语文的学习上。从最初和昌都房东加荣用手势沟通的"比划通司"（"通司"即翻译），到能和上层统战人士用标准藏语讲解政策的"通司切嘎"（"切嘎"即半个），我们不难想象，期间她付出的努力。"我的秘诀主要就是手勤嘴勤，见到藏族群众就追着学，吃饭、走路都拿着笔记本背诵"她笑着说，"懂藏语，群众会更加把你当亲人，会跟你说心里话。"离开西藏已经近50年，遇到藏族同志，她仍喜欢用藏语交流。

李国柱还把对西藏的爱和对子女的爱融在了一起，把建设好西藏的决心和信心寄托在孩子们的名字中。他们给大女儿取名叫"建白"，而"白"是藏语"西藏"的音译，即"建设西藏"的意思。二女儿是在江孜工作时出生，就起名"江沙"，"沙"为藏语"新"的音译，即建设出"新江孜"的意思。1956年，小女儿在进行农业社会主义改造的时候出生，故取名"亚农"，为发展好农业的意思。"现在在电视里、报纸上看到包括昌都在内的西藏发生的翻天覆地变化，我们的心愿总算是实现了，感到由衷的高兴"谈到这里，她的语气中透着欣喜。

李国柱夫妇调离西藏后，仍牵挂着西藏的发展建设情况，不顾高原恶劣的气候条件，曾经12次深入农村牧区看望基层老百姓，调研经济社会发展情况。有一次，到他们曾经蹲点的地方，因为海拔高达5000多米，陪同人员怕发生高反出现危险，在一旁非常着急，但是他们却一直坚持到把情况了解清楚了才离开。

问到退休以后做的最有成就感的事，李国柱自豪地说，"退休以后办了两件大事。第一件是在办事处认真地工作了五年。第二件是写了六本关于西藏的书，其中独立撰写了《一个女兵的西藏人生》等三本，另外三本书是与党史办联合出的《首批进军西藏的女兵们》等三本。"

已经是88岁高龄的李国柱仍然坚持笔耕，今年还在国内各类期刊上发表文章。"现在高原向我的身体亮出了红灯，但我还能靠我手中的笔，写我在西藏的岁月，表达我对西藏人民的深情！"李国柱放缓语速深情地对笔者说。

笔者手记：家国情怀下的大爱小情

由于今年是昌都解放 70 周年的缘故，笔者想方设法联系上了在全国各地的原十八军老同志及其家人，进行一些咨询、征稿和采访事宜。原十八军 52 师副政委、原西藏自治区党委第一书记阴法唐和原十八军战士李国柱夫妇自然是其中的重要人物。

现在的年轻人喜欢各式各样的秀恩爱，翻看李国柱同志珍藏几十年的照片，却是不用秀出来的满屏"狗粮"。从梳着两根垂到腰际的大粗麻花辫，到烫起满头的大波浪卷，再到挽起精干的发髻，身边总是站着眼神坚定的爱人。其中 2019 年拍摄的一张照片格外感人——当时 97 岁的阴法唐将军和 87 岁的李国柱大姐端坐在家中的沙发上，胸前佩戴一朵大红花，手上举着"全军先进离休干部""全国离退休干部先进个人"的奖状，满眼幸福、一脸春风。

了解了他们相识相知相爱相伴的过程，更是深深为他们胸中浓浓的大爱所感动。对革命事业永远不减的爱，对伴侣忠贞不移的爱，对西藏这片土地和人民割舍不下的爱，让他们在遭遇各种难关时豁达又乐观，坚强又勇敢，在艰苦的环境中创造和发扬老西藏精神。正是他们为祖国边防的巩固和建设献青春、献终生、献子孙，才有昌都民主富裕幸福的今天。

号角与赞歌，响彻行军路

原十八军 52 师宣传科长魏克

郑晓强　　群旦次仁

　　赴成都采访宣传战线的老前辈魏克，笔者诚惶诚恐。

　　魏克，1920 年出生，山东济南人，1938 年 5 月参加革命工作，当年 6 月加入中国共产党。

　　在进军西藏中，他参加了昌都战役。那时，他任职十八军 52 师宣传科长。

　　后来，他又先后担任昌都警备区政治部主任、藏字 419 部队政治部主任、成都陆军学校副政委等职务。

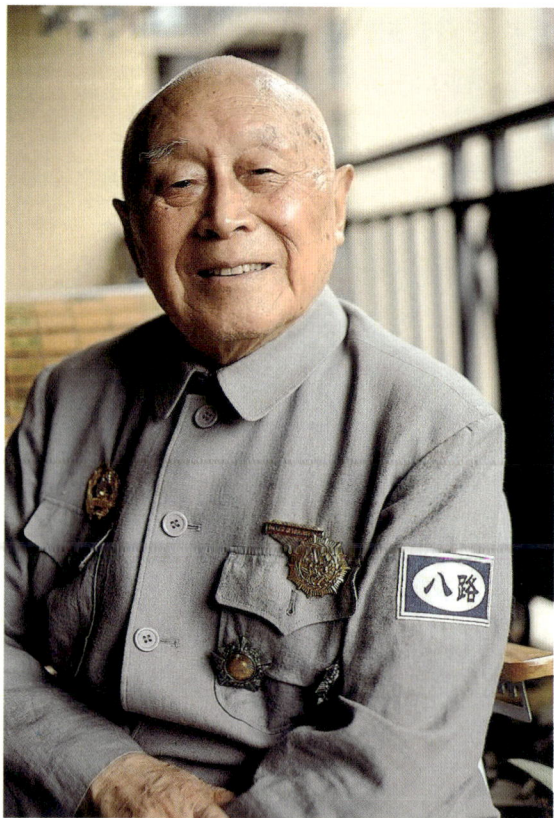

魏克

16

1983年离休后，笔耕不辍，出版了《留在雪域高原的脚印》《情凝雪域》《决战前后》等书。

"进军昌都、进军西藏时，我们宣传科有三项任务。一是教育战士，鼓舞士气；二是宣讲政策，团结群众；三是记录历史，留下资料。"9月21日，年满100岁的魏克一边插着氧气管吸气，一边兴致勃勃地与笔者分享当年行军路上的宣传工作。

"送金珠玛米去昌都"

1950年9月21日，魏克与中央新闻电影制片厂的郝玉生、张永生跟随北线中路部队，离开甘孜，踏上进军昌都之路。

出发时，有的战士风趣地编起顺口溜："一步三喘爬高山，千里拜佛上西天，诚心胜过唐玄奘，人人都成活神仙。"可走不到二里路，每个人的双腿像灌了铅一样，喉咙也像塞上棉花团，憋得喘不出气来。歌声、笑声，甚至连说话声都听不到了。

当天晚上，部队总结和推广各连负重行军的经验，如让身体强弱的战士结对互助、先吃体弱同志的粮食以减轻其负重等。再加上开展行军宣传鼓动，第二天起，行军的速度加快了。

魏克清晰地记得，当年10月1日，全国各族人民欢庆建国一周年，他和战友们正在翻越海拔5000米以上的海子山。鼓动组的同志在山顶唱起快板："国庆节来真热闹，雪山顶上比英豪，千山万水何所惧，打响进藏第一炮！"

10月6日起，我军各路部队从邓柯至巴塘，一起横渡金沙江。

魏克和战友们战胜千辛万苦，于10月16日拂晓按时赶到洞洞竹卡，波涛汹涌的杂曲河拦住了前进的道路。当时，不少群众由于听信藏军谣言，已跑到山上去。

部队的藏族向导翁扎、阿夺，站了出来。

他们是甘孜玉隆牧场的牧民。当年红军长征路过甘孜时，他们都在中华苏维埃博巴政府工作过，对红军的感情特别深厚。听说解放军要向昌都进军，他们便主动请求带路。

他们还成为很好的宣传员，用亲身经历向沿途藏族群众宣讲部队遵守民族平等团结和宗教信仰自由政策的实例，并耐心解答他们提出的种种疑虑。

经过翁扎、阿夺的动员，洞洞竹卡的群众纷纷赶回来。藏族小伙和喇嘛扛来木料，妇女和儿童也纷纷送来木板和牛毛绳子。军民共同努力，不到半天就扎成 14 只宽大牢固的木筏。藏族群众还扛来几只牛皮筏，在三处渡河点上摆渡，帮部队安全地渡过杂曲河。

55 岁的藏族阿妈央希将她打了三年、舍不得用的一捆牛毛绳子送来："送金珠玛米去昌都，就是把我的绳子弄断了，我也高兴！"

用日记、照片、新闻记录

正当魏克和战友们渡杂曲河时，甲本慈诚等小头人摆脱帝国主义分子及其走狗们的监视，冒着生命危险，从昌都跑来迎接。

慈诚给魏克献上哈达，激动地说："我们终于把你们盼来了！"

50 多岁的扎西根保说："你们来了，穷苦百姓很高兴，但吓坏了那些外国人和藏兵，英国人福特（注：英国特务，被任命为昌都的电台台长，以掌握昌都的军事情报和重要机密）吓得赶快换穿藏装。"

魏克对他们带着昌都人民的心意远道而来表示感谢，并向他们说明我军解放西藏的重大意义，阐明了中央对藏族人民的民族平等团结和宗教信仰自由的政策，还回答了他们提出的问题。

"盼望解放，是藏族人民的心愿。"魏克回忆道，"我们在向昌都前进的路上，受到许多从牧区和山村赶来的群众的热情欢迎。"

10 月 20 日早上，魏克和战友们赶到昌都城。我军已有部队于前一天进驻昌都，五星红旗已在昌都的上空飘扬！

值得一提的是，魏克当年的行军日记，现已成为研究昌都战役的珍贵一手资料。

"我文化水平低，参军后就养成了写日记的习惯，希望以此来练字、学写文章，提高文化程度。"魏克对笔者说，不论是抗日战争、解放战争，还是进军西藏、建设西藏，他都在油灯下、烛光下，或者借着月光、雪光，在膝盖上和背包上，一天不落地坚持写。

根据他当年日记选编的《进军西藏日记》，现已成为中共西藏政策研究课题成果。解放西藏时担任十八军 52 师副政委的阴法唐为其作序，认为具有非常强的历史文献价值，为党史、军史及了解当地的风土人情、社会变迁等提供了丰富、真实、具体的资料。

此外，魏克介绍，当年 52 师宣传科有十来号人，分别负责美术、新闻、收音等。军队还给宣传科配了一部相机，他自己在行军过程中就拍摄了不少珍贵的照片。

"当时，中央还派了方奇等 10 多名记者，跟着部队进军昌都、进军拉萨。一路上，他们采写了不少通讯报道，真实地反映了部队的行军过程。"魏克与笔者分享道。

拍摄大型历史文献片

1951 年 10 月 5 日，魏克，张永生，西南军区画家艾炎、于月川夫妇以及文工六队 40 多人跟随师部向太昭前进。

在第一阶段的行军中，魏克带的文化队伍负责帮助连队开展宣传鼓动工作，活跃战士们的文化娱乐生活，还在洛隆召开群众会议，宣传《十七条协议》，并为藏族同胞表演歌舞节目，受到了部队指战员和沿途群众的欢迎。

张永生在瓦合山拍下了部队在雪山中艰难进军的动人场面，艾炎、于月川夫妇不顾疲劳抓紧描绘沿途迷人的高原风光。

10 月 17 日，第二阶段的行军开始。走在大军后尾的魏克，负有检查整个进军部队群众纪律的责任。他向洛隆宗宗本（相当于县长）扎西绕登和朗多土司边巴次仁征求意见，他们都异口同声地称赞部队守纪律、非常尊重藏族的风俗习惯。

10月25日拂晓，部队向丹达山行进。爬上第一个山头时，才发现准备插在顶峰的标语丢失了。魏克和战友张迈群决定重新写。

水和墨汁都结了冰。魏克只能在张迈群的隔潮帆布上，用准备爬山时喝的糖水来调墨，动手写自己编的一段打油诗："丹达山高六千三，进军西藏第一险。英雄踏破三尺雪，浩气惊碎美帝胆！"后面还加上"亚东部队政治部宣"的字样。

天寒手冷墨冻，这么几个字的标语竟费了一个钟头。写完后，部队已登上第二个山头，他俩只能拼命向前追赶。海拔高、走得急，张迈群在接近山顶时晕倒在雪地里。两名战士走过来，扶起张迈群，接过写着打油诗的帆布登上山顶；魏克忘记疲劳，也跟上去。

最终，张永生的摄影队拍下了部队过丹达山的一组镜头，并把那首打油诗醒目地记录在大型历史文献片《解放西藏大军行》中。

11月3日，攀登楚拉山。到达山顶时，开始下冰雹，鹅毛大雪紧接着扑面而来。这给部队增加了更多困难，却给摄影队提供了拍摄风雪高原大进军场面的绝好机会。

雪大路滑，摄影队员们急着往前赶，用冰冻的双手抱着设备，生怕摔坏。他们不时用口里的热气暖一暖手，然后继续工作，记录下这一段艰苦的行军之路……

笔者手记：加强对群众的教育引导

魏克老人在当年"解放西藏大军行"中所做的宣传工作，很重要的一块内容是"宣讲政策，团结群众"。

正是不断地向藏区各界人士说明我军解放西藏的重大意义，阐明中央对藏族人民的民族平等团结和宗教信仰自由的政策，才打破了隔阂，赢得了支持。就像魏克老人回忆的，"我们在向昌都前进的路上，受到许多从牧区和山村赶来的群众的热情欢迎"。

群众路线，是党的根本工作路线，是党的重要法宝之一。而在西藏工作中，尤要注意坚持群众路线，一切为了群众，一切依靠群众，从群众中来，到群众中去，把党的正确主张变为群众的自觉行动。

我们要进一步深入学习贯彻中央第七次西藏工作座谈会精神，加强对群众的教育引导，广泛发动群众参与反分裂斗争，形成维护稳定的铜墙铁壁，引导各族群众看到民族的走向和未来，深刻认识到中华民族是命运共同体，促进各民族交往交流交融。

仍有当年往事常追忆

原昌都警备区 157 团司令部参谋长康虎振

何瑞　康新平

2020年9月康虎振与妻子合影

　　9 月 25 日，笔者在成都拜访了因打仗勇猛，在战友中有"康老虎"美称、今年 90 岁高龄的康虎振将军。

　　老人和蔼可亲，握着笔者的手，接受了拍照请求，说到西藏特别是说到昌都特别激动，但由于身体原因，无法长时间叨扰，他的长子康新平在父亲口述的基础上，代为转述和补充了当年的昌都往事。

康虎振 1930 年 3 月生于山西洪洞。1945 年 7 月入伍，参加过吕梁、晋南、豫西、豫东、淮海、渡江、进军西北、西南、两广等战役战斗。先后三次负伤，多次荣获嘉奖，荣立特等功、一等功、中功、三等功各一次。1950 年参加昌都战役，1959 年参加平息达赖集团叛乱。1962 年参加中印边境自卫反击战，1979 年 1 月参加对越自卫反击战，重创越军王牌 316A 师。1988 年 9 月被授予少将军衔。1990 年被授予独立功勋荣誉章。

参加祖国大陆的最后一场战役

1950 年，康虎振在十四军 42 师 126 团 1 营 1 连任连长，参加了从云南进军西藏、解放昌都的全过程。

"虽然过去了 70 年，但雪域高原昼夜兼程的足迹一直萦绕在我脑海里，还是那样的清晰。每一次艰苦卓绝的战斗，都历历在目，令我永生难忘。"康虎振回忆时说。

1950 年 8 月 6 日，康虎振所在部队经维西渡过澜沧江，翻过高黎贡山到达贡山，然后翻越松罗山，横渡怒江，直逼昌都。与十八军浩浩荡荡进军西藏不同，南线部队人数少，远离指挥部，沿途地理环境复杂，地形地貌多变。

"记得翻越高黎贡山，行进到半山腰瞬间狂风骤起，风雪交加。夜间帐篷外滴水成冰，大家只得挤在一起相互取暖。第二天到达山顶，全连出现缺氧症状。"据康虎振回忆，面对进军路上各种恶劣环境，全连相互搀扶着，过悬崖、越森林、穿深谷、翻大山，经过一个多月艰难行军，终于到达桑昂曲宗察瓦龙地区的门空村。

10 月初，42 师 126 团的 1 营、2 营和 125 团 3 营投入战役行动，任务是歼灭碧土和盐井地区的守敌，配合主力部队攻陷昌都。

经侦察发现，碧土驻扎有一个代本（一个代本等于一个团）藏军，约 500 人枪，布置于梅里雪山到碧土一带。

部队决定兵分两路，迂回奇袭，争取全歼该地之敌。一路由营长郭献璜和连长康虎振带领 1 连和民族工作队于 6 日深夜出发，8 日拂晓摸到碧土后侧，占领有利地形，堵死敌军后逃之路。一路由 2 连和 3 连急行军 190 里，突击攻占碧土。这次战斗俘虏藏军总指挥官兼左贡县县长多东吉司以下官兵 400 余人，缴获钢枪 100 余支。

12 日，康虎振率部队攻入盐井，守敌第三甲本（相当于 1 个连）仓皇北逃。至此，南线部队解放了碧土、盐井、门空及整个察瓦龙地区，圆满完成了昌都战役中的战斗任务。

"战斗中，我们部队无一人伤亡。"这无疑是康虎振及所有南线部队参战人员的最骄傲的事。

以昌都为家

昌都战役的胜利，打开了和平解放西藏的大门，随后部队开展了大规模文化学习活动，康虎振被选送到武汉高级步兵学校学习。1955 年毕业分配到十八军 53 师独立高射炮营任参谋长，再次回到昌都，担负起保卫和建设昌都的重任。

为带动干部战士扎根边疆、树立长期建藏的思想，康虎振写信回山西洪洞老家，让爱人石银爱来昌都共同生活。"进军西藏时，张国华军长坚决执行党中央的命令，背着刚满周岁的女儿，带领部队从四川出发解放西藏。今天党叫我们长期建设西藏，我们要向老首长学习，把家搬到西藏，搬到昌都。"石银爱对那封信记忆犹深。

在他的表率下，官兵们的思想更加坚定了，并纷纷以实际行动投入到生产建设中，以西藏为家，以昌都为家。

安家建设，关系到安定军心民心的稳定，康虎振深知这一点。

为此，他带领部队一边进行战备训练，一边组建砖瓦厂，一边动手修建营房。木工、砖瓦、砌墙等一切工程都是官兵们自己动手，边学边实践边干。

"雪山下面云南坝，金珠玛米建新家，修通公路连北京，藏汉兄弟是一家。"这首诗生动记录了当年他们建设昌都的场景。

当一栋栋简易土坯营房在云南坝建起来，战士们住上了结实舒适的营房，都兴奋地说"在昌都，我们住过牦牛棚子、住过帐篷、住过地窝子，如今终于住上新房子"。

组织建设住房的同时，康虎振还提出自力更生解决吃的问题。按照部队编制，他将部队的家属编成连、排、班，组织开荒种菜、生产自给。刚开始她们种土豆、大白菜。后来，无论谁回内地学习、出差、探亲回来都会带来家乡的菜种子。四川的菠菜、山西的土豆、河南的红薯、山东的大葱，湖北的大蒜，等等，都逐步在昌都的云南坝、四川坝生根发芽，开花结果。

在官兵们的共同努力下，短短几年间，昌都就完全变了模样，一座现代气息的高原小城初具雏形，人民解放军就此在昌都深深地扎下了根。

半盒盘尼西林

1955 年，中央作出西藏"六年不改"的重大决策后，西藏工委、西藏军区根据军委《关于裁减军队数量加强质量的决定》，开始收缩工作，精简机构，紧缩开支。1957 年 4 月，撤销 53 师师部，师直与昌都警备区合并。

那几年，康虎振送走了不少老首长、老战友。当 157 团政委王清洁奉命内调时，临别，王清吉的爱人易亚琛把半盒盘尼西林片留给他们夫妇。"我跟老王回四川了，内地条件好些，这个药是进口的，留下应急用。"

　　进口盘尼西林片，是当时消炎退烧最有效的药，非常稀缺。石银爱不懂医，也不知道药的用途和功效，但她牵挂着丈夫曾两次负伤的身体，总是把这半盒盘尼西林放在他随身带的文件包里。

　　有一次，康虎振到一营去检查战备训练和群众工作开展情况，到了江达县，营长向他反映，给藏族群众做好事不难，难得是看病没有药，现在有一家藏族老乡三口人发烧，都有两三天，营部医生的药箱已经空了，病人无药可医。

　　康虎振立即让警卫员从包里把那半盒盘尼西林片给营长，当知道药的来历，营长坚决不接。康虎振命令道，"赶快拿去用，再好的东西派上用场才有价值！"营长不得已接过了半盒盘尼西林，叫医生赶快送到藏族老乡家里。藏族老乡用上药很快退烧了，十分感谢金珠玛米，感激地说"银圆大药片小，药片比银圆更管用。"

　　这半盒盘尼西林的故事很快在团里、群众中传开了，成了战友间、军民间情深意切、互牵互挂的动人佳话，也成了提倡拒绝迷信、科学药物的生动宣传，许多新战士和家属自此也了解了盘尼西林的用途和功效，逐步改变了遇到头痛脑热就多喝开水，多盖被子发汗的土办法。

　　就是通过这样一件件的小事，昌都的民族团结不断加强，健康水平不断增强，生产不断发展，军民关系不断密切，形成了军民共建祖国边疆，同守祖国边防的大好局面。

笔者手记：最是那记忆深处的一抹红

康虎振将军，戎马一生，身经百战，战场上受过多次伤，是一位能文能武、军事指挥才能高超的老将军。他是昌都解放建设事业的实施者、亲历者、胜利者，他对过往的自豪、对战友的怀念，以及一个个刻骨铭心的故事，一段段无法忘怀的经历，向笔者展现出一个久远、壮烈、温暖的记忆图景。

"我与西藏有着深厚的情谊，我深深热爱这片土地"康虎振经常这样深情地说。

历史因铭记而永恒，精神因传承而发扬。作为正在这片土地上生活的人，笔者从中汲取到了很多从哪里来、到哪里去的精神滋养和前行力量。希望更多的人能笔者一样在他的故事中重温那段壮怀激烈的过往历史，沿着他们的红色足迹，珍惜来之不易的幸福生活，接续发扬老西藏精神，奋勇拼搏、艰苦奋斗，建设更加美好幸福的明天。

从战场到机场，丰碑必定有他

原十八军 42 师 126 团战士申竹林

郑晓强　群旦次仁

申竹林向笔者讲述他的经历

　　90 岁高龄的申竹林，听力严重下降。9 月 21 日，笔者在成都探望老人，只能全程借助助听器的话筒进行采访。但值得庆幸的是，老人身体硬朗、思维清晰。

申竹林，山西人，出生于 1930 年，曾参加晋南战役、强渡黄河、淮海战役、渡江战役、进军大西南、进军西藏、中印边境自卫反击战瓦弄地区作战等，荣立过一等功、三等功等。

在西藏工作近 30 年的他，对西藏饱含深情。看见笔者旁边摄影的是位藏族小伙子，老人兴致勃勃地与其交流起曾学过的藏语，并回忆在藏期间带过的藏族士兵。会用微信的他，还关注"昌都发布""青春昌都"等公众号。"每条新闻我都看。"老人激动地说，"在党的领导下，昌都、西藏的发展变化实在太大了！"

从云南进军

1950 年 3 月，已进驻滇西北丽江地区鹤庆县的十四军 42 师 126 团接到进军西藏、参加昌都战役的命令。当时年仅 20 岁的申竹林，是 126 团的一名排长。

战士们一边接受党的民族宗教政策教育，一边进行高原地区适应性生活锻炼，饮食上学喝酥油茶、学吃糌粑，军事上开展负重耐力、爬山、搭帐篷、过溜索等训练。

1950 年 8 月，126 团（缺 3 营）和 125 团 3 营分两路从云南方向进军西藏。除武器装备外，战士们还携带高原御寒装备、口粮等行装，横渡金沙江、澜沧江，翻过高黎贡山、碧罗雪山等几座高海拔雪山。

"道路之艰险，之前从未遇到过。"申竹林回忆说，"过江没有桥，不仅部队物资全靠竹溜索，连骡马都是用竹溜索溜过去。有些地方根本没有路，只能靠绳索攀登，或用树木搭梯通过。"

当年 9 月，到达怒江边的察瓦龙地区松塔村。西藏地方反动势力为了阻止解放军进军西藏，组织一支几百人的藏军地方武装，占据了怒江边上的要道——拉克拉。

拉克拉一面是悬崖绝壁，一边是汹涌怒江，还设有滚木礌石。

"这是通向碧土的必经之路。"申竹林告诉笔者，"夺取这个要地，是配合昌都战役的一个重要行动。"

我军曾派人与藏军地方武装大队长那恩谈判，但那恩扬言："我占据天险，有100余条枪，要与解放军决战。"

经过认真地侦察，我军根据地形，决定采取"两面夹击"的战术，一部分人夜间越过藏军背部的悬崖绝壁，截断其退路，另一部分人从正面发起突然袭击，一举全歼守敌。

"解放军真是神兵！"那恩佩服得五体投地，"我不曾想到，你们竟能爬上连山羊也无法走的悬崖绝壁，堵住我的后路，使我毫无办法招架，只能投降。"

稍事休整，部队便向碧土疾进。藏军在梅里雪山驻有一个代本（相当于团），约500人，企图阻止我军进入碧土。部队仍采取绕道敌后进行奇袭的战术，打败敌人，俘虏400多名藏军官兵，缴获大批物资及马匹。

"我们团为昌都战役的胜利起到了重要的辅助作用。"申竹林自豪地对笔者说。

"有边也有防"

1951年5月23日《十七条协议》签订后，上级指示我军必须于当年10月1日前进驻察隅。

察隅地区约有1000多里的边防线，是从缅甸、印度进入西藏的重要通道。我军未进驻察隅之前，印军经常沿察隅河而上，到察隅、竹瓦根一带活动，欺压打骂群众，抢劫群众财物，群众对此甚为愤恨。

我军解放察瓦龙后，曾两次派小部队到通往察隅的沿途各村和寺庙进行宣传，让边疆人民知道解放军是毛主席派来的队伍，不派税、不要粮、不支"乌拉"，尊重少数民族的生活习惯、宗教信仰自由。盼望解放军早日来到察隅，成了边疆人民的一致心愿。

1951年8月下旬，126团正式向察隅进军。从察瓦龙到察隅，要横渡波涛汹涌的怒江，翻越四座大雪山。但险恶的自然条件，并没动摇部队进军的决心。

当年9月20日，他们抵达距察隅还有100多公里的竹瓦根。1950年的一场地震，毁掉了竹瓦根通往察隅的道路，严重影响察隅与外界的往来，使察隅群众买不到茶叶、盐巴、布匹等物资。

为按时完成上级指示，团长高建兴率三连一个排（当时，申竹林已被任命为三连政治指导员）、部分团直人员、工作队人员先行。没有路和桥，他们就把背包绳拴在树上滑行，砍树搭梯爬崖。9月30日，他们按时抵达察隅，并派部队进驻实际控制线沙马前哨，升起五星红旗。由此，察隅结束了"有边无防"的历史！

126团其余人马则边修路，边前进。战士们在工具极端缺乏的情况下，决心就是用手也要尽快打通道路。他们还广泛发动群众，开展"出主意""提建议"的劳动竞赛。

当地群众认为3年也修不通的路，最终，部队不到两个月就修好了，并架起大小桥梁40座、更换了过察隅河的竹溜索，打通了进军察隅的道路。"修通这条路，既是我们进军的必需，也是察隅人民的期望。"申竹林告诉笔者。

挺进察隅后，部队积极投入生产活动，并用自己的双手盖起宽敞舒适的营房。从此，解放军在察隅扎下了根，安定了边疆人民的心！

高原修机场

1962年中印边境自卫反击战取得胜利后，为进一步加强国防，中央决定在西藏修建日喀则和平机场、昌都邦达机场两个军用机场。

1971年5月，邦达机场工程开工。1972年，申竹林被调到成都军区直属工程兵305团，任政治委员、党委书记，参加邦达机场的修建。

邦达机场海拔4334米，所处的冬季牧场具有"七沟八梁一面坡"的特点。在这样的地形上修建机场，难度可见一斑。

"机场跑道对地基、填方的要求十分严格，密实度须在90%以上，不能有任何杂质掺入，哪怕一个烟头、一根火柴棒都要拣出来。"申竹林回忆起当年的艰辛。

那里是草原，有厚厚的一层草皮和黑沙土，须将草皮起走，对草皮下面的黑土进行处理，露出砂卵石，之后才能填土。草的根系纵横交错，非常难挖，机械用不上，只能人工用圆锹先切成一块一块。由于草皮中夹杂着黑土、牛粪沫等，人们脸上、身上都是黑的，"连流出的泪水都是黑的"。

那里天气变化无常，经常上午还晴空万里，下午就雪花飘舞。同时，紫外线特别强，加之高原缺氧，人们特别容易感到疲劳，推运一车土，累得连气也喘不过来。几个月下来，官兵们一个个变得黑黝黝，有的血色素也升高了。

3营12连一名年仅18岁的战士，施工结束后回驻地睡觉，结果因心力衰竭再也没有醒来；加工连炊事员在用架子车运柴火时，突然倒地，抢救无效死亡……但即便条件如此恶劣，官兵们仍热情投入，提前一年完成了机场跑道的填平施工任务。

工程后期，申竹林的高原反应特别强烈，晚上整夜失眠，白天又必须进行现场指挥。1974年，他终因心脏支撑不住而倒下。战友们将他紧急送往昌都医治，效果不理想，不得不转到内地治疗。后来，他因身体原因，再也不能回到战斗过的西藏。

"我很遗憾未能参加邦达机场工程的后期工作，未能亲眼看见飞机从邦达机场飞起。"90岁的申竹林眼睛闪着泪光，"我常常怀念一起修机场的战友，尤其是那些奉献出自己生命的烈士。他们永垂不朽！"

笔者手记：对藏族同胞的特别情谊

采访中，我能明显感受到申竹林老人对藏族同胞特别的情谊。老人与年轻的藏族摄像群旦次仁有说有笑，交流当年学习过的藏语，讲述当年与藏族士兵、藏族群众的故事。老人特别想念他的藏族朋友，现在还用微信与他们中的一些人保持联系。

老人的这份情谊，我感同身受。作为福建援藏队员，我去年7月来到昌都，人生第一次如此广泛、如此深入地与藏族同胞交流交往，第一次结交了这么多的藏族朋友。

许许多多的藏族干部坚韧不拔，犹如藏柳，把根深深地扎在雪域高原上，不畏强风、不怕高寒、不避土壤、不求闻达，随遇而安、无怨无悔，默默地守护着这片蓝天碧水净土。他们，是援藏队员学习的榜样。

许许多多的藏族群众淳朴阳光，犹如格桑花，盛开着幸福的笑容。他们如此善良，如此热情，如此好客。到他们家做客时，他们总是迫不及待一杯又一杯地为你续上酥油茶，一块又一块地为你奉上牦牛肉。他们，让援藏队员感到无比的温暖。

中央第七次西藏工作座谈会强调，西藏工作必须坚持以维护祖国统一、加强民族团结为着眼点和着力点。如今，在昌都，各族人民群众呈现出手足相亲、守望相助、和睦相处、和衷共济、和谐发展的良好局面。

当我哪一天离开了昌都，我一定会像申竹林老人一样，深切地想念着我的藏族朋友们。

《十七条协议》与昌都的故事

原十八军 54 师政治部直工科科长、
中共西藏工委昌都分工委秘书长李本信

郑晓强　群旦次仁

年将百岁的李本信老人

"你们是昌都来的呀！"99 岁的李本信听闻来者是昌都的，开心地笑了。

9 月 18 日，笔者来到西藏成都干休所，敲响了李本信老人的家门。在纪念"九一八"事变 89 周年之际，采访这位既参加过抗日战争、又参加过解放西藏的老战士，格外有意义。

尽管老人因身体原因，已二三十年没有回过昌都，但他对自己付出青春和热血的这片土地饱含深情。

"我还想坐飞机回昌都去看看。"老人像孩子一般满怀期待。

成长

1921年8月，李本信出生于山东商河县张坊乡丰盛集村一户农民家庭。

1938年秋，他加入中国共产党；次年9月，参加八路军东进抗日挺进纵队。"那会儿，我还是学生。有位老师是地下党员，后来参军了，对我产生很大影响。"李本信回忆道，"我想跟着他去打日本鬼子！"

当时，为了参军，李本信随老师走了一夜的路，来到河北的一个八路军征兵点。进入部队不久，他成为首长的通信员，负责传送文书。

据李本信介绍，其所在的团先后参加了抗日战争中大大小小几十场战斗。其中，最有名的是潘溪渡之战。

1941年1月，为打击进驻山东郓城的日伪军，八路军教导第三旅围攻侯集日军据点，引诱郓城日伪军出援，后在侯集至潘溪渡间设伏寻机歼敌。此次战斗，八路军共歼敌300多人。谈起当年的潘溪渡之战，李本信滔滔不绝。

1950年1月，李本信成长为十八军54师政治部直工科科长。1951年5月初，修建甘孜机场的任务还未完成，军部决定从53师、54师抽调一批干部组成3个干部队，先行至西藏东部的昌都、三十九族、波密地区开展工作。其中，前往昌都的54师干部队有300多人，李本信就是领队之一。

"在昌都战役已经取得胜利的背景下，当时我们挺进昌都的任务就是在当地建立人民政权、推进统战工作、支援全西藏解放。"李本信说。

跋山涉水抵达昌都后，1951年7月，他被任命为中共西藏工委昌都分工委秘书长。李本信印象深刻的是，《中央人民政府与西藏地方政府关于和平解放西藏办法的协议》（简称《十七条协议》）签订后，以阿沛·阿旺晋美为首的西藏地方政府和谈代表团返藏路经昌都，"怎么欢迎他们、在哪里欢迎、哪些人参加，恰好都是我这个秘书长具体操办的"。

后来，他又历任西藏自治区党委边防委员会副主任、昌都地委书记、西藏医学院党委书记、西藏卫生厅党组书记等职，直至1982年离休。

1985年，他因"为和平解放西藏、建设西藏、巩固边防作出了贡献"，被自治区授予荣誉证书；2015年，他又被中共中央、国务院、中央军委授予"中国人民抗日战争胜利70周年纪念章"。

拥护

在任中共西藏工委昌都分工委秘书长期间，李本信真切地感受到昌都地区藏族同胞对《十七条协议》的衷心拥护。

1951年7月，西藏地方政府和谈代表团返藏并路经昌都，昌都僧俗各界藏族同胞夹道欢迎。"6000余人冒雨举行《十七条协议》签订庆祝大会，藏族同胞身着节日盛装载歌载舞，喇嘛身披红色袈裟鸣奏佛乐，庆祝场面空前热烈。"李本信记忆犹新。

当时，昌都地区解放委员会举行委员扩大会议，欢迎西藏地方政府和谈代表团返藏。代表们激动地叙述了受到中央人民政府高礼仪接待的情景，介绍毛主席、朱总司令、周总理与代表团的亲切谈话。参会的委员们深受教育和鼓舞，一位著名佛教学者当场赋诗颂扬《十七条协议》像太阳般灿烂，像金子般宝贵。

9月上旬，昌都举行第二次人民代表会议，传达《十七条协议》。"代表们一致认为，西藏得到和平解放，避免了战争，是西藏人民最大的幸福，是中央人民政府关心、尊重、爱护藏族同胞的表现，是共产党和毛主席的恩情。"李本信说，《十七条协议》规定不予变更西藏当时的政治制度，僧俗各界上层人士和广大藏族同胞热烈称赞。

当时，邻近云南的盐井、察隅两宗，限于交通偏远等原因，地方工作暂归云南代管。但当地寺庙头人听说有和平解放西藏办法的文件，也推举代表到昌都参加人民代表会议。

在李本信看来，藏族同胞对《十七条协议》的拥护，更体现在贯彻执行的行动上。

"昌都藏族同胞支持解放军进军西藏，巩固西藏地区边防。"他举例说，解放军西藏前线部队8月下旬由昌都出发西进，昌都僧俗各界藏族同胞数千人到场欢送，献哈达、送花、敬酒，祝愿解放军顺利进军拉萨。

同时，昌都群众为支援解放军进军西藏，进行了繁重的粮食和日用物资的运输。直至1954年年底康藏公路通车拉萨，共动用牦牛、骡马达300多万头次，参加运输的农牧民达2.5万多人次，共运送60多万驮物资。

"昌都当时生产落后、物资缺乏，老百姓能做出如此成绩很不容易。"李本信感慨道。

变化

与此同时，李本信见证、亲历了《十七条协议》在解放初期给昌都带来的变化。

旧社会残酷的经济剥削制度，使包括昌都在内的农牧民生产积极性很低，生活也极为穷困。解放之后，昌都大力提倡生产，发布开荒五年不用交公粮的法令，贷款10万银元，贷种140万斤青稞，发放铁制农具5万多件，提倡施肥除草。《十七条协议》公布后的四年内，昌都地区粮食产量每年增加10万藏克（藏族地区计量单位，1藏克约28市斤）。

1951年秋季，国务院派西藏科学考察队到昌都。农学家对土壤、作物、种植进行调研，为农牧业生产提供技术保障；地质学家对地质生产做普查，为今后自然资源的开发作先导。

新中国成立前，昌都地区没有学校，只有寺庙喇嘛通过学经认字。"《十七条协议》宣布的当年，昌都地区各宗先后办起了小学，入学人数达500多人，农牧民的子女开始有机会上学了。"李本信告诉笔者，"当时，没有老师，就请喇嘛担任教员，解委会和各代表处工作人员兼任教员；没有课本，教员们就自己编，自己刻蜡板油印。"

昌都还开办干部培训班，仅1951年冬季就招收农牧区青年100多人。此外，《十七条协议》签订后的四年间，先后送约400名农牧区青少年到内地的中央民族学院、西藏公学等学校上学。

在医疗卫生事业方面，解放军进驻昌都地区后，卫生大队就组织医生为藏族同胞看病。1951年下半年，部队抽调一批医务人员，组建昌都地区解委会卫生所；不久，成立人民医院。1952年，150人的中央民族卫生工作大队到达昌都，深入各地农村牧场治病。

"藏族同胞的病伤被医治好后，都高兴地说遇上了医病的菩萨。"李本信说，当时医生很受藏族同胞欢迎，"普通工作人员下乡雇不到马匹时，只要说是医生需要马，就会很快雇到"。

李本信说，西藏和平解放初期，昌都工作的成效稳定了社会秩序，也减少了西藏党政军领导工作的后顾之忧，对西藏全局工作起着后盾作用，并为后来昌都地区的民主改革打下了基础。

"当年我只是按照党的政策去做工作，对昌都的发展谈不上有什么大的贡献。"采访中，李本信屡屡谦虚地表示。

但是，历史不会忘记！人民不会忘记！

笔者手记：请永远铭记共和国的功臣

9月，笔者专程赴成都，采访了李本信等一批老战士。他们年龄大多在90岁以上，甚至不少已上百岁。时间是无情的，他们有的听力严重下降，有的只能终日坐在轮椅上，有的甚至住进了重症病房。目睹英雄迟暮，难免有些感伤。

他们也曾年少。年少时，他们飒爽英姿，浴血沙场，为了理想和信念付出自己的青春年华。以李本信为例，他参加过抗日战争、解放战争以及西藏解放。我们这一辈只能从书上获知的历史，老人亲历过；我们学到的历史是一行行生硬的文字，而老人的历史有血有肉。

但时间是无情的。在采访他们时，他们跟普通的老人在外表上并没有太大的区别。他们中很多人还很谦虚，不愿多提往事，只想让功绩留在尘封的历史里。如果没有提前做好采访的功课，我甚至无法将眼前的老人与"英雄"二字划上等号。

我生怕他们被时间遗忘。如果没有一个个像李本信这样的老战士，就没有共和国今日的繁荣昌盛，就没有我们今日的幸福生活！作为一名笔者，我只能认真采访、详细记录，期盼将他们的故事报道给更多年轻人看。请永远铭记他们，共和国的功臣！

从行军到行文，青春流淌成记忆

原十八军女战士张晓帆

郑晓强　群旦次仁

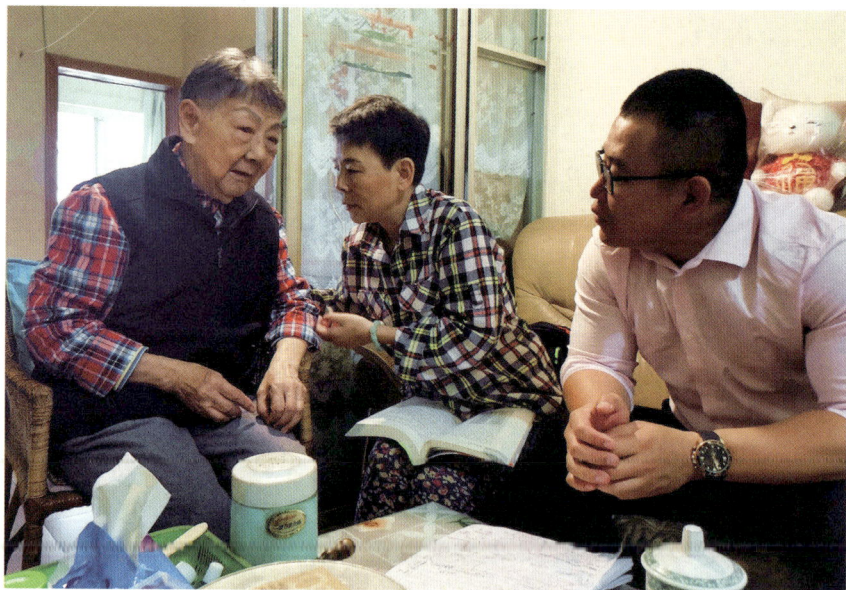

张晓帆老人（左一）讲述进藏经历

　　在成都初次见到 84 岁的张晓帆时，笔者多少有些意外——不像战士那般刚猛，她温婉知性；不像年龄那般老迈，她思维敏捷。

　　张晓帆，四川省邛崃市人，1936 年 5 月出生，1951 年参加十八军文工团，进军西藏。20 世纪 70 年代起，在《西藏日报》《四川文学》等报刊和文学平台发表文学作品，数十年笔耕不辍，著有《雪山作证》《流浪的热巴》等文集。

接受采访时，她将自己的经历娓娓道来，一步一步把笔者带回西藏解放的那个年代。

激情燃烧的岁月

张晓帆的父亲是地下党员，母亲是教师，大伯父更是毛泽东同志嘱托策反川军刘文辉的张志和将军。出生于这样的家庭，张晓帆从小就流淌着革命的热血。

1951 年，年仅 15 岁的她还在邛崃县女中读初中二年级，是县学生联合会委员、校学生联合会主席，经常组织同学到大街上开展减租退押、抗美援朝等宣传工作。

"那时候，大陆只有西藏还没解放。解放西藏是很光荣的事，我一定不能错过！"张晓帆谈起 1951 年 1 月自己加入十八军文工团的场景，仍慷慨激昂。

由于张晓帆是家中的独生子女，父母舍不得她，并不是很支持她的决定。她只好请邛崃县领导写介绍信，偷偷到新津县报名参军。

据张晓帆回忆，当年 3 月，她和战友们乘坐十轮卡车，经雅安、康定等地到达甘孜；4 月，开始徒步进藏。

"我年龄太小，组织上怕我掉队，让我留在甘孜后方。我到副政委那里一阵恳求，表态绝不掉队拖后腿，他才批准我跟队进军。"张晓帆说，当时，自己被分到牦牛队，负责押运政治部、宣传部、文工团等单位的进藏物资。

抵达金沙江边时，张晓帆发现，江上没有桥，只能用牛皮船渡江。"那里的牛皮船像圆圆的汤盆，每船能载五六个人和一些货物，靠船夫一支桨，在波浪滔天、流速似箭的江水里，打着漩儿前进。

而牲口须游过江，一些体弱、不善游的驮畜就被江水冲走了。"她回忆道。

费尽九牛二虎之力，人和骡马才越过金沙江，到达对岸的江达宗岗托镇。一过金沙江，张晓帆明显感到后勤供应紧张了，每人每天的定量减少了，"根本不管饱"。

进抵昌都的前一天，张晓帆和战友宿营在山脚下一个叫日雅的村子里。第二天早上8点出发，一路上森林夹峙、壁陡入云，云上面是路，路上面又是云……大家喘着粗气，顽强地往上爬。消耗殆尽的他们，只能喝凉水充饥。

下午4点左右，他们终于爬到山顶，看到了山下的昌都城——两条河流汇合的狭窄台地上，黑压压地分布着一些泥巴平顶房屋。张晓帆记得，昌都城里正召开与和谈相关的大会，群众欢欣鼓舞，现场彩旗飘扬。

张晓帆和战友一下来劲了，小跑着冲下山……

不能忘却的纪念

张晓帆所在的牦牛队抵达昌都两三天后，军直的大部队来了。他们前去迎接并归队，见各自单位的列队过来，便上前抢背包米袋。

文工团分队长尹学仁走在后面，面容憔悴，神情萎靡，艰难地迈动脚步，身旁有收容队的同志陪护。他强笑着说："真倒霉，感冒了。不过，没啥大不了的，休息一下就会好。"

收容队的同志在一旁说："他到江达就病得很严重了。大家要帮他背包，他死活不肯，一直坚持到昨天。这不，都这样了，还硬要扛那几根旗杆！"

第二天起床号一响，张晓帆爬起来一看，发现男宿舍门前聚着一群人，大家都沉着脸，表情悲戚。她听到有人在议论："以为是感冒，原来是肺水肿，都怪我们没经验。"

她扯一扯战友的衣裳小声问："啥子事？啥子事？"战友告诉她："老尹牺牲啦！"

"想起他平时生龙活虎的模样，我不相信他已经死了。"时隔近70年，张晓帆忆起这名战友仍眼含热泪，"多么好的同志，年轻有为，太可惜了！"

大家把尹学仁埋葬在解委会大院后门外，并发誓一定要完成他未竟的事业，走完他未走完的路，把红旗插在喜马拉雅山！

又过了几天，上级决定把军队的马集中起来赶到俄洛桥去放牧。"要抓紧喂好增膘，以应对更为严酷的前途。"张晓帆说，自己成为被抽调去放牧的新兵之一。

高原气候瞬息万变，炽烈的太阳和骤至的风雪连轴转。在没有遮拦的荒野上，一天下来，浑身都在痛。因为被晒得又红又黑，她得了个"小牦牛"的绰号。

"比超强的劳动更让人难忍的，是一天到晚肚子饿得咕咕叫。"张晓帆回忆说，在牧马的同时，还要捡牛粪来燃火、采野菜来充饥。就在那时，她学会使用皮风箱，"有了这个本事，后来在翻雪山时至少可以吃上一口热的"。

从俄洛桥牧马回来后，张晓帆就随大部队告别昌都、直指拉萨。

"尽管没有战火硝烟，但在这艰苦卓绝、冰天雪地的高原长路上，一样充满了牺牲。"张晓帆动情地回忆，"为了崇高的事业，许多同志奉献出年轻的生命。"

难以割舍的情缘

1952年，张晓帆被调到西藏工委社会部当打字员。后来，她又任过西藏藏语文干部学校办公室干事、西藏公学（现西藏民族大学）教师、西藏日报摄影记者、昌都地委妇联干事等职。

值得一提的是，1956年，她与同为十八军战士、对藏族民间文学研究颇深的吴光旭结婚。

那时，驻藏部队发出"长期建藏，边疆为家"的号召，解禁了部队将士谈恋爱。吴光旭对张晓帆心生爱慕，趁她回内地休假时悄悄给其汇去一些钱，并发电报说："进军西藏这么几年，辛苦了，拿这些钱去买些吃的或孝敬二老。"张晓帆芳心暗许。

后来，吴光旭不幸罹患脑瘤。1971年，为了陪他治病，张晓帆调回四川工作。此后，先后在昌都运输公司成都站、四川省科协、中国民间文艺家协会四川分会等单位工作过。

1976年，作为昌都运输公司成都站工作人员，她到拉萨参加西藏交通系统的相关会议，途中再次经过昌都。此后，因工作繁忙走不开，加之年龄渐长，她再没踏足过西藏。

但张晓帆始终牵挂着昌都。已85岁高龄的她，在成都仍经常收看西藏卫视的节目，尤其关注昌都的新闻。"昌都变化太大了，到处都是高楼大厦，和内地没什么两样。"张晓帆努力辨认电视里的昌都城区，寻找当年的昌都记忆。

1977年吴光旭去世后，张晓帆更多地展示出文学创作的才华。"父亲在世时，喜欢写文章，母亲为了避其锋芒，写得比较少。父亲走后，母亲开始利用闲暇时间，创作、发表了一系列散文和小说。"她的女儿、中国散文学会会员吴微说。

而张晓帆的作品，绝大多数以昌都为背景。"昌都是我魂牵梦萦的故土，为我提供了取之不竭的素材和源源不断的灵感。"她说。

最近，她刚完成小说《萨嘎达瓦节上的小骑手》的写作。小说讲的是丁青县一名贫穷藏族小伙子与一名汉族商贾的女儿相恋，并最终加入解放军，成长为民族干部的故事。

"这个故事的原型，我是从战友那里听来的。"张晓帆说，当年，十八军战友们在行军之余常聚在一起侃大山、讲故事，"我要用文字把这些记忆整理出来，留给后人"。

笔者手记：同一种热血在流淌

采访张晓帆老人时，我总会"脑补"她年轻时执拗的样子。

我想象着还是个初中女生的她，如何就树立起如此坚定的革命信念；我想象着当她欲报名参军时，她的父母多么心疼与不舍；我想着她如何艰难地在"忠"与"孝"之间选择了前者，义无反顾地背着父母踏上解放西藏之路。

这种画面，又那么地似曾相识！

作为福建省第九批援藏队员，我在去年7月面临援藏号召时，最害怕的不是高原反应，而是父母对我的担心。自古忠孝两难全。我多想陪伴在父母身旁，做一名子女该做的事；但我必须响应中央的号召，支援祖国边疆建设，做一名党员该做的事！

最终，我只能"先斩后奏"，偷偷报名援藏。报完名，才耐心地去跟父母做思想工作。

时代在变，但永远不变的是家国情怀，永远不变的是热血澎湃。采访张晓帆这样的老战士，于我是一次难得的学习机会。她让我对何为"老西藏精神"有了更具化的答案，让我对传承"老西藏精神"有了更坚定的信念。

张晓帆说，尽管没有战火硝烟，但在这艰苦卓绝、冰天雪地的高原长路上，一样充满了牺牲。但是，在她的心里，在我的心里，为了崇高的事业作出再大的牺牲，都青春无悔！

昌都就是我的家

原十四军 42 师 126 团战士，昌都军分区
原文化科长、宣传科长苏国柱

何瑞　群旦次仁

青年时期的苏国柱

近日，笔者在成都高新区锦江帆影小区内，见到了 88 岁的苏国柱老先生，听这位老西藏讲述他与金珠玛米的故事，他与昌都的故事。

耄耋之年，苏老依旧笔耕不辍，给了笔者厚厚一沓手稿，纸上的笔锋苍劲有力，内容翔实感人，让第一次收到手写稿的笔者深受触动。他挽起衣袖，右肩膀至右手腕处，有一道近 60 公分的伤疤，那是在西藏平叛中留下

的，这道伤疤已经过去了六十多年，却瞬间将笔者带回到那个激情燃烧的岁月。

在战火中与昌都结缘

1932 年 11 月，苏国柱出生在广东省茂名市袂花镇的一个普通家庭，父亲以修理手表为业。1948 年，苏国柱考上茂名私立显臣中学读书，1949 年 10 月广东解放，他参了军，成为十四军 42 师 126 团战士。

1950 年 2 月，以十八军为主力，西北和云南各组织一支部队配合十八军解放西藏。在云南的十四军 42 师 126 团与十八军 157 团组成南线集团，任务是解放芒康、盐井、碧土，占领邦达，切断藏军向南逃的退路。

8 月 6 日，十四军 126 团从云南省鹤庆县进军西藏，渡过澜沧江，向贡山集结。在梅里雪山及怒江江畔，形成对峙。

10 月初开始战役行动。遵照毛主席十大军事原则和打歼灭战的思想，根据 42 师的部署，决定采取大迂回、大包围，干净利索歼灭敌人。24 日，昌都战役胜利结束，该团解放了碧土、盐井、门空及整个察瓦龙地区。在这次战役中，126 团无一伤亡。

苏国柱记忆犹新，进军西藏的战士越是在艰难的时刻，越显乐观的胸怀和奉献的精神。

上级考虑到 126 团进军西藏沿途没有供给站，也没有后勤保障人员，有的地方甚至没有路，每个战士除了携带行李和武器弹药外，还要带上食物。主食是米面，可是副食油盐肉菜该如何带呢？后勤领导再三思考，决定带上鹤庆当地盛产的火腿腊肉，方便携带又实用。

"战士们进军西藏时，都在背包上绑了火腿，澜沧江干热河谷日照强气温高，火腿逐渐流油，渐渐地浸到正在行军的战士衣服上，那股火腿味洗也洗不掉，战士们就自嘲我们是'火腿军'！"苏老的记忆中，苦难逐渐淡去，那段青春的岁月，留下更多的是有趣的回忆。

"还有雪山钢丝床的故事呢，我来说给你听！"苏国柱打开了话匣子。那时物资匮乏，部队行军至碧落雪山时，夜幕降临，却下起了大雨，只好就地扎营，战士的帐篷是 2 张帐篷布和几个杆子搭起来的，勉强能遮雨，可雨水一直倒灌，帐篷里到处湿漉漉的，战士们都只能干坐着。几个战士们捡柴时，发现山垭里有很多柴火，就回去带着全体战士过来，把柴火捡回去铺在帐篷里，再割些茅草铺在上面，躺在上面舒服多了，很有钢丝床的味道呢。"卫生员小李还编了一段钢丝床快板呢，逗得大家哈哈大笑。"

将银幕和文艺带进昌都

昌都解放后，苏国柱调回位于云南丽江的师部电影队学习放电影。1952 年 8 月份，上级决定他随十四军辎重 2 团给察隅部队送给养，他便带上放映机为察隅的军民们放电影。

"我们都很清楚任务有多艰巨，也做好了吃大苦耐大劳的准备。"苏国柱说，察隅离丽江 2000 多公里，被众多大江大河高山峡谷包围，交通十分不便，战士们常年看不到报纸，了解外面的事只能通过一部在解放战争中缴获的美式收音机，几乎就是个'孤岛'，他们十分盼望能看上电影。"我会放电影，我不去谁去？让指战员们看上电影，吃多少苦都值。"苏国柱说。

苏国柱要带的是一部笨重的苏式 16 毫米电影放映机，还有 4 部影片，装箱后有 15 驮，在一长串清脆的马铃声中，他们一行踏上了征途。

这一路上危险重重，最惊险的，要数怒江上的溜索了，那是察隅县的察瓦龙乡，察隅部队的后方留守处就在这里，可是要去前方，这条溜索就是必经之路。

"过溜索，就像走钢丝绳那样惊险。"回想起那条溜索，他有些心有余悸。溜索是用竹篾片拧成的，吊在两岸的大石头上，过去时要用皮条将人或东西拴紧，人双手扶着绳索。

人过时手心都要捏出一把汗，更何况是骡马牲口了。"当时，有骡马过溜时，乱蹦乱扔，滑到溜索中间，把溜板弄翻了，一旦扔断了牛皮绳，它就会掉进怒江！后来，幸好当地村民们滑过去把溜板扳正，用绳子将骡马拉上岸。"苏国柱说。

走了两个多月，终于达到察隅部队。从此，苏国柱带着放映组活跃在边防线上，为部队官兵和当地群众放电影。这一放，就是十多年。

1965 年 5 月，苏国柱到昌都军分区政治部组织科副科长，随后还担任文化科长、宣传科长，将放电影事业带到昌都群众面前，同时，他还积极组建文艺队伍，发展昌都的文化事业。

1971 年，自治区要求昌都组建一支 25 人左右的文化宣传队，参加下一年的全区藏历新年文娱调演。距演出时间不到 3 个月，怎么办呢？苏国柱就从学校中选，学生跳舞，老师配乐、唱歌，演出后大受好评。后来，他还带着宣传队到四川音乐学院、成都歌舞团向专业老师学习，这个宣传队逐渐成为一支专业性的文艺队伍，是昌都艺术团的前身。

同时，苏国柱还爱好写作，先后采写《战斗在达秋拉山的英雄们》《察隅的葵花》《丹心照雪山》《草鞋的故事》等众多新闻和散文作品。

昌都是我的第二个故乡

1965 年，苏国柱调回昌都，终于和妻子余兴华结束了两地分居的状态，两人开始在昌都安了家。随后，三个儿女相继出生，在昌都长大后参军，继续在西藏奋斗，后来孙子孙女们也是在昌都长大。"就像一棵树一样，我们在昌都开花结果了。"苏国柱欣慰地说："我们全家都是军人！"

苏国柱老先生为我们翻出相簿，里面珍藏着他与家人在西藏的珍贵照片，其中几张照片笔者有些眼熟，是昌都的扎曲河与昂曲河，以及飞架两岸的桥。老先生告诉笔者，这是他在昌都工作时期多方收集的照片。

刚解放的昌都，老城破烂不堪，人民苦不堪言，周边全是垃圾，甚至连死狗死牲口都随意扔在路边。当时，老镇与四川坝和云南坝之间，分别有一个木桥，可以过人和马帮等，解委会成立后，贸易公司、邮电局、医院等先后建立，昌都镇开始繁荣。

20世纪50年代中期，川藏公路修到了昌都，公路桥上可以通车了，物资供应增多，昌都开始大力发展机关、部队办公场所建设，驻扎在昌都的部队从帐篷搬进砖木结构的房子。"我记得当时人民日报还曾发表《藏东明珠——昌都重镇》一文，昌都得到很快的发展。"苏国柱说。

"20世纪70年代，原来的四川桥、云南坝桥改建成钢筋水泥桥，后来在云南坝与75医院之间、在马草坝与邦达街之间、在老镇与马草坝之间先后修建铁索桥，这样改善了昌都城区的交通条件，城区的人逐渐多了起来。"苏国柱回忆，当时昌都的餐饮业、菜市场兴起。在马草坝建立了昌都中学、地区广播站等单位，建了很多房子，马草坝变成了闹市。

1980年，苏国柱48岁了，他转业到成都工作。他一生热爱昌都的土地："我在昌都流过血、流过汗，就差没把生命留在昌都，但我绝不后悔，我永远记得当年老阿妈给我熬的鸡汤，很多群众给我送核桃和水果，我一直把昌都当成我的故乡、我的家，我对西藏人民的感情很深。"

如今，苏国柱空闲时，经常写回忆录、文章等向报刊杂志投稿，宣传当时在西藏的艰苦奋斗，也会为西藏单位和个人提供史料，并捐赠进军西藏的纪念品。

"祝愿昌都发展得越来越好，祝愿昌都人民幸福安康。"苏国柱说。

笔者手记：莫道桑榆晚，为霞尚满天

9月，笔者拜访了苏国柱老先生，收到了苏国柱老先生一沓手写的回忆录稿，这份沉甸甸的礼物，笔者十分珍惜。

苏老出生在一个积贫积弱的旧中国，那种落后就要挨打的滋味只有亲身经历过才能刻骨铭心，解放军解放了他的家乡，人民开始当家做主，他便怀着革命理想入伍来到了西藏。

桑榆尚晚，为霞满天。尽管是88岁高龄，苏老仍然笔耕不辍，用笔记录着那个激情燃烧的岁月，讲述着他的从军路和昌都往事，收集着关于昌都历史的文献资料。苏老一生正直、无私、简朴的优良作风，深深地影响着他的孩子们他的儿女也都走上了从军路，全家都是军人。

诚然，今天的生活已经发生了翻天覆地的变化，我们早已不用再为柴米油盐发愁。但是，我认为这一切都要归功于解放军，是他们为子孙后代打拼出了一片天地，是他们让我们过上了好日子，他们是伟大的，没有他们，就没有我们现在这么好的生活。

为昌都绽放最美芳华

原十八军女战士、昌都地区解委会文教局
办公室主任何蜀江

何瑞　群旦次仁

何蜀江在家中接受采访

近日，笔者一行来到原十八军女战士、昌都地区解委会文教局办公室主任何蜀江家中，倾听她与昌都一段珍贵的回忆。

参军时还是年轻的姑娘，如今已是满头白发安享晚年。何蜀江

依旧不能忘怀在西藏近 40 年的时光。

一腔热血参军去

1932 年 7 月，何蜀江出生在四川省自贡市一个贫民家庭，1948 年，16 岁的她在自贡市蜀光高中参加了地下党的外围组织，十分向往革命。1949 年 12 月，自贡市得到解放，她看到不少女兵身着草绿色军装，腰佩手枪英姿飒爽，令她着实羡慕。

不久，十八军工作队来到学校开大会招兵，主席台上首长号召同学们加入解放军，去解放祖国大陆最后一个地方——西藏，首长的话激起了何蜀江热情高涨的革命理想，她与同学们一起发誓说"这是祖国大陆最后一块未解放的地方，我们一定要参加大陆最后一场解放战争。"遂立即申请入伍，放弃学业，1950 年 2 月，她终于成为解放军的战士，乘车奔赴军部所在地乐山。

"在车上，我们都换了军装，心里非常喜悦、自豪。还有些同学未得到学校批准入伍，没穿军装也硬挤上车，同我们一起去了部队。"何蜀江回忆，当时，她参军事先未给家人说，母亲还专门委托二伯父来乐山带她回去，可她怎么也说不动二伯父，只好躲起来，最后，还是班长耐心说服了二伯父，让她去参军。

1951 年 4 月初，十八军第 54 师向甘孜挺进。山陡路窄，何蜀江随大军车队走了 5 天，行程 600 多公里，才到达甘孜。驻扎下来的首要任务，就是修建机场，以支援西藏解放，向前方空投物资。

挖沙石、填深坑、劳动强度大不说，旧机场的地方没有房子，战士们自己挖个深坑，上面横放着木头和树枝，再盖上厚厚的土，大家晚上就睡在这样简陋的窑洞里。

"一天夜里，狂风暴雨袭来，窑洞垮塌，我的两位女同学余任兰和周婉兰不幸被压在窑洞里，她俩宝贵的生命就永远留在了雪域高原上。"回忆起当时的艰难日子，何蜀江难以忘怀。

5月初，修建甘孜机场的任务还未完成，军部决定从军直53师、54师抽调一批干部，奔赴昌都、三十九族和波密地区开展工作。何蜀江所在54师干部队，有300多人，任务是在昌都建立人民政权。

何蜀江作为女兵班的一员，背着背包、米袋、一块帐篷布、帐篷杆、帐篷钉、草席等负重行军。第一天，路上恶劣的环境和高原反应让行军的脚步慢了下来，渐渐有人掉队，女兵班的同志都很好强，途中只休息了十分钟，一直紧跟着大部队前进，到达预定的宿营地时，80华里的路上竟有一半人掉了队，反而女兵班没有一个掉队的。

饿了就煮野菜吃，因高原缺氧，饭都煮不熟，只有吃夹生的，夜晚睡在帐篷里。跋山涉水，艰苦行军，走了近30天，何蜀江一行终于到达昌都。

从无到有搞建设

1951年6月初，何蜀江被分配到昌都地区解放委员会秘书室作办事员。当时解委会的工作繁重，除了宣传贯彻执行《关于和平解放西藏办法的协议》，最为紧急和艰难的，就是组织全地区的人力和畜力，将大批军需物资从金沙江边迅速运送到嘉黎、那曲和拉萨。

"初进昌都，工作和生活条件都很简陋，解委会仅是一座土木结构的小木楼和十多间平房，床、桌椅等家具一样没有，都是十几个人一起打地铺，那时有个又黑又脏的卡垫都算是高级享受了。"何蜀江对当时的简陋条件记忆犹新，她告诉笔者，没有地方住，他们就自己修房子，大米、白面供应很少，就吃青稞面做的馒头，炒菜就用年久的臭酥油，当时还要进行繁重的生产劳动，真是历经了千辛万苦。

当时，生产劳动也是一项政治任务。党中央要求解放军一面进军，一面生产自给，以利站稳脚跟。何蜀江和解委会的干部们就在高山上开荒，种粮种菜。荒地土质坚硬，石头遍地，他们就把铁锹磨光，一寸一寸地将荒地翻出来。地翻出来了，缺水又成了个大问题，需要去山下的昂曲河挑水。

"山坡上的小路不好走呀，我一个人要挑六七十斤的一担水上山，加上高原缺氧，挑着挑着就头晕眼花，有一次歇脚，水桶没放稳，差点把人都扯下山去，好险！"何蜀江一边回忆，一边还给笔者看她年轻时的照片：一身中山装的她从容不迫地骑在马背上，双目有神、风华正茂。

"当收获到莲花白、萝卜、土豆等蔬菜时，心里会无比喜悦，觉得一切都值得。因为既实现了蔬菜自给，减轻了国家负担，又改善了生活，同时，也锻炼了自己的体魄和意志，我们也有能力，在高原上扎下根。"何蜀江说。

1961年9月，何蜀江任昌都地区实验小学校长，1975年开始，担任昌都地区文教局办公室主任，1979年又调任西藏自治区文化厅，直到1986年退休，何蜀江在西藏工作了36年。

"我们虽然历经了艰辛，一些战友还献出了宝贵的生命，但是我们知道，我们是为了解放西藏，建设西藏的伟大事业，虽苦犹甜。回首往事，我可以自豪地说，我们将最美好的青春年华献给了西藏人民，我们青春无悔！"何蜀江的话掷地有声。

相濡以沫69载

金秋季节，在成都何蜀江和李本信老人的客厅里，老两口相互搀扶着向笔者走来，这样的画面温馨又从容，甜蜜蜜地仿佛屋里不时飘来桂花香气。

何蜀江和丈夫李本信相识于1951年的进藏行军路上，相知、相爱、相守，今年已经69年了。

1951年，李本信在十八军54师政治部直工科任科长，何蜀江在54师政治部警卫排当文化教员，同在54师政治部工作。在行军途中，李本信被这个好强又乐观的女孩吸引，渐渐地开始给她写情书。

"当时不知道他是从哪里知道我的，他就给我写了很多信，他给我们上课，我办黑板报他还说我字写得很好，但是见面的时间不是很多。"何蜀江回忆道。后来，54师抽调人员去昌都建立人民政权，李本信是领队，何蜀江是队员，两人的感情升温，他们确定了关系。

1952年，同在昌都工作的他们结婚。下一年，他们的第一个孩子出生，可是由于海拔高氧气不足，孩子出生便出现了缺氧症状，只得紧急送往内地，然而，孩子不幸在路途中夭折。

1957年以后，夫妇的孩子出生，他们再也不敢冒险继续留在高原，便回到内地生产，把爱意和祝福都给了以后的孩子。

"在那个年代，西藏的干部特别是女同志受了很多苦，高原医疗条件差，去内地路途又太远气候条件也差，很多人的子女都夭折了。"翻出那段痛苦不堪的回忆，何蜀江老人的声音逐渐哽咽。

这些年，老两口一直关注着昌都的发展变化。前些天，西藏成都办事处的小熊来到家中，给他们看了昌都的夜景和市政府照片，展现出一座美丽的山城，看到曾经奋斗过的昌都得到很大发展，建设得这么繁华美丽，老两口都非常欣慰。

"我这一生，在昌都工作的时间最长，对昌都的感情最深，昌都比我们那时候发展的好了太多，有机会的话，好想回去看一下。我祝愿昌都越来越繁荣，昌都人民越来越幸福！"何蜀江老人说。

笔者手记：88 岁女兵的"红色记忆"

秋意正浓，金桂飘香。88 岁的何蜀江老人在客厅里静静地等待我们的采访。银亮的发丝、白皙的面庞，干净到没有一丝褶皱的衣服，胸前端正地挂着"庆祝中华人民共和国成立 70 周年纪念章"。奖章，熠熠生辉；笑容，慈祥灿烂。

昌都战役，是一场伟大的战斗，在这场战争中，包括何蜀江在内的女兵，为了理想信念，以生命和热血谱写了一曲伟大而悲壮的战歌，让五星红旗高高飘扬在昌都的土地上，打下和平解放西藏的基础。

何蜀江的记忆里，解放军到达昌都后，第一件事就是建立人民政权，穷苦百姓分到了土地和牲畜，这一举措让昌都人民信任共产党，愿意跟党走。在昌都工作的 30 多年，"老西藏"们与人民群众同呼吸共命运、同甘苦共患难，采取了一系列惠民、利民举措，让昌都发生了翻天覆地的变化。

她，亲身经历、见证过旧社会、新中国两重天的变迁对比，见证过解放初期昌都百废待兴时期的贫穷和艰辛岁月，见证过昌都解放 70 年的巨变，见证过中国从弱国变为强国的奋进历程。她的"红色记忆"，是昌都人民宝贵的财富。

"我亲历了解放军和平进军西藏"

原十八军老战士、昌都公安处原党组书记赵钦贵

王玮

赵钦贵老人观看中国人民抗日战争暨世界反法西斯战争胜利70周年纪念大会

2015年9月3日清晨不到6点，家住昌都镇马草坝社区的赵钦贵老人就早早地起了床，一番洗漱后，翻出自己在部队时获得的奖章和穿着军装的老照片，反反复复地看，良久不肯放下。快到九点时，他坐到了电视机前准备收看中国人民抗日战争暨世界反法西斯

战争胜利 70 周年纪念大会，年近八旬的赵钦贵耳不聋，眼不花，腰板儿挺得倍儿直。作为曾经的军人，现在仍然保持着军人的作风和习惯，他为亲身参与过和平进军西藏、昌都的剿匪和建设事业而自豪。他一边收看盛大的阅兵直播，一边怀着激动的心情，回忆起了当年十八军青海骑兵独立支队进藏时的种种艰辛。

赵钦贵，原名卓马佳，1937 年出生于青海铜仁。父母早亡，年幼的哥哥和他早早担起生活的重担，每天种地放牛。1949 年青海解放不久，一个排的解放军战士来到村里，就住在他们家，这是赵钦贵第一次见到"金珠玛米"。一个多月的时间里，赵钦贵和战士们朝夕相处，建立了深厚的感情。参军入伍，当一名解放军战士的念头也在他年轻的心灵里升起来了。

进军西藏强渡通天河

当听说驻青海的部队要招收 8 名文工团战士的消息，赵钦贵马上报了名，但是他想当的是真正参与打仗的战士，不是文工团唱歌跳舞的文艺兵，就一直向上级领导要求下连队。1951 年，赵钦贵的申请被批准了，他被编入十八军骑兵独立团独立支队，准备进军西藏。

部队开始在西宁集结，准备马匹、马料、服装等后勤工作，1951 年 8 月，他所在的十八军独立支队，在青海省香日德召开进藏誓师大会。赵钦贵记得，当时他们的军装都是羊羔皮制成的厚衣服，保暖性很好。骑兵有 200 多人，藏族战士有六七人，马匹有三四百匹。尽管第一次参加大规模的军事行动，但是他一点也不紧张，反而很高兴，穿上军装，手握钢枪，觉得自己很神气，那年他还不到 15 岁。

部队很快就出发了，骑兵机动性强，一直走在主力部队的前面，首先到达青海若木岗，那里海拔高，气候恶劣，茫茫大草原上，行军几天都看不到一个人。继续向前行军，就到达了通天河边，这条《西游记》中拦住唐僧师徒的大河也拦住了解放军的去路。上级下令强渡。部队用木头和充气羊皮捆成羊皮筏子，人乘筏子，把马缰绳拴在筏子上，牵马匹渡河。但是走到河中央，马突然受惊，争先恐后往筏子上跳，筏子翻了。那一天牺牲了8名战士，溺死牲畜150多头。

部队又挑选了4名水性好的战士，浑身涂满酥油，喝几大口酒，下河驱赶马群过河，河水冰凉刺骨，马匹还没到河中间就掉头退了回来了。看着这个难关，赵钦贵和另一名来自青海的藏族战士挺身而出，一起下河，用马鞭把马赶回去，赶了几次终于将一部分马匹赶过了河。

后来，后续部队赶上来了，运输队的队长是熟悉地形的当地藏族人，他告诉大家，在上游半天路程的地方，有个叫做七岔河的地方，水分七路，水势较小，当地牧民常年在那里来往渡河。于是部队改道从七岔河涉水渡过了通天河。

蹚过草地沼泽翻越唐古拉山

过了通天河，部队稍作休整，又开始渡沱沱河，这条河是长江的源头，河流一带，草原上水坑遍布，部队请当地人做向导，在可以通行的地方插上小红旗，后面部队跟着红旗的指引前行。

再往前，就是海拔6000米以上的唐古拉山，蒙语中意为"雄鹰飞不过去的高山"。部队在这里停下来，做思想动员和物质准备。当年，成吉思汗的大军到达这里，准备进藏，恶劣的气候和高寒缺氧致使大批人马死亡，所向披靡的成吉思汗只能望山兴叹，败退而归；马步芳的部队也曾两次到唐古拉山脚下，打算翻山进军西藏，因找不到路和粮草不足，两次都铩羽而归。部队首长动员大家，要做好各方面充足准备，下定决心征服唐古拉山，一定要解放西藏。

每名战士都领到了香烟、仁丹、大蒜、万金油等给养，赵钦贵不会抽烟，也被要求必须抽，防止"打烟瘴"，就是头晕、呕吐、浑身没劲等症状的高山反应。

队伍出发了，赵钦贵走在最前面，一有头晕的情况，就嚼着大蒜，不停地抽着烟。藏族战士的高原反应普遍小些，骡子运输队里有两名汉族同志心脏病发作相继在途中倒下，骆驼运输队的骆驼不适应雪山气候，一些大口喘气，口吐白沫，一些走着走着就轰然倒下，再也站不起来。部队用3天时间全力跋涉越过唐古拉山，牲口倒毙300多头，终于征服了这座大山。

翻过大山，来到一大片沼泽地前，运输队的牦牛走得慢，赵钦贵一行开始断粮，只能吃马料了，豆子加盐巴煮，在当时没有其他东西吃的情况下，成了最好的美味。到了沼泽地，一片水草下，根本看不出来下面致命的沼泽，经常有骡子掉进去被淹死。不少战士没有马，从骑兵变成了步兵。

一路翻山越岭、一路跋山涉水，部队来到藏北草原。以为可以稍事放松，却没想到考验接踵而至。一天下午，部队宿营，炊事员正在煮饭，帐篷已经搭好，马儿也放去吃草。突然，锅翻了，帐篷倒了，马一下躺翻在地，"地震了！"原来是朗措附近发生8级地震，上级命令部队连夜急行军，尽快脱离地震区。接下来五天五夜的急行军中，余震很多，山石滚落，部队一直没有停下来休息，赵钦贵实在困了、累了，就抽根烟提提神继续向前走。

驻扎拉萨、日喀则救灾大生产

1951年12月1日，历时3个多月、艰苦跋涉3600多里的中国人民解放军第十八军独立支队终于抵达了拉萨。

那天，风和日丽，阳光明媚。一大早，赵钦贵穿上着呢制戎装背枪跨马，心中充满了激动和喜悦。部队除了与严酷的自然环境做艰苦斗争外，未发一枪一弹，未经历过一次战斗，还受到沿途各阶层藏族群众的友好帮助和热烈欢迎，是一次真正意义上的和平进军！

赵钦贵的部队在色拉寺下面的大坝子上搭帐篷驻扎。他印象比较深的是，当时，除布达拉宫、三大寺庙和贵族的石头房子、林卡外，没有多少像样的房子。部队纪律很严格，赵钦贵平时很少外出，有时遇到不友好的藏军向他吐口水，按照部队打不还手骂不还口的要求，他都会默默忍耐。

到拉萨后最大的问题是粮食紧缺，长时间的行军后，自带的粮食颗粒未剩，掌握当地粮食的大寺庙、大贵族等反动上层又一再扬言要"饿走汉人"，只好长时间吃的都是空投来的代食粉，藏族战士拿它当糌粑，汉族同志就用水煮糊糊吃。

一年后，部队驻扎到日喀则。赵钦贵和战友们就经常帮附近群众收青稞、挑水，晚上给群众表演节目、放露天电影。1954年，江孜、日喀则发生特大水灾，赵钦贵和战友们立即参与救援行动，他们帮助群众挖出被埋在淤泥中的财产，为灾民提供衣服、被褥、毛毯，帮助百姓开展灾后重建。此后，部队开始开荒种粮，发扬"南泥湾精神"，实现粮食和蔬菜的自给自足。

参加中印边境自卫反击战和左贡平叛

1960年，赵钦贵经过天水步兵学校三年学习回到部队，担任连长，在下察隅参加了1962年对印自卫反击战。他所属的反击部队进攻呷灵公、巴比通、瓦弄等地，俘虏500多名印军士兵。战俘们被送进战俘营后，生活照顾得很好，不仅吃的不错，还有内地产的香烟可以抽。在解放军的感化教育下，移交战俘时很多人当场哭起来，有的战俘对赵钦贵说："以后再也不和中国打仗了。"

不久，赵钦贵回到昌都军分区独立营。一天晚上，他看完电影刚睡着，就被叫到司令部作战室开会。原来，左贡县发生了武装叛乱。当晚，赵钦贵带部队连夜从昌都赶往左贡，拂晓前到达事发地旺达，发现一个班的战士在驻地被土匪杀害了。土匪抢走枪支后，又杀害了一名治保主任和村文书，抢走了不少马匹。向上级汇报后，赵钦贵带领军分区两个团和独立营全部出动，加上民兵配合，搜山剿匪。

那时是元月份，是一年中天气最寒冷的时候，部队和民兵在冰天雪地里寻找土匪的踪迹，赵钦贵手脚都被冻裂，雪下得很大，随时有雪盲的危险，但他还是坚持在一线指挥战士和民兵剿匪。很快就有当地老百姓提供情报，锁定了土匪藏身的大致范围。一天，民兵发现远处山上有很多鹰在盘旋，立即上前查看，原来土匪在山上没有吃的，就偷老百姓家的牛杀了吃，把内脏和牛头丢弃，引来了觅食的鹰。赵钦贵带领侦察连战士和民兵立即追击，在附近的牧场上打死3个土匪，其余的土匪躲到山洞后，被全部击毙。

进入和平年代，1971年，赵钦贵担任丁青县武装部政委。1981年，他转业到当时的昌都地区公安处，历任副处长、政委和党组书记，直到1992年退休。

赵钦贵，这位半生戎马生涯的老兵这样评价自己的经历："我亲历了解放军和平进军西藏，又参加过上大大小小很多次战斗，能从艰苦卓绝的行军、血雨腥风的战场走到如今的和平盛世，能看到新西藏翻天覆地的变化，我感到很幸福很幸运！"

笔者手记：向老兵致敬

在收看中国人民抗日战争暨世界反法西斯战争胜利70周年纪念大会直播时，赵钦贵对笔者说："当时部队的装备很差，就是79步枪和铁把冲锋枪，但战士们的意志非常顽强，战胜了雪山、大河、沼泽等恶劣的自然条件；现在部队装备了现代化武器，比以前有了飞跃性的提升，受阅官兵身上仍然体现出过去那种精气神，体现出奋发向上的精神面貌。这些集中体现了祖国所取得的巨大进步，也昭示着中华民族无比辉煌的未来。"

赵钦贵是一名老兵。老兵们的苦难岁月离我们已经很久远。他们中间的很多人，倒在了当年的战场上。还有很多人，已经在后来的岁月里逝去。

今年是昌都解放70周年，老兵这个群体，他们生活得普普通通，简简单单。他们说，活着就已经比他们的战友幸运。任何致敬和感谢，其实都远远不足以担负他们为新西藏所付出的流血牺牲。他们是我们永远都不应该被忘记的群体。

第二辑

亲历巨变话沧桑

"为民主而战，我自豪"

八宿县老干部白玛江村

王玮

白玛江村向笔者展示他的勋章

2015年深秋的一个午后，我们如约来到白玛江村的家。走进老人位于八宿县城的家时，老人正热情地站在阳光明媚的院中迎候。白玛江村老人已是满头华发，由于上了年纪，背有点驼，胸前别着一枚毛主席像章，脸上却始终洋溢着温和的笑容。老人引我们走进客厅坐下，用一种平缓的语调讲述那已逝去的战争岁月中的点点滴滴。

1950 年，中国人民解放军二野十八军在毛泽东的决策指挥下，肩负起了和平解放西藏的重任。13 岁的白玛江村在江达县岗托渡口见证了这一历史时刻，从此他受到感召参加革命工作。1959 年，西藏发生分裂势力策划的武装叛乱时，他毅然加入解放军，投身于平叛的艰苦战斗中，他与战友们，迈着坚定的步伐，在平叛斗争中奉献了自己的青春年华。

不一样的军队带来不一样的生活

白玛江村 1937 年出生在江达县岗托镇，他的家就在金沙江渡口旁。他有一个哥哥和两个姐姐，是家里最小的孩子，他的父亲早年去世，全靠妈妈一个人把孩子们拉扯大。他们没有自己的房子，也没有牲口和土地，只能借住在别人家的牛圈里，日子过一天算一天。平日里他们吃的是最差的糌粑、野菜和芫根汤，就这些还有上顿没下顿，白玛江村经常挨饿；穿的是别人穿破了不要的衣服，一件衣服上通常有五六十个补丁。哥哥和大姐、二姐年长一些，他们可以去富裕人家干长工，白玛江村年龄小，只能打零工，帮人放牛放羊，挣些吃的，勉强度日。放牛放羊放得不好或者丢一只羊，他就会被雇主狠狠打骂一顿。

1950 年，解放军来了。村里谣言四起，说汉人会把老人杀光，把年轻人抓到内地。有一天，白玛江村在放牛时看到对岸有军人用橡皮船渡江，被河这边的藏军狙击，橡皮筏子被打沉，不少人掉进湍急的河水里。听到枪声密集，白玛江村一家赶快躲到邻居家里，等枪声停了好久才敢出来。这时藏军扔下不少尸体，已经仓皇撤退。

在村民看来，解放军是一支奇怪的军队：他们不抢占老百姓的房子住，而是在村子附近露天支帐篷，睡在野外，也决不去打扰寺庙；他们对老百姓说话和蔼，从来不打不骂；他们用钱买东西，从不强抢民财。有时解放军做饭没柴禾，战士拿着一块大洋，跟老百姓比划着要换柴禾，老百姓把柴禾给解放军，表示不要钱，战士就把大洋硬塞到老百姓手里。

解放军一路走过来，给养跟不上，渡江过来又牺牲负伤了很多人，日子过得很艰苦。他们的粮食不够吃，经常向老百姓买芫根。战士们都饿坏了，一买到芫根一次就生吃五六个，后来村民教他们怎么煮芫根，他们连芫根叶子也一起煮了吃。

过了几个月，解放军和村民交往越来越多，白玛江村经常去解放军帐篷里烤火，帮忙干点活，他经常采野菜拾柴禾送给解放军，战士们每次都塞给他钱，还送给他很多食物。有一次战士们拿给他一些热气腾腾的锅巴，他狼吞虎咽地吃下去，一辈子也忘不掉那锅巴的香味。至今他还叫老伴煮饭煮糊一点，为的是再次回味当年的美味。

第一批解放军开拔，继续前进，第二批第三批又来了，还是住在村子外面，和村民相处融洽。牦牛组成的运输队也来了，带来了大量的大米、白面等给养。不久，解放军在金沙江上修建大桥，白玛江村和哥哥一起去施工工地干活。大桥修了一两年，当时没有大型机械，工程全靠人力。在工地，技术工人、民工和解放军一起背沙子背石头，这一切白玛江村都看在眼里。解放军艰苦朴素，官兵一致，爱护百姓，是穷人的军队，给他留下了深刻的印象，他心向往之。

1956 年，江达县招工作人员，白玛江村和哥哥都被选中了。他在县解放委员会当通讯员，不久被派往内地咸阳的西藏公学学习。哥哥也被送到内地学习，后来成为拉萨大修厂的技术人员。那是1958 年，白玛江村在学校勤工俭学，烧石灰，做粉笔，当木匠，学理发，样样都干，桌椅都是自己做，直到现在他还有一手漂亮的理发技艺。那时每顿饭就是两个窝头一碗稀饭，虽然艰苦，但和过去动辄被人打骂的日子相比，他的内心是充实和快乐的。

南征北战饿着肚子艰苦进军

1959年西藏发生叛乱，部队为了顺利开展平叛，在西藏公学招550名军人。白玛江村报名参军了，他和一同参军的同学兼战友，从格尔木和那曲方向进藏，到达拉萨，在西藏军区教导队接受训练，然后他们分别被派往各个连队参加战斗。

在部队，白玛江村既是翻译也是战士，既要发动群众，又要扛枪作战。他们的连队进军聂拉木，参与日喀则战役，当地有三四千名土匪，和解放军一交手，这些乌合之众就一触即溃。连队又赶到南木林县，在这里几千名土匪全部投降。他们马不停蹄，又开往那曲地区剿匪。

在那曲，由于给养运输困难，部队整整7天没有粮食吃。战士们就采集水木耳煮着吃，勉强填饱肚子。后来上级给他们空投食物，投下来的是一种很硬的饼子，放到锅里煮，半锅饼子一煮就膨胀出来，大家赶快边捞边吃，半锅饼子煮出了三锅的分量。后来战士们有了经验，水煮饼子每人只能吃一碗，吃两碗会把胃口撑坏。

有的战友负伤了，白玛江村精心照料他们，白天和黑夜都在身边守候，他给伤员喂饭、换洗纱布，接屎接尿。他身上总备着不少干芫根，一旦有战友发生头晕、头疼等高原反应，就拿给他们吃，很有效果。有的战友背不动枪支，他和其他战友就接过来，大家轮流帮着背。他经常和战友说，大家都是为了一个目标走到一起的，在部队里战士们生死与共，更要藏汉一家亲。

1960年，白玛江村随部队前往波密、鲁朗冬训休整，三大战役打响时，接着又前往洛隆边坝丁青。白玛江村的连队坐车到邦达草原的三岔路口处下车，然后一路走到边坝。一路上，战士们随身带的糌粑很快吃完了，大家饿着肚子，背着50斤重的装备，白天黑夜赶路，非常辛苦。当时部队纪律是不允许单独向老百姓买吃的，只能部队集体采购，再发给大家。到洛隆时，白玛江村实在饿得难受，不禁想起小时候挨饿的经历，他大哭了一场，哭完擦干眼泪，继续行军。

一有休息的命令，战士们就地躺在草丛上，累得马上就睡着了。有时候他们躺在石子路上，醒来时腰酸背痛，半边身子都是冰凉的。等到了边坝，前面的部队已经剿灭了大部分土匪，他们部队赶到时只参加了扫尾战斗。

战斗结束后，部队返回洛隆。根据上级要求，部队就地驻扎，帮助地方开展土地改革。连队里只有白玛江村一名藏族战士，他要负责四个乡的土改工作，发动群众，调查当地状况，划分领主、代理人、富农、中农、贫农、农奴、奴隶等成分。刚开始群众既不理解也不相信土改能够成功，经过白玛江村的反复宣传和耐心解释，最终推行了土改政策，把领主的房屋、牲口和财物都分给了穷苦群众。

但是很快就有村民把东西还回去了，他们听信谣言，说什么解放军要走了，以后还是领主的天下。白玛江村再度挨家挨户做工作，让群众彻底安下心。

土改完成时，白玛江村已和村民建立了深厚的感情，群众为他举行了盛大的欢送仪式。村民杀了羊，端出青稞酒，一再挽留他，一直留了白玛江村3天才让他走。

用心感受真真切切的变化

1963年，白玛江村回老家探亲，妈妈已经去世，家里在1959年分到了房子、土地和牛羊，姐姐一家5口人住10间房子，有5亩多土地，生活过得不错。看到这些，他不禁感慨万千，想起了小时候一家人漂泊失所的苦日子。

战事平息和土改结束后，他们这些西藏公学参军的藏族战士回到拉萨，经过清点，550人中牺牲了不少战友。经过一段时间的休整，他们再度被分配下去。白玛江村来到西藏军区测绘大队，他负责后勤工作，几年下来，几乎跑遍了大半个西藏。1970年，他调到昌都军分区，虽然工作琐碎、繁杂，但与许许多多默默无闻的战士一样，白玛江村在他的岗位上出色地完成了任务。1977年他转业到八宿县。

1988年，白玛江村从县人大退休，虽然早就离开了部队，已经退休，可他心里却有一块地方永远装着那战火纷飞的岁月。

退休后，白玛江村的一大爱好就是收集收藏毛主席像章。他说，在西藏人民的心目中，毛主席是"天菩萨"，家家户户都悬挂主席像，人们夸张地说，鬼神都怕毛主席。是毛主席和共产党让群众过上好日子，天下是他们打下来的。解放西藏，党中央下了大决心，十八军的战士们当年吃了那么多苦，流了那么多血，他们的艰苦、流血牺牲换来了今天的好日子，所以西藏乱不得。

白玛江村不顾年事已高，走村入户四处宣讲"团结稳定是福，分裂动乱是祸"的道理。他用自己的经历和故事告诉人们，今天的幸福生活来之不易。2012年，白玛江村分别获得了昌都和自治区维护稳定工作先进个人荣誉。

"我经常关注新闻报道和身边的百姓生活，这六十多年来，西藏的生活变化人人了，不会再有奴隶了，人民都过上了真正平等的人的生活。西藏的交通问题解决了，不仅公路修好了，就连铁路、航空都发展得那么好，这都是真真切切的变化。"白玛江村老人说："这让我觉得很高兴，我为自己参加过解放西藏的斗争而感到很自豪。"

笔者手记："老西藏精神"永不褪色

在中央第六次西藏工作座谈会上，习近平总书记指出，在高原上工作，最稀缺的是氧气，最宝贵的是精神。长期以来，一代又一代共产党人舍弃常人所拥有的、放弃常人所享受的，扎根雪域高原，矢志艰苦奋斗。广大党员干部要发扬优良传统，不断为"老西藏精神"注入新的时代内涵。

"特别能吃苦、特别能战斗、特别能忍耐、特别能团结、特别能奉献"的老西藏精神在白玛江村身上有着具体体现。他穷苦出身，少年时就对"帮助穷人的军队"解放军心生向往；他秉承艰苦朴素的作风，在西藏公学学习期间勤工俭学，不忘劳动人民本色；参军后，他出生入死，团结同志，为平叛事业做出贡献；进行土改时，他坚持原则，依靠群众，出色完成了任务。经过战争的锻炼和考验，他迅速成长为一名无私的钢铁战士。

今天，我们继承和发扬"老西藏精神"，就是要赋予"老西藏精神"新的内涵，以奋发向上的人生态度、愈挫愈勇的革命斗志、锐意进取的精神状态、强烈的忧患意识、神圣的责任感和使命感，在实现中华民族伟大复兴中国梦征途中，让"老西藏精神"永不褪色，成为我们的强大精神动力和不竭力量源泉。

"哈殿"家族走出的最美医生

类乌齐县医院原院长曲尼卓嘎

王玮　夏怡雯

曲尼卓嘎讲述她的从医故事

据传公元 1276 年，上达隆第四世法王桑杰温到类乌齐传法，在奠基修建查杰玛大殿时，一位商人捐献了 500 两黄金作为建寺费用。大师问："你献给我这么多钱财，你还有剩的吗？"商人回答："我还有许多借贷给别人的财物"，于是大师说："那你家就叫哈殿家吧。"藏语里，"哈殿"是靠放债过活的意思，这就是类乌齐著名的"哈殿"家族姓氏的传说。

曲尼卓嘎，1947年就出生于这个"哈殿"家族。当时，她的爷爷哈殿·次扎是类乌齐寺夏仲喇章的总司库，爸爸哈殿·巴朗协助爷爷管理政教事务，虽然都属于旧西藏噶厦政府权力体系中的地方官员，但父子俩的思想都十分进步和开明。在解放昌都时，两人帮助解放军在各驿站之间运输各类物资，主动为解放军提供粮食和肉食等，爷爷和父亲的行为在幼年的曲尼卓嘎心里种下了一颗向往革命的种子，并随着时间的推移，这颗种子慢慢发芽，慢慢抽枝，慢慢发叶，慢慢开花，最后长成为参天大树。

贵族小姐，向往祖国内地梦想成真

曲尼卓嘎小时候过着安逸富足的生活，因为母亲来自大商人"沃杰"家族，在内地、印度、尼泊尔都开有商店，所以吃穿都比其他领主家更胜一筹，大米、白面、花生这些藏区的稀罕物，是他家餐桌上的常见食物，平常穿的基本是从内地运来的绸缎和布料，各种珍贵珠宝首饰更是不在话下。

曲尼卓嘎稍大些，爷爷担任了类乌齐宗解放委员会副主任，爸爸成了解放委员会的委员，家里就会经常来些解放军，他们一来就和爷爷、爸爸在一起谈天说地，谈政治动员、谈民主政治、谈土地改革、谈平息叛乱……，总要聊到很晚才走。她那时最喜欢那些汉族的女医生、女军人到家里来，听她们说话的腔调，看她们的穿着打扮，观察她们的行为举止，觉得什么都非常的时髦，她不仅模仿她们说话走路的样子，还缠着家里照样子也给她做了条裤子穿。

有一次，爸爸背回家一袋银元，他坐下来抱起小卓嘎逗她玩。卓嘎问："爸爸，这么多银元给我买些什么呢？"爸爸说："给你买最好的嫁妆。"卓嘎说："我不要嫁妆，银元给我做路费，我要去祖国内地。"邻居来家里串门，见到卓嘎直夸她漂亮，并开玩笑说"做我们家的媳妇吧"。小卓嘎每次都会嘟起小嘴嚷着："我要嫁给解放军，我要去当医生。"

1959年，"四水六岗"武装叛乱军在洛隆一带集结，直接威胁到类乌齐的安全，爷爷匆忙收拾了些细软，带着全家人，在解放军队伍的接应下，到昌都避难并长住下来。之后不久，爷爷和爸爸在昌都军管会参事处担任参事，爸爸还成为了政协昌都第一届委员会委员。到了小卓嘎上学的年龄，她被安排在实验小学上学，每天要上数学、藏文和汉语等课程，课文里高楼大厦、历史故事、瓜果梨桃的描述特别吸引她的注意力。于是，她内心有了一个想法：一定要到去内地看看，亲身感受一下祖国的大好河山。"什么时候带我去内地？"就成了她和爸爸聊天时最常挂在嘴边的话了。

终于有一天，爸爸从外面回来，把卓嘎叫过来，神秘地说："告诉你个好消息，组织上同意你去内地学习了。"卓嘎一下子蹦起来搂住爸爸的脖子，笑成了一朵花。

背负出身压力，出色完成学业

出发那天是3月份，天气还很冷，卓嘎穿着组织上发下来的、下摆垂到膝盖的棉衣和同学们坐在大卡车车厢里，身下垫着一床棉被，身上披着一床棉被，兴奋地向咸阳西藏民族学院出发了。那一年是1960年，曲尼卓嘎刚刚13岁。

到了学校，因为基础好加上学习刻苦，岁数最小的卓嘎却比其他同学提早半年进入了卫生专业班。在"医师班"，她碰上了第一道难关解剖课，尽管事先做了很多功课，有了一定的心理准备，但是第一次看到尸体的她还是害怕得不住发抖。她定下心神后，对自己说，卓嘎呀，你不是要当医生吗？这一关必须要过。如此这般一段时间后，终于，她颤抖着拿起手术刀，勇敢地上前操作，迈出了艰难的一步。

同学们大多是翻身农奴子女，他们渐渐知道卓嘎的出身，看她的眼神开始异样起来，学校组织"忆苦思甜"，大家有的讲吃不饱穿不暖的经历，有的讲被地主打骂的屈辱经历，有的讲领主贵族如何残酷剥削农奴，卓嘎在一旁默不作声。学校组织观看电影《农奴》，当放到少爷朗杰骑在农奴强巴背上用鞭子抽的一幕时，周围的同学都气愤不已。这时有个同学不怀好意地转过来问卓嘎"你们是不是这样的？"，卓嘎只能支吾着说"是"。冬天天气寒冷干燥，脸上有些皲裂，卓嘎就擦点雪花膏保护皮肤，同学就取笑她："资产阶级的香风来了。"面对来自周围无形的压力，卓嘎又告诉自己："不同的出身会有不同的感受，我要多理解大家的心情，尽力融入到集体中，一定要战胜这第二道关。"

1963年，爸爸去北京参观学习，回去时到学校里看望卓嘎，爸爸给她讲述了在首都的所见所闻，说到了受毛主席、周总理等党和国家领导人接见的情形，鼓励她克服困难、好好学习，实现当医生的理想，将来好好为人民服务。爸爸回去后，她默默地将爸爸从北京带来的两件毛料衣服藏在了箱底。她想着日常生活上的统一步调是与同学融合的重要一步。

8年的漫漫求学生涯结束时，曲尼卓嘎凭着一股不服输的劲儿，不仅和同学们完全融为一体，更以优异的成绩从西藏民族学院毕业，顺利通过民院附属医院的实习。

历经重重考验，蝶变最美医生

1968年，曲尼卓嘎被分配到贡觉县医院工作。出发前，同学们都纷纷跑来劝解她：贡觉民风强悍，经常发生杀人斗殴的事。卓嘎知道这是因为出身问题影响了分配动向，她只能用行动证明对组织的信任、对人民的感情。于是，她义无反顾地奔赴贡觉开始行医生涯。

曲尼卓嘎到了工作岗位，才发现在学校学的内科病理知识在实际运用中远远不够用。在基层，医院条件艰苦、科室设置不全、人员配备不足，作为为数不多的医生来了什么样病人就要看什么样病，根本没法解释专业问题。接下来的几年里，她不断向院里的老医生求教，四处收集各科医疗书籍进行自学，并经常骑马下乡，给群众上门看病问诊，增加实践经验，渐渐地就掌握了全科医师的基本技能，在地方上开始小有名气。

这时，父亲有些担心卓嘎小有成就后会有所懈怠，预备适时地给她上上一课，恰好身体不舒服，就叫她回到昌都带他去看病，在医院里看到一名护士态度很差，爸爸就转头问她："你在贡觉也这样吗？"卓嘎说不是。爸爸点点头说，在旧社会，广大劳苦大众没有看病就医的条件和权利，你们是新社会的医生，党和国家培养了你们，你们一定要心地仁善，真正关心病人，全力帮助病人解除病痛折磨，千万不能对病人耍态度。

回去后，曲尼卓嘎工作更加努力了，即使是在怀孕生产期间也没有放松。当她谈起在怀孕4个月时跟随工作组下乡的一次经历时，神情语气平静，却令身旁的人忍不住为她捏了把汗，她那次骑的马很胆小，一路上，看到田里猪在拱地要惊，凑热闹的小孩喊一声也要惊，一天里把她从马背上摔下来了三次。晚上躺在帐篷里，她觉得肚子隐约作疼，不得不半夜起来，请同住的医生打了一针才入睡。

各种有惊无险后，孩子平安生了下来，每次下乡怎么安置孩子又成了卓嘎面临的大问题。再三考虑后她就索性背着孩子骑马下乡，而且因为怕孩子从背上摔下来，每次都不敢让马跑起来，这样一般人骑马半天的路程，她就要骑上一天。说起往日的艰辛，卓嘎坦然地说，那时也不是我一个人苦，西藏的女干部都这样。

如果说条件艰苦在当时是普遍性的，问诊过程中面临一些精神失常病人的攻击就是医务人员独有的危险。一次，群众送来一个病人，看到病人盖着毛毯蜷缩在墙角，卓嘎就掀开毛毯一角准备询问病情，突然被病人猝不及防地吐了一脸唾沫。据群众介绍说这个小伙子突然发病，捅了自己一刀，只好把他手脚捆住，给送到医院来了。卓嘎针对病情决定采用冬眠疗法治疗，立即给病人注射了冬眠灵和杜冷丁，等病人昏睡过去，就一直守在旁边计算时间，分析病人的耐药性，直到第二天病人醒来，恢复正常意识。

在不断的接诊、治疗、下乡送医送药中，卓嘎在贡觉一待就是19年，直到1988年，时任地区政协副主席、类乌齐县人大副主任的父亲罹患重病，为便于照顾，卓嘎才调回类乌齐县医院工作。卓嘎还清晰记得父亲在弥留之际，一再嘱咐要心怀慈善、老实做人、踏实做事的情形。她也没有辜负父亲的嘱托，一直坚持对工作兢兢业业，对病人真诚相待，成为昌都首批具有中级职称的内科主治医师，后升任类乌齐县医院院长。

回首往事，卓嘎说"首先要感谢中国共产党，在党的培养下她才拥有了全新的思想和能够服务人民的技能，要感谢那些十八军的老战士，是他们在我幼小的时候给了我种下了革命的火种和领上了正确的人生道路；要感谢父亲，是他的谆谆教诲才使她拥有了克服困难，完成人生奋斗目标的勇气。"

笔者手记：道路决定命运

　　父亲是曲尼卓嘎的精神导师，他虽然出身贵族，但早在 1950 年昌都解放时，就投身了革命事业；在 1959 年西藏发生武装叛乱时，他旗帜鲜明地站在爱国主义的立场上，并回到类乌齐向当地群众宣讲党的政策，稳定民心；1960 年他坚持送自己的女儿到陕西咸阳西藏民族学院，学习先进的现代科技文化知识；"文革"期间，虽然受到当权派的冲击，他仍积极参政议政，最后还当选为地区政协副主席。

　　父亲用行动和言语不断教育着曲尼卓嘎，人的出身无法改变，但人生道路可以选择，道路决定命运。在父亲的影响下，曲尼卓嘎也走上了自己的人生道路。出身不好，让她用别人的眼光审视自己，更严格要求自己，生怕自己不自觉地流露出"娇骄"之气；出身不好，让她从不抱怨自己的境遇，而是用自己柔弱的肩膀扛起了生活和事业的双重重担；出身不好，让她有了更多努力学习的精神动力，她一直没有忘记自己童年的理想当一名光荣的医生。终于，她从生活条件优越的娇宠"小姐"，能够摆脱家庭出身的影响，靠着坚毅不拔的理想和信仰，经历了血与泪的历练与重生，独自开辟出一条属于自己的奋斗道路，完成了到一名合格西藏医务工作者的嬗变。

一生难忘记：我见到了周总理

芒康县宣传部原副部长曾永红

王玮　格桑

曾永红

　　笔者是在芒康县老干部活动室见到曾永红的，虽然已经75岁了，但她还是每天坚持到活动室组织老干部开展各种活动，这是她担任退休支部组织委员的职责。对待工作热情认真，她年轻时的性格、习惯到今天仍然保持着。她笑起来很和蔼，讲起童年的贫困和苦难来，语调却那么轻松自然。

曾永红，1940年出生，本名曾秀英，出生在盐井纳西族一个贫农家庭，当时家中有父母和她们姐妹4口人。芒康是三省交界之地，盐井是多民族聚居的地方，有很多来自昌都、四川、巴塘、云南的多民族商人在这里做生意，社会经济比起周边地区较为富裕。但因为曾永红一家是从云南搬迁过来的外来户，没有土地、没有牲畜，住的房子是年久失修、破损不堪的土房子。父亲在外做点小生意，家中生活很困难。

背了6个月盐水，没换来一件藏装

曾永红从小就跟随母亲到地主家中干活。干一天，大人能拿到两斗青稞，小孩只给一斗或半斗青稞。后来，父母就从地主那儿借了土地，种植一些青稞、高粱等农作物，等到秋收时节，将收成分成两半，一半交给地主，一半留给自家。这些粮食要供四口人吃饭，根本不够吃。

六七岁时，一户人家因为孩子的父母都要出门工作，无法照顾3个月大的孩子，就请曾永红当保姆看小孩。每天她都要早早起来去别人家，孩子就背在背上，晚上天快黑了才把孩子放下来。曾永红也只是一个小孩，如果她一旦把小孩放下来，就再也背不起来了，所以就只能一整天都背着。那时她的肩膀全都勒出了血印子，后背红肿起泡，但想到家里经济困难，妹妹还太小，父母工作那么辛苦，就咬紧牙关，坚持背了足足7个月。

在盐井，只有女孩子才背盐水，1956年的一天，有一户人家找到曾永红说，如果她去帮他们家背8个月盐水，就给她一件薄薄的绿色藏装。从没穿过漂亮衣服的曾永红心里特别激动，在爱美之心的驱使下，她毫不犹豫地答应了。当地把背盐水形象地称为"还没死就进洞了"。每天她都背着长木桶，跑到江边的卤水井里打卤水，背着满满一桶卤水，爬上很高的梯子，再把卤水倒盐田晒干。

从早上不停地干到傍晚，一天中只能在吃午饭的时候休息半个小时，不小心洒出来的盐水浸湿了衣衫，脖子和背上皮肤都磨破了，让盐水杀得生疼。虽然很苦很累，但想到自己能穿上漂亮的藏装，就觉得再累也是值得的。但是干到了 6 个月，父亲让曾永红去农协会工作，因为没干满 8 个月，所以她没有得到报酬，当然也没能拿到那件快要到手的绿色藏装。

到内地读书，在北京见到了周总理

当时父亲担任农协会副主任。那时候，山上还有土匪，群众普遍害怕和解放军有什么瓜葛，遭到土匪的报复。解放军一来，群众就把大门紧闭，解放军要借东西连铁锹都借不到。父亲就经常去群众家里做宣传工作。那时，山上还有叛乱分子，做思想工作尚不能公开，只有在晚上悄悄去别人家做工作。

在农协会工作，彻底改变了曾永红的命运。在上级部门安排下，她到昌都藏干校学习培训 7 个月，毕业后分配到昌都地委宣传部工作。1959 年，曾永红 19 岁，因为她不识字，平时收拾书桌只会按照颜色摆放书籍文件，单位安排她和 20 来个青年去内地学习。他们分乘四辆卡车，车顶上架着机枪，一路上看到山上有骑马背枪的土匪，看到车队人多就逃走了。到了陕西咸阳西藏公学开设的西藏团校，曾永红从拼音字母 bpmf 开始学习汉语。老师每天早上都会在黑板上写很多汉字，能认得到多少字，学得到多少字，完全靠努力自学。

一次，学校要从西藏公学和团校的 3000 人中选出 30 名学生，代表西藏自治区去北京参观，曾永红幸运地被选中了。她和其他入选参观团的同学，在两个汉族老师的带领下，坐上了开往北京的火车。这是曾永红第一次坐火车，一路上她一直都在晕车呕吐，到了北京头一直昏沉沉的。

有一天，他们在大礼堂 8 个人围在一桌吃饭，饭菜很丰盛。忽然 4 个身穿白色衣服的人走进来，其中一人走近曾永红那一桌，旁边有人提醒"周总理来了"。不知是晕车的原因，还是太激动了，曾永红感觉就像做梦一样。周总理问汉族领队老师："在西藏呆了多少年"，"能不能听懂藏语"，"会说藏语吗"，得到了满意的回答后，他说："藏族是勤劳勇敢的民族，希望你们好好工作，好好学习藏语。"然后和藏族学生们一一握手，总理握住曾永红的手时，她的心几乎要从胸腔里跳出来，那种眩晕的感觉又来了。只听见总理对学生们说："你们要好好学习，回去做一个对社会有用的人"。这句话一直都牢牢记在曾永红心里，一生从不忘记。

当时，参观团的所有女孩都穿了藏装，男孩们都穿正装，总理只和穿藏装的学生握了手。回去时，团里的男孩们都说："周总理跟你们握手，没有和我们握手，真可惜。"参观团还来到天安门。在天安门广场合影，曾永红和团友们一起大喊"中国共产党万岁！中国共产党万岁！"她心中是无比的激动和感动，因为是共产党让她们的命运发生改变，是共产党让她们感受幸福，是共产党让她们脱离了以往苦难的生活。

回来路上，参观团还参观了三门峡大坝，然后回到西藏公学继续学习。

光荣入党从事鼠疫防治工作

1960 年 4 月的一天，曾永红正在教室擦玻璃，老师找她去办公室，问"你父亲是不是叫×××，母亲是不是叫×××，妹妹、弟弟是不是叫×××和×××"，老师说的名字的确是她父母、妹妹的名字，但是她并不知道还有个弟弟。后来从老师那儿了解到，原来母亲在她学习期间生下了弟弟，这是曾永红离开家后第一次了解到家里的情况。

那年 4 月 8 日，曾永红成为了一名真正的中国共产党党员。原来组织上要吸收她入党，联系了她家进行政治审查。当时没有电话，都是通过写信联系。因为西藏正在打仗，无法通信。听到家里一切安好的消息，曾永红很高兴。她想，组织为我一个人联系家里，该冒多大的风险！想到这里，她又由衷地流下了感动和欣慰的泪水。

1966 年 7 月，曾永红终于接到了家里来信，信上说"自家分到1 亩土地、1 头黄牛和 1 匹马，家中一切很好"，爸爸还让她继续好好学习，回报党恩。自 1959 年西藏民主改革后，家里生活条件越来越好，不必再为地主缴纳粮食税，不必再到地主家干活，有了自己的土地和牲畜，这在旧社会是想都不敢想的事情。

毕业后，曾永红就嫁给了在盐井公安局工作的老公。婚礼在芒康举行，第二天，她就出发到平均海拔 4000 多米的那曲地区的兽医站做鼠疫化验工作，开始了两地分居的生活。

鼠疫化验室只有 4 个人，主要工作是培养细菌，制作成疫苗给牲畜接种。疫苗培养工作程序严明、复杂。首先要给羊做体检，查温度，注射疫苗后在第二天的下午 4 点准时将羊杀死，并将其脾脏取出磨碎，放入瓶中密封。这个过程不可间断，不然就前功尽弃。

一天，站里其他三人都有事外出了，只剩下曾永红一个人，眼看宰羊的时间到了。作为女孩子，她想到要一个人杀羊，心里很害怕。但是如果不杀，前面所做的努力都白费，会给牲畜疾病防治工作带来严重损失。随着时间一分一秒流逝，曾永红慢慢换好衣服，将羊带到屠宰室，手里拿着刀，紧紧闭上眼，一股劲地把羊杀死，取脾脏磨碎，加上蒸馏水，在容器上贴编号，一个人完成了所有程序。这时，她才发现自己全身憋着哆嗦，好长时间都没能平复下来。

修水渠调解纠纷为基层办实事

1970 年，曾永红调回到芒康县兽防站，结束了两地分居生活。一年后任职副站长，但县里防疫站根本达不到疫苗制作条件，没有任何工具仪器，也没有无菌环境的化验室，无法开展工作，无法施展熟悉的技能。她就申请调到如美镇担任副镇长。当时镇里干部很少，哪里缺人就要去哪里工作，农牧、财政工作都要做，有时候还要到招待所去做清洁。

如美镇缺水，老百姓吃水困难，修建水渠、引导灌溉是镇里的重点工作。曾永红带领八九十个干部群众，每天都在一线奋战，一次山上落下滚石，正好砸到了她的后背，整个后背甚至前胸都淤青了，疼了好长时间。如美当时既没路，也没有医院，没有汽车，无法去县里医院看病。群众把她送回家，每天在伤口处涂油，慢慢淤青肿胀的症状有所减轻，在家里躺了20多天，伤势稍一好转，她就回到修水渠现场。因为她知道，如果领导不去，群众出勤也无法保证。如今，这条水渠仍在正常使用。

1983年7月的一天傍晚，有群众向镇里报告，两个村子因草场纠纷发生冲突，准备群殴械斗。当时天色已暗，镇里只剩下曾永红一名干部，她既紧张又害怕，赶到县里汇报要翻过一座山。无奈之下，她带着2个人，连夜翻山赶到县里，汇报完又一个人从黑暗、陡峭的山路回来，赶往出事地点。一路上，脚底都起了水泡，半路终于借到了一匹马。第二天傍晚赶到了事发地点，山上已经聚集了很多人，还有人起哄。她马上骑马到山上，开展思想动员工作，直到深夜1点，两村群众才达成协议各自撤退，避免了一次群体事件的爆发。

1984年，曾永红又调回芒康县宣传部任副部长，直到1990年退休，她又在退休支部担任组织委员。现在，她每个月都组织学习，搜集群众意见，向上级反映情况，解决退休干部的实际困难。曾永红说，现在的盐井有了翻天覆地的变化，这都要感谢共产党。"我这一辈子对党的感情很深，我见过周总理，和他握过手，听过他的教诲。这是我一生中最珍贵的记忆，1975年周总理去世，我一连哭了好几天。"

笔者手记：钢铁是怎样炼成的

"人的一生应当这样度过：当他回首往事的时候，不因虚度年华而悔恨，也不因碌碌无为而羞耻……"不知为什么，采访完曾永红，脑海里一直浮现的是奥斯托洛夫斯基《钢铁是怎样炼成的》这本书中的警句，总是联想起尽管深知"人最宝贵的东西是生命，生命对于每个人只有一次"，却把整个生命和全部精力奉献给为人类解放而斗争的最壮丽事业的保尔精神。

从一个懂事、顾家、爱美的小姑娘，到不怕吃苦、不畏艰辛的革命干部，曾永红的人生经历恰好诠释了"钢铁是怎样炼成的"。她受到父亲和老一辈无产阶级革命家的鼓励，迅速成长为一名坚强的共产党员；她刻苦学习文化知识，从目不识丁的农村姑娘成长为兽防专业技术人员；她破除迷信，为避免疫苗制作失败，用无缚鸡之力的双手奋力杀羊；她强忍伤痛，为了修建水渠灌溉农田，不顾落石砸伤和群众一起奋战在第一线；她为了制止群众发生斗殴，孤身一人赶夜路，以一己之力化解了一场严重纠纷……

人的奋斗精神需要弘扬和升华，尽管时代已经不同，但那些老一辈革命家传承下来的清正廉洁、先人后己的公仆本色，吃苦在前、享受在后的道德情操，生命不息、战斗不止的献身精神，现在仍然是激励广大青年前仆后继，勇往直前，投身社会主义物质文明与精神文明建设的强有力思想武器和精神动力。

"九代本"军官后代：常怀感恩之心

察雅县委宣传部原副部长班宗

王玮　夏怡雯

班宗闲适安逸的晚年生活

在中国人民解放军的序列里，曾经有一支藏军步兵团，这就是1950年昌都战役时起义的藏军"九代本"，改编后的正式名称为："中国人民解放军西藏军区昌都警备区步兵第九团"。第九团的官兵在参加生产、平定叛乱中，立场坚定，旗帜鲜明，英勇顽强，树立了一面爱国主义的旗帜，成为团结进步的榜样。

班宗老人年逾古稀，她的父亲曾在藏军"九代本"担任军官，"九代本"起义加入解放军后，她作为随军家属跟随父亲驻扎在俄洛桥。回忆起那段时光，班宗说，"我总是怀有一种感恩的心情，共产党和解放军给"九代本"官兵和家属优厚的待遇，让我们这些官兵子女上学，去内地深造，帮助我成长为一名合格的革命干部。今年是昌都解放70周年，如今我过上了父辈想都不敢想的好日子。我相信，西藏的明天一定会更加美好，我们的生活一定会更加幸福。"

随父起义到内地读书

班宗出生于拉萨墨竹工卡，父亲是藏军九代本的下级军官，全家人都靠父亲一个人的兵饷生活，日子过得艰苦。班宗小时候没有穿过鞋，在外面走路总磕到石头，脚趾总是伤痕累累，骨头都变畸形了，穿的衣服也破破烂烂。

1950年10月，在宁静（今芒康）驻防的藏军"九代本"在人民解放军强大的政治攻势和政策感召下，军团长格桑旺堆向解放军献上哈达，率部阵前起义了，整建制的加入解放军，成为解放军中独特的昌都警备区第九团，受命驻扎在俄洛桥，担负警卫和军垦工作。

藏军从历史上沿袭下来的习惯，就是行军时拖家带口，军营里有不少官兵的家属、子女。当时，除了"九代本"官兵享受解放军的优厚待遇外，子女、家属同样享受国家的照顾，看病用药都不要钱，都由公家负担。

班宗跟随父亲来到俄洛桥后，第一次穿上了鞋子，吃上了米饭，穿上了用内地布料做的衣服。组织上十分重视"九代本"官兵子女的教育，不久专门成立了子弟学校，把年龄较小的30多人集中到学校学习，另外还有一部分年龄较大的被送到西藏民族学院培养，班宗也在其中。1957年，班宗和其他20个孩子一起，到内地去读书，从零开始学习汉语。

参加革命跟随部队平叛

两年后，西藏武装叛乱爆发。根据平叛工作的需要，"九代本"官兵子女被分派到各个部队当翻译，班宗被派到察雅，作为翻译和卫生员跟随部队平叛。部队非常照顾她们这些学生兵，战士们都是自己背装备，她的被子都放在马上驮，轻装前进。

在索巴地区，部队侦察发现当地没有叛军，只有老百姓听信反动宣传躲在山上，她就一家一户地把老百姓劝回村去。等安抚群众工作做得差不多时，附近有个领主发动了叛乱，年龄还小的班宗有些紧张，因为卫生员不配枪，没有武器防身，她就请人做了一把木头枪，外面涂上黑墨水，枪柄系上红黄绸子，像模像样地背在身上，心里踏实多了。

到加卡村，班宗是穿上学校发的新布鞋，一路走到村里的。当时的情形让她吃了一惊，有20多户人家的村庄，牦牛在山上放着，牛奶还在桶里，可就是没有一个人。侦察兵连夜上山侦察，班宗也一起出发。夜晚行军，不准说话，不准休息，也不能打手电筒，半夜还下起雨来，山沟里有小溪，班宗深一脚浅一脚地走着，边走边打瞌睡，结果一屁股跌坐在湿乎乎的牛粪上。连长扶起她，不留情面地进行了批评。后半夜，终于找到了群众，把他们带回村子。到了白天，她才发现裤子上都是牛粪，新布鞋也烂得开口了，连换的鞋都没有。

过了几个月，平叛结束，班宗被派往察雅县卡贡乡工作。现在从市区出发，只有不到两个小时的车程。但在当时，班宗先是骑马，再坐牛皮筏子过澜沧江，用了一天的时间才到达。没想到在卡贡一待就是20多年。

心系群众安享晚年幸福

在卡贡，班宗主要负责群众工作，经常下乡，骑马或者徒步到老百姓家里，和他们同吃同住同劳动。后来，有了小孩，就背着孩子下乡工作。那时的老百姓很穷，没有布料衣服穿，长年穿的是自己织的氆氇衣服，没有蔬菜可吃，吃的是混合荞麦的糌粑和元根汤。班宗工资低，一件衣服最多时有40多个补丁，但她还是尽力帮助别人，每次到贫穷的老百姓家里，就把自己的好衣服脱下来送给人穿。有一次到一户贫农人家，女主人刚好生下小孩，她看到什么婴儿用品都没有，就把衬衣脱下来包着小孩。

1970年，由于"九代本"改编的第九团官兵组织纪律性不强，家属小孩又多，很不好管理，因此被解散。当时班宗的父亲带着父母、兄弟、子女等家属回到了一心惦念的家乡墨竹工卡。

班宗一谈到过去的艰苦岁月，就会说"感谢共产党让人们过上了幸福的生活"。现在，群众普遍富裕起来了，吃穿不愁。在老家的两个弟弟家生活也不错，不仅翻新扩建了以前的石头房子，还买了面包车和手扶拖拉机。

班宗在历任察雅县烟多镇、县委宣传部、县编译局的工作职务后，1997年退休，过上了安稳的退休生活，原来4000多元的退休金涨到了6000多元。她有4个儿女5个孙辈，除了参加老干局组织的活动，平时在家做做家务，带带孩子，侍弄花草果树，还喜欢邀几个好朋友一起去广场跳锅庄。

班宗说，自己现在儿孙满堂，生活安逸自在，社会上孩子有学上，青年有事干，人们有理想，社会有保障，生活条件日益改善，这在过去是不敢想象的。看到人们生活发生的变化，她心中始终铭记着共产党的恩惠。"我们这些老党员、老干部在电视上看到党和政府关注社会民生改善，心里十分欣慰。我们坚信，无论是过去、现在还是将来，只有在共产党领导下，西藏人民的生活才会更加富裕和谐！"

笔者手记：铭记历史，感恩有你

　　班宗在采访中最常说的一个词就是"感恩"。藏军"九代本"的官兵加入解放军后，待遇比十八军的其他部队都要好，不仅士兵有津贴，就连亲属子女都有收入，组织上安排官兵子女上学受教育，到内地大学深造，官兵及其家属享受免费医疗，这些都体现了党组织对他们关心爱护；1959年，武装叛乱发生后，组织上又安排官兵子女到重要岗位上锻炼，这体现了党组织对他们的信任。

　　对于昌都这片古老而神奇的土地来说，1950年10月无疑是个崭新的起点。70年过去了，昌都翻天覆地的变化更凸显那个10月的与众不同。在旧西藏，占人口绝大多数的农奴和奴隶连最起码的人权都没有，更谈不上其它权利。广大农奴始终无法摆脱被奴役的命运，过着暗无天日的生活。

　　今天，得益于党中央对西藏的优惠政策，西藏的各项事业飞速发展、成就举世瞩目。走在街上看到的是川流不息的人群、洋溢在各族人民脸上的幸福笑容，班宗就是他们中普普通通的一员，他们用亲身经历向世人诉说着一个短短几十年跨越上千年的人间奇迹。用精彩人生演绎着在党的领导下，百万农奴翻身得到解放，与全国一道走上社会主义的康庄大道的动人篇章。

一面褪色锦旗传承三代人的信念

江达县字嘎乡原党委书记嘎玛欧珠

王玮

嘎玛欧珠向笔者展示锦旗

嘎玛欧珠，是江达县的一名退休干部。在他的家里，嘎玛欧珠为我们展示了他珍藏的一件"宝贝"。那是一面因为岁月流逝已经褪色的锦旗，他展开这块皱皱巴巴并不起眼的旧布，认真辨认上面模糊不清的字。锦旗上面写着："嘎荣牛场全体老乡留念：在此次平叛斗争中，你们积极支援解放军，报告匪情，收缴枪支，找物资，带路等，现特赠此幛簾作为纪念。中国人民解放军九六二三部队一中队四分队。公元一九五九年八月四日。"

这面锦旗是解放军赠送给嘎玛欧珠父亲的，当年他的父亲和乡亲们一起为人民解放军提供各种帮助，为顺利进军西藏、平息叛乱立下了汗马功劳。老人说，这面锦旗的意义非同寻常，江达是西藏第一面五星红旗升起的地方，锦旗忠实记录了当地群众支援解放军平息武装叛乱，维护祖国统一和民族团结，为实行民主改革开辟道路的历史印记。同时，这面锦旗是父亲留给他的，一看到这面旗帜，他就会想起父亲的音容笑貌和谆谆教导，鞭策他树立"坚定跟共产党走"的信念，现在他又拿父亲的话教导他的儿子们，将这面旗帜一代代地传承下去。

共产党来了生活苦变甜

锦旗上提到的"嘎荣"就是嘎玛欧珠的老家江达县德登乡嘎荣村，这里是纯牧业区，到处绿草如茵，牛羊遍地，夏天草地上开满鲜花，山上溪水潺潺。

如此美好的地方，对丁小时候的生活，在嘎玛欧珠的记忆里却只有关于穷苦的一个个细节。他家里八口人，每顿饭连最简单的糌粑都不够吃，一年四季穿的是羊皮袄，夏天打赤膊、打赤脚，冬天把牛皮包在脚上充做鞋子。五个孩子根据年龄和体力，从小就要开始帮家里干活，放牛、拾柴、捡牛粪、挤牛奶每样都没少干。那时全家人都住在牦牛毛编织的帐篷里，家里只有十几头牲口，牛肉从来舍不得自家吃，都是用来换取糌粑和生活用品。

这种生活一直持续到西藏民主改革之前。解放军刚来的时候，他们的部队驻扎在附近的帐篷里。嘎玛欧珠经常跑去玩，解放军战士每次都给他一些好吃的。那时，嘎玛欧珠才八岁，不知道害怕，村里的大人们却普遍对解放军怀有恐惧心理，但是时间长了，接触多了，加上解放军的正面宣传，大家渐渐明白了"解放军是来消灭土匪的"，心才慢慢放了下来，交流也多了起来。有时解放军到村民的帐篷中去串门做客，帮着生火挑水，打扫卫生，卫生员还给村里人看病，治好了村里不少老人的顽疾。

嘎玛欧珠的父亲元登朗加是拥护解放军的先进，被任为村长后，他经常给部队提供物资、报告敌情、侦查探路，各项工作都干得很出色。为表示感谢，部队特地赠送给他一面锦旗，至今珍藏在家里。

过去，村里最大最好的草场属于领主其美贡布家，他不允许村里其他人的帐篷搭到他的草场上，也不许别人家的牛到他的草场上吃草。民主改革后，村里100多人都分到了草场。有了草场，嘎玛欧珠家的牦牛数量很快增长到了70多头，还增加了40多只绵羊，生活渐渐好转起来。

1963年，日子好起来的嘎玛欧珠家建起了自己的第一所房子七、八十平方米的石头房子，屋顶是用树枝搭的，上面垒上牛粪。就这么简陋的房子，还是让全家人高兴了好些天。

后来，父亲在察吾通乡任党委书记，他终日奔波在辖区的四、五个村子里，工作很忙，经常不在家。难得在家的时候，父亲经常教育五个孩子说："以前，我们家的生活很艰苦，自从解放军来了，在共产党领导下，我们的生活变好了，你们今后都要跟着党走，对党要有感恩的心。"

参加革命工作信念薪火相传

嘎玛欧珠是家里的第二个孩子，姐姐担起了照顾一家老小的重担，他就成了父亲的重点培养对象。在父亲的鼓励下，1970年，嘎玛欧珠在字嘎乡参加工作。他学着父亲的样子努力工作，经常骑马下村，在很短的时间里跑遍了每一个下辖的村落。在和群众一起劳动时，最常干的活就是用背篓背石头，垒矮石墙围草场，从来没在意过肩膀上勒出的缕缕血痕；晚上，根据当时的要求，要给群众开两、三个小时的会，传达学习上级各项政策精神；入夜，他就借住在老乡家里。像这样的下乡，每次都在一两个月之间。

每次回老家，他都能感受到家里的变化，日子一天天好起来。1973 年，家里的石头房子拆掉重新盖，虽然新房子还是石头砌的，但是面积扩大了很多，屋顶是用泥巴覆盖的，屋里布置也很舒适，乡里、县里的领导来嘎荣村，也能给他们提供住宿的地方了。

父亲经常用自己的例子教育他，身为国家干部，做事要公平公正，不能偏袒，不能有私心，不能损公肥私。在父亲的教育下，嘎玛欧珠工作勤勤恳恳、兢兢业业、任劳任怨。1976 年，他担任生达乡司法助理员。1988 年撤区并乡，他在邦格乡当乡长，一年后任书记。1991 年，他担任字嘎乡书记，直到 2001 年退休。

在 25 年的工作生涯中，嘎玛欧珠获得了大量的荣誉：1991 年度县级先进个人、民兵工作先进个人，1992 年度社教工作优秀个人，2000 年度教育工作先进个人……他说，这些荣誉的获得离不开父亲的鞭策。父亲去世时，把解放军赠送的锦旗留给他，让他保存好，永远记住解放军的恩情。

2013 年，老家盖了新房子，是两层的藏式小楼，面积扩大到一百三四十平方米，共有五个房间。嘎玛欧珠退休后，又在县城买了房子，这一次居住面积扩大到一百五、六十平方米，拥有 6 个房间。他说，过去无论如何也想不到能住这么大的房子。

退休后，他把每周三定为雷打不动的学习时间，除此之外，他还参加老干部督导组，为江达的建设奉献自己的一份余热。

嘎玛欧珠有两个儿子，一个是村支书，一个是老师。就像当年父亲教育他一样，他一有机会就教育儿子，自己刚参加工作时，工资只有 30 多元，现在干部的工资普遍提高了很多，生活条件和旧社会相比有天壤之别，你们一定要学会感恩，坚定跟党走，在不同的岗位上为人民服务。那面褪色的锦旗，他会不时地翻出来看看，他说，将来要把这面旗帜传给儿子，把爱党敬业的精神也一并传承下去，希望能在子孙后代的心里种下一颗爱党、爱国的种子。

笔者手记：把红色基因传承下去

褪色的锦旗、黯淡的字迹、平实的语句……仿佛在诉说着一段峥嵘岁月。嘎玛欧珠在采访时深有感触地说，每一次拿出这面锦旗都会想起父亲，每一次回忆都是一次精神洗礼。"父亲流血流汗支援解放军，为的是什么？"这样简单的问题，深深叩问着我们的心灵。

嘎玛欧珠的父亲元登朗加是那个时代最先觉悟的一批人之一。依靠他的支持和带路，一队队解放军战士从江达顺利开进到西藏腹地，他为解放昌都、平息叛乱、民主改革作出了自己的一份贡献；他后来参加革命工作，从村长一直干到乡党委书记，在每个工作岗位上都兢兢业业，成为一名优秀的共产党基层干部；不仅如此，他还培养出同样优秀的接班人，嘎玛欧珠追寻父亲的足迹，传承了父亲"坚定跟党走"和"为人民服务"的信念。

"逝去的是岁月，不灭的是精神。"父亲的信念和精神，犹如一种红色基因，浸润着嘎玛欧珠的思想，激荡着他的心灵。他继续把这种信念传承给自己的孩子们，通过一面褪色的锦旗，通过日常潜移默化的教育，把宝贵的红色基因传承下去，让后代勇担时代重任，更加坚定跟党走、同心共圆"中国梦"的信心和决心。

"征服夏贡拉，唯我边坝人"

边坝县委原副书记达吉

王玮　夏怡雯

达吉在夏贡拉山上

夏贡拉山，藏语的意思是"东雪山"，是历史上川藏路中线上最著名的大雪山，海拔 5900 多米，山高沟深坡陡。过去的行旅商人说，翻越夏贡拉山时，山高得不得了，身上背的枪叉子把天都刮破了；旧西藏邮差送信必须日夜兼程，只有冬季在夏贡拉山耽误了时间可以不被追究责任；当年十八军先遣团走到这里，足足休整了一天才开始翻山。就是这样一座险峻的大山，翻山而过的金岭公路是一条真正的"天路"，可想而知当年修建这条路有多么不容易。

边坝县委原副书记达吉当年主持修建了这条翻越夏贡拉山的公路，整整两年的艰辛困苦和奋勇拼搏。公路竣工时，筑碑纪念，达吉拟就了"征服夏贡拉，唯我边坝人"的豪迈碑文。时隔多年以后，达吉每一次登上夏贡拉山，都在山顶上环顾四周，看看仍然屹立的纪念碑，回想起当年施工的艰辛和汗水，不禁感慨万千，久久不愿离去。

加入解放军一部电影改变人生

达吉，1948 年出生在江达县岩比乡，小时候一家 7 口人住在土房子里，没有自己的耕地，父母租种地主的地，穿的是破破烂烂千钉万补的衣服，他很小的时候就给地主家放牛放羊。他的家距离十八军进藏经过的岗托渡口不远，村里人很快就听说解放军来了。当时反动宣传很多，村里只有老人在清朝赵尔丰施行"改土归流"时才见过汉族人，谣言满天飞，恐怖的气氛笼罩着整个村子：有的说解放军杀人剥皮；有的说解放军会把上岁数的老年人杀死，尸体垒成小山；有的说解放军要把肉嫩的小孩抓走，杀死吃掉。

1959 年西藏民主改革，路过的解放军部队越来越多，村里人发现解放军并非凶神恶煞，渐渐习以为常。解放军来了，村里人生活出现了很大转变，没房子的分到了房子，没土地的分到了土地。达吉家分到了 2 亩多土地，4 头牦牛。解放军还在村里建立了夜校，老师是村里唯一识字的喇嘛。上课时间在晚上，教室在村里 12 户人家中轮流，每到上课时间，学生们就每人抱一捆柴禾来，大家围坐在火堆旁，借着火光在木板上写藏文字母。

达吉 13 岁开始在家务农放牛。就这样过了 3 年，有一次电影放映队到村里，放的是电影《农奴》，看过之后，达吉觉得解放军真是不得了的队伍，为穷人服务，为穷人撑腰，"要是有机会加入解放军队伍该多好！"1965 年的一天，在乡里当文书的村长找到达吉，告诉他听说有征兵的消息，问达吉愿不愿意试试。达吉想都没想就同意了。村长就把达吉登记上，等正式征兵通知下来，就把他报上去。

很快，达吉接到去江达县城体检的通知，他怕父母担心和阻拦，瞒着家人就悄悄出发了。从家到岗托骑马要两天，从岗托到县城还要走两天，达吉晚上就借宿在安拉山上的牧场里。到了县城征兵办公室，达吉通过体检，政审合格马上就换上军装，加入了新组建的藏族新兵连，驻地就在现在的藏医院附近。

搞生产大开荒学汉语讲团结

达吉是西藏首批应征入伍的藏族军人，一起入伍的来自江达的还有 20 多人，来自贡觉的有 10 多人，他们一起进行了严格的军事训练。训练很辛苦，大家每天摸爬滚打，军装扣子上的"八一"字样都磨平了，冬装的肘部和膝盖部分都磨破了，战友们剪开一顶破帐篷，用更耐磨的帆布来打补丁。训练之余，连队还在野猪坝开垦荒地种菜，种的是萝卜、白菜、土豆、莲花白，达吉有时一天就要扛两次肥料，这对农村出身的他来说不是难事。

一年半之后，达吉被分到独立营，驻扎在类乌齐，和在昌都一样，部队的主要生活内容就是训练和生产。当时"五七指示"号召部队要大搞生产，营部和一个连队在执查卡一个大坝子上用了 40 多天开荒 1000 多亩，把那里的土地全部翻了一遍，部队的耕地迅速扩大。以前，独立营养了十几匹马，饲料全靠县里供应，开荒以后全部自给自足。大开荒的第二年，有一个班种青稞，收获的时候 200 斤的麻袋就装了 30 个。

部队和驻地老百姓的关系也水乳交融。部队买了 20 多头耕牛，部队耕完地就去帮老百姓耕地，有时老百姓也帮部队播种、耕地、收割。达吉和战友们也经常和老百姓来往，桑多镇的治保主任和达吉关系好得像一家人，主任出门前总要把钥匙留给达吉，让他们随时去家里玩。

部队里藏族汉族同志都有，有时候语言不通闹出了很多笑话。有个八宿来的新兵要外出，可是他的马嚼口掉了，他跟连长汇报，怎么也说不清楚，情急之下，把两个手指头伸到嘴角往两边拉，一副怪相把连长都逗乐了。别的战友把这事当笑话讲，但是勤奋好学的达吉在大笑之余，意识到在部队交流和沟通的重要，于是他经常跟部队的汉族同志加强沟通学习，很快掌握了汉语会话。

艰苦奋斗为了边坝的建设

1972年，表现突出的达吉提干，调到边坝县武装部担任见习参谋。边坝地处川藏中线的交通要冲，历史上川藏南线江河多，桥梁少，一遇雨天泥泞难走；川藏北线冬季寒冷，经常大雪封山。中线要好走一些，除了天险夏贡拉山，其他路段相对容易走，因此商人旅客进藏多经过边坝。旧西藏，这里的达宗兵差多，很多人平时是百姓，战时当兵。1959年，边坝是叛乱的重灾区，西藏平叛后，大量残匪聚集在洛隆边坝丁青一带，1969年边坝又发生叛乱，老百姓受兵灾惨重，被抢被杀的很多。因为当时边坝地理位置偏僻、又贫穷，路途又遥远，还经常有叛乱分子袭击，非常危险，很多干部不愿到边坝来工作。

"既然组织需要，我就一定把工作做好"，抱着这样的信念，达吉来到了边坝。从昌都一路走了3天，已经到了边坝县城，达吉还浑然不觉。当时的边坝县城没有像样的建筑，都是土房子，就像个大一点的村子。武装部本来工作是民兵组建和训练，但是县里人手少，经常是哪里需要就去哪里。那时他经常下乡，去金岭乡骑马要走 14 个小时，翻越夏贡拉山时雪封和雪崩是家常便饭；去热玉乡要骑马 16 个小时，沿途翻山越岭；去沙丁乡有时还要露宿在外。下乡通常住在老百姓家里，和老百姓一起搞农田基本建设，一起耕地、除草、背肥料。

达吉在边坝生活得越久，就越能体会到边坝和西藏其他地区的不同。他形容说"山无路，水无桥"，当时边坝除了一些羊肠小路外，没有一公里公路，大江大河上没有桥梁，过去怒江上只有两个溜索。老百姓居住的条件很差，"矮黑窄"，正常身高的人都要弯着腰低着头侧身进屋，屋里又黑又小，白天也要打手电才能看清。苦熬不如苦干，这些艰苦条件反而激发了达吉建设好边坝"让高山低头，让河海让路"的信心。

达吉在县武装部干了 20 年，从见习参谋一直升任部长，这 20 年没有他没干过的工作。种菜种地干过，养马钉马掌干过，最拿手的还是带领民兵修路架桥。他指挥修建通往林区伐木地的公路，一修就是半年，弯道怎么转弯，路要修多宽，坡度怎么掌握，这些他都了然于胸。修路修熟练了，自然成了"专家"。

打通金岭公路征服夏贡拉山

1992 年，达吉转业到县上，担任县委副书记，从此开始与公路结缘。他善于修路的名声在外，一旦县里哪里道路不通，人们首先就会想到达吉，来找他想办法。1993 年，县里修建"边萨公路"，也就是现在的省道 303 线，达吉担任副指挥长，他从早到晚待在施工现场，既是指挥员，又是技术员、安全员、施工员，那时没有任何机械设备，全凭人力和镐锹锨这些简单工具，1995 年才全线贯通。

1998 年，全长 90 公里的金岭公路开建，金岭公路要翻越一大天险夏贡拉山。修这条公路之前，达吉就听说了很多夏贡拉山的传说和故事。当地牧民特别敬畏夏贡拉山神，一旦有牲畜被熊或者狼咬死，他们都不敢去收尸，宁愿把死去的牲畜作为献给山神的祭品。老百姓不相信能在夏贡拉山上修公路。达吉的修路队伍只有两台推土机，他们克服了常人难以想象的困难。公路延伸到夏贡拉山上时，达吉住在山的另一边，修路期间他每天要翻两次海拔5308米的垭口，承受着山顶天气剧变、高原反应严重的严酷自然条件。时任自治区副主席的杨松来修路现场看过，他对达吉说："对修这条公路我有些感想，有点像进藏部队修川藏公路。"

达吉介绍，过去有个大商人经常翻夏贡拉山，他的骡马每次路过那里都会累死很多。于是他就出钱出工具出食物，让当地头人召集众人，在半山腰的崖壁上开凿，架出一座"天桥"，方便过路的商人旅客。他说，过去的人在当时条件下都有这样"绝壁开路"的魄力，我们共产党人也一定能把路修好！凭借着各方支持和达吉的指挥有方，2000年，这条老百姓认为不可能修通的公路终于竣工，县里决定在山顶的垭口上立个纪念碑，请达吉拟个碑文，要求说得豪迈些。达吉开始拟的是"征服夏贡拉，唯有现代人"，后来后半句改为"唯有边坝人"，至今这碑还屹立在夏贡拉山口。路修通后，当地的牧民再也没有发生牲畜被野兽咬死的事件。老百姓说："山神也怕共产党，路修通了，山神再不敢作乱"。

此后，达吉又修通了马武公路和边热公路。2001年，达吉在修路检查炮眼时，遭遇公路断面塌方，被石头砸断了大腿。达吉常拿这件事开玩笑："路把我的腿修了。"他在昌都的医院住了3个月院，回来后马上就拄着拐杖来到工地，坚持把路修完。2004年，达吉光荣退休，他的修路使命这才宣告完成。

谈及自己对边坝道路交通方面的贡献，达吉说："我应该感激，党培养了我，让我从一个农村小孩成长为革命军人，再成为党的干部。修路，绝不是我个人的功劳，我只是在边坝轰轰烈烈的建设发展中做了一点点事。"

笔者手记：幸福往往来源于比较

达吉讲过一个关于夏贡拉山的故事：旧西藏噶厦政府有个官员翻过夏贡拉山后，到山脚下的村子土孜卡休息，村民拿来加了牛奶的白茶给他喝，他觉得这是一辈子喝过的最好喝的茶。回去后，他让仆人依法制作"土孜卡的白茶"，却再也喝不到那种美味了。其实，这是因为他在夏贡拉山上耗尽了体力，饥肠辘辘地来到山脚下时，一碗普通得不能再普通的白茶也成了人间的极致美味。时过境迁，他待在有仆人伺候的舒服房间里，那种对食物极度饥渴感觉不再有了。

还有一个故事：当年各县武装部长去昌都开会，那时的路普遍不好走，芒康的部长搭乘一辆解放大卡车，一路坐在驾驶室里来到昌都，回去后写了一篇感悟文章，诉说道路之险之难。而边坝县的部长坐的是押送犯人的大卡车，和犯人一起坐在车厢里好几天才到昌都，事后他什么也没说，更别提什么感悟，因为早就习以为常了。

现在，外地人去边坝，往往会抱怨道路不好走；但是问问当地人，他们会说道路方面进步很大，边坝从旧西藏没有一公里公路，出行靠只能骡马通行的小路，到现在修通了多条遍布全县的303省道、金岭公路、马武公路、边热公路……征服了许多像夏贡拉这样的大山大水。

有人说，历史是一面镜子，也有人说，幸福往往来源于比较，和旧西藏相比，身处新西藏的人们也就显得尤为幸福。人们享有越来越多的自由和自主权，孩子们在宽敞的教室里享受到免费教育，人们能够通过自己的勤劳和智慧致富……这些我们习以为常的生活就是一种幸福，一种经常被我们忽视的幸福。

从旧西藏驶向新西藏，如同天堑变通途

原西藏自治区总工会昌都办事处主任多拉

王玮

多拉

多拉是一个清癯消瘦的老人，待人和蔼热情。他翻出过往的老照片，把过去的一段段人生和工作历程娓娓道来，语气平和中透着自信和情感；他拿出厚厚一摞个人荣誉证书，细数每一次的获奖经

106

历，脸上掩不住地兴奋喜悦。但是，多拉一谈起新中国成立前的旧西藏，他的神情就变得严肃起来，甚至有些沉重。

农奴子女当上汽车驾驶员

"那时候的西藏是封闭、野蛮、残酷的社会"，回忆起民主改革前的西藏时，多拉老人语气非常沉重。他 1949 年出生于日喀则的农奴家庭，那时只有官家、贵族和寺院上层僧侣三大领主的子女有受教育的权利，普通农奴吃不饱穿不暖，连最基本的生存权都没有。

多拉说，那时西藏普通农奴大多数都租种领主的土地，生活过得很艰苦。每年 10 月份收获青稞，交租之后，只剩下少量粮食养活全家。到了转年夏天，人们就开始忍饥挨饿，吃了上顿没下顿，只能靠借领主的高利贷生活。这样年复一年，农奴的生活负担很重，生计难以为继。

1959 年西藏实行民主改革，百万农奴开始享受各项基本权利，过上幸福生活。年纪尚小的多拉也如愿以偿上了民办小学，得以接受教育。这段受教育的经历成为多拉一生的财富。1965 年，多拉参加工作，通过统一招工当上了通信员，跟随领导去各地参加"三大教育"活动，这让多拉开阔了眼界，对革命工作有了新的认识。

1967 年 5 月，西藏自治区交通厅招募 300 多名汽车驾驶员，那时藏族驾驶员寥寥无几，主要面向农牧民招募，但多拉自告奋勇报了名。当时西藏交通条件很差，地区之间交通不便，基本靠步行，因此汽车驾驶员是当时很时尚的职业。受过教育、又参加过革命工作的多拉很有优势，于是经过一年培训，他就在昌都运输公司当上了一名光荣的驾驶员。

川藏线艰险十年安全驾驶创纪录

六七十年代，内地和西藏之间、各地区之间的运输任务很重，多拉驾驶"大解放"主要跑成都到昌都、昌都到拉萨的川藏线。当时的川藏线出了名的道路艰险，简陋的土路车开起来尘土扬长，视线不清，且道路狭窄，错车困难。驾驶员行驶在这样的路况上，必须注意力高度集中，否则一不留神就会出危险。运输车队经常有驾驶员出车祸受伤，甚至车毁人亡。

让多拉印象最深的是川藏线上的三座大山：达玛拉山、雀儿山、二郎山，翻越这些大山是每个驾驶员的噩梦。达玛拉山、雀儿山都是海拔4500米以上的大山。达玛拉山山高路陡，夏天大雨过后，道路一片泥泞，车轮不断打滑，必须带上防滑链才能勉强通过；雀儿山山高多雪，4月份山顶上还降下大雪，经常大雪封山，车辆在大雪的窄路上无法错车，就只能在山顶上等着路况条件好转，有时一等就是三天三夜。多拉就躲在驾驶室里，饿了啃几口干粮，渴了就抓几把雪塞在嘴里。晚上驾驶室里彻骨寒冷，实在冷得受不了，就拿喷灯烤烤脚，稍微暖和一下身子。多拉至今还患有严重的关节炎，病根就是那时开车落下的。

条件虽然艰苦，但当时就是一门心思考虑如何把货物安全送到目的地。为了让进藏物资能够安全送达，多拉摸索出很多安全运输经验。二郎山海拔虽不高，只有3400多米，但道路艰险，一到冬季就路面结冰，人走在上面都站不住。在那里的高山峡谷地带开车，最容易出事故的因素就是错车，因此多拉就改变运输作息，他往往白天休息，夜间开车。夜间车辆少，所以错车机会少，精神也更加专注，虽然天黑视线不清，但多拉凭借着多年的路况经验，每次都能把货物安全送达目的地。他从事驾驶工作10余年未出重大事故，创造了纪录。

压力变动力经受市场洗礼闯难关

由于表现突出，多拉逐渐受到了领导的器重，他历任运输公司分队副队长、大队副队长、大队长。这一阶段，正值八十年代初改革开放，运输公司也向市场化转变。首当其冲的就是伴随着运价适当上调，运输补贴全面取消。当时计划内指令进藏物资的运输任务仍然很重，但出藏物资不足，车队出藏往往空驶。这样的放空单边运输成本很高。时任运输公司汽车三队大队长的多拉在油料、材料、轮胎、行政管理费上加强管理，将成本严格控制到最低限度，以增加经济效益。

当时汽车三队有600多名职工，分四个分队，每队50多辆车。以往计划经济时代运输公司只管运输，那时为了增加出藏物资的运输，减少空驶，应对其他运输公司的竞争，多拉还要四处奔波，打听、联系哪里有内地需要的木料等物资。功夫不负有心人，他终于在昌都、扎木等地联系到了稳定的木料供应，终于使运输实载率达到了75%以上，还略有盈利。汽车三队在运输公司的六个大队中经营状况最为突出，在地区经济体制改革工作会议上受到了表彰。"这是我一生中承受压力最大的一段经历，经常因为汽车空驶而睡不着觉，但闯过难关，这也是我感到最为兴奋的时光"，多拉回忆说。

在担任昌都运输公司副经理，昌都交通局第一副书记、第一副局长时，多拉仍然延续了热忱的工作状态。特别是担任西藏自治区总工会昌都办事处主任后，多拉创造性地开展工会工作，他多方筹资1100多万元，建成了"职工之家""职工活动中心"等两大项目，昌都职工历史上第一次有了开展各项活动的场所。他还广泛开展帮扶企业困难、下岗职工的活动，每逢节假日为建材企业、运输企业送温暖活动总少不了他的身影，并多次受到全国、自治区和地区表彰。

老同志建设新西藏仍然发光发热

多拉回忆说，新中国成立前的昌都只是一个以都都卡市场为中心的小城镇，仅有500户人家，聚集了2000人口，建筑都是土

109

木结构，很简陋。到了六七十年代，昌都发展很快，受益于"三线建设"，这里聚集了上万名技术干部和工人队伍，水电厂、水泥厂、糖厂、化肥厂等厂矿企业相继建成，城市中心也新建了十多座砖木结构的多层建筑。当时的西藏人都愿意到昌都来工作生活，流传着"昌都牛肉酥油多，电力足，物产资源丰富，气候好，离成都近"的说法。

近年来，昌都建设再度提速。能源方面，金沙江、澜沧江、怒江三江正在开发建设，大小水电站星罗棋布，太阳能、风电等进入普通百姓家，使乡、村、寺都通上了电；教育设施、医疗条件都大为改善；昌都城市面貌为之一变。在多拉熟悉的交通领域，昌都境内多条国道省道不断改扩建，通县通乡油路、通村通寺道路也在加快推进，甚至高等级公路也即将建成，以昌都为中心，公路网络基本形成。

多拉说，原来从昌都到成都走川藏公路要5-6天，现在只需要两天；原来从昌都到拉萨需要4至5天，现在只需要一天半。和当年相比，现在的路况大为改善，都是平整的柏油路，路面加宽，错车不再困难；几座大天险都开凿隧道，坡度变得平缓，弯道也减少了。新旧对比，就像天堑变通途。

笔者手记：知识改变命运

听多拉谈学习成长经历，让人感动的同时，不禁感叹：当下社会，只要有知识和学识，有本事，就能找到用武之地。多拉说，我上进心很强，有责任感，有事业心，干一件事我一定要干好。但是只有这个精神不行，还得有广泛的知识面和深厚的文化素质。担任干部后，我体会最深的就是，需要很好地学习文化知识。

确实，新西藏培养了多拉，让他有机会读书，从旧西藏的社会底层，一步步走上了新社会的领导干部岗位。他上过民办小学，为参加革命工作积累了一定文化知识；工作后参加驾驶员培训、上过党校、文化补习班，除了政治理论学习，还学习了经济、法律、科学、社会、生态、文化、医疗、卫生知识，他如饥似渴地自学成长，工作实践中活学活用，终于有所进步。可以说，知识改变了多拉的命运。现在的多拉，虽然已经退休，但仍然继续学习研究，发挥自己的专长为社会作贡献。

民主改革和改革开放为西藏腾飞插上了翅膀，多拉也在昌都的巨大变革中感受到了知识的力量，从贡献和付出的收获中找到了他的人生价值。

"老供销"见证计划经济的变迁

芒康县商业局原局长布江

王玮

布江

　　芒康县乡镇企业局原局长布江，身材高大，声音洪亮，他身上有一种说不出的亲和力。近50年的商业系统从业经历，让他谈起过往在供销社的点滴轶事如数家珍。布江出身旧西藏的农奴家庭，经历过农奴制度下被剥削和被压迫的痛苦，经历过西藏民主改革后的自足和幸福；他从 13 岁起就参加工作，从基层干起，一直到走上领导岗位，一步一个脚印，努力工作，不断追求进步；他是一个从业 40 多年的"老供销"，见证了从计划经济到市场经济的变迁，也见证了昌都城乡商贸从短缺到繁荣的变迁。

解放军来了，改变苦难童年

布江 1948 年出生在邦达乡毛尼村。在旧西藏，父母带着布江兄妹 6 人生活，布江是孩子中的老二，全家经历了一段苦难的岁月。父母给领主达拉贡巴干活，家里劳力少，当地又缺水，一年累到头，连糌粑都吃不饱。每年四五月份青黄不接的时候，妈妈就要四处找吃的，每天吃的是当天去寻找讨要的食物，实在没有吃的，就找领主借粮食，有时候秋收时都还不起，只能用耕地来偿还。这样年复一年，布江家的耕地越来越小。

布江家和另一农奴家庭合住一间土房子。那一年，爸爸生了胃病，妈妈得了肺病，没有钱治疗，只能躺在家里等死，结果爸爸活下来，妈妈去世了。家里的劳力更少了，小布江就承担起放牛放羊的工作。小布江没有鞋穿，常年打赤脚，身上穿着唯一的一件羊皮袄。每天早晨出去只带一竹筒水和一块饼子，就这样度过一整天。

后来，解放军来了，爸爸参加了民兵，经常给解放军带路，帮解放军背缴获来的机枪，一起对付山上的土匪。解放军一来就住在布江家里。村里有人散布谣言说："解放军占西藏是来吃人肉的"，吓得一些人跑到深山里躲起来。后来，大家对解放军了解的越来越多，明白了解放军是为人民服务的军队，慢慢不害怕了，还主动和解放军交往。

1959 年西藏民主改革，布江家分到了 1 亩半地、1 匹马和 4 头牦牛，还分到了很多粮食和衣服，生活慢慢有了很大改变，种的粮食自己吃，可以让全家人全年都吃饱。合住的另外一家人分到了房子，搬走了，布江家终于有了属于自己的房子。小布江也开始上民办学校，学校里有17个学生，都在院子里上课，他非常珍惜这来之不易的学习机会。

参加工作，供销社里卖货忙

布江13岁那年，乡供销社运来了600条大茶，急需有人打条子，做销售记录，能写会算的布江被挑选到供销社担任商品会计和出纳。布江至今还清楚记得，那是第一次经手商品，大茶一条售价3.8元。从此，布江就开始了供销社生涯。那时，供销社的主要职能是农副产品收购、农资和日用品供应，当地收购的主要是虫草等土特产品、动物皮张、牛羊毛绒、牦牛尾等。当时农牧民用的、吃的都在供销社购买。乡供销社主要供应大茶、布匹、糖和酒：布匹包括各种颜色的卡其布、绒布和平布；酒只有两种：稍贵一些的汾酒一般老百姓喝不起，还有便宜些的江津白酒。

1972年，布江开始在县供销社工作，当售货员，这在当年是一份令人羡慕的工作，因为有办法买到那些紧俏的商品。县供销社的商品比乡里多，主要分三部分：一是食品，二是百货，三是布匹，特别是服装多，有的确良套装、的确卡套装、卡其布套装和劳动布套装等。柜台前总有来买东西的顾客排着长队。布江负责百货，每到新年前他都要到食品柜台帮忙，茶、糖、烟、酒这些销售都非常火爆，县里供应的酒比乡里多一种竹叶青。

一条茶、一块布、一包糖……那时候，农牧民几乎任何商品都要到供销社去买。到供销社买东西，基本上不能挑，能买到就不错了。很多商品凭票，比如买布用布票、买茶用茶票……商品的品种、数量都不多，所以必须限量供应。供销社一到了农牧民需要的商品，就"告示"出来：大茶、红糖、布料等，各种票证也逐一发放下来，农牧民就赶集似地往供销社涌。就在这种计划和紧缺中，布江感受到了供销社工作"尊崇"的地位。

市场经济带来激烈竞争

1982年，布江调到县粮食局担任副局长，分管粮油供应；1991年，又调到县商业局担任局长，当时全县11个供销社合并成立县联营公司，布江出任总经理，这算是又干回了"供销"老本行。从那时起，国家取消了商品统购统销政策，市场经济逐渐取代计划经济，供销社不再独家经营。原来供销社独一无二的"尊贵"地位也悄然淡化了。以前在乡村的供销社，渐渐被许多小卖部、批发部代替，人们买东西再也不用专门跑到供销社去了。

布江感受到了竞争的压力，面对市场冲击，供销社不再拥有垄断农村商品、物资流通的无限风光，经营业务不断"缩水"，连年亏损。他想了很多办法挽回颓势，比如在商品销售和供应之外，到内地去采购市场上没有、但老百姓需要的新商品。布江到成都采购棉絮，老百姓用来制作冬装的原料；他们去内地采购布围腰，深得当地藏族女孩子的喜欢；他们带着样品去成都的都江堰，找厂家订做了几百套马杆子。这些工作为供销公司减了亏，因此被评为县级优秀单位。

但是，供销公司背负着沉重的历史包袱，退休人员和在职人员多，人力成本很大，无法从根本上扭亏为盈。芒康又位于三省交界处，商品竞争首当其冲，随着时间的推移，这种竞争越来越激烈。人们也越来越感受到了私营商店和个体经济的好处。供销社商品都明码标价，差一分钱都不行，而私营可以给顾客让利，价格灵活；私营店铺小巧玲珑，连柜台、货架布局现代，相比之下，供销社设施显得老气、过时；各种小商铺充斥社区每个角落，方便了居民，人们不必舍近求远再去供销社了。

市场繁荣，供销社辉煌不再

1996 年，布江调到县乡镇企业管理局担任局长。那时候，芒康人搞经营的思想很活跃，非公经济蓬勃发展，不少私营企业都在发展民族手工业、绿色食品加工厂、种植业等多种经营。有的企业如私人加油站、水泥厂有资金困难，布江就协调其他部门解决，或联系银行贷款。到 2004 年 9 月退休，布江已经在商业系统摸爬滚打了近 50 年，见证了计划经济到市场经济的变迁。

供销社作为连接城市和农村、工业和农业的桥梁和纽带，从 20 世纪 50 年代初至 80 年代，成为我国国民经济的重要支柱之一。随着时代的发展，供销社独家经营的辉煌成为一个历史片段，一段难忘记忆。布江说，以前能进入供销系统工作是可以跟邻居、亲戚、朋友夸耀的资本，商品放开后，做生意的人越来越多，竞争激烈，供销这碗饭不再吃香。供销社的地位虽然变了，但市场繁荣了，商品一年比一年增加，消费选择越来越多，供销社从一个侧面见证了百姓生活一天天富足起来。

如今，退休后的布江每天养养花，散散步，享受安逸的晚年生活，他每年都要回邦达乡的老家看看，在老家弟弟、妹妹的孩子们已分成了 4 家，侄子侄女们都翻新了房子，每家都住在 270 多平方米的三层的藏式小楼里，拥有面包车和拖拉机，日子过得殷实富足。

现在，布江仍对老本行念念不忘，经常逛逛各处的商店，看看琳琅满目的商品。市场上，商品种类齐全，购销两旺。布江说，以前尽管供销社里每天都是人来人往、热热闹闹的，但由于商品短缺，消费水平低，供销社一年到头也挣不了几个钱；现在，经济开始发展，商品逐渐丰富，人们消费水平提高，购买商品再也不用找关系、凭票证了。这是供销体系和供销人的不幸，却是市场繁荣和消费者的大幸。

笔者手记：放下身段博市场

布江在乡供销社工作的时候，供销社只供应两种酒；他在县供销社当售货员时，供销社只卖三种酒。但就是这两三种酒，当时普通人也不容易买到。现在随便逛逛超市，人们都会找到几十甚至上百种酒。酒的品种只是个缩影，它体现了经济发展，市场繁荣，以及计划经济向市场经济转型带来的明显好处。

上个世纪 80 年代以后，布江所在的供销社开始遇到挑战，原本独家垄断经营的市场放开了，原本红红火火的生意变得清淡了，市场的参与者越来越多，竞争越来越激烈。为了应对挑战，布江想了很多办法，主动出击采购商品，寻找市场空白打开局面。以前供销社是坐等顾客上门，商品就那么几样，根本不愁卖；现在是挖空心思跑市场，用商品和服务吸引消费者光顾，放下身段博取市场。时代不同了，国有商业企业要生存，就必须顺应商业模式和消费方式深刻变革。

国企应该成为先进生产力的主力军，跟上时代的步伐，而不是落后甚至停留在上个时代。就在 2015 年 4 月 2 日，国务院公布《关于深化供销合作社综合改革的决定》，开启了供销社改革的序幕。计划经济时代一度辉煌的供销社如今站上了"互联网+"的风口。供销社拥有 60 万个农村服务网点，成为电子商务"最后一公里"服务商，将重新焕发新的活力。

我把青春留在了昌都

十八军后代、"藏二代"吴微

何瑞

吴微（后排中）与笔者合影

在成都街头清凉的秋风里，吴微听说笔者是从昌都来的，显得很激动："我在昌都工作了 20 多年，见到你们真高兴！"

吴微，十八军后代，"藏二代"，曾在西藏工作 20 多年，其间修过墨脱公路、在昌运司成都站当修车修理工、在昌都运输公司机关当过打字员，后调至昌都地区行署经贸委工作，1997 年内调回成都。

人回去了，吴微的心却留在了雪域高原，她用文学作品表达了对西藏的不舍和热爱，出版有《奔向墨脱的灵魂》散文集。

接力：长大后，我就成了你

1959 年 11 月，吴微出生于西藏公学（西藏民族大学前身），她的母亲张晓帆，曾是参加十八军进军西藏，后在藏成家立业生子，当时正值西藏建设的关键时期，张晓帆夫妇不得不将两岁大的她留在成都洗面桥的西藏工委（成办）保育院和小学。

1968 年，吴微读一年级，放学后发现两个陌生人在等她："叔叔阿姨，你们能给我一颗糖吗？"这两位在吴微眼中不认识的叔叔阿姨，正是她的爸爸妈妈。她伸出手要糖吃，这样的情景让母亲张晓帆顿时伤心落泪。

离家多年的父母突然请假回来，是因为当时学校即将关闭，年幼的子女无人照顾。事出突然，父母请来了远房亲戚来照顾吴微，便匆匆返回了昌都工作。父母不在身边，她逐渐养成了读书的习惯，无事从家里到处找书看，从简单的连环画、到《青春之歌》《红岩》《钢铁是怎样炼成的》等长篇小说，家里有的书几乎让她读了个遍。

1969 年，父母将吴微和哥哥一起接到了昌都，一家四口几度分离终于团聚。

然而，天有不测风云，父亲不幸患上脑瘤。1971 年，为照顾父亲，母亲张晓帆调入昌都运输公司成都站，四处求医，可父亲病逐渐恶化，到后期已经瘫痪在床。1975 年，波密至墨脱公路筹建中，西藏交通厅来成都招工，16 岁的吴微作为昌都运输公司的子弟报名，义无反顾离家奔赴波密的扎木修路工地。

"爸爸生病了，我在家里看着他，心里很难受很无力，即使是在高原下蛮力吃苦，我也想出去赚点钱让爸爸继续治疗，而且我也想出去看看这个世界。"吴微回忆，当时，为了给爸爸治病，花光了家里所有积蓄，要强的她与哥哥商量，"我去波密，你留在家里照顾爸妈。"

凭着一腔热情冲动，吴微放弃了学业，告别了生病的老父，舍下全家人，坐在"解放"牌大货车的货箱从昌都走了4天至扎木，从此便开始了漫长的筑路生涯……

那时，吴微每天面对着修桥铺路、长途背运物资、重体力劳动、饥饿等，嘎隆拉山横亘在必经之地，身侧是金珠河汹涌的咆哮，每天都在与理想极度冲突的现状中度过，还有泥石流、雪崩、滑坡、烈日、暴雨等灾害，考验着她的毅力，也让她经历着成长的洗礼。

"当时一起筑路的老工人说，修筑墨脱公路比红军长征过草地、比上甘岭战役还要苦。我深有感触，很多时候我觉得自己快要挺不住了。可又想到同父母亲一样的老西藏人，在解放西藏时那样艰苦卓绝的岁月里都走了过来，我也要同他们一般，再大的苦难都打不倒我。"吴微总是用老西藏精神激励着自己，默默地接过父辈手中的接力棒，在建设西藏的征程中，再多汗水和辛酸也都咬牙挺了过来。

蜕变：高海拔，就要把困难踩在脚下

吴微来修建扎木至墨脱的公路已三年了。五月，修路队伍浩浩荡荡搬到了海拔4200米的嘎隆拉山下的24K安营，她所属的女工班十二个人，好几人出现了高原反应，当天被紧急转移回了扎木，她却顽强地留在山上修路。

在修路中，她成为了一名炮手。初始她还紧张刺激好玩，直到初冬将离开24K之前，传来了噩耗。

"青年一大队一个男工班，收工后点燃一个土炮，但超时不见

动静，几个小伙子犹疑一阵后凑近准备排哑炮，忽然爆炸了，三个年轻生命便永远消失了，三副担架由十多人抬着缓缓穿行暮色下山，十几岁的我，第一次面对死亡，吓得不轻！"吴微回忆。

当炮手的危险不言而喻，可没有炸药开路天险怎么修通？为防出哑炮，吴微找出导火线放长对折，用牙齿将雷管上部咬紧，再插到炸药里，三声哨声后，所有人撤离到安全地带，她便迅速点燃了导火线，飞身向山下狂奔。

"现在回想，当年没有被我狂奔时衣兜里哗哗作响的铜雷管、还有我用牙咬雷管的动作引发严重后果，真是后怕又庆幸！"吴微说。

吴微最大的遗憾，就是修了6年的公路，因为资金短缺原因，终结在墨脱最后的30里处。然而，一代接着一代干，使不可能变成了现实，墨脱公路已于2013年全线通车，在2018年春天，吴微和当年的队友重走墨脱路，曾经的荒凉之地，现在人车不断。

1981年底，因公路全线停工，吴微从扎木桥工队调回到昌运成都站当修理工。

"初学修车，我像修路那样用蛮力，结果弄得手上伤口累累。带我的是林师傅，脾气好，手把手教我修理知识，细到如磨气缸、调阀门间隔、调刹车和变速档位、打黄油、换机油，大到使力气换轮胎和钢板、修传动轴、前后桥保养等，都逐渐上手。"吴微回忆。

对于一个女孩来说，修车脏且苦。尤其冬天，在汽油里洗零件，寒冷从手指传导全身，那种滋味真不好受。钻底盘的活儿，又脏又累不说，在地沟下拆零件，有时得半蹲着，腿脚不一会就酸痛了，有时得仰头，车上的泥巴灰尘就掉入眼鼻嘴，稍不注意身上少不得蹭上废油和泥巴。最重的活就是换刹车片了，货车后轮几百公斤重的轮胎要先拆下来放气，用撬胎棍将轮毂取出，再把刹车片去旧换新，原样装回，一天工作下来，往往一身泥，汗出如浆，浑身酸痛……

"回想当年我从波密修路再到成都修车，与其说是我生存的必须，不如说是雪域高原赐予了这个机遇，让我学到了不少技术。即如我做一颗小小的螺丝钉，也要将自己的能量和真诚奉献出来，为美丽西藏的建设尽一片心出一份力。"吴微感叹。

后来吴微调入昌都行署工作，曾多次乘货车在川藏线往返，但凡遇上车辆抛锚，她都会不自觉地拿起工具，钻到底盘修车，直至重新上路。

变迁：我目睹了昌都翻天覆地的变化

吴微记得，当她 1969 年第一次来昌都时，她跟随父母住在地委行署大院，看见从南到北四栋将军楼无人居住，门斜墙裂，窗破漆剥，荒草丛生，不少毛驴来闲逛啃食。

"将军楼外靠近行署的大院里，有大、小礼堂，坝子上长着十多棵大麻柳树，当时的将军楼很荒凉，却是我们玩耍的好去处，看到毛驴就骑上去，将军楼外有茂密的苹果树，果子熟了，就偷偷去摘几个来吃……"近半个世纪过去，她依旧怀念少年时光。

1987 年秋，她调到昌都行署经研室工作（后改为经贸委）；1989 年单位搬进 20 多年后再次相遇的将军楼办公，这里建设得美观舒适：二层小楼粉刷一新，有独立的厕所、自来水。后来单位部门扩大了，办公室不够用，又把旁边的楼合并成大院子，在空地上，大家动手修建了会议室和停车库；院子里有空地，大家齐动手在里面种菜、栽花、植树，务使将军楼每个角落物尽其用。

1997 年，为照顾成都的寡母，吴微调入四川省文联，离开了奋斗过 20 多年的昌都。回去后，她一直关注昌都的变化发展，收集了很多关于藏民族的文史资料，不断写作有关昌都的散文。每每在手机里、电视上、书中收集到昌都的消息和照片，依旧心潮澎湃。

2018 年，她再次回到了心心念念的昌都，亲眼见证了昌都巨大的发展变化。

看到当时的将军楼已经变成了昌都革命历史博物馆，得到了保护，吴微很感欣慰，同时惊叹道："现在昌都城市建设得太漂亮了，我都不认识了，像是天上的人间，群众的衣食住行和精神面貌发生了巨大的变化，呈现出很和谐的景象。"

如今，吴微常将饱经磨难的岁月写进散文，将往事一一记录下来，让更多的读者了解西藏的魅力。

她表示，要是身体条件允许，以后川藏铁路修好了，还是要回昌都看看，这是父母和我两辈人付出过青春和生命的地方，希望她能发展得越来越好。

笔者手记：让梦想在苦难中开花

吴微是"藏二代"，父母常年在西藏工作，从小，她就无法理解为何小伙伴们有爸爸妈妈陪着，她身边的长辈却只有保育院的阿姨和学校里的老师。

孤单的童年时代，吴微便开始自己找慰藉。她对家里的书籍产生了浓厚的兴趣，从连环画开始读，到《红岩》《钢铁是怎样炼成的》，她梦想成为一名作家。

父亲重病，16岁的她不得不放弃学业来到高原，成为一名修路工人，忍受着重体力劳动、饥饿。6年后，她又成为昌都到成都公路上的一名修理工，日子很难，吴微却一直在坚持用笔把这些往事记录下来。

最暗的夜，才会看到最美的星光。吴微的文字，格调清新隽永，文笔简洁生动，内容丰富多彩，或借景抒怀，或感物明志，或情景交融……笔者作为一名西藏的工作者，我们感情有着共鸣，因此读她的作品感到分外亲切，有如故友重逢。

没上过一天学，却教出最优秀的学生

洛隆县教育局原局长洛松泽培

王玮　夏怡雯

洛松泽培展示他作演讲时的照片

如果有人说，有一个人没有上过一天学，却当上了中学校长和教育局长，你会相信吗？没上过一天学，小时候乞讨为生，却在退休后正在筹划写第三本书，你又能相信吗？带着这样的疑问，笔者见到了洛隆县教育局原局长洛松泽培，在讲述和访谈中，他的传奇人生慢慢变得清晰起来。

洛松泽培告诉笔者，他1945年出生于察雅县吉塘镇，因为没有吃的，生活不下去，他们举家外出讨饭。一个大家庭分成了好几路，有的去了左贡，有的去了察隅，父母带着洛松泽培他们四个孩子去了洛隆。他们一路要饭，白天找人家要点吃的，实在要不到就去地里偷挖元根。夏天天气热的时候，就睡在大树的阴凉下，冬天气候寒冷，就借人家的牛圈住一宿，和牦牛、绵羊、山羊等牲畜挤在一起取暖。要饭的生活大概持续了三四年，洛松泽培7岁的时候，他们来到了洛隆，从马利镇到康沙镇，再到中亦乡，在亚宿卡村遇到了察雅老乡，一家人不再流浪，住了下来。

解放军给了全家新生活

虽然安定下来，日子过得仍然艰苦。白天家里人出去要饭或者打点零工，晚上全家都睡在老乡家的牛圈里。有一次，听说村里附近来了解放军，以前的藏军看到乞讨的就会打人骂人抢东西，所以爸爸就躲到山上避风头。洛松泽培出去要饭，看到一队解放军围在一起吃饭，等他们吃完了，他就悄悄过去想捡些吃剩的东西，结果被解放军发现了。奇怪的是，他不但没有挨打，解放军还拿出了馒头、罐头、挂面等食物给他，还给了他几张红色钞票，拿回家一数，一共11元钱。爸爸妈妈高兴极了，他们从来没见过这么多钱。爸爸说，解放军不像藏军，对老百姓很友善，一点也不可怕。

还有一次，洛松泽培帮别人放牛，他看到牧场的房子开着门，就走进去。屋子里躺着一名抱着枪的解放军，看样子受伤了，鼻子里流着血。洛松泽培问"你病了吗？"解放军见有人进来，端起枪指着门口。洛松泽培慢慢退出去，他煮了些奶茶，带上酸奶，又回到房子里，这次解放军虚弱地坐起来，把奶茶和酸奶慢慢吃下去。就这样，洛松泽培一连十几天每天都带吃的去牧场的房子，解放军身体恢复得很快，直到有一天他去送吃的，房子里没人了，解放军离开时留下了一顶带红色五角星的军帽，他小心地把军帽收藏起来。

过了不久，洛松泽培在村里遇到了这名解放军，他把军帽还给了真正的主人，解放军给了他一身新衣服和鞋子。洛松泽培从小一直就穿一件羊皮衣，不管是白天黑夜，还是春夏秋冬；他从来都是打赤脚，脚底磨出了厚厚一层茧，第一次穿鞋，他很不习惯，穿了很久后才适应。那一年是1959年，洛松泽培14岁，他第一次穿上了新衣服和新鞋子，他家也第一次分到了住房、土地和牲畜。土地分到了11亩，还有5只绵羊3只山羊1头黄牛1匹马。

由于家人都支持党的政策，妈妈当上了贫协主任，爸爸当上了治保会主任。洛松泽培一边在家务农，一边自学藏文。他最初的教材就是一本藏文版的毛主席语录，他一边翻书一边在木板上涂涂写写，他要弄明白，这是一本什么内容的书，为什么会有这么大的力量，让千千万万的人参加解放军，解放更多的受苦受难的普通大众。洛松泽培还找解放军要了几本汉文的《毛泽东选集》，虽然看不懂，但他一直到今天都还珍藏着这几本书。

骑马两天求教"π"的含义

1970年，中亦乡民办学校招不到老师，会简单读写的洛松泽培就当上了老师。整个学校只有他一个老师，却有4个班的100多名学生，要教藏文、数学、体育。他采用了轮流教学法，先给第一个班上一会课，然后安排学生看书自习，再到第二个班写板书，第三个班课间休息，他就到第四个班上再讲一会，没有片刻休息时间，一天下来腰酸背疼。后来他就挑选学习好的高年级学生给低年级上课。身体上的劳累还在其次，最重要的是有些教学内容，洛松泽培也一知半解，如圆周率π的含义，老师都弄不明白就没法向学生传授。有一次，县里的医生下乡看病，洛松泽培无意中得知医生的丈夫是县公办学校的数学老师，他问清姓名和地址，专门骑马两天到县公办学校求教，终于弄明白了 π 的含义。他一共在县里待了三天，把加减乘除等数学问题都学会了。

随后几年，洛松泽培先后调到日许乡、硕督镇当民办教师，在每一处，他都注意发现品学兼优的贫困学生，让学生和自己一起吃住，还把自己孩子的衣服给学生穿，减轻他们的家庭负担。就这样，他为当地培养出好几名留校教师。1977 年，他以藏文 99 分、数学 100 分的高分通过了转正考试，从此调到县中学当藏文老师、教务主任、副校长。1985 年，洛松泽培任洛隆县中学校长。

洛松泽培在中学当校长时，文件大部分是汉语的，他每次都找汉族老师做翻译，从那时起他下定决心，开始自学汉语，学习了三四年后，他已经会读汉字但不会写。和他一起长期工作的同事能听懂他说的汉语，但不熟悉的人根本听不懂，还闹了好多笑话。在他的刻苦自学下，他的汉语水平突飞猛进，和同事交流已无问题。

以前的中学校长不教课，但洛松泽培主动承包了一个班，教藏文、地理和政治，从 85 年到 87 年，他对这个班倾注了大量的心血。毕业时，全班 32 个学生中 28 个考上了大学，藏医学院在昌都只招收了 9 个学生，来自这个班的就有 5 人，因为他们的藏文水平很高，达到了学藏医的基本条件。这在洛隆办学以来，是历史上的第一次。各种荣誉也纷至沓来：1987 年，洛松泽培获"教书育人，为人师表"教师演讲第一名；1988 年，获全国中小学德育先进工作者；1989 年，获全国优秀教师。洛松泽培说，我没有上过一天学，但我教出了最优秀的学生。

教书育人著书立说造福更多人

1990 年，工作出色的洛松泽培调到洛隆县教育局担任局长。他上任伊始，全县一年教育经费只有 63 万元，洛隆在昌都 11 个县中教育水平排名倒数第二。他决定从调动教师的积极性入手，改变洛隆县的教育现状。在洛松泽培的努力下，1994 年，洛隆教育水平在昌都排名第三，1996 年至 2000 年，洛隆连续五年拿到第一名；以往每年洛隆全县考上内地班的只有七八个，1996 年一年就考上了 32 人。

洛松泽培以身作则，尽管身为教育局长，但他仍然活跃在教学第一线。不管是中学还是小学，洛隆的学校普遍缺少师资，一遇到老师生病休假，孜托镇小学、县中学等学校的老师周转不过来。他就上午去教育局处理公务，下午去上课。每年他总要去基层学校上五六次课，每次都要至少上一个星期，直到老师休假结束。洛松泽培出身教师，平时也尊重教师，非常注意关心基层教师的生活。他当教育局长期间的下乡补助全部用来奖励优秀教师，想尽办法调动教师积极性。

2002 年 12 月，洛松泽培开始了退休生活。他在教育界的工作经验仍是一笔财富，2004 年，洛隆县普九"两基"攻坚领导小组让他出任副组长，回到工作岗位的他又铆足了劲，不顾年事已高，一所一所学校去转，一所一所学校去发现问题，解决问题，全县各乡一共转了 8 次。他说："我虽然退休了，但党员的觉悟还在我的头脑里。"2005年至 2007 年，洛松泽培再度出任县中学名誉校长，实际上主持工作。领导给他每月 2000 元的补助，他拒绝了。他说："党已经给了我丰厚的退休金，我不是临时工，我会把党交给我的工作干好。"

2008 年，洛松泽培开始写一本有关洛隆历史的书，他写了 8 个月才写完。那时他罹患严重的糖尿病，左眼几近失明。2010 年，他再次担任县中学名誉校长，他再一次拒绝了每月 3000 元的补助，那时学校已有 136 名老师，2367 名学生，繁重的工作进一步压垮了他的身体。他意识到自己不再胜任校长工作，于是回家专心写书，他搜集整理了洛隆地方藏民族的放牧歌，这本书刚刚完成。他又在准备写下一本有关教育学和心理学在教学实践中平衡发展的书籍。他要在有生之年，给洛隆教育多留下一点东西。

笔者手记：共产党员的修养

　　洛松泽培给笔者讲了一个故事，他小时候看到有解放军在摆弄收音机，他听见里面有人说话的声音，就问：人在哪？里面的人有没有手脚和鼻子眼睛？他说，像我这么笨的人，现在要写第三本书，这都要感谢共产党的培养。旧社会只有领主子女能受教育，解放后，农奴的子女普遍能上学，洛松泽培虽没有上学，但他把住机会，靠自学提升自己的能力和修养，他自学了藏文、数学、地理、汉语，甚至教育学、心理学，现在他的很多学生都已经当上了教师、校长和干部，甚至有些走上了领导岗位。

　　退休后，洛松泽培仍表现出一名共产党员的高风亮节，他先后三次拒绝领取补贴，一次是在普九"两基"攻坚领导小组，县领导看他工作辛苦，给他发放补助，被他拒绝了；后来，他两次出任县中学的名誉校长，上级两次给他发放补贴，两次都被他拒绝。他说："我虽然已经退休，但共产党员的身份并没有退休，为人民做一点事是应该的。"他除了教学，还参与老干部督查工作，进行人事考察、教育督导和工程质量督查，去年跑了43个行政村，做这些工作，他都是分文不取。

　　刘少奇曾说过："我们的党员，不但要在艰苦的、困难的以至失败的革命实践中来锻炼自己，加紧自己的修养，而且要在顺利的、成功的、胜利的革命实践中来锻炼自己，加紧自己的修养。"在中华民族伟大复兴的新时期，党员干部要像洛松泽培那样不断锤炼党性，不断加强纪律建设，不断提高道德修养，就像《论共产党员的修养》中要求的那样，"把自己锻炼成为一个忠诚纯洁的进步的模范党员和干部"，为实现中国梦而奋斗。

退休不褪色，基层宣讲"不老松"

卡若区邦达街离退休干部党支部书记巴央

王玮　黄凯

巴央在今夕"四进"活动中宣讲

　　在昌都街头巷尾，在各县（区）的乡村里，在学校及老干部的家中，经常能看到一个忙碌的身影：花白的头发、稳健的步伐、略弯的背影。他，就是 72 岁的卡若区邦达街离退休干部党支部书记巴央，新旧西藏历史变迁的见证者，新旧西藏对比的宣讲人。

　　走进位于教师安居苑的巴央家中，首先映入眼帘的就是那贴满整个墙壁的荣誉证书和奖状，全国未成年人思想道德教育先进工作者、全国老干部先进个人、自治区离退休干部先进个人和民族团结先进个人、昌都维护稳定先进个人、昌都教育系统爱国主义教育纪念、民主改革50周年活动突出贡献奖获得者、卡若区"先进党务工作者"和社区建设先进个人……在这些荣誉证书下，巴央为笔者讲述着他的故事，也讲述着新旧西藏历史变迁中的故事。

灰色的童年

　　巴央，1943年出生于昌都市卡若区柴维乡多拉多的一个农奴家庭，父母在他很小的时候就因为一场流行性感冒去世，他只能跟着奶奶家的7口人挤在一个不足10平方米的小屋里，屋子主体用枝条编成，外面用牛粪和泥土混合后糊在上面，没有电，没有取暖设施。在巴央的记忆中，童年是一片灰色。

　　在那个不堪回首的残酷岁月里，巴央是由奶奶养大的，但奶奶家本来很穷，子女又多，吃饭有上顿没有下顿。家里人把山上生长的羊羔花果子磨成粉，当糌粑来吃，难以下咽。为了减轻奶奶的负担，巴央经常跟大人翻山越岭到处乞讨，一走就是七八十公里，到领主挖过的地里寻找遗漏的元根，在割完青稞的地里捡麦穗，买不起茶叶就把别人熬过的渣滓拿回家去熬……

　　巴央从小没有穿过一件像样的衣服，都是把别人去掉的旧衣服捡起来补一补再穿，而且一年四季就是这一件，脚上穿的鞋也是前后透风，破烂不堪，冬天脚被冻裂了，只能在伤口上涂点松油，再继续要饭……由于没有衣服可换，巴央身上长满了虱子，奇痒难耐，他禁不住伸手去挠，可一挠又常常把自己抓得鲜血淋淋……"旧西藏带给农奴的苦，真是三天三夜也道不尽。它简直就是人间炼狱！"说到这里，开朗健谈的巴央老人沉默了。

巴央说，在民主改革前，西藏95%以上的人都是农奴，他们在农奴主的压迫下，过着暗无天日、任人宰割的生活，他们日夜劳作但生命却低贱到只值一根草绳。有的农奴主赌博玩乐，农奴就是他们的赌资，他们被农奴主任意买卖、转让和赠送，甚至被砍手剁脚、挖眼砍头。广大农奴过着衣不遮体像乞丐、食不果腹像病人、住无房屋像流民的悲惨生活，这是旧西藏的真实情况。旧西藏，那仿佛就是一个吞噬一切的黑暗渊薮！

红色的青壮年

"西藏的和平解放和民主改革犹如春雨，洗涤着旧西藏的罪恶，滋润着新西藏蓬勃发展，广大农奴翻身成了社会主义新西藏的主人，过上了美好生活。"巴央这样形容道。对于巴央而言，他的青壮年时期，是一片红色，是党的颜色，是西藏人民日子越来越红火的颜色。

1959年3月28日，西藏各族人民彻底翻身解放。从那一天起，民主改革的浪潮唤醒了百万农奴，西藏各族人民从此当家做了主人。巴央一家分到了自己的房屋，还分到了土地和几只羊，生活逐步改善。巴央16岁那年，他的人生发生了巨大转折，他被选中到陕西咸阳的西藏民族学院学习，临别的那一天，奶奶从遥远的牧场赶来送别。他们乘坐解放大卡车，二三十人一辆车，一路上见到新奇的世界，难掩心头的高兴和喜悦。

在学校，所有吃穿住用都是国家安排，条件相当不错。巴央学习非常努力，藏文、语文、数学……每一科目都从最基础学起，老师像父母一样关心他们的学习和生活。那时，学生们流传着"三怕"的说法：一怕学不好、考不好；二怕老师提自己不会的问题；三怕家长批评。学完了基础文化知识，他又进入农学专业深造，一直到1967年毕业。

毕业后的巴央跟随部队参加了洛隆平叛，他担任班长，和部队一起翻山越岭，追击叛匪，收缴枪支。部队给俘虏的二三十名叛匪开设了学习班，巴央负责讲课和翻译，做好他们的宣传教育和思想转化工作。此后，巴央先后在昌都101指挥部、化肥厂、市委组织部、类乌齐县工作。巴央退休前任职类乌齐县委常委、纪检委书记。

巴央工作非常认真，他坐拖拉机去洛隆不通路的地方下乡，满身满脸都是尘土，在乡村的土路，只能步行或骑马，骑不到马时，他就靠两条腿走。饿了啃几口干粮，渴了就喝河水，道路险阻，他从来没有叫过苦。在每一个岗位上，巴央都尽心尽力、尽职尽责工作，为西藏、昌都的发展贡献着自己的每一分力量。

金色的晚年

老骥伏枥，志在千里，壮士暮年，壮心不已。退休后的巴央，并不甘于就此养老。2004年起，他担任卡若区邦达街离退休干部党支部书记，就此开始了他丰富出彩的退休生活。

原来的"邦达街"是一条一下雨就泥泞不已、污水横流的土路，将它修成一条宽敞明亮的街道本是便民利民的好事情。有些居民不愿路占到自己的围墙、院子，资金不到位，工程队的选择等问题延误着修路的时间。在巴央奔走劝说、努力下，邦达街市政道路整治工程终于上马。为期一年多的修路工程，巴央义务担任工程质量监督员，每天都在工地监工，从不间断；解决工程建设中的70余次矛盾纠纷；协调工程施工方使用该街道200多名民工和50多辆私营运输车辆，增加群众收入10余万元；对质量不合格的三处路段进行返工……明亮宽敞的街道修好了，吃水方便了、垃圾也不再到处飞了，整个社区朝着和谐、文明的方向迈进。社区居民满意新路、感激巴央，他却只说"辛苦是为了我们自己"。

巴央经常去图书馆、档案馆和市委党史办、宣传部等部门查阅资料，自己购买U盘和参考书籍，同老干部交换材料，写出针对机关干部、农牧民和青少年等不同教育对象，分别撰写了 3 套宣讲稿共计 19000 多字，整理收集了新旧西藏对比照片 2000 多张。他经常义务到社区、医院、中小学进行爱国主义集中宣讲教育，每次宣讲要用 1 至 2 个小时，用自己的成长经历现身说法，有时候巴央身体坚持不住，就先吃药，再宣讲。他的宣讲语言朴实，生动感人，深受群众喜欢。

2006 年至今，巴央已先后在市直各单位、各社区、各县和市直各学校（内地西藏班）进行了以"反对分裂、维护稳定"等为主题的各类爱国主义宣讲教育 285 场，受教育干部、职工、群众、学生达 110917 人次。他说，"过去什么都没有，今天党给了我一切，所以，为了党和人民的事业，只要组织需要，一定会继续坚持讲下去。"特别是青少年教育，巴央常说"学校是青少年聚集的地方，是培养人才的摇篮。青少年的健康成长，关系到昌都的未来，民族的前途和希望。就冲这一点我理应做一些事。"在学校里，孩子们亲切地称他为巴央爷爷，他经常给孩子们讲述革命故事、讲解做人的道理、讲授奉献社会的本领。

干好一名任劳任怨的基层党支部书记、当好一名离退休干部职工的楷模、做好一名爱国主义教育活动的倡导者、当好青少年教育的导师……巴央的晚年是一片金色，是夕阳最美的余晖。

笔者手记：老有所为，演绎精彩人生

　　已经退休的巴央很忙，笔者每周都给他打个电话约采访，他都一直在下乡督查，等他终于返回昌都，又累得病倒了。一个半月以后，我们见到了巴央，而他又即将下乡为基层进行宣讲教育。像巴央这样的老干部，从工作岗位第一线退休后，人不在位了，但心仍在"位"，继续献身革命事业，继续工作。他说，工作是最大的幸福，是人生价值的最好体现。

　　一个古稀之年的老人，壮心不已，笔耕不辍，用激情燃烧的笔墨撰写宣讲稿，以春风化雨的情感和振聋发聩的真理，讲述着触动心灵的故事，新旧对比，针砭时弊，演绎出精彩人生。老年人历经社会磨砺，经验丰富、阅历深厚，不仅如此，还有一些老干部、老专家具备扎实的学科知识和精湛的专业技能，他们在老有所为、服务社会的大舞台上有着更大的施展才华的空间。

第三辑

初心映照党旗红

听富裕村老村长讲那过去的故事

卡若区卡若镇波妥村党支部书记阿旺加村

王玮　格桑

阿旺加村

　　阿旺加村，一名平凡的村党支部书记，在最基层的岗位上奋斗了 38 个春秋。38 年来他带领群众艰苦创业，也亲眼见证了波妥村翻天覆地的发展变化，用自己的心血和汗水讲述了一名普普通通村党支部书记的真实故事。

见到阿旺加村那天，年过花甲的老村支书满面红光，身体硬朗，脚步轻快，他招呼笔者到自己家做客。穿过舒适整洁的藏式小院，我们在客厅里坐下。阿旺加村家的客厅宽敞明亮，室内装修雕梁画栋，井井有条。出席各种会议的代表证，被他整齐地悬挂起来，桌子上摆着厚厚一摞奖状。热情好客的阿旺加村端上热腾腾的酥油茶，坐下来，给笔者讲述起了他的经历。

苦难的童年难忘的记忆

1954 年，阿旺加村出生在波妥村的一户农奴家里，那时村里只有两户人家，都是领主的"差巴"，阿旺加村出生在"差巴"家庭。他说："我们没有土地、没有生产工具、没有牲畜，只能给领主干活换一点点吃的填肚子，可以说，现在牛吃的都比过去人吃的要好。"

在阿旺加村童年的记忆中，几乎没有吃过饱饭的时候，一年到头吃不到蔬菜。贫瘠的土地缺少肥料，种不了青稞，只能种些荞麦。就连荞麦都吃了上顿没下顿，偶尔能吃到一点糌粑，就觉得那是人间美味。有一年藏历年，亲戚接济了一些察隅的红色大米，妈妈煮成了一锅糊糊的饭，还有四桶麦粒，爸爸拿到昌都磨成面粉，做成面条，又用荞麦换了一些腌菜，就这些吃的，在小阿旺加村眼中成了难得的美味珍馐，那顿饭让他至今难忘。

那时的阿旺加村身上一件山羊皮袄穿了好多年，白天当衣服，晚上当被子。穿鞋子更是一件奢侈的事情，他好不容易有了一双破旧的牛皮藏靴，下雨的时候根本不敢穿，小心翼翼地包好揣在怀里，赤脚蹚水走路。他告诉笔者，我们住的房子很简陋，虽说是房子，但现在想起来，那简直不是人住的地方，低矮阴暗潮湿的土坯房，拳头大窗户，"夏不挡风雨、冬不抵严寒"，家具就只有几个碗，一个茶壶，三块大石头挨着放在一起就是炉灶，地上铺层稻草就是所谓的"床"。

阿旺加村很小的时候就跟着母亲一起上山放牛马，砍柴，挑水，耕地，每天看到的就是母亲不停工作的身影，有时候母亲生病了，她也是忍着疼痛，继续干活。"好几次，我都看到过母亲被领主打得浑身瘀青，整天以泪洗面。"他的几个哥哥凡是到了能干活的年龄，就去给领主干活，整天累死累活，睡不了一天安稳觉。回忆起当年往事，阿旺加村说，在旧西藏，人们受尽农奴主的剥削和压迫，衣不遮体、食不果腹，没有上学念书的机会，没有人身自由。他们的命如草绳、毫无保障，过着世间牛马不如的生活。

昔日"差巴"如今"领头雁"

1959 年西藏民主改革的春风吹遍了整个高原，彻底解放了无数像阿旺加村那样生活在黑暗社会中的封建农奴，曾经的农奴翻身做了国家的主人，享受到了人人平等的权利。波妥村是昌都第一批将土地分给农奴的村庄，阿旺加村家也分得了 18 亩土地、3 只山羊、1 头骡子，生活境遇大大改善。8 岁的阿旺加村第一次吃饱饭，第一次在一所民办学校上学，第一次接触到了藏文。"我们家盖起了房子，日子越过越好。"老人的话语变得愉悦起来。

旧社会再怎么艰难，阿旺加村一家终于熬过了那段黑暗的岁月。阿旺加村说："刚领到那 3 只山羊、1 头骡子时，父母心里很不踏实，认为应该跟过去领主家的牛一样，要好好伺候，不然就要挨打。于是就跑去问解放军，结果解放军说，牲畜是你们自己的了，生老病死都由你们自己负责。全家这才放下了心。"

阿旺加村勤奋好学，很快就具有了中等藏文读写水平，还掌握了不少数学知识。他喜欢收听收看新闻，如饥似渴地看书读报。凭借着高度的政治觉悟，23 岁的阿旺加村当上了波妥村村长。

"尽管比旧社会进步了很多，但当时村里条件仍很差，没水、没电、也不通公路；人畜同喝一条河里的水，水质又差；天再冷还要上山砍柴，村民们教育意识淡薄，让孩子在家干家务、干农活、放牧，不让他们上学；村民的一年主要收入就是靠种地。"阿旺加村谈到这里摇头叹口气。

在阿旺加村的带领下，借着党和政府的好政策，全村村民共同努力，波妥村完成安全饮水工程和安居工程建设，改善了村民的饮水和居住条件。他积极作为，主动谋求全村致富之路。"一天，村里来几个汉族同志，说我们村的砂石资源很丰富，我马上就联想到新闻里说的，昌都现在正处于大发展、大建设时期，工程量大，砂石需求一定很大。"思维敏捷的阿旺加村很快行动起来，四处打听询问砂石买卖的相关法律和政策信息，他上区里、赴市里，跑项目、争资金，常常奔波在外。2012年，波妥村先后成立了砂石厂、农牧民施工队、30辆私家大卡车组成的农牧民运输队，让富有劳动能力的村民在村经济实体里工作，拿到丰厚的工资。

让更多人知道生活会越来越好

2014年，波妥村人均年收入达8000元，仅砂石厂和其他经济实体年收入就超过50万元，村民们不仅可以参与就业，而且成为了全村经济实体的"股东"。到年终分红时，不只是拿到现金，2014年村民们每户都分到了200斤大米、200斤面粉、100斤面条、清油3桶、暖水瓶、打茶机、电冰柜，有些家庭一年都用之不尽。

村里每户都安装了沼气设施，不必再上山砍柴；享受社农保，不论家里牛死了，还是因自然灾害使房屋受损，都可以给予一定补偿；对"低保户"以及孤儿、老人和残疾人给予生活补助；实行"九年义务教育""三包政策"，学生上学和生活得到了保障；通过实施村村通工程，家家都能免费看电视、接听广播，及时了解国内国外的新闻动态；建立农家书屋，不断提升村民的文化水平，丰富精神文化生活；农村医疗保险更是对村民们帮助很大，小病可以在乡里医治，大病就前往县、市甚至到内地医治，医药费可以报销70%至80%，再也不会因为看病贵而忍受病痛折磨。

阿旺加村说："如今的波妥村面貌一新，村民衣食无忧，生活过得很幸福，和旧社会比是天壤之别，所以我要把这种新旧西藏的对比进行大力宣传，让更多的人知道，了解在党的惠民政策的阳光雨露滋润下，如今过上了安定幸福的生活。"2014年8月，阿旺加村参加了在拉萨举行的自治区宣讲电视大赛，由于成绩优异，获得了西藏自治区农牧民宣讲员称号。现在，他仍保持了年轻时的习惯，最喜欢收听收看新闻节目，边看边把自己关注的东西认真记下来，将来运用到对学校学生、农牧民的宣讲中去。

已经61岁的阿旺加村现在担任着卡若区人大常委会委员、卡若区政协委员、卡若镇党委委员，他仍然对波妥村的未来充满着希望。他说，"未来无论如何变化，生活肯定会越来越好"。

笔者手记：从爱看新闻到热衷宣讲

采访阿旺加村，印象最深刻的是他爱看新闻，报纸、广播、电视……凡是能找到的新闻源，他都从不放过，认真收听观看，并仔细分析，用来指导自己的行动。这一特质，在阿旺加村年轻的时候就显露出来，村里开会时，他能把上面的政策精神结合实际，说得头头是道，他年纪轻轻就当上了村长，殊不知这些都来自于他对报纸新闻的"吸收消化"；带领村民走上致富路，又是得益于他对新闻报道的敏感性，反映昌都大建设大发展的新闻，经过他的领会和结合实际，变成了一把致富的"金钥匙"，打开了波妥村的幸福之门；又是新闻报道，让他能在宣讲大赛上脱颖而出，从比较高的政治高度宣讲党的政策，更好地实践上情下达。

和阿旺加村一样，基层有这样一群草根宣讲员，他们运用自身的智慧从现实生活中采集到鲜活感人的素材，将其转化为宣讲内容，用基层群众喜欢听、能吸收的方式，为各族群众传播党的声音、传播先进文化。阿旺加村爱看新闻报道，他的头脑里装满了党的政策，这让他的宣讲更有针对性和内涵，闪耀着更多社会主义核心价值观的光辉。

酥油灯前的特殊供奉

芒康县宗西乡达拉村老党员扎永

杨青曲珍

扎永擦拭珍藏的毛主席像

　　扎永，属牛，笔者见到她时已经 80 岁高龄。双颊凹陷，短发有些凌乱，黑色的传统藏装上罩着一件鲜艳的棉背心，因为类似腰椎间盘突出和通风等疾病，走起路来深一脚、浅一脚，显得有些的吃力。这是她给人的第一印象一个极其普通的藏族老妇人。但如果你走进她的房间，观察她的生活，就会发现她一处非常不一样的地方。

在西藏农牧区，基本上每家每户都有供桌，多多少少会供奉一些佛像和唐卡。走进扎永低矮的传统藏式房里，一个古旧的藏式柜上却供奉着几幅画像：一副青年毛泽东像、一副晚年毛泽东像，以及两幅国家领导人画像。这些画像上还被扎永小心地披上了一个和整个房间的暗色调反差极大的物件一条白色的哈达。除了包括传统意义上表达敬意和热爱的意思外，还因为这样可以避免画像被生火时的烟尘熏黑了。画像前，静静地摆放着一排酥油灯。每天，扎永都会点上一盏，然后向供桌上的画像默默祝祷一番。扎永说，两幅毛主席像是她丈夫生前留下的，他喜欢把它们摆在桌上显眼的位置，一有空就拿布擦拭。丈夫去世后，她保留了丈夫的习惯，并且在"文革"后还点上酥油灯供着，已经几十年了。

这个特殊的行为背后，我们看到了一个翻身农奴对党的深深感恩之情，一位基层老党员对党的忠诚信仰，一个农牧民群众全心向着党的朴素情怀。"党就是我的父母，党的恩情说不完"，是她经常挂在嘴边的一句话。

只有饥饿和恐惧的少年记忆

达拉村位于宗西乡北部，海拔 3685 米，距离县城 99 公里，距离乡政府 33 公里。从村委会开车走上一截乡间道，穿过一条 3 米多宽的河流和三户人家的田地，就到了扎永所在的岗达自然村。

扎永的父母很早就过世了，谈起新中国成立前的日子，她把头摇得像拨浪鼓，"那可真不是人过的日子，不像在现在，人想吃就有吃、想喝就有喝，地该耕就能耕、该种就能种，只要自己勤劳肯干，年底所有收获还都是自己的"。

扎永说，新中国成立前，岗达村里只有 9 户人家全是差巴，大家辛辛苦苦劳动一年下来，上交了各种税后，每顿饭都是一小坨糌粑，即便像这样的饭，每年春天下种时，大部分人家都留不下粮食当种子，只有再向领主借，从领主家借出的粮，到了秋天要按照借四还五的比例归还。于是，大家越借越穷，越穷越借，苦难的日子似乎看不到头。

除了生活的窘迫，扎永印象最深的当属官差的凶恶。旧西藏的差役里有一项外差是要给领主、官家和寺庙义务提供过路换乘的马匹。每次临近噶厦政府官员收税的日子，村里人就会警觉起来，特别是轮到支差供马的人，会仔细观察村口是否扬起马蹄踏出的尘土，注意管家老爷是否快到了，并且提前做好准备。只要动作稍有怠慢，就会挨到一顿雨点似的皮鞭。因此，年少的扎永从老远就会躲得远远的。"旧西藏政府官员除了榨取我们的血汗，就知道打骂我们，我们没饭吃、没衣穿、没房住，他们从来不在乎"

红旗下的激情岁月

1950 年中国人民解放军进藏解放了广大农奴，扎永在崭新的社会制度下逐渐成长。1959 年西藏实行民主改革，腐朽的封建农奴制度彻底被废除，广大农奴从"会说话的牲畜"变成国家主人，不仅享有了平等的政治权，并且分到了田地、牛羊等各类生产物资。年轻、热情、能干的扎永主动投身到这场波澜壮阔的改革中，并且作为积极分子，被解放军指派负责分配物资的任务。扎永回忆说"我总是尽可能地做到公平、公正，力争不辜负上级的信任、群众的期望。"民主改革结束，因为之前的出色表现，又被委派了一项新的任务生产队里的物资保管员。此时，对这个让她获得了自由、尊严和新生的政党，扎永不仅心怀感激，更是心向往之，于是反复向党组织提出申请，不久终于成为一名光荣的中国共产党党员。自此，她更是将全部精力和心力投放到了党的事业建设和谋求人民福祉上。

　　20世纪70年代初，扎永已经成家，有了一双儿女，家里的房子也刚刚建好，正准备搬进新居。这时丈夫贡松接到了区里的命令，要求带领村民前往莽措湖去修灌溉水渠。达拉村那时还是达拉乡，作为乡负责人的丈夫立即着手组织人员赶赴位于芒康中部的莽岭乡，临走和扎永告别时嘱咐说，等修好水渠，全家人再一起开开心心地搬进新房子。在满怀期待中，扎永等到的却是噩耗：丈夫在修坝时因公牺牲，再也回不来了。不久，县里派人将丈夫的棺木抬了回来，那一年，她的大女儿才十岁，小儿子也才六岁。

　　面对突如其来的横祸，扎永凭着坚定的信念和一贯不服输的劲儿，不仅勇敢挑起照顾一家人的生活重担，还作为岗达队队长继续带领村民组织开展生产。那时岗达村已经成了岗达队，发展到了14户人家，由三个组组成，每两户又形成一个互助组。因为工作比较繁重，扎永每天要把具体工作分派给各组、甚至每个人，再严格地打考勤和记工分。为了保证进度和质量，有时她也有不得不拉下脸，硬起心肠，不顾人情的时候。"有一次，一个村民来找我请假，我指了指手和嘴对她说，你如果不要入口的工分，就可以给你批假，直到现在我还经常想起这事。"在那个年代，村民都要通过从事集体生产，挣取工分，工分不够，月底就领不到足够的口粮。说起这段往事，善良的她，脸上仍然带着一丝内疚。

　　尽管如此，扎永在每次任务面前公平待人、劳动在前、吃苦在先的行为，逐渐在村民心中树立起了强大的党员形象和一定的威信，大家认可和信服于她的工作能力和个人品行。"三个组中，如果有一个组提前完成了任务，就会主动帮助其他的组"她说。在她的带领下，队里的群众互相团结、互相照应、互相帮助，整体工作也上了水平。"我们队因此还获得不少表彰嘞，几乎年年都到县里领奖。"说起这段，扎永的双眸闪烁着快乐和自豪的光彩，让我们仿佛看到了她的那段激情飞扬的岁月。

丹心向阳的葵花

扎永晚年后，患上了青光眼、痛风、关节炎等疾病，干不动活儿了。她的小儿子泽美虽然50岁了，但是因为智力低下、手有残疾，只能干些放羊的活儿。大女儿永西在村委会当妇女主任，是家里的唯一劳力，受母亲的影响，村干部说永西做事非常认真负责，大部分的精力都放在工作上。因为劳力短缺，扎永家属于村里的贫困户，但说到晚年的生活，扎永仍是一脸的幸福和满足，她专门带我们看了各工作组慰问她时带来的米面和大茶。"有党和政府，只要自己的身体争气，根本不用为吃穿发愁。"说完，她还给我们一一列举了正在享受的补贴，老党员生活补贴、寿星老人补贴、儿子的残疾人补贴……，各种政策补贴，全家每年也有上万元。"地里的活儿也不用愁，到时间，村里就组织人帮着耕种，这样的生活到哪里找啊。"

即使她自己的身体状况不好，家里的经济条件也有限，但她仍然保持着一名共产党员对生活的积极乐观，对人民的深厚感情。据村干部介绍，不久前，一个工作组来访，看到扎永修了快半个世纪的老房子已经非常陈旧，提出要帮她筹资修座新房子，她却摆手说"我已经老了，也住不了多久啦，如果可以，请给村里的那条河水修段河堤，让更多的群众受益。"

岗达组坐落在两座大的山脉间，除了从北向南穿村而下的那条大河外，从东面的山坡上常年流淌着一条小溪。每年8月，当地的降雨量增大，那条溪流一下涨成了大河，附近的民房和田地受到了威胁。听到村干部说工作组和村里正在进行项目申报工作，扎永又是高兴又是担忧地说如果夏季这条河水再涨，村里特困户朗珍的房子就会首当其冲，希望村里能够争取到项目尽快开工，好放下这块心病。

笔者手记：由信仰衍生出幸福感

采访扎永老人的第三年，因为其他一些事情联系宗西乡时，得知老人家因病去世了。一瞬间，她那因为发自内心的知足和幸福所投射到一举一动中的平和、乐观、豁达，再次生动地浮现在脑海中，犹如昨天才话别般的印象深刻。

在今天社会上某些人的眼光看来，她的一生，童年时缺吃少穿艰难度日，青年时丈夫因公不幸去世，中年发现唯一的儿子有智力障碍，晚年成为村里的帮扶对象，算得上是连受打击的一生，是有些悲苦的一生。但是老人自己却由衷地认为，自己虽生在旧社会，但感受过民主改革时翻身作主人的巨大喜悦，社会主义建设中找到了一生的信仰和自身的价值，改革开放又见证了经济社会喜人变化并从中受益，是幸运的一代，是倍沐党恩的一代。

她对党的深深感恩之情，对党员身份的强烈自觉，对党的事业那份从未减少的使命感，让人震撼、感动和深思。通过她的故事，各行各业年轻人、基层干部，特别是党员，可以从她的身上学到树立坚定的共产主义信仰后，面对生活中的挫折、一些世俗的成败得失，如何用坚强乐观的心态，来把自己有限的精力投入到对社会、对人民的不断奉献中，用具体的行动来体现党员的先进性。

我们在采访中不断告别，甚至永别着老一辈的共产党员、基层工作者，但是他们的精神和作风在不断感动感召我们的同时，也在激励着我们接过革命建设的接力棒，沿着他们的足迹，为实现中华民族伟大复兴的中国梦不断奋斗。

"老百姓的事要放到心上去做"

边坝县草卡镇党委书记仲鹏春

王玮　夏怡雯

仲鹏春（右二）走访困难群众

"仲书记待人诚恳，不摆架子，人在镇上，心在镇上，人在村上，心在村上，是我们老百姓的贴心人。"提起镇党委书记仲鹏春，边坝县草卡镇的老百姓毫不掩饰自豪和赞誉之情。

从最初的畜牧技术推广站小职工到农牧局副局长，再到如今的草卡镇党委书记，从书生气十足的大学毕业生到如今管理着边坝县的最大乡镇草卡镇，从村民的怀疑到如今的信任信服，仲鹏春一步一个脚印、求真务实，永远把农牧民群众放在第一位，从根本上了解他们的需求，他花费大量时间学习文件，为他们一条一条解读政策。"每一条支农惠农政策的制定都有它的道理，只有自己先理解透了，才能更好地给村民们传达下去，这样才能更好地为民造福。"

心怀牧民向"土医生"学习

1979年，仲鹏春出生于青海省互助土族自治县。1999年，从拉萨农牧学院毕业的仲鹏春被分配到了边坝县畜牧技术推广站。

刚考上中专的时候，得知自己的专业是畜牧方向，仲鹏春的心情很失落，想想每天要进出牛圈、猪圈，心里就会很难过。后来想到父亲在老家承包了牧场，自己的专业刚好可以帮到父亲，所以既然考上了又学了这个专业，还是要好好学下去。

大学毕业，仲鹏春被分配到边坝县农牧局的畜牧技术推广站，一干就是五年。五年的时间说长不长，说短不短，也正是这五年，让仲鹏春的心里真正记下了农牧民。

那时候边坝县村各方面条件都很差，为吃上新鲜的菜和肉，几乎每个干部职工家里都有自己的小菜地，有些家庭还自己养猪。很多地方不通公路，每次下乡只能骑马去。"工作之前我从来没有想过骑马，虽然我是农村出来的，在拉萨也待过几年，但是从来没有骑过马。到了边坝，下乡时突然说要准备马背套，当时就懵了，不知道马背套干什么用，"仲鹏春说，"当时站里有两匹马，站长给了我一匹，叫我骑马去乡里，他告诉我一直往前走不转弯，看到有人的地方就到了。"

在藏区民俗中，有些职业被老百姓看不起，兽医就是其中之一。老百姓对仲鹏春并不信任，有时候要定期去牧区给牛、羊打疫苗，可是老百姓不理解，邻居家的牲畜发病死了，即便有传染危险，即便药品免费，他们也不让技术人员碰他们的牛。站长就带着他挨家挨户做工作，每天早出晚归，清晨赶在牛出圈前，傍晚等牛回圈了到牧民家打疫苗。

"不要有情绪，要去多看多学习，要好好用心感受一下，一头牛对于老百姓到底有多重要。"老站长经常对仲鹏春这样说，当时他还不是很理解，直到后来，他第一次看到膘肥体壮的牛倒下死了，养牛的老妇人伤心地哭了，才真正明白这句话的含义。他心里特别难受，决心用好所学专业，为牧民做一点事，尽一点力。

2001年，马武乡西龙村发生"牛出败"疫情，死了很多牲畜。仲鹏春来到了村民家，因为语言不通，和村民的沟通存在很大的问题。仲鹏春说的村民听不懂，村民说的仲鹏春听不懂。虽然自己是专业出身，但空有理论知识，从没有实践过。老百姓把牛牵过来，他除了会打疫苗和青霉素，什么都不会，还不如当地的"土医生"。仲鹏春打完疫苗或者青霉素，牛还没有好，村民就把"土医生"请来，人家在牛的耳朵上、鼻尖上、肝脏部位放血，牛就好了。

这件事后，仲鹏春就认真向当地"土医生"虚心学习，土办法虽然讲不出道理，但特别管用。渐渐地他掌握了医牛的方法，被越来越多的农牧民认可。

勤学苦干做实事推广农业新技术

2004年，仲鹏春从畜牧技术推广站调任农牧局副局长兼农技推广站站长。第一年，仲鹏春很不适应新的工作环境，畜牧防疫这一块他已轻车熟路，但良种推广、机耕机播、药剂拌种等工作，他一窍不通。他跟着老领导一步一步学，一年下来，把情况摸熟后，仲鹏春制定了一个工作时间表，一年内常规性的工作有什么，在哪个时间点应该做什么，而什么又是自己该做的，他都用心记录下来。

三月份调运化肥和种子；四月份药剂拌种、机耕机播和积造农家肥；五月份田间管理和病虫害防治；六月份除草；七月份灌浆和种子精选；八月份秋翻，针对群众惜杀惜售进行宣传、引导宰牛；九月份储备草料、药品，做好越冬抗灾保育工作……仲鹏春将这些工作一条条记录下来，然后贴在自己的办公桌上，时刻提醒着自己到什么时间该做什么事。

村民们都习惯了传统的播种方法，想推广先进适用农业生产技术，谈何容易。到了播种的季节，仲鹏春就带上技术人员来到田间推广背负式收割机、机耕机播技术和优良种子。

刚开始村民并不信任他的，坚持沿用传统方法播种，巴掌大的地方都要撒80多粒种子，认为撒的种子越多，杆子长得越多，牛饲料就越多。农机站就划出科技示范田，仲鹏春也带头给村民们做工作，去田间操作示范给村民看，让村民们自己比较，机耕机播不仅产量高，而且节省种子，青稞也长得更好。老百姓在观念上慢慢发生了变化，越来越相信科技，能够接受新事物了。

每年五六月份雨水多，是田间灌溉的时候，但边坝县普遍灌溉水渠少。老百姓就开挖小沟渠，把水引到田间浇水，很多道路就这样被挖烂了，给人们出行造成了很多不便。看到这一情况，仲鹏春带头和县里领导、扶贫办和农牧局沟通协商，加大对拉孜乡、边坝镇、草卡镇这些主产区的水渠修建，这样村民就不用在下雨天挖小沟渠，农田灌溉也更方便了。

仲鹏春的体会是，作为农业科技工作者，必须要亲自深入田间地头了解实际情况，要和老百姓面对面交谈，了解他们真正的需求；好的技术要长时间地推广，不能满足于一时的成绩，不管遇到多大的困难，都要坚持不懈地去做，这样才能将更好的技术推广到百姓中去。

老百姓给新书记上了一课

2010年，仲鹏春从县农牧局调任草卡镇党委书记。仲鹏春刚到草卡镇的时候，镇上已经近半年没有书记，镇长也因为身体不好去内地治病，干部职工加起来一共只有6个人。

在农牧系统上工作了十年的仲鹏春一直都在和老百姓打交道，一直都在走村入户，认为很了解百姓的生产生活，但是到草卡镇后才发现有了新情况。镇干部少，辖区却有14个行政村3座寺庙，是县里村庄最多、离县城最近的一个乡镇，村民思想活跃，一有问题，就直接去县里找领导反映。

第一次召开全镇大会的时候，仲鹏春讲的话没人听，说一句老百姓要回几句，各种各样的大问题小问题全都来了，吵得一塌糊涂。"这些情况与当初想的完全不一样，当时我最深的体会就是：不是我在给老百姓开会，而是老百姓在给我开会。"

4月是办理虫草采集证的时候，但是这一年办理数量只是往年的六分之一。原来是办理虫草采集证要花800-1000元，绝大多数老百姓根本不想花这笔钱，不服从管理，自己想去哪里挖虫草就去哪里。到村里去给百姓做工作，看着文件讲政策，讲了几分钟的话，翻译一句话就译完了。村里的老百姓都在笑话这个新来的书记。

出师不利的仲鹏春被老百姓上了印象深刻的一课，他反思自己，从自己的身上找问题。"自己当时真的是太轻视了，对工作没有引起足够的重视。群众利益无小事，说好说，但是做不好做。老百姓的事不能坐在办公室里做，要放到心上去做，而不是说说而已，要赢得老百姓的认可可不是容易的事。"仲鹏春说。

虫草采挖季结束后，仲鹏春去尼木乡蹲点，每天必做的功课就是研究文件，认真思考这些支农惠农政策为什么要这样制定，理解政策后面的东西，才能更好地落实到百姓身上。针对老百姓提出的问题，仲鹏春一个部门一个部门地去了解清楚，所有政策一定要自己掌握清楚，才去给老百姓解释，因为解释得清楚才能得到老百姓的信任。

定制度谋发展草卡镇变了

6月份开始，仲鹏春制定了一些能更好服务百姓的新制度，比如以前镇里给各村发钱发物都是谁来给谁，有的人领了东西就吹嘘自己有本事有关系能拿到好处，造成了老百姓的疑惑。新的制度规定，镇里给各村发钱发物，要由村主任指定固定的人来领取，或者一个片区一个片区公开透明地发放，这样一来，群众间的误解就消除了，也没有人在背后乱嚼舌根。

7月份，仲鹏春深入到全镇各村，与老百姓同吃同住。他一方面把村民们以前提出的问题一个个解释清楚，然后给他们讲政策，讲道理，这一次，仲鹏春用了村民们能听懂的方式来宣讲，再也不是照本宣科了；另一方面他下决心解决各村水、电、路、通讯。

草卡的老百姓说"县城就在额头上"，离县城这么近的地方，如果没电没水没路，怎么发展？仲鹏春把各村涉及的问题一一记录下来，逐个解决。路，2015年27个自然村全部通路，再也不用骑马下乡了；电，14个行政村线路全部到户；水，除了拉托村没有水源外，其他村庄都修建了人饮工程，为了确保村民冬季饮水，他严格要求输水管道必须深埋1.2米至1.5米；通讯，他与电信、移动多次协商，信号已基本覆盖全镇各个村庄；他把镇里干部的分工和联系方式印发给各村，老百姓有事可以直接给干部打电话问，再不用跑远路咨询一件小事了。

不管什么时候，只要仲鹏春不下乡、不去村里，就会在乡镇府的大门口值班室值班，每个来访的老百姓都必须要问清楚来办什么事，当天解决不了的，把来访者的联系方式留好，什么时候办结什么时候及时告知，做到每访必复。"这只是很小的事情，但却非常有意义，"仲鹏春说，"我刚来时观察过，很多时候老百姓来镇里办事，干部忙自己的事，爱答不理，老百姓出去后一脸怨恨。有些群众从很远的村子到镇里来一趟不容易，问题得不到解决肯定会很生气。所以每一个老百姓来了就必须马上问清楚，并及时解决问题。只有用心服务老百姓，老百姓才会信任我们。"

草卡镇是边坝县离县城最近的一个乡镇，优越的地理优势让仲鹏春开始筹划如何为草卡的村民谋增收。2015 年，草卡镇一共修建有 96 座温室蔬菜大棚，东托村、旺卡村、江村已经成为边坝县三大蔬菜种植供给基地。村民增收了，县城物价平抑了，人们的饮食结构改善了，这是实实在在的好事。

建造温室大棚之初，很多群众不愿意推销蔬菜，好好的蔬菜全都烂在地里。仲鹏春心里十分着急，他就带领村民们一起出去卖菜。他在繁华街道上打出了"草卡镇绿色蔬菜销售点"的横幅，把卖菜的村民都集中在销售点。开始，有人过来问，村民低着头红着脸，没有人回答，仲鹏春就主动上前招呼，向买菜人推销蔬菜，菜卖出去了钱交给村民，一天下来每个村民有二三百元的收入。村民见到卖菜的好处，渐渐开窍了，现在根本不用人催，主动去推销。东托村的次成有四个温室大棚，政府援建了两个，自己建了两个，他种菜三年，今年光卖菜的收入就达 8 万元。

2010 年，草卡镇人均年收入 3200 元；2014 年，草卡镇人均年收入 6304 元。仅仅四年时间，群众收入几乎翻了一番。

一条条乡村道路宽敞干净，一座座温室大棚里绿意盎然，一栋栋民房错落有致，完善的公益设施散布各处，草卡镇正诠释着业兴、家富、人和、村美的幸福美丽新形象。

笔者手记：用心实干，群众才会点赞

仲鹏春刚到边坝从事兽医职业时，他只会打疫苗打青霉素，不会给牲畜看病，也不懂交流，遭到了老百姓的冷遇，直到他虚心向"土医生"求教，真正学到医牛的技术，能为农牧民解决实际问题之后，群众才开始认可他。

他刚到草卡镇当书记时，对长期无法解决的问题，老百姓在大会上愤然质疑，对镇里干部的爱答不理，办事群众离开时一脸愁苦。在这样的"下马威"面前，他才意识到，群众的"脸色"是真实情感的流露，只有面对面地交流，才能把群众的需求看得更加清楚，把群众的想法了解得更加真切。要解群众之所难、排群众之所忧，群众利益无小事，党员干部做不好，会寸步难行。

在历届班子打下的坚实基础上，在广大群众的积极支持与配合下，在仲鹏春的努力下，草卡镇的路、电、水、讯等基础设施完备了，蔬菜种植基地扩大了，农牧民施工队发展了，但是他没有满足，又在筹划新建奶制品加工产业、纯净水加工产业、土豆种植加工业和扶持做大做强农牧民施工队，进一步完善落实便民服务中心，营造"公开、公正、公平"的办事环境……

做好群众工作必须要靠用心实干，要像焦裕禄那样"担当有为、实干为先"，不辞辛苦、默默耕耘。党员干部只有放下架子、甩开膀子、扑下身子实干，从关系群众利益的小事做起，念好"衣食住行"民生这本经，多做排忧解难、扶危济困、雪中送炭的好事，才能获得群众点赞。

改革开放的受益者回报家乡的建设者

类乌齐县滨达乡央宗村党支部书记嘎洛

边巴央吉　谭祺斌

嘎洛向笔者展示多年来所获荣誉

1978 年，村里建起第一所中心小学，13 岁的他成为全村第一批学生；

1985 年，20 岁的他贷款 5000 元买了第一辆"解放牌"货车，成为全村第一批跑运输的"个体户"；

1987 年，22 岁的他递交入党申请书，成为村里最年轻的入党积极分子；

2012 年，47 岁的他带动村民办起藏鸡养殖场和牦牛短期育肥示范基地，成为全村第一名致富带头人；

从"文盲"到"学生"，从"个体户"到"领头雁"，从"村长"到"致富带头人"，类乌齐县滨达乡央宗村党支部书记嘎洛在党的富民改革指引下，凭借自己过人的胆识成为全市"控辍保学"先进个人，"十佳村（居）"干部，第四批自治区文明户……

从"文盲"到"学生"

"改革开放以前，我家 8 口人，每季生产队分粮食，用褂子就能兜回家，经常挨饿。天天种田都吃不饱，现在不但能吃饱，而且还吃得好。"嘎洛出生于上个世纪 60 年代，亲历着改革开放四十年的全过程。

"记得小时候，每天清晨，村口的喇叭准时响起，我们就匆匆忙忙整理好衣物，奔向生产队，统一出工，集体劳动。到了劳动地点，队长统一给男、女分工派活，未满 18 岁的孩子们就派一些拔草等简单的农活。

全村干农活全部靠人力，靠大家一锄头一锄头挖土、一把一把撒种，手上磨出厚厚的茧子是家常便饭，解决不了温饱问题更是常见。"嘎洛回忆道。

1978 年，乘着改革开放的春风，央宗村建起了第一所中心小学，嘎洛跟着全村其他 10 余名孩子走进课堂，开始从"文盲"到"学生"的转变，成为全村第一批学生。

"记得招生报名的前一天晚上，我们一家人坐在寂静的院子里，沉思了很久，作为家里的长子，父母不太想让我去读书，但在我一再的恳求下，最终他们才同意了，我也从此踏上了改变我一生的道路。"嘎洛说。

那一年，央宗村中心小学只有 10 余名学生，1 名教师，学校除了几十平方米的土坯房外，无其基础设施。而如今，央宗村适龄儿童入学率达 99% 以上，中心小学有 270 余名学生，40 余名教师，学校内，电话、有线电视、活动中心等设施一应俱全。从 20 世纪 70 年代全村无人上学到 21 世纪央宗村中心小学培养了近 1000 多名学生，其中 40 余名大学生毕业后参加了工作。

嘎洛说："我们很幸运，赶上了改革开放这个好时代，是知识改变了我们的命运。"

从"个体户"到"领头雁"

随着改革开放的春风吹拂着藏东大地，农牧民的生活条件不断改善，村民的思想观念也开始逐步转变，特别是"经商潮""打工潮"的蓬勃兴起，让一些头脑灵光的人萌生了跳出传统农业谋发财的想法。

1985 年，20 岁的嘎洛抓住当时农村金融部门主动扶持各种经营个体户的大好机遇，从类乌齐县农业银行贷款 5000 元买了第一辆"解放牌"的货车，成为全村第一批跑运输的"个体户"。

20 世纪 80 年代，5000 元对于老百姓来说是个天文数字，更何况用这笔钱来买车跑运输，不少央宗村村民觉得不可思议。可意志坚定的嘎洛不怕别人的异样眼光，坚持走自己的路。

"当时，从丁青到昌都跑一趟运输，价格大概在 600-700 元，一年能赚 2-3 万元，不但能养家糊口，而且 1 年内就还完了全部贷款。"嘎洛愉悦地回忆道。

很快，凭借着走南闯北积累下的经历和敢于放胆一搏的勇气，嘎洛成为了改革开放后全村最先富起来的"能人"。

有了嘎洛的榜样，央宗村农牧民的目光不再局限于已经"包产到户"的"一亩三分地",而是把视野投向外面的世界,村里的青壮劳力开始跟着嘎洛一起走向县城、市区的建筑工地、服装加工厂等地打工增加收入。

从"村长"到"致富带头人"

1987 年,22 岁的嘎洛郑重向党组织递交了入党申请书,成为村里最年轻的入党积极分子。因工作能力突出,2005 年,嘎洛被推举为村委会委员,2008 年当选为村委会主任,当上了央宗村的"村长"。

"自从递交了入党申请书后,我时时刻刻严格要求自己,提高自己,不断在学习中、生活中、实践中锤炼自我,升华自我,积极配合村里、开展各项工作,在政治、学习、工作、生活等各方面发挥先锋模范作用。"嘎洛坦言,加入共产党是组织为他提供展现自我的大舞台,是为百姓服务的大好机会。

自担任村委会主任后,嘎洛甩掉"农本思想"的束缚,大力发展村集体经济,为民增收致富。面对当时全县无藏鸡合作社的先例,嘎洛不分日夜挨家挨户走访做思想工作。面对当时村集体经济几乎为零的窘境,嘎洛又向宾达乡政府、县农牧局、天海集团等单位申请项目。2012 年,嘎洛在天海集团驻村工作队的具体帮助和资金投入下建设了全县第一个藏鸡养殖场。

养殖场建成后,嘎洛亲自管理和经营,带动全村 213 户通过科学管理,细心的饲养,头一年全村经营总额达 5 万余元,净利润达 1 万余元,进一步壮大了村集体经济,拓宽了群众的增收渠道。

养鸡致富的第一桶金坚定了嘎洛的信心,也认定了嘎洛敢闯敢干的精神,大家都赞同办产业扶贫脱贫致富的好门路。经大家商量后决定扩大产业扶贫规模,2016 年 7 月份央宗村依托林下资源优势、社会服务优势"两大发展优势",在类乌齐县委、县政府的大力扶持下，投入产业资金近 2300 万元建成央宗村千头牦牛育肥基地。村民把弃耕地、弃草地流转到合作社投身于牦牛产业发展，在群众享受弃耕地每亩 600 元、弃草地每亩 500 元流转租金的基础上，把耕地、草地、牦牛折算成现金入股，按照入股比例享受分红。兑现土地流转资金 106200 元，户均增收 2124 元。2018 年，央宗村又实施千亩人工种草项目，利用弃耕地和弃草地实施人工种草 800 余亩，低产地人工种草 160 余亩，实现每亩增收 2700 元以上，实现牦牛饲草料供给与调整种植结构增收双赢。

如今在嘎洛的带领下央宗村村民们干劲十足。牦牛短期育肥示范基地采取"养成带幼"（第一年以养殖成年育肥牦牛为主，同时养殖次年或 2-3 年以后可以育肥出栏的牦牛），实现"年年有出栏、年年有效益"，实现"种草—养畜—加工"的牦牛产业链，实现年育肥出栏牦牛 1200 头以上，实现 43 户建档立卡户人均收入增加 2000 元以上。

从年人均纯收入不到 1000 元增加到超过 9000 元，从 30 户 150 人到 211 户近 1000 人全部实现脱贫，从全村"文盲"到 40 多名大学毕业生，从默默无闻的小村庄到远近闻名的全市文明村，昌都市类乌齐县滨达乡央宗村村长嘎洛凭着一股逢山开路、遇水架桥的闯劲，凭着一股滴水穿石的韧劲，成功让央宗村华丽巨变令人瞩目。

"如今，村里水、电、路、讯、邮、信及广播电视信号全覆盖，人均可支配收入达 9673 元。改革开放 40 年，滨达乡央宗村的生活发生了翻天覆地的变化啊！"谈起未来，嘎洛信心满满，"在中国共产党领导下，在习近平新时代中国特色社会主义思想的指导下，我相信，今后央宗村村民的生活水平越来越好，人民的幸福指数越来越高。"

笔者手记：知识改变命运

笔者前往类乌齐县滨达乡央宗村采访党支部书记嘎洛时，发现一个细节，尽管现在村民家家都住上新房子，村委会的基础设施也一应俱全，但村庄里最好的建筑还是属学校。

笔者觉得，这也是最能体现改革开放以来，国家对乡村教育扶贫的有力保障。包括嘎洛也是其中一名受益者。1978年，村里修建第一所中心小学起，13岁的他成为全村第一批学生，从此知识不光改变了他的一生，而且带动了整个村庄。

20岁时，他贷款5000元买了第一辆"解放牌"货车，成为全村第一批跑运输的"个体户"；47岁时，他带动村民办起藏鸡养殖场和牦牛短期育肥示范基地……

据统计，现如今，央宗村适龄儿童入学率达99%以上，中心小学有270余名学生，40余名教师，学校内，电话、有线电视、活动中心等设施一应俱全。而且从20世纪70年代全村无人上学到21世纪央宗村中心小学培养了近1000多名学生，其中40余名大学生毕业后参加了工作。

通过对嘎洛的采访，笔者深深体会到，在昌都，央宗村是个缩影。40年来，在党和政府的亲切关怀下，昌都经济高速高质发展，经济总量从小到大、经济实力从弱到强、经济质量从低到高，结构更加优化、质量更加高效、社会更加公平、发展更可持续，更是培养出了许多像嘎洛一样，有过人的胆识和坚韧不拔的精神的人。正是这些人奋斗在昌都脱贫攻坚一线的人们，不仅努力地改变自己的命运，更努力改变着家乡的面貌，用行动去回报党和政府的培养。有了他们，相信美丽的昌都一定会更加美丽，昌都也一定能与全国人民一道全面实现小康社会。

从讨饭孤儿到千万资产企业家

八宿县白马镇日吉村支部书记洛松朗加

王玮

洛松朗加在他的砖厂

　　洛松朗加是八宿县的名人。作为农民企业家，他获得过一连串的荣誉：1995年全国优秀村委会主任，1998年西藏自治区扶贫开发先进个人，2000年全国劳动模范和先进工作者，2001年全国优秀共产党员，2002年西藏自治区先进个体工商户，2007年西藏自治区文明户，2008年被评为全国优秀农民工……他参加过新中国成立60周年大庆北京观礼，是周围十里八村家喻户晓的名人。

洛松朗加拥有木材加工厂和砖瓦厂两家企业，两台挖掘机、一台装载机、一台拖拉机、两辆大货车、三辆小汽车、一辆拖车，房子有多处，资产超过千万元。他所在的白玛镇日吉村位于怒江岸边的藏东峡谷，这里山势高峻，沟壑纵横，过去群众思想观念保守，生产生活方式落后。

自己富裕后，这个康巴汉子不忘乐善好施的藏家传统。30年间，他帮助日吉村实现了整村脱贫。在洛松朗加创业致富的引领下，如今日吉村家家鸡满栏、猪满圈，户户树满庭院，处处蔬菜大棚。

学手艺办作坊发家致富

洛松朗加1953年出生于八宿县日吉村，"新中国成立前，我父亲是从洛隆宗讨饭出来的，后来在八宿宗落脚成家。可天有不测风云，4岁时母亲离开人世，8岁时父亲又去世，我一下子成了孤儿，没依没靠，只能去讨饭。"洛松朗加的舅舅后来收留了他，亲戚和乡亲们都搭把手才把他抚养大。那时生存艰难，他从幼年起就给人放羊放牛捡牛粪。

20岁时，洛松朗加开始跟着舅舅学木匠，他聪明刻苦，和舅舅一起帮村里人修房子打家具，很快掌握了木匠手艺，有了谋生致富的本领。两年后，舅舅也去世了。他继续自学钻研细致的木工活，渐渐能够独立完成所有木工活，他凭借出色的手艺到处帮人盖房子挣钱。

改革开放之风吹到青藏高原和康巴地区之时，洛松朗加打开眼界谋富裕，四处做生意，挣到钱后又回到家乡带领村民致富。当时的日吉村有超过一半人不能解决温饱问题，"睡觉时没有一张卡垫，家里没有一头牛"。穷则思变。洛松朗加带领村民开始在县城打工，卖青稞、养猪，什么都干过。在那时，他仅靠木匠手艺，一年就能挣到上千元。

1980 年，能干的洛松朗加被村民选为村委会主任，1993 年又被选为党支部书记，成了群众致富的主心骨、领路人。一些群众观念陈旧，安于现状，羞于经商，更不愿办厂和外出打工……这是摆在洛松朗加面前的实际问题。但他心有鸿志，既看到了日吉村的困难，也看到了当地经济社会发展的有利条件：日吉村靠近县城，市场前景广阔；全村气候条件好，剩余劳力较多，可以大力发展小型企业。

洛松朗加想，数百年甚至上千年形成的观念不可能讲几句大道理就能转变，唯一的办法就是自己带头先干起来，让乡亲们看得到利益和实惠。1991 年，他贷款办起了一家青稞酒小作坊，并吸收 4 家贫困户一起经营。他想办法，出主意，跑前跑后，全力以赴盘活这个作坊。他用酒渣喂猪，卖了猪再买粮食酿酒，这种循环经济降低了经营成本，卖酒的生意也好得出奇。年底他们不仅还清了贷款，还纯盈利 1 万余元。

木材加工厂成为全村致富之源

1993 年，洛松朗加把青稞酒小作坊转让给其他贫困户经营，用打工积累的一万多元购置木工电锯，又贷款 5 万元办起了木材加工厂，县里也给他资金扶持。他雇佣 3 名汉族师傅，又招收了 6 名贫困村民作为徒弟，无偿把手艺传授给他们。经过洛松朗加一家人两年的苦心经营，还清了贷款，每年纯盈利都在 1.5 万元以上。几年后，洛松朗加成了日吉村乃至八宿县农牧区的首富。

洛松朗加说："我是一个孤儿，在旧西藏根本生存不下去，是共产党给了我第二次生命；我是吃百家饭长大的，是乡亲们用糌粑养育了我。党和人民培养了我，帮助了我，在建厂之初给了我 1 万元启动资金，没有共产党就没有洛松朗加幸福的今天。现在我有能力了，我要好好回报党和乡亲们。"

看到洛松朗加靠勤劳和智慧富起来后，日吉村大多数群众转变了观念，争先恐后投入到市场经济的大潮之中。这时，洛松朗加抓住人心思富的机会，大力支持和鼓励农牧民发展个体私营经济，支持群众外出经商、打工。他以自家的木材加工厂为基础，建起技术培训基地，分期分批无偿培训村上的致富骨干，传授致富办法和经验。

过去八宿没有雕刻方面的手艺人，房屋和家具雕刻全靠请外面的人做。为填补这一空白，洛松朗加派多名徒弟到昌都专门学习木器雕刻手艺。徒弟们没有多少钱，他就自己掏钱帮他们交学费和提供生活费。徒弟们学成回来后，很快成为加工厂的骨干。他们个个都靠雕刻手艺走上了富裕路。

有的徒弟学到了手艺，也掌握了经营之道，可没有经商、办厂的周转资金。看到这种情况，洛松朗加毫不犹豫地拿出自己的积蓄予以扶持。自 1992 年以来，他先后扶持当地 8 家木材加工个体户，提供资金数万元。那扎自然村的本都和江巴，两人原来都是村里最穷的，洛松朗加不仅把自己的手艺教给他们，还送他们去昌都学雕刻，现在本都自己单干，开了一家木材加工厂，买了大货车和小汽车，当上了老板。日吉村的色央平措，原来是在石头上刻经文的工匠，妻子生病，家里很穷，他经过学习，雕刻技术很好，现在找他做木匠活的人很多，他一天工钱涨到 250 元，收入很多。

致富不忘乐善好施和民族团结

2004 年，洛松朗加瞄准西藏交通运输业大发展的机遇，组织村民办起了农牧民运输队。洛松朗加和村民争取到民政部门的支持，从银行贷款买回了村子里第一辆货车。"以前村里连自行车都没有，现在运输队共有 65 台车辆，大家自愿联合，协调揽活，公平分配。"洛松朗加是运输队的组织者、协调人，他用运输队的整体实力承揽工程，然后按顺序将跑运输的机会分配给参加运输队的农牧民。开始，运输队每年收入 20 多万元，发展到 2013 年年收入近 300 万元。

面对已经取得的成绩，洛松朗加并没有裹足不前。他清醒地认识到，虽然日吉村的面貌发生了很大变化，但群众富裕程度不平衡，有的群众还没有完全摆脱贫困。要实现共同富裕的目标，还有很长的路要走。他要求参与运输队的每辆车每年从收入中拿出 1000 元，给缺少劳动力的 13 户贫困家庭，平均分给他们。洛松朗加本人每年都拿出 1 万元左右资金，用于逢年过节给贫困户买大茶、酥油、大米和面粉，亲自送到他们家里。

日吉村富裕起来后，周边农村特别是山上的农牧民十分羡慕，一些自然条件恶劣的村庄希望能够加入日吉村。日吉村行政村现在共有 148 户人家，其中包括后来集体加入的多拉自然村的 23 户。原来他们自然村一辆汽车都没有，成为日吉村村民后，加快了致富的脚步，很多人都加入了农牧民运输队，或在木材加工厂、砖瓦厂打工，富裕起来的村民购置了汽车，改善了生活。

洛松朗加还是远近闻名的民族团结模范。日吉村离县城近，驻军、机关干部、外来人员经常到村里来来往往。因此，洛松朗加非常重视搞好民族团结和军民团结。他经常教育群众要像爱护自己的眼睛一样爱护民族团结。开办木材加工厂时，他请来了 3 位汉族师傅作指导。除了报酬方面待遇优厚外，平时在生活上处处关心照顾他们，经常与他们促膝谈心，交流感情。哪位师傅家中遇上困难，他总是主动去帮助。他还特别注意汉族的传统节日，每逢佳节都要到汉族兄弟家里看望、慰问。提起洛松朗加，汉族师傅不无动情地说："朗加是我们的好兄弟。"

洛松朗加总是教育村民要时刻跟党走："旧西藏，我们家是日吉村最穷的，那时鞋子破烂了，晚上都睡不着觉，因为钱不好挣，发愁怎么买一双新鞋。现在我家是最富裕的，买辆汽车都不在话下。这都是托了共产党的福，托了富民政策的福，大家要铭记这一点。"

笔者手记：用科学发展战胜迷信愚昧

　　由于社会、历史、文化等方面的原因，迷信思想对人们的影响很深，严重束缚着人们的思想观念，阻碍着社会生产力的发展，洛松朗加到其他乡村搞工程、修路，有的当地村民受封建迷信影响较深，有怕杀生造孽、怕触怒神灵、怕犯了陈规等愚昧落后思想，有的村民说："修路搞工程会破坏神山，我们买不起汽车，不需要修路。"他就坚定地回答："鬼神靠不住，迷信愚昧只会捆住自己的手脚。等来世，就是等穷。要致富首先思想要解放。有人说修路会死人，修路不仅不会死人，还会过得更好，不仅能解放人，连牲口都能解放出来。"

　　洛松朗加走到哪里就把党的政策和自己的发展理念宣传到哪里。他说，旧社会哪有政府给老百姓修路修桥，只会收税，现在政府就在家门口修路，今后路烂了，还要养路，这说明共产党政策好，对百姓有天大的好处。路修通了，买不起汽车，摩托车总可以买。过去从卡贡乡出发，两天才能到县城，现在路通了，只要两个小时。修路不会破坏神山，只会改善老百姓的生活。

　　洛松朗加和日吉村就是科学发展的典型，说明命运掌握在人的手中，创造新生活需要靠自己，愚昧只能带来贫穷，走科学发展的道路，才能过上健康、文明、幸福的新生活。迷信愚昧违背历史规律，束缚人的思想，阻碍经济、社会的发展进步。倡导科学发展是时代前进的必然，才是致富奔小康的必由之路。

"到最艰苦的地方去，锻炼自己"

贡觉县阿旺乡副书记、派出所所长徐霖

王玮　夏怡雯

徐霖为群众安装线路

"好的，到时我一定过去！"在阿旺乡的警务站里，徐霖接了个电话，是东如村的村支部书记打来的，告诉他要搬迁牧场了。每年9月份牧民们都要从夏季牧场搬迁到秋季牧场，村长希望他能够过

去帮忙，再帮助村里联系出售牛肉事宜。放下电话，他又想起上次入户时八村的强巴家有一处电线老化破损，他带上工具，去强巴家，用绝缘胶布把电线重新包好，消除消防隐患。

不熟悉徐霖的人会感到惊讶，这些鸡毛蒜皮的小事都属于他们的工作范畴吗？他却说，每年牧民搬迁牧场他都会前往协助，"帮助群众解决困难，顺便做些牧场治安和消防宣传工作。"

眼前这个憨厚的贵州汉子穿着一身挺拔的警服，皮肤因长期在高海拔地区工作而变得黝黑，他操着一口不标准的普通话，向我们讲述着这些年来他在藏东的工作和生活。

环境之艰

徐霖说话特别实在，让人感觉朴实又真诚。"我想到最艰苦的地方去！"这句话时常被他挂在嘴边。

阿旺乡位于贡觉县东南 50 余公里外的地方，海拔接近 4000 米，地处偏远，交通不便。早在成都当兵的时候，他就听老兵们聊起过，这边环境差，条件艰苦，好多人都不愿意来，导致警力严重缺乏，抢夺牲口的事情时常发生。就是在那时，徐霖就在心底打定主意，"要去最艰苦的地方，锻炼自己！"

于是，2008 年徐霖不顾家人反对和劝阻，毅然决然参加政法干警考试，从部队考到了西藏，考到了贡觉。

在拉萨警校学习期间，徐霖先后在那曲和拉萨两地实习。在那曲，徐霖参与青藏铁路护路队，保证铁路的畅通，防患于未然。护路队所在地的海拔将近 5000 米，环境艰苦，气候恶劣，没水没电。出去巡查时，他同山上的牦牛一起饮雪水，每天 24 小时轮流执勤，2 小时换一班。就这样，徐霖在这里实习了两个月。后来回到拉萨，在娘热路派出所和哲蚌寺派出所实习，跟着老民警学习公安业务知识，慢慢磨练自己的意志。

2010 年，徐霖从警校毕业来到贡觉，当时昌都正在实施"百千万"工程，他被下派到阿旺乡，从此扎根阿旺乡。"大家都说我傻，这边环境这么差，躲都来不及，我干啥还往乡里跑呢！"他笑得有点无奈，语气却很坚定，"我就是想来这边工作，想在艰难的地方发挥自己的作用，扎根基层，为群众办点实事。"

克己奉公

贡觉县阿旺乡属于农牧区，和三岩片区紧紧相连，人们法律意识淡薄，村民之间发生矛盾习惯于自己解决。以前社会治安恶化，时常发生抢夺、偷窃牦牛、虫草、食物等案件，村里人非常苦恼。"徐所长来了以后，就再没发生过这样的情况了！"八村的强巴说，"他为我们办了好多实事，我们这里的治安和生活都越变越好了。"

徐霖告诉笔者，他刚到阿旺乡的时候，这里的房子全是土房，人口少，经济落后。乡里没有澡堂，但有处温泉，老百姓就集中在那里洗澡。在徐霖眼里，那其实就是个"水坑"而已。为了让老百姓有个舒适的洗浴环境，徐霖经过多方筹资，将"水坑"改造成"洗浴中心"，让老百姓们真正享受到泡温泉的舒适和惬意。他还联系内地，为乡里捐助了 1000 件棉衣，使很多缺少过冬衣物的农牧民度过了寒冷的冬天。

在阿旺乡的这些年，徐霖一直用实际行动守护着当地群众，在面对危难和凶险的关键时刻，他总是义无反顾、冲锋在前。阿旺乡位于通往芒康和三岩片区的交通要道上，徐霖还要担负起检查站对过往人车登记检查的任务，由于工作认真细致，2013 年以来，检查站共收缴枪支 2 支，子弹 17 发，管制刀具 100 多把，杜绝了多起治安案件隐患。

2013 年 9 月 25 日是传统的团圆之日中秋节，这一天，他依然坚守在值班室。中午 12 点多，电话急促地响起。有村民报案，说牧场发生火灾，火势正在蔓延，情况十万火急。

接到报案，他马上带队赶到现场。当时，草场弥漫着浓烟，随着风势，过火面积正在扩散。他与同事们大声疾呼，组织群众200余人就地取水，有序灭火，经过二个小时的奋战，火势终于被控制住。已经被火折腾几个小时的他，顾不上休息，立即查看火灾起源，经过排查，他发现是群众在山上烧茶不小心引起的火灾。从那以后，他定期为群众开展各类防火、安全用电宣讲，走村入户到群众家中，亲自查看用火情况及线路连接情况，防患于未然。

暖心民警

对待工作，徐霖一直兢兢业业，敢为人先；对当地农牧民的生活，他依然是付与了满腔的深情。从百姓日常生活的电路检修、电视没信号等到大小事务，在徐霖眼里都是他的分内事。

2011年秋季，他在辖区巡查的时候，偶然遇到年近八旬的孤寡老人索朗卓玛。经了解得知老人无儿无女，仅靠着亲戚每月资助艰难度日。望着她羸弱的身躯和锅里捡来的菜叶，他不禁眼窝潮湿，掏出身上的二百元钱硬塞到老人手里。从那天开始，他就把照顾老人的生活，当作了自己生活中的一部分。

在徐霖的帮助下，索朗卓玛老人的生活得到很大改善，但并不能从根本上解决生活保障。于是，他又积极为老人申请"低保"。跑到有关部门后，却发现老人没有身份证，不能办理。他不甘心，决心为老人解决身份证问题。经过四处奔波，终于使索朗卓玛老人的"低保"问题得到妥善解决。

领到低保金的那天，老人热泪纵横，泣不成声，拉着他的手久久不愿松开。

乡里的孤寡老人索多，是一名刑满释放人员，年老体弱，常常连买粮的钱都没有。他知道后，就经常从工资中拿出钱给老人补贴生活费用，几年如一日。在 2012 年 7 月，索多老人给乡领导写了一封感谢信，人们才得知了这一内情。

2012 年 9 月 23 日，阿旺乡那玉村村民强白来到派出所，打听失去联系多年、曾在阿旺乡居住过的亲戚下落。他热情接待之后，多次下村向老居民、老干部打听询问，经多方查找，终于使老人和久已搬迁的亲人取得了联系。强白老人感动得泪如泉涌，当即请他为其签名留念，老人动情地说："请您留下您的名，人民警察就是我心中最闪亮的星！"

2013 年 11 月 13 日深夜，派出所接到报案，那玉村村民央金难产，母亲和胎儿的性命危在旦夕，情况万分火急。此时，正在值班的徐霖不假思索，立即安排警车将央金送往县医院治疗，经过整晚的救援，终于将央金母子性命保住，孩子顺利出生。

央金出院后，为表示心中的感谢，送来了锦旗，嘴里一直念叨"人民警察真是群众的救星啊！"

当地的每一个人几乎都多多少少得到过徐霖的帮助，无论是大事小事、公事私事，只要遇到，他都会伸出手来，拉上一把，而在当地，几乎人人心里都有一个念头，有困难找民警。"既然来了，就要多做事，实现自己的价值。"徐霖总是这样，把一切都当作是"分内事"，做每一件事都站在群众的角度上去考虑问题。

铁汉柔情

工作中的徐霖总是这般"神勇"，他也是当地群众心中的"守护神"。聊起这些他的表情挺激动的，语气也有些满足。可是，当我说起他的父母和爱人，他却突然沉默了。

"其实我觉得我挺对不起他们的，像去年，算下来整整一年我就回家了 25 天。"他的眼神中满是低落，欲言又止的样子让人心口一紧，"我父母在贵州，我能回家的日子太少了，连他们生病了我也只能托邻居多关照！"

他眼眶隐约泛红："我爱人在重庆工作，我们能聚在一起的日子真的非常短，对她我挺抱歉的，我很感谢她这些年的坚持。"这个在基层奔波工作这么多年，坚持把每一件工作都做到极致，努力为群众办实事的 80 后民警，在此时，袒露出了他心底最柔软的一面。

他说："有时候挺想回家的，可是又觉得这里的群众离不开我。"

当地百姓百分之九十五以上听不懂汉语，可是"徐霖"两个字，却几乎人人明白。这大概就是徐霖来到这"最艰苦的地方"，扎根偏远藏区，最美好的意义和回报了吧。

笔者手记：最艰苦的地方磨砺最美的青春

谁的青春没奋斗，奋斗的青春最美丽徐霖，从贵州农村的孩子到革命军人，从普通民警到派出所所长，他在祖国最需要的地方，最艰苦的地方奋斗、成长，他毫无背景地从最底层干起，一步一个脚印，在自己的领域取得令人称道的成绩，诠释着"我的中国梦"。

这是徐霖的选择，他选择了偏远、艰苦、高寒缺氧的阿旺乡派出所，过着平凡而不凡的生活。与其说这是一种个人选择，不如说它是这个时代的召唤。听他讲述自己的青春故事，不禁令人想起习近平总书记说过的一句话："现在，青春是用来奋斗的；将来，青春是用来回忆的。"只有植入奋斗的基因，青春之树才会枝繁叶茂，只要有梦想有机会有奋斗，一切美好的东西都能创造出来。

每一个立志成才的人都应该把艰苦的环境当作磨练自己的机遇，力所能及地响应时代的召唤和国家的需要。青春需要奉献和奋斗，需要从最基层、最艰苦的地方脚踏实地做起，需要拒绝那些急功近利的浮躁和诱惑，需要历练宠辱不惊的心理素质，需要坚定保持乐观向上的精神状态，需要从挫折中吸取的教训启迪人生。如此奋斗的青春才会最美丽。

百姓幸福记心间

察雅县吉塘居委会党支部书记土登尼玛

何瑞

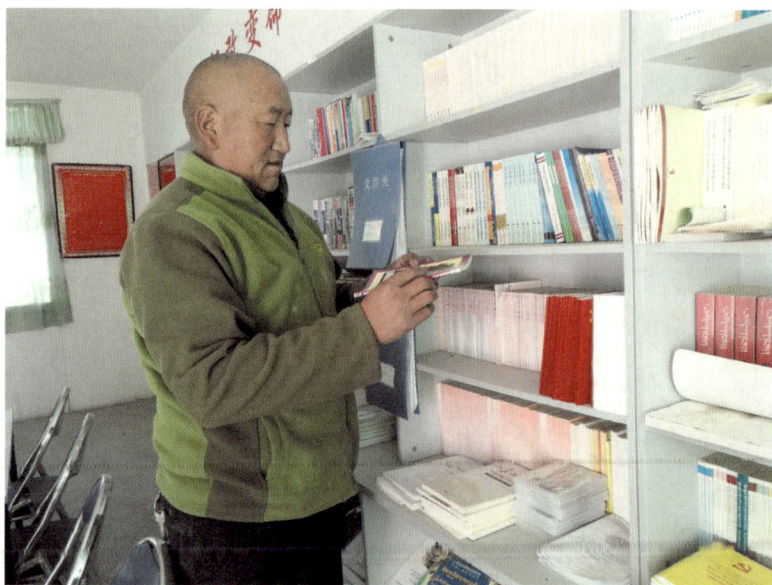

土登尼玛整理居委会图书资料

"我要好好学习党的知识，才能保证完成党交给的工作和任务。"

"我们村赶上党的好政策，我要好好配合党的工作。"

"老百姓家有困难我都不帮的话，我还当什么党支部书记？"

"我们党那么好，政策那么好，还有人要搞破坏，我第一个不答应，我要确保村里每家每户都安全。"

……

像这样的话语，土登尼玛还说过很多，正是这些平实的话语引领、记录着他在平凡的岗位上做着不平凡的事。

船载千斤，掌舵一人。

1984 年 7 月，土登尼玛进入察雅县吉塘居委会"两委"班子，2009 年被推选为吉塘居委会党支部书记、居委会主任。他深刻认识到自己肩负的是全村人民的信任和重托。对此，他把这种信任和重托当作自己工作的压力和动力，努力成为本职岗位的行家里手。

这些年来，土登尼玛怀着"村退出、户脱贫、民致富"的目标，团结带领全村人民齐心协力，扎实工作，全村上下呈现出欣欣向荣、和谐稳定的良好局面。

学习理论知识，提升全村素质

"国家很重视我们基层干部，多次组织我们到外面去学习。回来后，我又抽空反复学习，把内容吃透后再讲给村里的其他人。"土登尼玛说道。

为尽快提高工作水平，土登尼玛主动加强学习相关理论知识和政策，积极参加各类教育培训，把学习的过程变成提高思想认识、解决实际问题、提高工作水平的过程。

在土登尼玛家中，有许多大袋子，他告诉笔者，这些都是他平时开会时发的学习资料，还有一些理论学习的书籍。他空了就会一样一样拿出来翻一翻、学习一下。

"有一次，土登尼玛拿着'四讲四爱'的资料书来找我们，问我们怎么去理解'核心'的意思，我们就一点一点给他讲解。他的好学在我们这里是出了名的。"察雅县人大选派支部第一书记加永登达

179

对土登尼玛赞叹有加。

为了让自己的所学发挥作用，土登尼玛看准了"夜校"这个平台。自2014年起，晚上7:30—9:00成了吉塘居委会又一热闹的时段，大家聚集在一起上"夜校"。驻村工作队队员和土登尼玛成了业余的老师，为大家解读国家的优惠政策，共同学习各种法律法规。

正是因为有了这种学习意识，在"两学一做"学习教育、"四讲四爱"主题教育实践活动等思想教育活动中，土登尼玛总是提前学习，努力把握，主动担负起向广大农牧民群众宣讲的任务。

随着吉塘社区的发展，越来越多的外地商人来到吉塘镇谋发展，藏汉交流开始成为制约土登尼玛开展工作的因素。2016年，学习汉语被土登尼玛提上日程。

从学习自己的名字开始，土登尼玛先培养学习汉语的乐趣。他把儿子小时候上学用的语文书翻出来，又让女儿买了一本《普通话水平测试》，他就这样一边慢慢摸索，一边向驻村工作队请教。

"我孩子回来的时候也会教我一些常用的汉语，更多的时候我是拿着书向驻村工作队请教，他们教了我很多，很感谢他们。"土登尼玛由衷地说道。

功夫不负有心人。如今的土登尼玛已可以用流利的汉语与大家交流。

严格要求自己的同时，土登尼玛也十分注重对子女的教育。他经常教育两个孩子，"我只有初中文化，但是我现在这么大年纪了还要学习。现在国家的政策那么好，你们一定要好好学习。"

大女儿白玛在上海学习临床医学后在民安医院有了一份工作，小儿子今年也顺利考上了西藏民族大学的师范专业，这一切让土登尼玛无比欣慰。

看到土登尼玛对学习的热情，村里的其他人逐渐对村里的图书室有了兴趣。汽修、蔬菜种植、果树栽培等实用性书籍经常被借阅一空。

村民曲美加嘎的苹果嫁接技术在村里可谓一流。自他参加察雅县建档立卡贫困户转移就业的果树种植培训后，又在图书室里借阅了相关的书籍，丰富理论知识。如今，他不仅把自家的果树经营得很好，还成了村里果树栽培方面的老师，深受大家欢迎。

助力村集体经济，热心帮困解难

沿着一条蜿蜒小道，笔者一行前往吉塘洒咧营地。

在远处一望，只见洒咧营地被一圈木栅栏围着，掩映在几棵大树中，乡村气息浓厚。走进木门，3座现代化的小别墅错落有致，营地最里面则是一个大的白色帐篷，营地中间设有小型喷泉，阳光下，隐约能看见一条彩虹。

"营地设有现代化的小屋，也有帐篷，这给顾客提供了更多的选择。营地后面是一片小树林，顾客可以借了烧烤架在那里自助烧烤，这些都是免费的。"吉塘镇党委书记郑江涛介绍说。

绿水青山就是金山银山。吉塘镇居委会位于214国道旁，离昌都市区只有半个小时的车程，结合环境位置和山形地貌的优势，土登尼玛便和居委会"两委"班子商量，建一个供游客娱乐的地方，于是便有了这个洒咧营地。

2017年中，社区居委会把洒咧营地承包给了一个四川商人，除了解决6位建档立卡贫困户工作外，每年还会有5万元收入，全社区190户进行分红。

洒咧营地在投运前一波三折。

洒咧营地征地时，土登尼玛与村民磨破了嘴皮子。一些村民不愿把自己的土地租出来，有的想将800元/亩的价格提高到1500元/亩，还有的则提出要求把家里的人送到洒咧营地工作……

对此，土登尼玛和居委会"两委"班子一遍又一遍劝说："我们要把眼光放长远一点，我们建这个洒咧营地，不是一个人的事，到时候分了红，整个村子都能受益。"

直到 2017 年初，土登尼玛才将所有的人思想工作做好。后期，营地扩建后，还将吸纳 2 名服务员和一名停车场管理员。

除了洒咧营地，早在 2012 年，土登尼玛就动起了发展经济的脑子。就在那年，他带动群众投资 10 万余元，先后建成了 2 个砂石厂和一个电杆厂作为社区集体经济。考虑到当时缺乏资金和技术，便让致富带头人加贡顿珠承包，带领村里有劳力的人共同经营。如今这三个集体经济给社区每年带来 15 万、20 万、10 万元的收入。

榜样的作用是有力的，在件件实事中，它为群众带来了实惠。在为大伙谋经济福利的同时，土登尼玛还十分注重解决群众的困难。

旦增巴姆老人今年 87 岁，膝下无子，土登尼玛多年来十分照顾她。2012 年起，每年雨季来临之前，土登尼玛都会组织党员为她修缮屋顶。今年年初，在老人搬入安置点时，他又召集党员为老人搬家。

现在旦增巴姆老人就住在土登尼玛家旁边，土登尼玛走得更勤了，他时不时送点酥油，过去打扫一下卫生，陪老人晒晒太阳唠唠嗑。

为增加贫困户家庭经济收入，土登尼玛主动前往各施工点，为大家寻求工作机会。

在没有去小城镇建设施工地当搬运工前，向巴曲珍只是种地，偶尔打个零工，一年的收入无法满足家里 5 口人的生活所需。土登尼玛看到她家的困难，便为她积极争取了一个一天 150 元的活。

向巴曲珍十分珍惜这份工作，加上她会说汉语，工地负责人也愿意给她安排活。现在她一个月能上 25 天左右的班，她的收入让一家人过上了好日子。

民之所忧，我之所思；民之所思，我之所行。土登尼玛怀着一颗真挚为民服务的心，用行动践行着全心全意为人民服务的宗旨。"我只是想为我的家乡人民做点力所能及的事。"这就是他最大的心愿。

主动请缨，支持特色小城镇建设拆迁工作

吉塘镇位于察雅县西南部，距离县城 30 公里。2016 年，吉塘镇开始特色小城镇建设工作。

作为党支部书记的土登尼玛一刻也没闲着，入户为群众讲政策、讲发展前景、解决困难。他告诉笔者，去年一年里跑前跑后鞋都穿破好几双。

一开始，土登尼玛将开展特色小城镇建设需要搬迁的消息告诉家人，他老婆加拥一听，坚决不同意，她说："现在我们还有地，可以种点青稞，到时候搬了，土地没了，果树也没了，到时候吃什么？不能搬！"

"我们国家现在这么富强，不会不管我们的，你放心。再说了，我还有工作。新房子很漂亮，你一定会喜欢的。"土登尼玛做完家人的思想工作后，率先签订了征地协议，起到了良好的带头作用。

"我家老房子有 570 多平方米，虽然面积大，但是房子建了很久，里面装修得也不是特别好。而且搬到一起，邻里之间也有照应。有的老百姓只是没把党的好政策想清楚，我和双联户、村干部一起带头搬迁，也算是减少他们的顾虑。"土登尼玛回忆说。

由于土登尼玛多年来勤政为民，在老百姓心中威望很高，很多人家看到他那么快就签订了征地协议，便也陆陆续续跟着签了协议，这大大减少了征地工作的阻力。

"书记懂得比我们多，搬房子是一件大事，他觉得这样做好，那我也这样做，跟着他做不会错的。"居民克珠这样说道。

对于一些不愿搬迁的住户，土登尼玛便和拆迁组一起，一家一家拜访。看看他们家里有什么要求，有什么顾虑，哪里需要帮忙，把所有内容都记录下来。自己能解决的，便现场解决了，解决不了的，便去找县里、乡里的领导，反映群众的需求，一件一件解决问题。

村民加拥得知搬迁消息后，情绪很激动，一句话都不愿意听，

直接将门关了。拆迁队每次去做思想工作都吃了闭门羹，一想到这家人就头疼。但土登尼玛不放弃，一次又一次前往她家，在门口说上几句，然后默默离开了。

时间一天一天过去，加拥有一天终于开门了。

"我们知道你也不容易，我们规划在路边留半亩地给你，方便你种点菜。"土登尼玛试探地说。

"我要自己量房子和地。"加拥要求道。

"可以！"拆迁队队员相互商量后同意了。

考虑到加拥家9口人里，有3个残疾人，其中5岁的女儿有智力残疾，但还没有残疾证，土登尼玛又帮忙办理了残疾证。

看到了诚意，加拥最终松了口，签下了征地协议。

在土登尼玛前后奔走的协调下，短短2个月，该社区190户里除了2户因为家庭原因暂缓搬迁外，其余工作全部完成。

与此同时，土登尼玛还积极强化社区党支部核心带动作用，在各类工作中带领党员干部率先垂范、积极肯干，以先锋榜样力量带动农民群众合力推进特色小城镇建设。

"我愿意用毕生的精力和热情，和居委会一起，同全社区居民一道，撸起袖子加油干，把我们居委会建设成为人人羡慕的'四好社区'。"

  自 1984 年 7 月土登尼玛加入居委会班子起，三十多年的时间，他一直坚守在吉塘镇居委会的岗位上，用心做好每一件平常事，用行动诠释着责任和担当。在他任职期间，吉塘镇发生了翻天覆地的变化，他带领村民建起洒咧营地发展村集体经济，为支持特色小城镇建设带头拆迁，把村民的事当作自家的事一般帮困解难，在平凡岗位上践行者自己的初心和使命，他是吉塘镇一系列变化的亲历者和建设者。

  一个党员是一面旗帜，这句话用在土登尼玛身上一点也不为过。土登尼玛搬迁后，时间基本都用在了居委会工作上。一分耕耘一分收获，如今的吉塘社区，居民间团结和睦，大家用勤劳的双手共建风清气正、乡村和谐的新社区。

老而弥坚，退休后奉献余热 11 季

类乌齐县冬孜巷居委会党支部书记泽仁拉加

王玮　夏怡雯

泽仁拉加介绍居委会工作情况

在类乌齐县城的冬孜巷有一位热心肠的老人，从退休以后十余年如一日，退休不褪色，常年奔走在县城内外，全身心倾注在冬孜巷社区发展事业上，赢得广大群众的声声赞誉。这位老人就是被当地人亲切称为"老书记"的泽仁拉加。

他出身社会底层，幼时就体会到旧西藏生活的艰辛，开始向往新西藏新社会；少年的他身赴内地读书，七年苦读学习各种文化知识，成长为一名合格的革命干部；青年时他参军保家卫国，搞翻译、摸敌情、组民兵、做宣传、征新兵，为工作走遍了昌都的山山水水；中年的他转业地方，干起了司法、统战、民宗、政协工作，每一个岗位都兢兢业业、钻研业务，把工作做到最好；退休后的他又担任冬孜巷居委会党支部书记，11 年来积极发挥余热，默默奉献社会，绘就了一幅"夕阳红"的壮美画卷。

从旧西藏农奴到新时代学生

泽仁拉加 1945 年出生于日喀则定日县。小时候，全家 9 口人过着穷困的生活。父亲是裁缝，给人家做藏装，全家主要靠他的微薄收入过活，妈妈有时打点零工，泽仁拉加很小的时候就和姐姐一起给领主家放羊。全家人住在两间土房子里，房间里木头梁子很细，房顶上不敢走人，怕房子垮掉。家里只有一头黄牛，和人一起住在房子里。

全家吃了上顿没下顿，日常吃的是糌粑和萝卜，经常靠借粮勉强度日。穿的也破破烂烂，泽仁拉加没鞋了穿，冬天脚冷刺骨，放牛时看到牛刚一拉屎，马上就把脚踩进冒着热气的牛粪里取暖。那时社会不平等，领主不把农奴不当人看，干活稍不满意就打骂。一次泽仁拉加挨了领主的一顿狠打，当时他就想，这个世道肯定会变，苦日子会到头的。

西藏民主改革那年，泽仁拉加家的苦日子终于熬到了头。农改工作组进驻村里，很快全家分到了十几亩土地，七八十只羊和两头牦牛。全家人都很高兴，特别是泽仁拉加，在村子里高兴得蹦蹦跳跳，整天和工作组待在一起。他喜欢和工作组的翻译——一名来自四川甘孜的藏族人聊天，喜欢帮工作组拣柴烧火，听听解放军讲战斗故事，还邀请工作组去家里做客。

不久，组织上招收藏族同志到内地学校学习，村里要选派两个人。当时谣言很多，村民对党的政策还不理解，大多不敢去内地。泽仁拉加和村里另外一个小伙子瞒着家里报了名，两人都跑到县里了，家里还不知道。在县城，泽仁拉加把长头发编成的辫子剪下来，托人送回家，那时他还不会写信，就用这种方式告诉家里，向家里人告别。

那是 1960 年，泽仁拉加第一次到拉萨，第一次到离家那么远的地方。他们从拉萨转车到陕西咸阳，开始了在咸阳西藏民族学院长达七年的学习生活。在学校里，泽仁拉加先是学拼音，学汉语，然后学会计专业。当时国家经济困难，但是在学校里，藏族学生的生活条件和家里比有天壤之别。学生们非常珍惜这来之不易的学习机会，学习刻苦认真，严守学校纪律。他们热爱老师，尊敬老师，把老师当成了自己的父母。同学们之间非常团结，有时男生吃不饱，饭量小的女生就支援一点，就像一家人一样。

从革命军人到统战干部

1967 年，泽仁拉加毕业分配到昌都，开始在察雅的一支部队学生连接受锻炼，那时既是学习，又是劳动，白天下地种青稞种花生种玉米，晚上就进行政治思想作风学习。此外，学生们还要轮流去伙房帮厨。泽仁拉加和部队战士接触久了，觉得军人非常光荣和威武，于是动起了参军的念头。1970 年，昌都军分区在学生里征兵，泽仁拉加果断报名入伍，成为一名真正的解放军战士。

作为一名军人，他在边坝做过翻译、引导群众、搜集情报等工作，走遍了边坝险峻的路；他在下察隅的边界地区了解敌社情，走村串户，做了大量群众宣教工作；他在政治部当干事，跑遍昌都各

县做好联络工作。1973 年，他到类乌齐县武装部担任参谋，组建了
6 个民兵连，还负责组织民兵打靶训练，社会治安维护，征兵工作。
泽仁拉加每年都保质保量的完成征兵工作，对于因体检不合格退回
的藏族青年，他也积极想办法妥善安置，保护了群众报名参军的积
极性和热情。

　　转业后，泽仁拉加在类乌齐县法院工作，负责调解处理民事纠
纷。刚到法院时，他吃不下饭，睡不着觉，因为自己没学过法律知
识，不懂法院业务，生怕在工作中出错。在一年多时间里，他坚持
每天研读民法通则，有机会就去昌都法律学习班旁听，抓住一切机
会学法。泽仁拉加逐渐领悟出，"坚持公正"才是做好调解工作的
法宝。

　　随后，泽仁拉加又出任统战部副部长、部长，负责统战、民宗
和政协工作。一开始泽仁拉加并不愿干这行，他觉得统战工作是为
旧西藏上层人士做事，他体会过旧西藏受苦受难的生活，不情愿为
他们服务，但经过领导和组织做思想工作，他硬着头皮去了。上任
后，随着深入学习统战业务知识，他慢慢意识到，统战工作的重要
性和对巩固革命胜利成果的关键性作用，于是他开始安心工作，做
好上层人士、爱国人士和寺庙僧侣的统战工作。

从退休干部到群众贴心人

　　2005 年，刚刚退休的泽仁拉加就走马上任，担任冬孜巷居委会
支部书记、主任和退休支部书记。居委会成立了，但是没有办公场
所，条件艰苦，一穷二白，居委会学习、开会要到广场上进行。直
到 2008 年，居委会才有了办公地点，条件开始慢慢改善。

　　冬孜巷居委会辖区有 550 户 1730 多人，其中新的搬迁户就有
285 户 970 多人，户数人数都占到一半以上。搬迁户来自昌都范围
的 8 个县，还有拉萨、日喀则，甚至青海等地的，泽仁拉加形容说：

"我们的居民来自五湖四海。"人员复杂，给管理带来了很大的工作难度。居委会成立后的前两年，泽仁拉加基本上都在了解辖区住户的情况，他建立一户一卡，把基本信息都详细登记。他把居民分成三个层次，分别开展工作。

第一层是50岁以上的人群，这部分人很多经历过黑暗的旧西藏，对比解放后的幸福生活，对党有深厚的感情，他们拥护党的领导，坚决反对分裂势力，居委会对他们开展思想教育，主要是鼓励他们继续发扬爱国、爱家乡、爱社会主义的传统，进一步认识党的恩情，保持政治本色；第二层是30岁至40岁的人群，这部分人没经历过旧西藏的苦难，居委会主要采取新旧西藏对比教育，发动各家各户的长辈讲述自己的经历，开展反分裂和团结和谐的教育；第三层是十几岁到30岁的人群，每年寒暑假，居委会就把在外上学返家的大中学生全部集中起来，进行思想教育。对于小学生，居委会安排驻居委会工作队员给他们进行学业辅导。

在居委会成立之初，泽仁拉加并没有急于发展党员。他认为发展党员一定要按照党章要求和标准，不能盲目发展。等到一户一卡建立起来了，居民情况熟悉了，发展党员的时机也成熟了。从2015年开始至今，冬孜巷居委会已经发展了48名党员，发展入党积极分子3人，最近递交了入党申请书5份。

16年来，居委会工作有了很大成绩，居民政治思想、道德素质提高很快，居民之间团结和谐，冬孜巷从未出现过政治问题、没有出现过打架闹事或上访事件。辖区内市场繁荣，有300多户经商的汉族人，居民群众对他们经商也非常支持。2012年，辖区内居民昂格和嘎玛家接连发生两起车祸，泽仁拉加派人照顾伤者、垫付医药费，帮死者家属料理后事，对生活困难的家庭发起捐款，还帮助解决困难户的住房问题。群众都说："老书记是我们的贴心人。"

泽仁拉加每年都打算向组织提出，自己年事已高，老伴身体不好，不想再干了。可是每年都有干不完的工作，需要他继续干下去。居委会根据辖区没有土地、牛羊资源的状况，申请了民族服装加工社、经营加工协会、篆刻协会、藏香协会、多种服务社、蔬菜超市等集体经济项目……很多事情都等着泽仁拉加去干，去谋划，他怎么放得下呢？

笔者手记：为了永不衰老的事业

工作了大半辈子，把青春与热血献给了党和人民的事业，光荣退休了，卸去了一身的风尘，终于可以寄情山水，独享天伦。然而，泽仁拉加老人没有去享受那份本该属于自己的清闲，他不顾自己年事已高，劝服了体弱多病的老伴，毅然承担起麻烦很多、成绩难显的基层居委会工作。叔本华说："老年时最大的安慰莫过于意识到，已把全部青春的力量都献给了永不衰老的事业。"支撑泽仁拉加退休后"没事找事"的动力，恐怕就是为了那份"永不衰老的事业"吧！

现实中，像泽仁拉加这样，有很多老干部退休不褪色，从身边的生活小事做起，或以普通身份与社区群众打成一片，或充分利用自己的特长为群众谋福利。退休干部人数多、分布广、时间充裕，他们退休以后，与群众更加亲近，更容易了解民情，很多退休干部在退休后仍然不忘自己是党的工作者的宗旨，总是闲不住，因此应该让退休干部们充分发挥他们的"余热"。

退休的人，就应该在家带孩子、养花弄草、打麻将吗？虽然离开岗位，但退休干部会发现更多以前在岗位上看不到、听不到的人和事，往往是社会最需要关注的地方。老干部走村入户，和群众贴心交谈，听取群众呼声，成为党同群众联系沟通的纽带，同时排解群众间的纠纷，宣传党的路线方针政策。这样的"余热"，组织认可，群众欢迎，造福万代，千古流芳，多多益善。

学以致用，绿水青山就是金山银山

察雅县烟多镇中铝新村党支部书记米玛次仁

王玮　夏怡雯

米玛次仁精心饲养着藏香鸡

　　29 岁的米玛次仁是自治区林业厅规划院的干部，2013 年他被选派到察雅县中铝新村担任村支书。

　　1986 年出生的米玛次仁是林芝人，2011 年毕业于北京林业大学，分配到自治区林业厅。单位里的老同志常说，年轻人一定要有在基层锻炼的经验，这话米玛次仁听进了心里。当他听说要选派基层村干部，马上就和家里人商量，自愿报名来到中铝新村。

种树能致富

中铝新村紧挨着县城，麦曲河穿村而过。2013年12月，米玛次仁刚到中铝新村时，认真调研了村里的基本情况，行政村下有3个自然村，其中2个在山上，共有65户254人。他发现这里的老百姓思想不解放，发展经济观念保守，人均年收入2700元至3500元。村里还有不少贫困户，收入达不到平均水平，有的是因为缺少劳动力，有的是因为家人生病、残疾，一年下来，贫困户就靠低保和草补等惠民政策补贴，除此之外没有任何现金收入。

"我就总琢磨要把自己所学到的林业知识运用到发展经济中，让乡亲们更富裕，绿水青山就是金山银山。"几经考察，米玛次仁觉得村子有不少荒山坡地，种树、发展苗圃种植应该可行。"村民听不懂什么生态经济的大道理，关键看有没有实惠。老百姓看到能挣钱，不用动员，大家都会抢着种。"

米玛次仁首先选择在林业上找致富办法，他跑林业厅争取支持，终于拿到了在亚尼自然村240亩荒山坡地上建设重点生态公益林的造林项目。根据当地水源少的环境特点，他选择了生物学特性较为耐旱的榆树，每亩地大约种植74株，村民可以通过劳务费创收。

2014年植树季之前，村干部劝说一部分村民留下来投劳造林，他们联系乡里的科技人员对村民进行培训，教会他们种树方法。种树对体力要求不高，年龄大的老人也可以参与。开始种树时，每天需要十几个劳动力，最多时需要三四十人。当年全村现金创收24万元，参与植树的平均一户赚到7500元劳务费，最多的一户收入了1.7万元。

11月份，村里召开大会，会场挂出了"2014年度重点区域生态公益林造林建设项目劳务费兑现会"的横幅，分三期兑现了全部24万元劳务费，拿到钱的村民乐得合不拢嘴。贫困户江加家有四位老人，只有一个女儿，去年通过造林拿到了不菲的劳务费，村里还收购了他家废弃的围栏，仅这两项去年江加全家就收入3万多元。

往年村里的青壮年劳力都出去打工，去其他地区挖虫草，仅资源费就要4000元，辛苦一季，往往只挖到四五千元的虫草，收支相抵不赚钱。看到留下来种树的村民挣钱了，今年很多村民都选择不去外面打工，留下种树，家中的老人也积极参加。米玛次仁预计，全村通过投劳种树可创收30万元。

养殖有出路

在米玛次仁的老家林芝，家家户户都养鸡养猪，而中铝新村的老百姓观念保守，不愿意参与养殖业。他就一方面向县里申请养殖项目，一方面在村里广泛动员群众，经过一番努力，项目申请下来了，副村长洛扎家也同意养猪了。

米玛次仁兴冲冲地揣着购猪款去林芝买猪，车走在半路上，洛扎打来电话，说又不想养了，因为老婆反对他养猪，如果执意要养，她就出家。米玛次仁坐在车里，打了一路动员电话。看到洛扎实在不养，他又成功动员了低保户强西来养。强西的老婆身体不好，4个小孩都在上学，他又不愿出门打工，养殖的工作正好适合他。

2014年5月，由县里投资的猪舍很快建成，40多头藏香猪也到位了。在强西精心的喂养下，小猪健健康康地长大了。养殖户负责平时喂好猪，有人买猪时按头卖，每头猪售价3000元至3500元，其中上交村里800元。一年过去，村里已经卖出了10头猪，强西一家增收2万多元，终于甩掉了贫穷的帽子。

看到强西赚钱了，村里很多人找到米玛次仁，都想参与养猪。

看到村民参与养殖的积极性高起来了，米玛次仁马上向县里打报告，要求建藏香鸡养殖场。县里对此非常支持，投资了50多万元，村里安排17户低保户每户投劳1人参与建设，6月养鸡厂建成，8月700多只藏香鸡进场，每天至少可产蛋200多只。藏鸡蛋非常受欢迎，市场上卖到4元一只，还供不应求。

"工作没落实，心里就不踏实。"米玛次仁为养鸡场操碎了心，他把鸡舍建成封闭式，还建好了排水通风设施，解决了藏香鸡过冬问题；村民旺秀瘫痪在家他安排旺秀的妹妹到养鸡场工作，每月有3000元优厚的工资，对于在养鸡场投劳的村民，每天给100元工资，为村民增加了收入渠道；他争取了兽防站的支持，防止发生疫情；他还设计了漂亮实用的鸡蛋包装盒，让鸡蛋打出品牌，走向市场。

心里装着村子的未来

对于村集体经济未来的发展，米玛次仁胸有成竹，信心十足。春季造林季节，米玛次仁为村里争取到苗圃项目，在荒地上开辟苗圃，培育杨柳扦插苗1.5万株。村民有土地的以土地入股，有大树的以苗入股，其他村民以每株4元入股，杨柳扦插苗的市场价是每株15元。成活率超过80%，预计苗圃能创造22万元的收入。

此外，配合县里岗子卡新村建设，村里已经投资建设了茶楼和农贸市场，米玛次仁计划进一步利用好鸡猪资源，在县城开设餐厅，专门经营柴木鸡、藏香猪，这样，村里的农畜产品就会又多一条销售渠道；对于养鸡场，米玛次仁考虑要"进新鸡卖老鸡"，保持鸡群旺盛的产蛋能力；还要孵化一部分小鸡，扩大养殖规模。

"双联户长不仅要带头致富，还要带领群众致富。"在米玛次仁的组织下，6户双联户长成为了村里致富的中坚力量，充分发挥了双联户带头致富、带领致富的先锋作用。对于特别贫困的家庭，米玛次仁也没有忘记他们，他说："致富路上不能有一户村民掉队，集体经济发展了，我们就有能力为贫困户提供更多帮助。"村里旺秀一家收入很少，还住在河边破旧的木板房里，村里已经计划帮他盖一所新房子。

谈及多年来的工作感受，米玛次仁坦言："在平时的工作中，自己最大的感受就是要设身处地，换位思考，要心里装着老百姓，一切以老百姓为出发点，多为老百姓做实事，老百姓才会把你当亲人。"忙碌的村支书工作虽然非常辛苦，但也让他很有成就感。他谦虚地说："在基层工作的机会难得，我身上还有很多不足的地方，需要继续锻炼。"

笔者手记：改善生态环境就是发展生产力

"小康不小康，关键看老乡。"米玛次仁带领村民致富的关键无非是"转变观念""吃透政策""因地制宜""敢想敢干"。但就是这些看似简单的"秘诀"，却发挥了巨大的作用。因为它需要真正能够帮村民办实事的干部，米玛次仁就是这样的干部。他搞林业出身，能够学以致用，心里时刻装着村子，时刻都在为村子的发展着想，把自己专业本领施展出来。重点生态公益林的造林项目和杨柳扦插苗的苗圃项目就是成功的例子，既绿化了荒山荒地，又让老百姓得到了实实在在的实惠。

习总书记曾提出："绿水青山就是金山银山"，这就是说，绿水青山和金山银山并不是对立的，特别是在生态环境优异的西藏，保护生态环境就是保护生产力，改善生态环境就是发展生产力。俗话说："留得青山在，不怕没柴烧"，"常青树就是摇钱树，常绿水就是发财水。"米玛次仁在中铝新村的成功实践，证明绿水青山完全可以转化为经济发展，转化为金山银山。

第四辑

立足岗位勤奉献

我与昌都医疗卫生事业共成长

昌都市人民医院原党委书记、副院长加永泽培

郑晓强　何瑞

加永泽培经常在家中免费接诊

　　一家医院的历史，写在院志上，是一段浓缩的文字；而写在人们的记忆中，便成了永生难忘的故事。

　　作为党和政府在西藏建立的第一所现代医院，昌都市人民医院

承担着为全市各族群众的生命健康保驾护航的重大使命。它的历史，深深地写在加永泽培老人的记忆里。

63岁的加永泽培，是昌都市人民医院原党委书记、副院长，1976年加入中国共产党，1977年参加工作，2016年退休，现在仍作为医院返聘专家，继续为病人提供服务。

受益于原十八军、卫生部民族卫生工作大队老师们的指导，推动着心血管疾病、传染病、地方病等的研究，亲历了在中央和全国支援下医院取得的跨越式发展……翻开加永泽培的记忆，我们看到昌都市人民医院乃至昌都医疗卫生事业的一段珍贵历史。

传承

1977年，加永泽培从西藏民族学院医学系毕业，成为昌都人民医院的一名内科医生。"一开始，我什么都不懂，是陈亚驹老师手把手把我带出来的。"加永泽培回忆道。

现年90岁的陈亚驹，原十八军卫生班班长，1950年进藏，在昌都医院工作了27年，是西藏卫生工作的创建者之一。

"部队进藏途中遇到的困难是常人难以想象的。高寒缺氧、药品奇缺，随时要与高原反应搏斗，不少战士长眠在雪山草地。"陈亚驹经常给加永泽培讲述当年的故事——

昌都解放伊始，解放军先遣部队的医务工作者将党的关怀带给藏族人民，免费送医送药。

1952年9月，昌都地区人民医院成立，医院由西藏军区后方司令部驻昌都部队第三办事处卫生所与昌都地区解放委员会卫生队合并组建，是党和政府在西藏建立的第一所现代医院。医院位于一幢两层民房内，设18张病床，共有26名职工，陈亚驹便是其中之一。

同年12月，卫生部派出民族卫生工作大队赴昌都开展卫生工作。民族卫生工作大队与昌都地区人民医院合并，两块牌子一套人马，大大加强了昌都的医疗技术力量。

为了给基层群众治病，陈亚驹们经常下乡巡回医疗，骑马是唯一的交通工具。路途遥远，常常一天喝不到一口水，吃不上一口饭，风餐露宿是常有的事。

"行经悬崖小道，必须下马匍匐前行，稍不留神就会跌进万丈深渊。爬陡峭山坡时，要紧抓马尾巴，被拖着上山；最苦的还是下山，双腿酸软无法站立，跌伤划破经常发生。"陈亚驹回忆道，"藏族同胞对我们医生特别尊敬，总是在最危险的地方探路，并搀扶我们小心渡江过河，生怕我们出一点问题。为了藏族同胞的这份情谊，我们甘愿奉献青春年华！"

……

"工作之初，有幸得到原十八军、卫生部民族卫生工作大队老师们的精心帮助和悉心指导。他们严谨的治学态度、高尚的医德医风，对我影响深远。"传承"老西藏精神""两路精神"，加永泽培开启了自己的行医生涯。

攻坚

在加永泽培刚参加工作的那个年代，心血管疾病、传染病和地方病等严重威胁着昌都各族群众的身心健康。

1983年6月，当时的昌都县妥坝区妥坝公社暴发了一起局限性人间鼠疫，4人死亡。鼠疫传染性极强，是我国法定传染病中的甲类传染病，人人闻之色变。当时，途经妥坝的货车司机都赶紧把车窗摇上来，别人拦车也不停，扬长而去。

加永泽培也生怕被感染，但他想到陈亚驹等老师们的事迹。"跟他们进藏时遭遇的困难比，这算什么！"他主动请缨，率昌都人民医院另外4名医生，奔赴疫区处置疫情。

当时，没有专业防护服，只有普通的医用工作服。加永泽培们戴两层口罩，穿雨鞋，将袜子与裤腿绑一起……

为了到各个村里给群众接种疫苗，加永泽培不得不骑马前行——并非来自牧区的他，首次骑马。"公社工作人员说不用担心，给我挑了匹最好的马。我以为，他们说的'最好'就是'最驯服'，结果是'跑最快'。我一骑上去，马就哒哒哒往前跑，我差点从马上摔下来。"加永泽培笑着说。

他们带着桔子罐头、压缩干粮出发，晚上睡在老百姓家的地板上。一家一家地安抚恐慌情绪，一户一户地进行体检问诊……疫情终于得到及时控制！

为了给病人提供更好的救治，加永泽培还不断钻研医术，先后到北京、深圳、云南、重庆等地进行深造。1995年，他担任中华医学会西藏分会理事、西藏自治区医学专家组成员，并开始享受国务院特殊津贴。

他与援藏医生合作的"高原地区脂肪肝CT表现分型与脂肪肝形成关系的研究""高原地区大骨节病骨代谢损伤机制的研究"等课题，多次获得省级、市级科技进步奖。其中，他最得意的是历时8年完成的"然纳桑培治疗急性出血性脑卒中的临床研究"课题。

"然纳桑培，也就是藏药中的'珍珠七十'，早有被藏医用作治疗脑血管病的先例，但缺乏循证医学的支撑。"加永泽培说，"我们的课题填补了这方面空白，证实然纳桑培对脑卒中具有确切疗效，起到了很好的推广作用。"

行医43年，他的足迹遍布全昌都，治疗病人累积30多万人次，从死亡线上挽救回一条条宝贵的生命。他的口碑在昌都广大患者中广为流传，至今仍有各县区许多患者慕名赶到他家求诊。他个人也先后被评为"全国民族团结进步模范""全国卫生系统模范工作者""西藏自治区劳动模范""全区优秀共产党员"。

巨变

长期担任昌都市人民医院党委书记、副院长，加永泽培亲历、参与、推动着医院的发展。

"现在的医疗条件，以前想都不敢想。"他清晰地记得，自己刚参加工作时，医院仅有病床100多张、100多名职工，年收治病人1000多人次；1985年，为了获取更大发展空间，医院搬迁至马草坝现址；几经扩建，如今，医院建筑面积已达7.5万平方米，病床640张，职工700多人，年收治病人上万人次。

"我刚到医院时，做化验要用显微镜肉眼观察血片，人工计算红细胞、白细胞等各有多少，可靠性差，效率低。医生忙不过来，只能限流，患者只有每周一、三、五能做肝功检查。"加永泽培说，"如今，医院早配备了全自动生化分析仪，一天做几百例都不成问题。"

此外，20世纪70年代末，医院用的是100毫安的放射设备，只能看到哪个地方有没有骨折，内部器官的小病灶没法观察，不少诊断只能凭经验推测。如今，医院添置了64排128层螺旋CT，可早期发现肺部小结节；3.0T联影核磁共振，可查看颅内血管有无畸形及占位性病变；德国西门子DSA，可查看心脏血管有无堵塞……

"医院的发展，离不开党中央的特殊关怀，离不开全国人民的无私援助。"加永泽培说，各援昌省市积极响应党的号召，为昌都医疗发展作出了巨大贡献。尤其是2015年起，中组部推进组团式医疗援藏，帮助医院取得跨越式发展，并成功创建国家三级甲等医院。

在组团式医疗援藏队的传帮带下，昌都市人民医院开拓进取，勇于创新，已开展新技术、新项目112项，扩大了疾病病种的治疗范围；开设妇科内分泌门诊，填补了藏东地区该专业的空白；创新"师带徒"工作模式，落实"一带多"，提升了本地医生医疗职称考试通过率；成立胸痛中心、卒中中心、创伤中心、危急孕产妇救治中心、危重儿童和新生儿救治中心，并成功开展50多例心脑血管介入手术……

不久前，加永泽培接待了内地一家医院的负责人。这位负责人考察完昌都市人民医院，感叹道："你们的医疗条件，比内地一些省立医院还要好！"

70 年沧桑巨变，我市人均期望寿命已从解放初期的 35.5 岁提高到 2019 年的 70.6 岁，孕产妇和新生儿死亡率大幅降低。以前，许多病只能到内地治；现在，在昌都也能治好了。

正是一位位像陈亚驹这样的"老西藏"毕生奉献，一位位像加永泽培这样的本土医生不懈奋斗，一位位援藏医生无私援助，让我们在昌都享受到越来越好的医疗条件，让我们的健康越来越有保障！

笔者手记：仁爱在这里传承和发扬

已经退休的加永泽培，目前仍然以医院返聘专家的身份每周在昌都市人民医院坐诊两天，继续为需要他的病患服务。

笔者前往昌都市人民医院采访加永泽培，他表示他热爱这份职业，并愿意为此奉献一生。这时正好有同事进来，立即抢过话头说："加永泽培可是我们的好榜样，患者的好医师，只要有急难病人来找他，不管是在什么时候，不管认不认识，只要有需要就二话不说跟着出诊，车子来接他坐车子，摩托车来接他坐摩托车，牵马来接他骑马，永远患者至上。"

诚然，笔者在加永泽培家中采访时看到，不时有农牧民群众上门，带着体检单子请加永泽培看诊，面对病人期盼重获健康的眼神，他总是很有耐心，仔细地看单子、仔细地问病情、仔细地开处方，面对患者一遍一遍的反复询问，也没有表现出一丝的不快和急躁。

随着采访的深入，笔者了解到他这仁爱的医德、沉稳的医风，传承自昌都老一辈卫生工作者的言传身教，更与他谦虚勤谨的性格有关，他像海绵一样吸收老师们的精湛医术和扎实作风，又像阳光一样给患者带去情感抚慰和身体健康。笔者从他身上看到昌都各行业各领域专业技术人员砥砺作风、坚守岗位、扎根基层、服务人民的身影，不禁想到：我们的时代需要这样的楷模，我们的社会需要这样的坚守，让我们向加永泽培们致敬！

五十余载践行"爱护病人胜于爱护自己"

市藏医院名誉副院长、藏医专家向巴格来

王玮　格桑

退休后依然坐诊的向巴格来

　　每周一是老藏医向巴格来最忙碌的日子，从上午9点开始，一整天他都在市藏医院里接待门诊病人，到下午6点半，一天下来，他要接诊超过100例，甚至挤占了午饭时间。周二、周三、周四每

天都是上午去病房查房，下午继续接门诊，这三天每天的门诊量也都超过 50 例。对于一个年近七旬的老人来说，这样的工作量是超负荷运转。

向巴格来是原昌都市藏医院副院长、副主任医师，长于因病施治。他自幼学习藏文及医学知识，接受《四部医典》等经典著作的传承；他勤奋好学，探求真知，系统学习藏医药理论，医术高明；他视病患为亲人，救死扶伤。向巴格来已于 2013 年退休，市藏医院返聘他为名誉副院长，继续为络绎不绝、慕名而来的患者进行医治。一想到众多病人在门诊等他，向巴格来就不能安稳地休息，他说："医生离开病人就失去了意义。"

拜师苦学经典步入藏医神圣殿堂

向巴格来 1947 年出生在卡若区一个普通家庭。那时候，在人们心目中，医生、佛像铸造师，唐卡绘画师等职业是人们向往和敬佩的职业。想到在众多职业中，唯有医生是帮助人脱离病痛折磨，造福别人的行业，15 岁的向巴格来立志学医。1962 年，他到昌都县日通乡拜当地藏医药专家阿旺曲增为师，开始学习《四部医典》，从此步入了藏医的殿堂。

"视六方俗世的众生为自己的父母，爱护病人胜于爱护自己。"这句出自《四部医典》的警句，向巴格来已践行 50 多年。虽然当时没有书本和纸墨，但凭着极高的领悟能力和记忆力，他很快就掌握了藏医的精髓，成为当地小有名气的医生。

在藏语里，"向巴"是慈悲之意，"格来"是吉祥之意。人如其名。数十年来，向巴格来怀着一颗善良之心，为群众消病祛痛、救死扶伤，带给人们幸福安康，被群众称赞为"有一副菩萨心肠"。

他先后在日通乡卫生院工作，在卡若区人民医院任副院长。1978 年，在当地政府的大力支持下，为发展和继承藏医药事业，市人民医院成立藏医科，向巴格来是被邀请的主要负责人之一，这让他有了更大的舞台来实现自己的人生价值。1987年，他到市藏医院工作，不久后担任门诊部主任，1995年出任藏医院副院长，直到2013年退休。

传统医术精湛平等对待每一位病人

笔者跟随向巴格来在他的专家诊室出诊，专家诊室大门上方悬挂着"名老藏医药专家向巴格来传承工作室"的铭牌，门外的椅子上坐满了候诊的病人。一位从江达县赶来的病人呻吟着走进来坐下，家属把一个盛着尿液的长柄白底器皿放在窗前，向巴格来仔细观察并搅拌尿液，然后给病人把脉，和病人交谈，他很快得出结论"肠炎"，马上开出处方，请病人家属拿药。向巴格来告诉笔者，尿诊是藏医独特的诊断方法，非常准确，但需要患者提供清晨空腹尿液，之前不能喝酒，喝酒会改变尿液的颜色，影响医生判断。

接下来是一位边坝来的关节炎患者和一位类乌齐县来的神经性头痛患者。向巴格来给头痛患者开了7天量的药，药价只有27元。向巴格来说，很多患者从一两百公里以外甚至更远的牧区赶过来看病，他们本身并不富裕，已经花费很多路费，希望能让他们不花一分冤枉钱就把病治好。如果病情需要贵重藏药，病人又支付不起，向巴格来就自己花钱从药房拿药送给病人。他从办公桌抽屉里拿出满满一大包贵重藏药，这些就是为贫困病人准备的。

接诊的间隙，向巴格来介绍，藏医的另一大治疗方法是放血，放血并不是随便哪里都可以放，而是在全身77个穴位放血，腿脚、手臂、头部都有很多放血的穴位，其中头部的21个穴位通过放血可以治疗高血压、神经性头痛等病症。

市藏医院副院长仁青江村介绍，向巴格来医术精湛，具有丰富的临床经验，对治疗高血压、偏瘫、胃炎、骨质增生、骨折等病有独到之处。现在，每天都会有上百名病人找他看病，其中大部分是从偏远山区和牧区来看病。他对病人不论职位高低不分贫富贵贱，不论是白天黑夜，也不论是上下班时间，都认真负责治疗每一位病人。

传承仁心仁术藏医发展获得新天地

经历过旧社会的向巴格来说，在旧西藏，普通百姓生活凄惨、贫穷，生了病根本吃不起药，像常觉、芒觉、二十五味珍珠丸、七十味珍珠丸等这些贵重藏药是想都不敢想的，只有地主、商人、官员等有钱人才能购买。现如今，在党和政府对西藏人民关心和帮助下，这些贵重藏药普通家庭都能买得起，人们有病都可以得到平等地治疗。

向巴格来介绍，近几年，昌都经济社会发展迅速，藏医医疗水平不断提高，现在昌都各县（区）卫生院都有藏医，老百姓看病的选择多了；以往贵重藏药只有在拉萨才能买到，现在通过引进人才，加强科目培训和技术指导，昌都自己也能制造出这些贵重藏药，不必专门从拉萨购买。

早在几千年前，藏医学就对藏医行医准则及医德进行了规范，要求藏医具备"惜生爱命、精益求精、以消灭疾病为己任"等十一条医德思想，遵循"阅读医药书籍、与病人互通情感"等七条行医准则。对向巴格来而言，50多年来，这些医德、准则已内化为他的人生守则。用他的话来说，"治病救人是医生的天职。"不同的是，作为一名藏族医生，向巴格来更肩负着传承藏医文化的责任，他在日通乡工作时就收了15个徒弟，到昌都藏医院又收了6个徒弟，其中4人已获得医师资格证，成为藏医院的骨干，2人将于后年毕业。

传承有序是向巴格来最大的愿望："如今，美国、日本等地的医学家都在专门研究藏医学和藏药制作，在拉萨、青海等学习藏医的学校里都能看得到外国学生的身影。希望社会各界能够高度重视，不断提高藏医医疗整体水平。加大引进藏医专业学生，并进行专业对口分配，打开藏医人才匮乏的瓶颈，促进藏医学的继承、发扬光大。"

心中有大爱获评国家级荣誉

藏医治疗，是一个需要耐心，而又漫长的过程，需要长期服药才能够治本。短期只会起到缓解作用，也不会马上起效。向巴格来对此感到忧虑："大部分病人，既没有耐心，总想着快速起效，也不坚持吃药，吃药十天半月后觉得没有什么明显效果，就不再尝试。一些急性疾病和需要马上动手术的病，大多会先去看西医，因为西医起效快。"

随着向巴格来医德医术美名的远扬，许多来自内地省市的患者赶来挂他的诊号。一些在上海、天津、陕西等地方的汉族朋友也会经常打来电话寻医问药，向巴格来也像平常问诊一样，在病人登记本上写下对方的姓名、年龄、住址等信息，耐心地在电话里询问病情，认真写下对症的处方。对于这些并非生长在藏区，对藏文化也知之甚少的患者，向巴格来都会详细讲解服用方法和日常保健知识。内地一些城市买不到藏药，向巴格来就替患者买七十味珍珠丸、坐珠达西、常觉等贵重藏药再亲自为他们寄过去。

因其突出的藏医成就，2007 年被中华全国总工会授了"全国五一劳动奖章"荣誉称号；2009 年被中华中医药学会评为全国基层优秀名中医；2011 年被国务院确定为享受政府特殊津贴专家，2014年 11 月西藏自治区藏医药发展大会上评为全区名藏医。

尽管向巴格来已双鬓斑白、步履蹒跚，却依然像一条川流不息地大河豪迈流淌，老当益壮，而又清风峻节，总是不停求索。

笔者手记：有仁心，才有仁术

　　向巴格来的专家门诊永远不缺病人，他们一个接一个地走进来，或痛苦或迷惘或惴惴不安，和医生交谈、接受诊断后，又是另外一种神情，或坦然或欣喜或感激不已。在病人眼中，向巴格来就是个慈眉善目的活菩萨。和蔼的语气，不容置疑的诊断，推心置腹地嘱咐，他总是能让病人从病痛的惶恐中迅速平静下来。

　　医生受人尊敬，人们感激他们，不为别的，只因他们能够尽自己所能帮助别人。向巴格来受过严格的传统藏医训练，藏医经典需要学生一句句背诵，其中重要的一条就是如何爱护病人，这是成为合格藏医的第一课。向巴格来总是无法拒绝病人，工作时间之外，有的病人打听到他的住址，在休息日到家中求医问药，他也从不拒绝，因为他知道病人都是远道而来寻求帮助的，将心比心，就像在医院一样开出处方和医嘱。

　　每一个接触过向巴格来的人都不难体会到，做医生最难的并不是医术上的精进，而是如何赢得病人毫无保留的信任。

荣耀与艰辛："死亡密码"的破译者

市公安局司法鉴定中心法医室主任李永强

王玮　李雕

李永强在下乡途中

　　他是一名警察，但与一线冒着生命危险与歹徒搏斗的民警相比，没有做出什么轰轰烈烈的英雄壮举，没有参与什么惊险刺激的抓捕过程，更多的只是令普通人心生寒意的尸体解剖和各种案件的活体检查。

他用自己的双手一次次进行科学鉴证，让证据开口说话，让死者"说出"真相，还原桩桩悬案背后的本来面目，让犯罪嫌疑人无所遁形。

他就是市公安局司法鉴定中心法医室主任李永强。10多年来，他出现场400余起，接受法医物证检验鉴定100余起，接受法医活体损伤检验鉴定800余起，出具尸体检验鉴定书300份，无一错误，为多起重大案件的侦破作出突出贡献。

"法医工作往往是判断罪与非罪、罪轻与罪重的重要依据，责任尤其重大，鉴定结论不能出一丝一毫差错。法医出具的报告在整个案件中有掌舵作用，所以一定要细心，心态要平稳，抛开杂念，集中精神破解'死亡密码'，让每一份报告经得起时间的检验，经得起历史的检验。"这是李永强的工作信念，面对哪怕是高度腐烂的尸体或者尸块，李永强都能思维清晰地找寻出隐藏的"蛛丝马迹"，从而为揭开案件真相提供侦查线索、方向和证据支持，将隐藏的凶手绳之以法。

改行当法医挑战不一样的人生

李永强毕业于西藏大学医专临床专业，23年前，他是类乌齐县医院的外科主任。由于当时缺少专职法医，县公安局经常请他去"客串"法医工作。

李永强说："普通医生和法医的工作虽然相通，但性质完全不同，法医要求知识面更广、综合性更强，除了医学知识外，往往还要掌握一定的植物学、人类学和昆虫学的知识，以及现场勘验和痕迹检验的技巧。外科医生接诊患者就直接治疗，不会管是怎么受伤的，而法医面对死者、伤者首先要弄清致伤原因、伤情位置、伤人凶器等信息。当医生总是会遇到相同的病例，而做法医面对的每起案件作案手段都不一样，很有挑战性。"

回忆起第一次做法医工作的场面，李永强仍然记忆犹新。一名犯罪嫌疑人在看守所意外死亡，当时案件正在侦查阶段，这是否是一起责任事故？县公安局压力很大，死者家属也提出了彻查死亡原因的要求。经过李永强的细致工作，他发现死者身上没有外伤，这就排除了刑讯逼供的可能性，进一步尸体解剖发现，死者生前患有严重的肺结核，肺上有空洞和钙化病灶。严谨的检验报告令人信服地揭示了死亡原因：严重肺结核引起的呼吸衰竭，同时也澄清了办案民警的责任。

出于对法医工作的热爱，2003年，李永强调到类乌齐县公安局工作，从此正式开启了他的法医生涯。为了干好这一行，他利用各种机会寻找专业书籍，去县市两级图书馆借书，找上级单位的老同志借阅，结合工作中遇到的各种实际案例，就这样，李永强一点点重新学起，摸着石头过河，很快成长为县公安局法医的中坚力量。

2005年3月，类乌齐县城一处偏僻的新建商业门面外发生了一起凶杀案，被害人横尸街头。当时天津援藏干部、在市局刑警支队工作的李绍稳和李永强一起出现场，他们经过检验伤口，根据创口形态认定凶器为"具有刃缘的金属类硬质物体"，并马上告知办案人员，寻找类似斧头的凶器。办案民警前往犯罪嫌疑人家中搜查，炉火灰烬中发现了刚刚被焚烧的衣服、手套和布鞋。一名民警无意中碰倒了柴禾堆，一把带血的斧头露了出来，犯罪嫌疑人在证据面前，只得认罪。李绍稳是李永强入行的第一位老师，这位老法医对刘永强的评价是"干活不错"。

屡破大案破译死亡密码

2007年，受到上级认可的李永强被借调到地区公安处工作，他的工作更加繁忙。法医没有固定的休息时间，哪里有疑案，就要到哪里检测勘察，手机必须24小时开机，随叫随到。很多尸体血肉模糊，惨不忍睹，但为了破案，李永强必须与尸体零距离接触，一点一点破解其中隐藏的玄机。通过对尸体的解剖和勘察案发现场留下的蛛丝马迹，李永强屡破大案。

2007年2月的一天深夜，江达县波罗乡金沙江岸边一处水电项目工地发生持枪抢劫杀人案，被害人两死一伤。李永强接报后连夜驱车300多公里，第二天一大早就赶到案发现场，立即投入到勘察工作中，寻找物证。死者一人被枪击呈贯穿伤致死，一人被刀捅死，现场没有找到弹壳。案发地有一排瓦楞铁皮做的简易房屋，为了找到穿过死者身体的弹头，李永强在破旧多孔的铁皮上一寸一寸地寻找，终于找到了新鲜的弹孔，然后顺藤摸瓜发现了嵌在房屋木梁里的弹头，最终确定作案枪支为五六式半自动步枪。随后尸检发现，杀死另一名死者的刀具，不同于刀刃宽厚的本地刀，而是类似于青海制造的单刃刀具。李永强不顾饥饿疲劳，连续工作到下午两点，以最快速度出具了两具尸体的尸检报告，详细说明死者的死亡时间、死亡性质、死亡原因和致死工具。不久，犯罪嫌疑人被抓获，在证据面前，3名嫌疑人承认持枪抢劫5000多元，并杀伤3人的犯罪事实。最终，杀人者被绳之以法。

作为法医，李永强兼备了一名刑警的细腻和胆识，透着一股睿智与机敏，这使他在现场勘查中，往往能发现一些常人不易觉察到的小细节。2007年9月17日，左贡县发生一起杀人分尸案，这是昌都历史上第二件杀人分尸案。李永强接报后立即赶赴左贡，顾不上休息，马上到现场开展工作。面对着被肢解的长满蛆虫并散发着恶臭的尸块，他头顶着烈日，顾不得擦一下额头流下的汗水，连续工作了近五个小时，用自己过硬的专业技术准确推算出死者的死亡时间及致命伤，通过案板上的蛆虫确定了分尸工具，为案件的成功侦破提供了切实可信的科学依据。

2011年元旦凌晨，卡若区卡若镇热巴自然村发生一起命案，2

人死亡。李永强放弃假期，第一时间赶赴现场，迅速开展工作。走进现场，残忍的一幕扑向眼帘，一名死者头颅被锐器砍断，颈椎骨已错位，只有少量皮肉相连。面对杂乱无章，遍地血迹的命案现场，他没有慌张，保持着一贯冷静的风格从纷繁芜杂，甚至相互矛盾的点滴线索中，去粗取精，去伪存真寻找犯罪嫌疑人的蛛丝马迹。经他细致的现场勘验和尸检，通过现场的血手印和血脚印的分布，确定了作案人数，重建了案犯的犯罪经过，给整个案件的侦破提供了有力的侦破方向和严谨的证据链。

对李永强来说，每次通过现场勘验和尸检了解案件真相，就和大夫做完手术将患者成功救活一样有成就感。2015年4月，江达县城附近一处人迹罕至的山沟里发现了一具尸体，死者上身裸露，手脚颈部都被经幡捆绑缠绕，面部血肉模糊，无法辨认，确定死者身份成为破案的关键。李永强经现场勘查，通过衣着、护身符等物品，确定死者应属于生活水平中下等的35岁藏族男性，这就缩小了查找范围。经过办案民警半个月的走访调查，终于查明死者系日喀则来昌都务工人员。李永强又从死者指甲和用于捆绑的经幡中提取到犯罪嫌疑人的DNA，生物证据为最终破案指明了方向。

无私奉献舍小家顾大家

从2003年以来，十几年的法医生涯、繁重的工作、无休无止的加班加点和接连不断的案件办必须拿出的结论，撞击着本就无法再负重的心理，无时无刻不在思考着手中还没能做完的工作，无须别人催，他自己将自己绑在了飞驰的车轮上，无法停下来歇息。

李永强在藏大医专的同学基本都在医疗卫生系统工作，有的已经当上了院长，普遍都过着富足平静的生活，只有他伴随着荣耀与艰辛走在法医这条路上。自1999年与身在自治区人民医院工作的妻子结婚后，夫妻俩一直过着聚少离多的生活，9岁的女儿从出生起，就一直由年逾七旬的岳父岳母照顾。这么多年来，妻女老人得不到他作为丈夫、父亲、女婿应当给予的关怀和爱护。作为市公安局唯一一名有资质的法医，在工作与家庭，现实与需要的矛盾纠葛中，他毅然决然的选择留下，继续为昌都公安法医工作贡献自己的光和热。

从事法医工作以来，李永强获得了一连串荣誉和奖励：2007年4月，因技术破获"2·26"案，获得公安处嘉奖；2008年5月，因参加维稳工作获得公安处嘉奖；2009年7月，因技术破获"3·02"案，获得公安处嘉奖；2011年因技术破获"1·01"案荣获个人三等功；2013年被评为维护昌都地区2012年度维护社会稳定工作先进个人；2013年被评为昌都地区2012年度十佳公务员；2014年获评"十大昌都好人"，2016年，因个案工作表现突出，收到市公安局嘉奖。这些荣誉和成绩，正是一名刑事技术警察对公安法医事业的无限热爱和无私奉献的工作缩影，是他把自己的人生凝结在公安法医这份艰辛的工作岗位上的最佳诠释。

笔者手记：人是要有一点精神的

李永强，一个十几年如一日，总是在与凶案现场和血腥尸体打交道的法医；一个出现场 400 余起，接受法医物证检验鉴定 100 余起，接受法医活体损伤检验鉴定 800 余起，出具尸体检验鉴定书 300 份，无一错误，经得起历史检验的"死亡密码"破译者，已经成为全市公安民警学习的时代楷模，成为"努力让人民群众在每一起案件中都能感受到公平正义"的一座丰碑。

不管罪案现场腐尸气味多么刺鼻难闻，李永强出现场时从来不戴口罩，他说这是法医行业不成文的规矩，比如有人喝农药致死，戴上口罩就闻不到农药的气味，可能会影响对案情的判断。在采访中，印象最深刻的就是李永强说过的一句话，"人是需要有一点精神的，每次通过现场勘验和尸检了解案件真相，就和大夫做完手术将患者成功救活一样有成就感"。是的，法医工作的辛苦、艰苦、清贫和担当，不是几个简单的词汇就能描述的，这些常人无法想象的工作环境，既是取之不尽、用之不竭的精神财富，而且更是做好法医工作、为死者负责、解读罪案真相的精神动力。"人是要有一点精神的"，语出毛泽东同志的《艰苦奋斗是我们的政治本色》。这个"精神"是一种情怀，一种境界，一种超越，一种不甘平庸、不甘屈从、不甘得过且过的血性和品节。一个人，需要有一点精神；一个单位和部门，需要有一点精神，一个国家和民族更需要有一点精神！

教书育人：让每个梦想都精彩绽放

洛隆县康沙小学校长洛松龙仁

王玮　夏怡雯

洛松龙仁的课一直深受学生欢迎

有人说教育是职业，有人说教育是事业，有人说教育是科学，有人说教育是艺术。

洛隆县康沙镇康沙小学校长洛松龙仁认为，无论人们对教育有什么样的理解，但始终贯穿于教育过程中的，应该是"仁爱"。有了这种仁爱之心，教育工作者才能视学校为家庭，视学生为子女，视同事为手足；才能有激情、有信念、有责任；才能真正把教育事业当作人生大事，全心全意，坚定不移。

作为一名教师，要有仁爱之心，要有扎实学识，要有道德情操，还要有坚定的理想信念。这是洛松龙仁从教 20 余年来所追求的，也是他一直所做的。

读书，实现自己的教师梦

1950 年 10 月，昌都解放，1952 年，解放军在洛隆县康沙镇创办了一所现代学校康沙小学。

那时候的康沙小学仅仅占地 150 平方米，只有一名教师，一间教室，学生也只有 20 来个。

洛松龙仁 1973 年出生在洛隆县康沙镇，他从小就在康沙小学读书。

20 年过去了，学校的条件依然艰苦，当洛松龙仁读一年级时，教室里没有桌椅，没有纸笔，学习条件特别差，写字也只能在木板上写，然后把青稞烧焦泡在水里，当墨水用。笔是用竹子削的，然后再蘸上墨水就能写字了。没有尺子，就把烧完柴火的灰烬倒在一个袋子里面，再在里面放一根细绳，然后在细绳上画线，把绳子当尺子反复使用。

高原的冬天总是寒冷的，可是再冷也要坚持读书。教室里没有铁炉子，就用土砌成方形的土火炉，大家围在一起烤火。

直到洛松龙仁读到五年级的时候，才见到了笔和纸，只有到了高年级，学校才会统一发放笔和纸。

在低年级的时候，洛松龙仁就会去捡高年级同学用完剩下的废纸，然后在纸上写写画画，自己学习。

每天上学洛松龙仁都会背两个书包去学校，一个拿来装书，一个拿来装炒青稞，那就是他的午饭。

日子虽苦，但是洛松龙仁却觉得很幸福，可以读书，可以去学校，可以学到知识，可以在书本里看到一个不一样的世界。

小学读完后，洛松龙仁去县里读中学，在小学的时候没有语文老师，所以一直不会讲汉语。

"到了中学后第一次上语文课，第一次学拼音的时候，听着老师讲汉语，全班都在笑，觉得这个老师讲的话好奇怪啊，我们都听不懂。"洛松龙仁有些不好意思地说，"后来才知道这是汉语，原来除了藏语我们还要学汉语，但是现在我的汉语还是说得不好！"

读中学的日子是洛松龙仁最幸福快乐的日子，学校对学生实行三包政策，包吃包住包穿，为家里减轻了不少负担。中学的洛松龙仁更加努力学习，因为他觉得，条件这么有限的情况下，学校还对每一个学生这么好，他要对得起老师，对得起学校，更要对得起自己。

1990年洛松龙仁中学毕业。

1991年洛松龙仁回到了自己的母校康沙小学当藏文代课老师。

1993年洛松龙仁到昌都师范学校参加教师培训，怀着对母校感恩之心的洛松龙仁经过两年的培训后又继续回到了康沙小学，并于1995年任职康沙小学的校长直到2019年退休。

不论是当一名普通的教师还是担任肩负学校发展大计的"掌舵者"，洛松龙仁都坚持不懈地做好每一个角色赋予的责任。

20年的校长，见证了康沙小学的成长，在康沙小学全校师生的监督下，洛松龙仁也一直将教育事业当作人生大事，全心全意，坚定不移。

20年的探索，洛松龙仁不断充实自己，扎实学识，爱护每一个学生，尊重每一位教师，一直做着仁爱之人，为自己建造一个美丽的教师梦。

教书，帮助更多孩子实现梦想

康沙小学从最初的一名教师、一间教室，到今天的全校共 800 多名师生、3 个村级幼儿园教学点、占地 9288.8 平方米，学校发生了翻天覆地的变化。康沙小学目前也是洛隆县 11 个乡镇规模最大、师生人数最多，各种硬件设施较为齐全的学校。

在康沙镇，每一个家庭都愿意把自己的孩子送到学校来，甚至有的家庭孩子还没到入学年龄都会来学校求校长、求老师接收自己的孩子。因为学校的条件比家里好，在学校自己的孩子能吃饱穿暖；学校老师对孩子好，在学校家长不用担心孩子起居生活，老师会把孩子照顾得好好的。在洛松龙仁带领下的康沙小学，是一所被全镇家庭所共同信任的学校。

从 1985 年内地西藏班成立至今，康沙小学一共考上了 30 多名学生。大部分学生都曾经受教于洛松龙仁，他爱护每一个学生，视学生为自己的子女，尽自己最大努力教好他们、帮助他们。

2012 年，也堆村的次旺群宗在快要参加内地西藏班考试的时候，被家人带去山上挖虫草了。当时在市人民医院做胆结石手术的洛松龙仁得知此事后，手术一完就马上赶回了学校，他觉得这个学生学习特别好，平时也一直都在关注她，考上内地西藏班是没有问题的，可是家长为什么要突然带走她呢？

回到学校后，骑了两个多小时的摩托找到了次旺群宗挖虫草的地方。原来，家长是怕次旺群宗要是考上学校后没办法给生活费和学费才将她带走的，经过洛松龙仁的一番劝说，并承诺要是次旺群宗考上了，自己为他承担路费和第一个月的生活费，这样家长才同意次旺群宗继续回到学校上课了。

次旺群宗特别争气，以全县第四的成绩考上了内地西藏班，洛松龙仁履行了自己的诺言，并号召全校老师来一起给次旺群宗捐钱，共捐 5000 多元，作为次旺群宗的奖励。

2013年，查然村的次成云登考上了内地西藏班，但是他的家境十分贫穷，父亲已70多岁了，家里缺乏劳力，洛松龙仁看在眼里记在心里。当即组织全校老师为次成云登捐款，共捐3000多元。

2014年，康沙小学有四名学生考上了内地西藏班，洛松龙仁也号召全校老师每个人都出一点钱，凑够了4800元，每个学生给了1200元，作为对他们考上内地西藏班的奖励。

2015年，康沙小学又有四名学生考上了内地西藏班，其中洛桑卓玛考了全县第一，但是家境十分贫穷，家长也很自责，怪自己没能给孩子一个好的条件。洛松龙仁得知此事后，召集全校老师开会，并在会上提出了自己的想法让老师们每月从自己的工资里捐10元作为洛桑卓玛的生活费。全校37名老师都对洛松龙仁的想法表示赞成。

……

这样的事不胜枚举，这样的事年年在学校发生。洛松龙仁用他的仁爱之心爱着每一个学生，尽自己最大的努力帮助着每一个学生，帮助他们完成自己的梦想。

"要帮助的学生有很多，只要我知道，并且我能帮助的我都会尽自己最大的努力去帮助，我既然是校长，这就是我的责任，"洛松龙仁告诉笔者，"每年我们学校都会有很多贫困的学生，十块钱对我们来说就是少买一包烟、少吃一点零食的事，但是对于那些学生来说无异于是雪中送炭、急人之困，只要能帮到他们，这点又算什么！"

20多年的教育生涯，20多年的探索之路，洛松龙仁也有了一套自己独特的教育方法。他寓教于乐，上课时就用讲故事的方式来提高学生们的积极性，把课文简单化，将学生更容易接受。

他让每个学生把自己想象成一个画家，在脑子里把课文画出来，学生对上课有兴趣了，教学质量自然也会提高了。

"其实每个学生都很聪明的，每个人的想法都不一样，对课文的理解也会不一样，画出来的课文也不一样，而且大家都很有创意，这样才能将学生们的思维拓展开，从而学到更多的东西。"洛松龙仁说，"当然有个别学生还是需要因材施教，有些学生理解得慢，这时候老师就要慢慢来教导了，急不得，要有耐心。"

给予学生的是一杯水，而教师拥有的一定是一桶水。于是总想着要怎样把自己这桶水装满，才能用更多的方式给予学生更多，洛松龙仁正是这样的一个人。他热爱教育工作，他热爱本职工作，所以他做得越来越好。在康沙小学，每一个老师心中都是暖暖的，每一个学生都有属于自己的美好回忆。

笔者手记：学校是孩子的"梦工厂"

笔者来到洛隆县康沙小学时，正赶上学校周末给每个学生发放苹果和牛奶，学生们在操场上排好队，依次从老师手中领取，脸上洋溢着幸福的微笑。康沙小学建校以来已经培养了5000多名各类人才。截至2015年，全校考上内地西藏班的有30多名学生。

在西藏自治区成立之初，青壮年文盲率高达95%，几乎所有的青少年都"大字不识"。党和政府在非常困难的条件下开办了众多学校，遍及西藏各地，这些学校成为了西藏孩子们的"梦工厂"，帮助他们实现在旧西藏遥不可及的梦想。少年洛松龙仁就通过这个"梦工厂"，得以梦想开花，当上了校长，从一个懵懂少年成长为一个有担当、有理想、知感恩、有现代意识的新一代西藏人。

为让各族群众受到更好的教育，西藏全面落实15年义务教育免费"三包"政策，年生均补助标准提高到3000元，小学入学率达到99.64%，青壮年文盲率从自治区成立初期的95%下降到0.6%。

可以说，学校是孩子的"梦工厂"，就像洛松龙仁所在的康沙小学，它见证了60多年的爱与梦想，它改变的不仅是个人、家庭的命运，更重要的是，它托举起一个个新西藏的梦想。

牢记父辈嘱托，安全传邮百万公里

市邮政分公司邮运驾驶员建军

王玮

在路上是建军的常态

在藏东高原，有一片群峦陡峻、壑谷纵横、江流咆哮的热土昌都，这里西接四川，北上青海，南下云南，成为连接东西南北的交通要冲。1950年10月，被称为解放西藏的"淮海战役"的昌都战役就是在这里打响，次年4月16日，西藏第一个人民的邮政机构昌都邮政局成立。近70年来，昌都邮政人扎根在这片土地上，实践着"有人的地方就有邮政"的神圣诺言。

在昌都邮政，一提起建军，人们都要翘起大拇指。年过50的建军是市邮政分公司邮运驾驶员，主要从事市区中心局至洛隆、边坝等偏远县城的邮运工作。1987年参加工作至今，他累计安全行驶上百万公里，未发生一起交通事故，30年的默默付出，从年轻小伙到人过中年，他把青春和所滑坡、信念有给了国家的邮政事业，给边远山区的农牧民群众送去了党和国家的声音，捎来了远在天边家人的平安信息。

牢记职责，安全文明行车百万公里

建军的父亲是一名老邮政，是藏文电报发明人，曾担任昌都邮政局书记，是自治区级劳模。建军小时候就常听父亲讲起过去邮差一个人背着邮包，或徒步或骑马千里送邮，有时和马帮翻山越岭同行的故事。父亲常说，当时最险最苦的邮路在类乌齐宾达站到洛隆瓦科站之间，那里有6座5000米以上的高山，邮递员必须在一天之内翻过去，否则就可能被冻死在雪山上。从那时起，建军心目中就树立起"要做一名邮运人"的理想。如今梦想成真，他在工作岗位上始终牢记父亲的嘱托，牢记邮运驾驶员的职责使命，把行车安全和邮件安全摆在工作的第一位。

1991年，建军驾驶邮车经过达玛拉山时，天降暴雪，造成了交通堵塞。建军整整在山上待了7天，饿了就啃几口随车带的土豆，渴了就喝几口融雪，其他受阻司机都是把车一扔，人就走了。但为了邮件的安全，建军只能在邮车驾驶室里一直等下去，最后道路疏通了，才开车下山。建军说："和父辈老邮政人比起来，现在的路况、车况都要好得多，我们已经不用受当年那种苦了，这是时代的进步，但是老邮政的精神不能丢。"

从 20 世纪 80 年代的"老解放"，到 90 年代的"东风"，再到现在配发的全新邮运车辆，他始终坚信：车辆的安全行驶来源于驾驶员认真负责的态度和精神，只有牢固树立起安全意识，才能真正长期安全行车，才能真正把邮运事业干好。他经常对年轻驾驶员说，"高原上的山路确实很不好走，但驾驶员的心路更不好走，只有走好了自己的心路，高原上的山路才能走得更好。"近 30 年来，他不断加强交通法规和安全驾车制度的学习，认真钻研驾驶技术，拥有了精湛的驾驶技艺。

每次出车前，他都会对车辆进行仔细全面的检查，确保汽车各项性能指标保持良好；在运输过程中，他严格按照交通法规和邮政运输的相关规定驾驶车辆，确保行车绝对安全；出车回来，他还要对车辆进行认真的擦洗和清理，保持车容整洁，他常说，邮运车就是我们邮运员的脸面，保持车辆干净整洁，就是保持我们脸面干净整洁。在近 30 年的邮运生涯里，他没有一起违章，没有一起事故，没有一起纠纷，文明行车、安全行车超 100 万公里，多次获得上级部门和领导的表扬，在青藏高原的邮运行业里创造了骄人的成绩。

刻苦钻研，不断提升操作技能水平

昌都邮政局担负着 7 条一二级邮路的邮件运输任务，其中最长的邮路往返达 1100 多公里，最短的往返也有 180 公里。漫长的邮运线给昌都人民带来了邮政通信的便利，而这背后却饱含着邮政人的心血和艰辛。昌都地处高寒地带，空气稀薄，人迹罕至，全年无绝对无霜期，类乌齐至丁青、洛隆至边坝的邮路很多都是土石路，三步一洼，五步一坑，海拔落差往往上千米，车辆行驶一会儿在谷底一会儿在山巅。建军就是在这种严酷的自然条件下完成一次又一次邮件运输任务的。

特殊的路况迫使驾驶员必须保持车况良好，否则一不小心发生故障就可能在深山里过夜。建军只有初中学历，参加工作前不懂什么机械知识，对汽车也只是一知半解。自参加工作以来，凭着对邮运事业的热爱，为了练就一身过硬的驾驶和车辆修理本领，他不耻下问，虚心向老师傅和身边的同事学习，从认识一个一个的汽车零件开始，经过不懈钻研和刻苦学习，在练就精湛驾驶技术的同时，提高了自己的车辆修理技术，并于2004年经过市劳动局的严格考核，取得了高级工技术等级。

30年来，在执行邮运任务途中，如果遇到车辆出现一般性的故障，他都能够自己及时处理，省去了单位派车救济的麻烦。他总说，西藏的路很不好走，车辆救援一来一去往往就是好几天，耽误时间、花费巨大不说，更重要的是使邮件不能及时送达，给干部群众的工作生活带来了不便，自己学一点汽车修理技术，遇到车辆故障既能够及时解决，又不会耽误送邮件多好啊。多年来，他无私地把自己在车辆维修、保养方面的经验技术传授给了其他同事和年轻驾驶员。在他的带动下，市邮运中心局的驾驶员们大都掌握了基本的汽车维修和保养技术，为单位节省了大笔开支。

助人为乐，绿色驾驶践行邮政精神

特有的地貌和气候条件使昌都汽车邮运十分艰难，高寒缺氧、雪灾冰封、泥石流、塌方、高海拔……所有这些都时时威胁着邮运人员的安全。尤其是昌都至德格、丁青、边坝及芒康的邮路，常年受雪灾、泥石流、塌方的侵害，邮路时断时通。建军在出发前都要备好铁锹和十字镐，每当遇到泥泞路、冰冻路或者昌都特有的粘性红土路，就得下车开路，然后一点一点地向前挪。

建军常年跑川藏线和各县乡线路，对高原地区的路况非常熟悉，在出车过程中，他总是力所能及地帮助在路途上抛锚的车辆。不论是在海拔4000米以上的山巅，还是前后几十里无人烟的荒野，只要遇到路上抛锚的车辆，他总要停下车来问一问、看一看，帮助驾驶员修理车辆。多年来，他先后帮助上百辆抛锚汽车解决问题重新上路，被许多驾驶员亲切地称为"川藏线上的活雷锋"。

1997年1月的一天，天寒地冻，建军在执行邮运任务途经矮拉山脚处时，发现两辆货车严重相撞，其中一方驾驶员血流不止，当时情况非常危急，建军当机立断以最快速度将伤者送往了最近的医院，通过及时抢救挽回了一条生命。此事被地区交警支队作为助人为乐的典范进行大力宣传，并被评为1997年度"昌都市优秀驾驶员"。2008年汶川特大地震发生后，建军积极向灾区捐款，并按照上级指示，做好了随时驰援灾区参加抗震救灾的准备。

忠诚履职，无私奉献勇于担当责任

一直以来，建军忠诚履行着自己的职责，总是默默无闻、无声无息地奉献着，在本职岗位上兢兢业业、勤勤恳恳地工作着，为自己所从事的事业付出了全部精力，在平凡的岗位上做出了不平凡的业绩。作为邮运驾驶员，交通安全可以说是各项安全工作中的重中之重，在交通安全问题上，建军始终牢固树立"居安思危、警钟长鸣"的理念，把安全至上的思想贯穿于出车的全过程，他常说"作为邮运员什么都不怕，怕就怕车坏在邮运途中，怕就怕行车出了安全事故，耽误了送信的时间"。

由于气候极其恶劣，常年奔波在邮运线上的邮运人员都不同程度地患有高原疾病，如胃病、痛风、心脏病、肝病、结石病等，建军就患有心脏病，但他知道自己肩负的责任有多重，他在与病魔的抗争中每次都把邮车和邮件安全地送达目的地。2003年，建军执行昌都至边坝的邮件运输任务，在经过达雄擦拉山时，发现另外一辆邮车在路上爆胎了，他马上下车和同事洛松达娃一起换轮胎，起身时头晕目眩，口唇发紫，有些支撑不住。他们请当地百姓帮忙看守邮车，并马上找来当地的医生为建军输液，病情稍一缓解，建军就拔掉针管，和洛松达娃一起上路，两台邮车同时到达了目的地。

2008 年，拉萨"3·14"打砸抢烧严重暴力事件发生后，建军按照上级指示，紧急运送维稳官兵到贡觉县执行维稳任务。一个多月时间里，他与官兵同吃同住同执勤，利用自己民族干部的优势，帮助官兵解决了包括语言沟通在内的多种困难，每天执行运输任务到深夜。多年来，建军正是以严明的纪律、顽强的作风，克服高海拔、恶劣的气候条件带来的身体不适，继承和发扬老一代邮运工作者的优良传统，在天寒地冻的邮运线上，吃苦耐劳，战胜常人难以想象的艰难险阻，顽强拼搏，圆满地完成了一次又一次的邮运任务，取得了邮运作业上的一个又一个奇迹。

笔者手记：奉献，为了履行普遍服务

　　邮政普遍服务，就是邮政服务网点要普及、资费要低廉、对传播文化类及具有社会公益性质的邮件要给予优惠，并力求做到国家每个公民都能使用邮政。在昌都，地广人稀，报纸和信函的业务量都很少，在这里开办邮政业务就意味着赔钱，昌都邮政的普遍服务性质因而得以充分体现。

　　昌都市辖 11 个县（区）、138 个乡镇、1142 个村（居），不少农牧区的邮件投递仍然依靠马班、步班。在边远牧区，尽管邮件不多，但不管春夏秋冬，马班邮路从未中断过。这些地区几乎与世隔绝，只是由于邮路的通达才没有成为荒原中的"孤岛"。因而，邮政在藏东康巴人的心目中有着至高无上的地位，邮政"信使"在这里就是神圣的"天使"。

　　就是在这样艰苦的条件下，昌都邮政人却仍然为履行邮政普遍服务的义务而默默地牺牲和奉献着。从这些普普通通的邮政人身上，我们看到了什么是高尚，什么是无私。他们为祖国、为边疆奉献的是青春，是生命。

爱国爱教虔诚笃定的新时代弘法者

强巴林寺大学生僧人登增元丁

王玮　夏怡雯

登增元丁研读功课

　　登增元丁，85后，昌都人，一口流利的普通话，是一个外形俊朗的年轻僧人。身高185厘米，鼻梁上的那副眼镜为他俊朗的外表，又增添了几分清秀儒雅的气质。从小崇尚佛学、梦想成为一名僧人的他，几年前毅然放弃名牌大学的学习机会，进入强巴林寺修行。

235

当清晨的阳光洒在寺顶飘扬的五星红旗上时，这座康区最大的格鲁派寺庙大殿的金顶也闪闪发光。在弥漫的佛香中，强巴林寺更显安静、祥和、圣洁。近千多名僧人早已开始了一天的忙碌，登增就是他们中的一员。强巴林寺是康区最大的格鲁派寺庙，由藏传佛教格鲁派创始人宗喀巴的弟子向森·西绕桑布于公元 1437 年创建，寺内主佛为强巴佛。强巴林寺长期以来坚持维护祖国统一和民族团结、爱国爱教的光荣传统。登增的好朋友曾劝说让他留在拉萨的寺院，登增拒绝了，他说昌都是他的家乡，他要留在家乡，为家乡做贡献。

"佛教是佛陀给予后人的教育"

"佛教是佛陀给予我们后人的教育，因此称为佛教。"这是登增对佛教的理解，也是他的座右铭。一直梦想着成为僧人的登增继续接受着现代教育。从初中到高中再到大学，登增的学习成绩总是在班上名列前茅，但是登增从未忘记过自己的梦想做一名虔诚而笃定的弘法者。

大学一年级那年，他为了坚定自己的梦想，毅然放弃学业，来到强巴林寺当一名普通的僧人，他选择了另一条路来修行自己的人生。

"家里只有我一个男孩，还有一个姐姐。虽然家人很不舍，但还是尊重我的决定，我很感谢我的家人。"登增对笔者说，"我从小就喜欢关于佛教的一切东西，能来寺庙当一名僧人就是因为佛缘吧。"

登增在读书期间一直都在利用课余时间来背经书，因为是自己喜欢做的事，所以从来都觉得背经书的时间是最美好的时光。当笔者问起现在能背多少本经书的时候，登增告诉我们，自己也数不清已经背了多少本经书了。强巴林寺有严格的入寺考试制度，大概要背诵寺庙规定的 300 张经文，这对登增来说并非难事，很轻松就通过了考试。

现在，登增是寺里唯一一个大学生僧人，也因为自己的悟性很高，在寺庙学习经书的道路上登增一直都是顺顺利利的，偶有不懂的地方便虚心向前辈请教，自己再慢慢悟透。他每天早晨7点就开始诵经，忙完一天的寺庙事务，晚上就寝前又继续研读经卷。每天如此，从不懈怠。

2012年以来，优秀的登增连续几年都获得了爱国守法先进僧尼称号并受到表彰。他说，藏传佛教历史悠久，源远流长，对藏民族的影响广泛而深刻。在漫长的历史发展中，藏传佛教始终延续和发展佛教大慈大悲、护国利民、知恩报恩、利乐有情等教规教义，形成和弘扬了优良的爱国主义传统，积淀和蕴含了丰富的护国利民思想、引人向善哲理、和谐社会理念。虽然藏传佛教的教派众多、教义各有所不同，但"爱国爱教、遵规守法、弃恶扬善、崇尚和谐、祈求和平"历来是藏传佛教的基本内容，是各个教派的共有教义。

据了解，藏传佛教各教派学经僧人们均需多年的艰苦磨炼才能有所成，而格鲁派的学习过程是最严格、也是时间最长的。对于强巴林寺许多学经僧人来说，初级格西学位（大致相当于大学本科水平）不是终点。格西拓让巴藏传佛教格鲁派僧人修学显宗的最高学位，这个近似于现代意义上博士学位的宗教学位，是每一个格鲁派学经僧人的最终目标。

格西拓让巴也是登增的最终目标。登增表示，将来拿到格西拓让巴学位后，他愿意留在强巴林寺，继续研究佛学经典，同时把他对佛学的领悟传授给学生。

"至于未来的造诣，我不敢妄言。只想潜心修行，勇猛精进。修行不只是学习经典、持守戒律，还要断恶修善。我只希望早日通过自己的努力获得格西拓让巴，沿着历代高僧大德爱国爱教的脚步继续走下去，继续传承和发扬自己民族文化。民族文化的繁荣，就可以增强中国人的凝聚力，进而实现中华民族的伟大复兴。"登增元丁说。

"融入现代化使我们跟上了时代的脚步"

登增在刚进入寺庙的时候是唯一一个会使用电脑的僧人，目前也是唯一一个寺庙给配置了电脑的僧人。随着现代电子设备在中国市场的普及，智能手机也进入了许多藏传佛教寺院里。登增介绍，现在寺里很多僧人都在使用智能手机，可以说，几乎人手一部。

登增说，过去在寺庙里查找一本书很不容易，现在网上很容易就查到了。我们会把一些经文放在手机上，这样出门时就可以不用带纸质的经书。比如出门等车、排队的时候，拿出手机随时可以背诵，充分地利用了时间。我们是生活在新时代的僧人，应该利用这些技术，让它们为佛教服务，为寺庙服务，为群众服务。

"我还开通了微信、微博等网络交流平台，通过这些新兴媒体我可以了解国内外时事、重大新闻。同时也随时上传一些关于寺庙佛事活动的照片，还能记录我个人的日常生活情况，这样让大家可以多了解强巴林寺宗教方面的文化，也能在网上与朋友们交流，用科技网络来传播我们的民族文化。这是最方便快捷的方式。"

为了让僧人们能够方便直观地了解社会动态、丰富业余时间。市委、市政府给强巴林寺的29栋、800多间僧舍全部安装了数字电视，这是第一个在昌都市实现数字电视的寺庙。"以前僧人们都是通过收音机来了解新闻，得知僧舍里安装了数字电视，人家非常欢喜，在宿舍做完功课后，就打开电视机看自己喜欢的节目。"登增元丁说。

如今，在党的惠寺利寺的政策指引下，不断提高寺庙公共服务水平，让广大僧尼共享改革发展成果。市委、市政府扎实推进寺庙"六个一""九有"工程，目前昌都市500余座寺庙基本实现了广播电视"舍舍通"和"寺寺通"，同时，昌都市还重点抓好寺庙基础设施建设，昌都494座寺庙通路；516座寺庙全部实现通水；为不通电的291座寺庙解决了用电问题，极大地改善了寺庙基础设施和公共服务条件，让广大僧尼切身感受到了党和政府的关怀和温暖。

登增元丁说，政府给僧人们提供如此优越的修行环境，重视僧人们的精神诉求、支持寺庙的日常宗教活动的顺利进行，在各种民主决策活动中尊重僧人们的意愿，僧人依规参与医疗保险、养老保险和最低生活保障等，这些都是惠寺惠僧的好政策，他很珍视。同时，寺庙实现了领袖像、国旗、报纸、寺庙书屋、水、电、广播电视、电影和通讯全覆盖；大力开展和谐模范寺庙创建和爱国守法先进僧尼评选活动，不断提高广大僧尼的爱国热情；各种慰问金的发放以及寺庙的修缮都是政府在物质上给予的大力支持，从这些方面来说我们也要爱国爱教，在遵守国家法律的前提下开展佛事活动。

"现代化的融入使我们跟上了时代的脚步，信息传播得更快了，我们也通过电视、手机、网络等第一时间了解各个领域的动态。"登增元丁说，寺庙僧人，持戒是非常关键的。戒律就类同于国家的法律，僧人都应当遵守。强巴林寺是藏区戒律最严格的寺庙之一，僧人平时必须要穿僧袍和藏靴，出入都有严格的制度，太阳下山前必须归寺。寺庙还设有 8 名纠察喇嘛，负责查寝和记录、处罚不遵守戒律的僧人。寺庙是传播佛法和礼佛之地，是僧尼修行的场所，潜心修佛、以戒为师、爱国爱教、崇尚和谐，才是一个合格的佛教徒。

"用最大的热忱与努力帮助他人"

精通藏、汉双语，并且还会操作电脑的登增元丁，来到寺庙没多久，便被安排进寺庙管委会做秘书，负责寺庙的接待和翻译。随着强巴林寺日益增长的参观量，加上登增元丁有着流利的藏、汉语水平，对于寺庙的文化、宗教方面的小故事，他都言无不尽地讲给参观的游客和朝拜的信众们听。很快，登增成了强巴林寺的名人。越来越重的讲解任务，越来越多的宣传片找登增拍。

"我没有后悔过自己的选择，"登增对笔者说，"接待、采访、拍宣传片，有时会很多，但我全当是自己的一种修行，做这些的同时我没有把自己的功课落下，这样我反而觉得自己过得更充实了。"

每一种经历都是一种修行，登增不后悔自己的选择，不后悔选择来到强巴林寺，不后悔现在做的这些事。"宗喀巴大师曾在其著作中写到：励力断恶修善，则能获得善趣妙位。简单说，就是善恶皆有果报。因此，修行人将断恶修善作为一生的追求。"这是登增元丁常记于心的一句话。生活中，他珍惜生命中的每一段经历，珍惜每一个在他生命中出现的人。

有一年，类乌齐县1岁多的洛松生格不小心摔伤，头颅骨粉碎性骨折，昏迷不醒，高昂的医疗手术费家里也负担不起。登增元丁了解到此事，主动帮助小洛松联系医院，送到拉萨就医，还为小洛松组织了捐款活动，并且很快为他凑齐了医药费，如今小洛松已经康复出院。

为小洛松募捐的善款还剩了一些，登增把它捐给了"一高"一个患尿毒症的学生。出家修行的僧人把金钱看得很淡，登增的生活并不宽裕，他说，我们拿的不是工资，是生活补贴，僧人吃穿用都由寺庙供给，每人每月发一两百块钱，用来买个人必需品。如果有富余的钱，登增希望把它用于帮助别人。

"帮助一个人就是和他有一段美妙的缘分，在这个过程中，他也帮助了我，因为他是激发我慈悲心的一个因，是他鞭策我修行，他对我而言就是菩萨的化身。"登增元丁说。

登增元丁想要做一个虔诚而笃定的弘法者，坚持佛法不离世间，用最大的热忱与努力帮助他人。

笔者手记：受益于时代者，当回报社会

采访的第二天，登增元丁要去沙贡乡的学校看望几个孤儿，除了在佛学上不断精进之外，他的另一个理想是做一名慈善家。佛教是慈悲的宗教。近年来，在救助灾区、资助贫困地区、帮助失学儿童、关心残疾人、捐助希望工程等慈善活动中，总是少不了僧人的身影。这种慈善精神不仅体现了人性的美好，也是与中国人自古以来乐善好施、扶危助困的慈善传统相契合的。

一个社会不能没有支撑其向前发展的精神动力；一个属于社会的人，不能没有自己的精神追求。投身慈善事业，恰恰满足了许多人的精神需求。当登增看到自己筹集的捐款让颅骨重伤的孩子痊愈，会得到一种成就感；当看到一个尿毒症的孩子因为众人的爱心而得到救治，登增会发自内心地高兴。为慈善事业捐款的时候，做志愿者的时候，登增都获得了精神上的富足，赠人玫瑰，手有余香；帮助别人，快乐自己。

任何人的成功都源于社会，受益于社会。一个人获得所谓"成功"、"富有"或"荣誉"，不仅仅是因为个人的天赋、勤奋与好运气，归根结底其深层原因在于诸多因素在社会交往过程中发生作用，从而完成了主体的自我实现。在此意义上，大部分人，特别是成功人士，都有回报社会的义务。这既是对自己生活的感恩，也是对社会的报偿。

生活在这个时代的每一个人，都能切身体会到中国的发展和进步的步伐是那样有力，而充满律动。因此，受益于这个伟大时代的人们都理应投身于慈善事业之中，共同回报这个滋养我们的社会，千万不要辜负这个包容而宽和的时代。

高原最美养路工：甘做一粒铺路石

洛隆公路养护段十四道班班长扎西欧珠

王玮　夏怡雯

正在检修路段的扎西欧珠

　　"几十个春夏秋冬的坚守，路，就是他的魂，爱岗敬业，心中只为热爱这份工作。"扎西欧珠是洛隆公路养护段的一名普通养路工人，现任十四道班班长。

　　当过兵，扛过枪，守过边疆。1977年10月退伍，1978年1月分配到加玉桥维修队 2 道班从事公路养护工作，同行战友大多数分配到县城工作，而他却被安排在了公路养护上。几十年的公路养护生涯中，他把全部的心血、汗水都倾洒在所热爱的公路养护事业上。

扎西欧珠工作的养护路段平均海拔 4450 米，跨越一座海拔 4790 米的八里拉山。作为一名普通的公路交通人，他始终甘做一粒铺路石，以自己的实际行动守护着他心中的魂。

他说：这辈子就选对这件事——养护公路，非常崇高的职业。

曾荣获全区交通运输系统先进个人、精神文明建设"十佳"养路工、自治区劳动模范先进工作者、地区交通运输局先进工作者、养护段先进工作者等等荣誉称号。

驻守边防，磨练意志

扎西欧珠 1959 年出生于边坝县金岭乡。1975 年 12 月，16 岁的扎西欧珠参军入伍，当时乡里有 4 人参军，昌都有 100 多人，他们被安排到在日喀则驻守边防。3 年的当兵时间里，他们经常参加军事训练，一周两次的夜间紧急集合，行军拉练……这些磨炼了扎西欧珠的不怕吃苦的意志品质。有时白天晚上都要打靶，每人一次打 9 发子弹，打靶成绩不好晚上都睡不着，1 个人打不好全班战士都睡不了觉，全体战士都一起陪同训练……这些培养了扎西欧珠的工作责任感和集体主义精神。

在训练之余，战士们还要参与修路。部队的驻地到喜马拉雅山脚下的巡逻，沿线山路崎岖，行走艰难。战士们就组织起来一起修路，清理石头，恢复泥石流冲毁的路面，那时没有任何重型机械，修路全靠战士们肩挑背扛、一锹一镐地人工完成。路修通了，不仅方便了部队执行军事任务，也方便了当地老百姓出行。每年 7 月底，部队都要帮助驻地附近江孜县的老百姓收割青稞，每次都少不了扎西欧珠。他平时都是抢着帮老百姓干活，特别是那些家里缺少劳动力的家庭，他每逢休息时间，就到百姓家里，帮着扫院子、修房子，出工出力。

1978年，扎西欧珠光荣退伍。乡书记通知他，可以去道班工作。扎西欧珠在部队修过路，深知道路交通的重要性，他立刻就答应了，从此成为一名天天与道路打交道的道班工人。当时，洛隆到边坝的公路只有两个班，所管辖的路段路况非常复杂。每年从5月底6月初开始，就要清理积雪，到10月底11月初，又要扫雪、除冰、清理石头，夏季路基水毁、山上下雪封路的事故很多。特别是距离边坝县城3公里处，现在的17道班管辖路段，道路塌方特别多，有时一周就会发生两三次泥石流和塌方，只有拖拉机能够通过，恢复交通非常困难。

但是军人出身的扎西欧珠并不怕这些困难，在不堵车的情况下，他每天8:30准时出门，带着十字镐、铁锹和木筐，带着妻子准备的午餐，中午就在外面烧茶，就着糌粑吃，一般情况下晚上6:30才回家。一旦道路出现险情和堵塞，他就马上开展抢修，等通车或者道路畅通了才往家赶，往往那时已经披星戴月。

心在路上，路在心里

扎西欧珠爱岗敬业，他以真诚的态度对待公路养护工作，扎实苦干，确保了管辖路段的畅通。1998年以前，他先后在各道班担任道班工人、班长。人人都知道，道班工作辛苦、枯燥乏味，每天的工作除了挖沟、平路、取土，简单而原始，无论在那一个道班，都是这样的工作。

有一年他在担任班长期间，一次突降暴雨，打乱了原先的工作计划，本来那天是带领全班职工去新挖一条水沟，赶在雨季来临之前完成，没想到暴雨提前来临。雨下个不停，扎西欧珠看到这种情况，心情万分焦急，他没有慌乱，一边召集全班职工做好上路抢险准备工作，一边组织年轻职工分为两组上路查看灾情。瓢泼暴雨不停地下着，扎西欧珠二话没说，带领一队年轻力壮的小伙子上路了，雨水打湿了头发、衣服，他全然不顾，顺着那条小河，仔细地检查堡坎、路基，有危险的地方他第一个冲上前，有些路基被洪水冲走一大片，扎西欧珠首先判断是否能够阻挡住洪水，如果能，他就第一个跳进水里，搬石头堵水，路基能够保护一点算一点，尽量减少损失，就这样边堵边走，天渐渐黑了，雨小了一些，路还没有巡完，怎么办？小伙子们又冷又累又饿，都说先回班上再说，眼看只有一小段路程就巡完了，是放弃，还是继续，作为班长的他作出了果断的决定，查完再回去，就这样，他们顶着风雨查完了路才回到道班。

第二天，扎西欧珠病了，岁月不饶人，毕竟自己不是铁打的机器，比起小伙子身体还是差远了，躺在床上，心在路上："昨天那场雨，把公路冲得咋样？损失到底有多大？没底，不行，还是得起来，把灾情弄清楚，才能准确地向段部报告。"他没有考虑到自己还是个病人，吃了一点感冒药，带领大家又上路了。

木质涵洞冲没了，他带领职工把木头一根一根地刨出来，重新又修；堡坎冲垮了，他带领全班职工挖基础，找石头，自己砌；路基冲毁了，他带领职工边砌边填。手刮破了皮，不吱声，脚打起了泡，没怨言。"大家加油干啊！干完放假半天"，就是这句朴实无华的口号，把劳累、艰辛、汗水丢在了脑后，直到干完为止。道班工人没有过多祈求，只愿过往群众畅通无阻，只愿大家平平安安。

舍家忘己，献身公路

扎西欧珠的家在边坝县城，家离道班远，他每次到家，人是回来了，心却留在路上。小孩在边坝县城读书，只为教学条件好一些，妻子为了他的工作，一面照顾老人还要照顾小孩，心中还得牵挂着他，几次要告请求他调到离家近一点的道班，都被扎西欧珠拒绝了。

他说："离县城近一些，条件是好一些，可以留给那些岁数大的、身体有病痛的工人，他们更需要照顾。"爱人犟不过他，只得一拖再拖，还是留在了老道班。

在妻子的大力支持下，扎西欧珠一心扑在养路事业上。由于对工作认真负责，多年来，扎西欧珠从没有和家人一起过一个节假日。"五一"黄金周他放弃了，"国庆节"他没有回来，他首先考虑的是班上职工，由于道班工作辛苦，难得遇到节假日休息，职工也希望回家陪陪家人，陪陪老婆孩子。面对家人，他只有内疚和自责，自己甚至没有好好地陪家人开开心心吃顿饭。渐渐地，小孩长大了，爱人退休了，爱人为了他，离开温暖、舒适的家，重新回到道班上与丈夫住在一起，照顾起丈夫的生活，扎西欧珠从此干得更加起劲，年年被评为先进工作者。

1983年的一天，雪下得很大，积雪最深的地方比货运车辆还高。晚上十点多钟，有一支来自波密的车队经过海拔4790米的八里拉山，车队轮胎打滑，无法前行。接到险情，扎西欧珠不顾妻子的劝阻，指挥道班出动东方红推土机。推土机在雨雪天气中能派上大用场，前面推一辆车，后面拉一辆车，就这样将车队送出了50公里远，直到道路好走的地方才返回。回家时，扎西欧珠才发现自己的腿脚被严重冻伤，长起了一大片冻疮，直到现在，天气稍一冷，他的脚和腿就奇痒难耐，落下了病根。

2009年11月的一天，一场大雪突如其来，刚回到边坝县城家中的扎西欧珠，心仍然放不下来，电话不停地打到班上，询问班上道路交通情况。此时，天已黑了，为了准确了解公路的安全畅通情况，第二天一大早，天上还飘着雪，他听说乡里有一辆小车回乡，他一个人早早等在公路边……中午时分，他向段上打电话汇报，管辖路段山顶积雪厚达30公分，小车能通过。扎西欧珠就是这样的人，舍家忘己，时时刻刻心里装的是公路，想的是公路，一心扑在了公路上，默默地做出奉献。

尽职尽责，默默奉献

扎西欧珠处处为他人着想，给予别人的很多很多。由于他对工作投入极大的热情和全部心血，不仅在道班工人中树立了很高的威望，而且感化和激励着周围的同志。在工作、生活中他处处关心同志，帮助他人事无巨细，在道班中他是个受到所有人欢迎的热心人。由于常年帮助邮政的邮运车辆，他已经和邮运驾驶员成为了朋友，为了保证邮件运送的安全，无论早晚雨雪，一个电话他就出发，解决邮运中遇到的各种问题。他用自己的实际行动，影响着周围的人，道班上的职工提起扎西欧珠，没有一个不称赞他是一位好同志、好榜样。

2009年10月26日晚，大雪笼罩着天空，短短十多分钟，八里拉山一遍银白，公路上积雪达20公分以上，行车极为困难，一辆满载货物的大货车因积雪太厚，艰难地在公路上行驶着，每行驶四五十米，司机不得不将车停下，下车查看路况，然后又发动汽车又行驶，又停下，就这样一点一点地像蜗牛一样爬行着，扎西欧珠见此情况，带着工人们赶到现场，用手和铁锹硬是在雪地里刨出两条车道，帮助货车慢慢前行。夜里12点多左右，天空又开始下起了鹅毛大雪，能见度实在太低，而且气温也越来越低，扎西欧珠才让大家停手，等大家回到道班烧水、做饭招待司机，已经是凌晨3点多钟。第二天，天刚亮，扎西欧珠就起来烧茶做饭，等他们发动推土机时，才发现推土机油箱里的柴油已经冻住，发动不了。大家不顾寒冷，找来柴火，拿来开水，烧的烧、烫的烫，给推土机油箱加温，好一阵忙活，终于把推土机发动了起来，前往停车地点，由于积雪太厚，为了保证安全，推土机行动缓慢，再加上反复推雪，从道班上出发到停车地点，已临近中午，才勉强推出了一条宽3米、长 18 公里的雪路。

2012 年 8 月的一天，天下着大雨，来自四川汉源去往边坝的四辆车在八里拉山下发生了事故。一辆车滑下路旁的深沟，一辆车出了故障，车队派人来道班求助。扎西欧珠立即组织工人参与救援，他们用推土机把滑下沟的车辆拉上来，还帮忙把故障车辆拉到山那边的汽车维修站点。车队的人掏出几百元钱让扎西欧珠买烟买酒，表示感谢，扎西欧珠立刻拒绝了，他说："这钱我不能收，道班上的人都有确保道路畅通的职责。"

扎西欧珠为公路事业奉献了大半生，几十年来虽没有惊天动地的创举，但他在平凡的工作岗位上默默地做出了不平凡的业绩。熟悉他的人都知道，只要扎西欧珠班长到哪里，路就好到哪里。扎西欧珠说："不管工作如何变化，在退休之前，我会一直干好修路养路工作，像保护家里的房屋家具一样，保护好每一段路。"

笔者手记：坚守平凡就是不平凡

当你驾车驰骋在平坦整洁的公路上，或许不会留意到他们的存在。当道路遇到阻碍或是遭到破坏时，人们才会注意到他们忙碌的身影。道班工人是从事平凡工作的最平凡的一群人。他们将自己宝贵的青春年华和毕生的精力全部献给了为他人、为大家的服务中，只讲奉献、不图索取。扎西欧珠就是他们中的优秀代表。

扫雪、除冰、清理落石、挖沟、取土、平整路面……他的一个个工作瞬间，无一不传递着"平凡"二字；大雪、大雨、泥石流、塌方，在极端天气下，疏通道路，抢救车辆……他的一个个故事，又让人觉得不再平凡，让人肃然起敬。扎西欧珠和工人们都是些平平凡凡的人，从事的工作都是些普普通通的工作，之所以没有让"平凡"沦为"平庸"，就在于他们年复一年、月复一月，耐得住寂寞、守得住清贫的坚守！

能够坚守平凡，耐住寂寞，就在于忠诚于信仰。扎西欧珠工作30多年，坚持老老实实做事，本本分分做人，看淡进退流转，对党和国家始终怀着感恩之心，默默付出，不求回报。唯有此，持之以恒、义无反顾，信仰才能在坚守中开花结果。

每个人都是一个平凡的个体。平凡，虽没有太阳耀眼的光辉，却依然炽热温暖；虽没有鲜花迷人的美丽，却依然绚烂芬芳。从小事做起，从身边做起，时时刻刻，事事处处，弘扬真善美，传播正能量，如此，平凡的个体也能成就不平凡的事业。

驻寺扎根，筑牢稳定基石

江达县香托寺管委会主任布达

王玮

布达慰问贫困户

在西藏，有这样一个特殊的干部群体。他们吃住在寺庙，帮助僧尼学政策、学法律，帮助寺庙办实事、解难事，为依法加强寺庙管理作出了重要贡献。他们做好寺庙法制宣传教育、推进各项公共服务进寺庙等各项工作，把党的好政策落实到寺庙，把中央的关心温暖传递给僧尼。他们就是广大僧尼的"贴心人"驻寺干部。

江达县香托寺管委会主任布达就是驻寺干部中的一员。布达，1964年出生，1980年参加工作，先后担任过副乡长、乡长、乡党委书记、县民政局局长，由于工作成绩突出，于2011年11月被组织选拔派往生达乡香托寺担任寺管会党总支书记、主任。作为长期服务基层的共产党员，布达事事从发展大局出发，处处以维护社会稳定为重，时时为群众着想，乐于奉献，赢得了群众僧尼的广泛赞誉和支持，续写了"特别能吃苦、特别能战斗、特别能忍耐、特别能团结、特别能奉献"的老西藏精神。

党性坚强，勤政务实办好事

30多载默默耕耘，无论在哪个岗位上，无论接手哪一项工作，布达总是能交出一份满意的答卷。16岁时，他热心文艺事业，参加县宣传队；年龄稍长，他投身部队大熔炉，在左贡武装部当通讯员，学习汉语，加入党组织；1988年开始，他先后任白玛乡副乡长、生达乡乡长、卡贡乡乡长、德登乡乡长、书记，发展经济，招收学生，调解纠纷……十几年一心扑在基层群众工作上；2006年，他担任县民政局局长，建成了敬老院、救灾仓库这些民生设施，在他主导下，低保资金通过银行卡直接发放到低保户手中，受到群众的普遍欢迎。

2011年，西藏自治区全面落实加强和创新寺庙管理工作，进一步落实寺庙僧尼社保、医保全覆盖，广泛开展"六个一"活动和"九有"工程建设工作，积极创建和谐模范寺庙，促进寺庙的和谐稳定。这是一项全新的和极具挑战性的工作。2011年11月，布达参与其中，受命前往生达乡香托寺管委会担任党总支书记、主任，几十年来为群众服务的良好习惯也被他带入了寺庙工作中。

在驻寺之初，驻寺干部只有4人，却要管理周边香托寺、拉池寺、嘎冲寺、邦格寺等4座寺庙，有的寺庙之间相隔100多公里，驻寺干部去一趟，需要借老百姓的摩托车跑好几个小时。看到住宿条件简陋，路途交通不便，布达鼓励大家："既然来了，就要全身心地投入到工作中去，要尽快摸清情况，把寺庙当作家，真心和僧人们交朋友，把党和政府的温暖送到僧人心中做出一番成绩来。"

从他到香托寺的第一天起，就开始走僧入舍，和民管会的僧人聊家常，交朋友，掌握寺庙基本情况，用实际行动融化了寺庙僧人的陌生感和紧张感。布达不光注重"管理和教育"，他从寺庙实际着手，为寺庙和僧人解决每个具体困难，提供力所能及的服务。寺庙缺水、断电、路不通，吃菜也成问题，他就把这些记录下来，一一向上级报项目，很快辖区寺庙都通水通电，还建起了温室大棚。香托寺虽然有自来水，但一到冬天水管就冻，僧人吃水困难，他就为寺庙修蓄水池，解决冬季饮水问题。就这样，短短几个月时间，布达和全寺57名僧人交上了朋友，靠的是全身心的投入，将僧人的事当作自己的事，想僧人之所想，急僧人之所急，为他们解决一件件难事。

维护稳定，营造和谐好环境

由于地理位置特殊，香托寺周边往来人员鱼龙混杂，为了维护寺庙和谐稳定、促进民族团结，使寺庙僧尼进一步形成"团结稳定是福、分裂动乱是祸"的共识，布达主持了多场"爱国爱教、遵规守法、弃恶扬善、崇尚和谐、祈求和平"为主题的法制宣传教育活动，教育僧众要大力弘扬宗喀巴、大慈法王、第五世达赖喇嘛和第四世、第十世班禅额尔德尼等历代高僧大德爱国爱教、护国利民的优良传统。通过一系列爱国主义教育宣传工作，现如今每间僧舍都挂上了五星红旗，僧舍内贴上了庄严的伟人像，使寺庙僧人正确理解藏传佛教教规教义，把爱国爱教、遵规守法、民族团结、和谐稳定的思想传播给了每一位僧人和僧人家人。布达说："现在，僧尼们都在一门心思潜心修行，一心一意跟党走。"

在布达的带领下，香托寺管委会全体干部和寺庙僧尼的一致努力下，香托寺累计获得县级和谐模范寺庙6次、市级和谐模范寺庙5次、自治区级和谐模范寺庙1次。寺庙和管委会获得了荣誉，布达却病倒了，由于常年奔赴在工作最前沿，加上长期的奔波劳碌，他的身体状况欠佳，患有高血压、糖尿病和胆结石，在病痛中，他时常半夜睡不着觉，就这样他也不忘工作，经常凌晨四点就起床，去寺庙各处转转，查找问题。

在驻寺期间，布达积极配合乡党委、政府调节矛盾纠纷7起；虫草纠纷9起；草场纠纷2起，在调解各类纠纷成功率达93%以上，得到了县委、县府的高度肯定。2014年5月，因生达乡郭堆村与郭美村发生虫草纠纷，布达得知消息后，主动请缨带领管委会民警到达乡政府开展调解，及时到达现场处理，为村民做思想工作，避免了事态进一步扩大。

重视家庭，引导寺庙创模范

针对僧人家庭在僧人教育工作中的重要作用，结合香托寺管委会的驻寺工作经验，布达将僧人家属作为团结争取对象，多次邀请僧人家属参加爱国守法先进僧尼奖励资金发放会、爱国主义教育会、政策宣讲会等活动，尤其是在爱国守法先进僧尼奖励资金发放会上，向获奖僧尼发放奖励资金，向僧人家属发放宣传资料，宣讲党的惠僧利寺政策，取得僧人家庭对驻寺工作的理解和支持。

他多次组织全体僧尼及其父母，在寺管会驻地举行升国旗、唱国歌活动，在仪式上，他向上百名僧人及其家属讲解西藏发展的伟大历程，号召寺庙僧人和家属珍惜现在来之不易的美好生活，爱国守法，崇尚和谐。

布达给自己定下规矩，每年要到每名僧人家中走访两次。每次家访，他都自掏腰包，为僧人家属购买水果、大茶、清油，把温暖带到僧人家中。他经常在家访中发现帮扶对象和需要解决的问题。2012年4月，因仁达村村民财产分割不均，导致一方村民产生轻生念头，在家访中得知情况以后，他及时到此村民家调解，做思想工作，并自己捐助3000元钱，及时化解了危机。

千言万语不如实干。2014年7月，他到僧人德勒宗波家中访问，看到家中躺着一位80岁老年人，丧失劳动能力，没有经济来源，又自己从工资中向这位老人捐助1000元钱，平时也定期为他去送酥油、糌粑等；同年8月，他组织管委会干部及仁达村村民维护村组公路，为村里各项建设项目积极奔走，为当地交通带来了诸多便利。

2005年至今，布达因工作表现突出，先后多次被上级评为"优秀共产党员"、自治区级和地区级维护稳定先进个人、自治区级优秀驻寺干部、地区级驻村优秀先进个人、市级优秀驻寺干部等多个奖项，对于领导的信任和大家的高度评价，他只是说："把生活中的激情带到工作中，工作在心中，心中有工作，只有这样才对得起共产党员的称号。"一直以来，布达用他的一言一行真正践行了一名驻寺干部"为人民服务"的坚定承诺，成为香托寺稳定的基石。

笔者手记：爱国守法是稳定之基

西藏有藏传佛教寺庙 1700 多座、僧尼 4.6 万人，信教群众众多，可以说，寺庙是基本的社会细胞和社会单元。驻寺干部布达通过把僧尼作为亲人和朋友，在寺庙实施社会管理和公务服务全覆盖；推进寺庙"九有""六个一""一覆盖""一创建""一教育""一工程""一服务"等利寺惠僧措施，加强寺庙的爱国守法管理和教育，使今天的香托寺宗教和睦、佛事和顺、寺庙和谐。

"爱国守法"是每个公民都应当履行的第一责任。寺庙和僧人，"爱国守法"有着深刻的现实意义。藏传佛教历代高僧大德有着爱国的传统。他们抵御外来侵略，维护国家主权；他们反对分裂，捍卫祖国领土完整；在社会主义现代化建设的伟大事业中，藏传佛教的众多活佛和高僧也发挥着积极的作用，他们爱国爱教，积极配合政府依法加强宗教事务管理，积极推动宗教与社会主义社会相适应。

"两地情深永难忘，今生此后常挂怀"

福建教师李光文的三次援藏历程

郑晓强

李光文趣味盎然的数学课

从林芝到昌都，从"补短板"到"创特色"，从"援藏援疆万名教师支教计划"到"组团式教育援藏"，从"单枪匹马"到夫妻援藏……51 岁的福州教育学院附属中学副校长、体育教师李光文，今年已是第三次参加援藏工作。

"两地情深永难忘，今生此后常挂怀。"西藏，已成为他不愿离去的圣地；西藏的孩子们，已成为他不可割舍的牵挂。

第一次援藏：教育课题开发补空白

2013年7月的一个早上，李光文接到福州市教育局的电话，问询他的援藏意向。

李光文回到家，征得妻子、福州第36中学物理教师陈红的支持，当天下午便报名援藏。"做这个决定，不到几个小时。"李光文说，"当时我对高原还没什么概念。"

作为福建第七批援藏工作队的一员，他开启了对口援助林芝市第二高级中学的三年生涯。值得一提的是，这也是对口援助林芝的最后一批福建援藏队。

"由于长期受福建支援，林芝的教育事业受福建影响很大。"李光文介绍，林芝市第二高级中学虽然是新办校，但跟内地接轨并没有太大难度。

担任副校长的他，分管教学、教研工作，主抓师资培训、课题开发。当时，当地的中学教育课题开发几乎还是一片空白。李光文亲自示范，带领老师们开发8个市级课题。其中，他牵头的《西藏民族传统体育在中小学的开发和利用研究》课题获评全市二等奖。

"西藏民族传统体育很有特色、很有价值，我就结合自己专业，经过一年的调研，将其纳为校本教材内容之一。"李光文结合中学教育的特点，对西藏民间流行的摔跤、抱石头跑等项目进行改造，并整合到学校的活动课中。

此外，作为体育教师，李光文的篮球教学也成为该校的一大亮点。2016年，他执教的《球类运动》课在"一师一优课，一课一名师"活动中获评自治区级优课。此外，由他负责训练的校女子篮球队，在市中学生篮球赛中荣获第二名。

"藏族小孩很淳朴，很团结，很有集体荣誉感。"李光文渐渐喜欢上这里的孩子们，并牵头成立教育基金会，筹措各方爱心资金，用于该校的奖教、奖学、助学。

远离家乡，李光文最放心不下的是老母亲。母亲给他来信："支边援藏，国之大计，支持！男儿自强，奋斗不息，赞赏！三年光阴，勇洒热血，价值！健康返回，荣归故里，盼望！"他含泪在回信中写道："援藏一路健康行，自尊自爱母莫忧。高原顾虑虽难免，来之安之勇担当。发挥才智勤作为，默默奉献无怨悔。两地情深永难忘，今生此后常挂怀。"

第二次援藏："数学是体育老师教的"

2016年援藏期满，李光文怀着对母亲的思念，回到福建。在姐姐、弟弟的帮忙照顾下，母亲的身体状况和精神状态都不错，让他吃下一颗定心丸。

李光文时常想起援藏的时光，时常想起西藏的孩子们。去年8月，他响应教育部等部门的"援藏援疆万名教师支教计划"，再次坐上前往西藏的航班。

由于福建的对口支援地区已由林芝转为昌都，他的支教单位也变为八宿县中学，任该校副校长。"客观地说，在我三次援藏历程中，八宿县中学的师资、教学、管理等最为薄弱。"李光文坦言。

由于师资力量不够，李光文接受学校安排，兼当数学教师、体育教师。"数学是体育老师教的！"李光文没想到，这一戏谑的话语，竟然真的适用在自己的学生身上了。

福建师范大学毕业的李光文，认为自身的数学知识应对初中教育"绰绰有余"，但数学教育经验的欠缺，令他有些忐忑。他只能多学习，多在备课、听课上下功夫。慢慢地，他琢磨出初中数学教学的一些规律，并运用"形象教育法""关键词记忆法"等方式，让孩子们眼里枯燥的数学变得有趣起来。

"体育老师出身的我，也有自己的优势。体育课，比较闹；数学课，比较静。我利用体育课与学生的互动，培养起师生感情，在数学课上再与孩子们交流，就变得顺畅了。"令李光文开心的是，"数学是体育老师教的"，但孩子们的数学成绩反而比原来提升了。

在日常教学之余，李光文还针对学校的薄弱环节，强化学生行为规范管理，着手组织编写《八宿县德育工作手册》，还向学校提交了《关于进一步规范学校常规管理，提高学校教育教学质量的若干意见》。

同时，他依然心系藏族困难家庭的孩子们。在他的牵线搭桥下，福州市"慈爱红心，每日一善"团队捐赠 2.2 万元，为八宿县中学 64 名贫困农牧民学生各购置了 1 套羽绒服、1 套加绒运动服、3 双袜子；福州教育学院附属中学全校师生为八宿县中学贫困学子捐赠 10.17 万元⋯⋯

第三次援藏："这次感觉压力最大"

2019 年底，李光文在医院检查出左心室功能减退。对此，他轻描淡写："也没什么不舒服，只要不剧烈运动就可以了。"但怕老母亲担心，至今他都不敢跟她说这件事。

"我已割舍不下对西藏的感情了！"今年 8 月，第二次援藏期满后，李光文毅然报名参加为期三年的福建省第二轮教育人才组团式援藏。根据部署，福建省对口支援学校为卡若区第二初级中学。该校是昌都市龙头学校之一，内地西藏班升学人数近年来稳居西藏前列。

值得一提的是，这次他动员陈红一起来援藏。"两地分居，多少会有牵挂，我就让她用实际行动来支持我工作。"李光文说，来到昌都后，陈红受高原环境影响，睡眠一直不是很好，但她正努力克服。

李光文任校长，陈红任物理教师兼教务处工作人员。"三次援藏，这次感觉压力最大。"李光文说，"以前，我做好自己的分管工作就行；这次，我第一次担任校长，要统揽全局，并带好其他19名组团援藏教师。以前，受援学校基础相对较差，是'补短板'；现在，受援的卡若二中在当地声誉很高，不仅不能砸了原有招牌，还要'创特色'。"

到任后短短3个月里，他组织开展了多项工作：规范学校各职能部门的工作职责；改造冲厕结构，优化校园环境；将内地新课改的经验与受援校优质资源进行整合；安排援藏教师与本地教师"青蓝结对"……

而教育帮扶学生，依然是他心之所系。

开学初，七年级学生小玛（化名）的父母因为需要劳力，不让她再上学。得知情况后，李光文组织教师家访。第一次，小玛不敢露面，躲在角落窥探；第二次，老师们带上两套崭新运动服和一套学习用具，小玛流露出渴望上学的眼神，但父母还是反复强调家里的困难。

第三次，老师们带上她的两个小学同学。同学们的到来和期盼，给她很大震撼。她嚎啕大哭，哭诉着自己想继续上学的强烈愿望。借此情景，老师们再次向家长讲述教育对整个家庭的影响。终于，家长答应了，小玛破涕为笑，李光文悬着的心也落地了。

笔者手记：因为爱得深沉

笔者本身是福建省第九批援藏专技人才。在李光文身上，我找到了很强的共鸣。同时，他有许多比我做得好的地方，打动了我，并吸引我向他学习。

援藏过程中，李光文最放心不下的是老母亲。当采访时看到母子俩的信时，鼻子竟微微一酸。母亲的信里，既有对儿子支边援藏的骄傲和支持，又有对骨肉亲情的不舍和挂念；儿子的信里，既有对母亲的劝慰，又有对援藏胜利的决心。我想到了离别时我母亲的眼睛。

哪位援藏干部人才没有经历过这样的场景？谁又不想陪在自己的亲人身旁？我相信，对绝大多数援藏干部人才来说，是另一种爱，对祖国的大爱，支撑着他们作出远离家乡、支边援藏的决定。他们将家国情怀放在了更重要的位置。在雪域高原的每一个夜晚，他们独自悄悄按捺下对家乡、对亲人的思念；然后在每一个醒来的早晨，又毅然投入援藏的具体工作中。

对我而言，援藏更多是出于党员的政治担当和公民的报国心愿，似乎更像是一种"我不得不来"的召唤和使命。而一次援藏经历，已弥足珍贵。所以，当我得知李光文三次援藏时，我感到不可思议，并深深感动。我切身体会到援藏的不易，而他在不易的情境中义无反顾、三次报名，一定是因为他爱得深沉，爱这土地，爱这土地上的人。援藏之于他，已从最初的源于使命和担当，转变为源于热爱和向往。

"两地情深永难忘，今生此后常挂怀。"李光文的事迹鼓舞着我，也提醒着我：珍惜今后注定"永难忘""常挂怀"的此刻的援藏时光，只争朝夕，不负韶华！

化解交通事故纠纷的贴心人

市公安局交警支队副支队长泽仁塔西

李雕　王玮

泽仁塔西正在执行任务

昌都地处西藏东部，辖区内有 214、318、317 三条国道和一条 302 省道，是贯通川藏、滇藏的重要交通枢纽，在山高、路险的横断山脉活跃着一支强有力的战斗集体，昌都市公安局交警支队。已经退休三年的交警支队副支队长泽仁塔西谈起自己的职业生涯，"无怨无悔"是最精炼的概括。日复一日，年复一年他为昌都的交通安全和畅通做了31年默默无闻的工作。

31年里，泽仁塔西和民警们每天风里来，雨里去，养成了每天必须上岗值勤的习惯，一直延续到现在，虽然现在是交警支队副支队长，但仍然一如既往，坚持每天上路查车纠违、站岗、巡逻，哪里车辆、行人拥挤，路况复杂，他就出现在哪里。今天提起泽仁塔西，很多市民都非常熟悉他，都说被他的敬业精神所打动。

追梦驾驶员成就好交警

1956年，泽仁塔西出生于四川甘孜的德格，15岁时，由于父母先后病故，他跟随姐姐来到了昌都江达上学。川西藏东的大山阻隔了人们的交通往来，这在幼小的泽仁塔西心中，种下了长大要当驾驶员的梦想。1974年底，泽仁塔西怀着这个梦想，报考了西藏自治区通麦交通学校，他毫不犹豫地选择了驾驶专业。但是造化弄人，由于报考学校的藏族农牧民青年较多，既懂汉语又识字的泽仁塔西成了"宝贝"，不久就被调到校部工作。虽然没有当成驾驶员，但是他一直在交通系统工作：从自治区交通干校、交通厅监理处，到昌都交通监理站，直到交通监理站划归公安系统管理。

1986年，泽仁塔西开始在昌都公安局交警支队工作，回忆起当时艰苦的工作条件，他说，当时队里有12名民警，平均每人要管200多公里的道路交通；队里只有两辆警车，发生交通事故，民警经常要搭大货车去出现场。上个世纪八九十年代，整个昌都不到1万辆汽车，而现在的数量猛增了3倍，虽然交警支队人员增加到40多人，但工作量增加了10倍以上。

也许正是因为年轻时的驾驶员梦，泽仁塔西才会对汽车驾驶员有一种天然的亲近感，他打心眼里喜欢驾驶员，喜欢和他们聊天、打交道。由于多年的勤奋工作，他练就一身过硬的纠违本领，只要他在岗上，任何违章行为都逃不过他的眼睛，但是他从来没和违章驾驶员发过脾气，都是心平气和、语重心长地批评教育。他在执勤时遇上随意停车情况，如果车主在附近就会劝他开走，尽量不开罚单。为驾驶员多考虑一点。有的年轻民警爱发脾气，看到违章行为就脸红脖子粗。他就告诫他们说，执勤时一定要文明、礼貌，要多理解驾驶员，这样也能换来驾驶员对交警工作的理解。

耐心细致做事故处理的行家里手

泽仁塔西从当上交警那一天起就主要从事道路交通事故处理工作。道路交通事故处理是一项政策性、业务性都很强的工作，非有坚定的政治素养和丰厚的业务知识做后盾不可。为此，泽仁塔西总是抽时间加紧学习，全面总结事故处理的经验教训，认真分析钻研事故处理出现的新情况、新问题，逐渐成为事故处理的行家里手。积淀的厚实底蕴，使再棘手的交通事故、再挠头的案件，他处理起来总是游刃有余。

1999 年，在日通至昌都路段发生了一起车祸，一辆大货车与一辆逆行摩托车相撞，摩托车驾驶员是一名僧人，身负重伤，落下终身残疾。在交警支队的协调下，大货车司机卖车赔了近万元钱，但是僧人在亲友们的鼓动下，喊出了赔偿百万元的天价，而且一群人以交警放走了大货车司机为由，做出了抬着伤者到交警支队施压的举动，眼看事态就要恶化。

这时，泽仁塔西从同事手中接过了这个案子，他首先稳定僧人一方的情绪，解释大货车司机离开是回家筹集赔款，交警队负责将大货车司机找回来；其次，深入细致地做僧人的思想工作，泽仁塔西自己掏钱买了水果和营养品，去医院探视受伤的僧人，这让僧人深受感动，僧人终于能听得进去他的话了，于是泽仁塔西趁热打铁，介绍有关法律法规，劝僧人好好考虑下自己所负的责任。那段时间，泽仁塔西和僧人天天打交道，每天不见面也会通个电话，差不多成了朋友。最终，泽仁塔西把事故当事双方叫到交警支队，宣布了责任认定书：由于僧人占对面车道行驶造成事故，负主要责任。他晓之以理，动之以情，同时又坚持公平公正的处理方法赢得了当事人的信服。

泽仁塔西说，事故处理，一手托两家，秤杆一高一低，直接涉及当事人各方的经济利益，心里的天平偏一偏，大事可化小，小事可说大。不为人情所动，不为压力所惧，才是处理交通事故应有的态度。那时，不论白天晚上，路途远近，只要出了人员伤亡的交通事故，泽仁塔西都和值班民警一起奔赴现场，抢救伤员，不畏道路艰险，不畏天气恶劣，他用一身正气维护了法律的尊严，用实干树立了人民交警的良好形象，用汗水浸润了事业的辉煌。

规范执法担当和谐使者

在昌都，做好交警的本职工作，也是维稳工作的一个重要组成部分。由于一些特殊的文化习俗，一名驾驶人、一辆机动车背后往往牵涉着一群人。一个人一辆车出了问题，一旦处理不好就会引起群体性事件，成为社会不稳定因素。

2009年，江达县发生了一起车祸，一家企业的大客车与对面一辆大货车会车时，虽未发生擦碰，但大货车司机情急之下操作不当，车子翻下了沟。大货车司机是当地农牧民，刚刚贷款买的新车严重受损，就此报废，大货车司机一时难以接受现实，向对方企业要价20万元并要求赔偿一辆新车。面对无理要求，交警队领导两次前往大货车司机所在的村，调解纠纷，但其亲友反对压低赔偿价格，一群人与交警方产生了严重对立，并扬言集体上访。

危机中，交警支队领导想起了善于解决严重事故纠纷的泽仁塔西，他当时正在江达县驻村。接到召回的命令，泽仁塔西立即带队前往处理。到了村子，他一方面依靠组织，先联系村支书、主任约定一同到大货车司机家中去做工作，另一方面，和当时客车所在企业方面协商，确定了合理的赔偿额度。然后胸有成竹的泽仁塔西来到大货车司机家，一见面，才知道认识，原来他们都经常跑这条路，在中途吃饭时与对方见过面。泽仁塔西说："我们是专程赶过来看你的，给你带了些慰问品。"紧张的气氛一下子就缓和下来，对方连忙热情招待。见时机成熟，泽仁塔西就在谈天说地中，讲明利害，最终大货车司机顺利地接受了合理赔偿，双方和解。一场即将演变成群体事件的交通事故纠纷就此化解。

从那以后，交警支队遇到最难处理的事故都是让泽仁塔西出马，每次他都能打破僵局，融化坚冰。谈到处理交通事故的要诀，泽仁塔西说，最重要的就是规范执法。在办案过程中，要按照事故处理程序规定，在接到事故报警时，认真填写好各类记录，在事故现场全面、细致地收集各类证据，在下达责任认定时做到以事实为根据，以法律为准绳，确保事故处理的公正性，维护当事人的合法权益；同时，要求民警讲究工作方式方法，消除事故双方的对立矛盾，温情调解，让群众满意而归，心无疑虑。

以饱满的热情站好最后一班岗

2011年，泽仁塔西开始分管外勤工作，"保畅通，压事故"成为了他新的工作重心。为了这一目标，他每天和民警、辅警同甘共苦，一起在路面上巡查、疏导交通。作为副支队长，他上岗的时间反而比普通民警还早，谁又能想到，他家中还有一位半身瘫痪的老伴。他说："言传不如身教，我不能只做指挥员，还要做战斗员。"

除了外勤工作，泽仁塔西还承担着解决交通管理中的难点热点问题。2015年5月份，他受领导指派参与了在拉萨进行的小型旅游车10年强制性报废工作，这又是一项政策性强、压力大、难度大、任务重的工作。有的车主是花了十二三万元刚买的二手旅游车，还没跑回成本，就被要求强制报废，国家规定的赔偿标准最多只有 2.7 万元，因此做通车主工作就成了此项工作的重中之重。泽仁塔西 20 多年来处理交通事故的经验又发挥了决定性作用，涉及昌都的 29 辆车辆在 12 天内就完成了做思想工作、拍照、拆解工作，在全自治区是最快完成的。

"还有不到一年就退休了，可是队里警力还是比较缺的，没有退休就要认认真真站好最后一班岗。"泽仁塔西到了 59 岁时，还在坚持执勤巡逻，是整个昌都交警支队坚持在一线上岗执勤年纪最大的一个。长期的户外工作，泽仁塔西的脸庞早已变得黝黑。不论是酷暑难当，还是冬季严寒，哪里堵车，哪里就有泽仁塔西的身影。一天下来，往往要站六、七个小时，全身被汗水浸透，身上的警服湿了干，干了又湿，背上、腿上浸出了白白的汗碱。晚上回家，他的腿都弯不过来，但他从来都没有在同事面前吭过一声，第二天他又总是精神饱满地第一个出现在路面执勤岗位上。他挺拔的身姿曾是昌都一道令人难忘的风景线。

笔者手记：培育社会的理性土壤

2017年6月，61岁的泽仁塔西正式退休。他在采访中表示，90年代以来，交通事故处理的难度越来越大了。"现在社会上有一种风气，不管事故责任如何，摩托车和出租车碰了，那就是出租车赔摩托车；出租车和其他社会车辆碰了，其他车要赔出租车。而且是不顾事实，漫天要价，一点损伤也要个百八十万。"市场经济的快速发展、社会结构的急剧变化、利益格局的深刻调整使整个社会心态发生了很大变化。

发生交通事故，驾驶员和驾驶员之间，驾驶员和行人之间，每个主体都有自己的利益诉求，在出现重大车辆损失、人员伤亡的情况下，难免会在情绪激动下产生矛盾、冲突和纠纷。当交通事故当事人之间出现摩擦时，处理事故的交警作为规范、公正第三方介入，就容易保持信息畅通、彼此理解、纾解情绪，更好地化解冲突，增加和谐。

从更广阔的社会角度看，化解交通事故纠纷，还应当从培育理性的社会土壤着手。当前，急功近利、心浮气躁、焦虑迷茫、失衡偏激、怨天尤人等不良社会心态不同程度存在，给社会稳定、个人幸福都带来了负面影响。在非理性的环境下，就会出现以偏概全、甚至颠倒是非。所以，要在交通事故纠纷中促进和谐，不能只靠交警和法院，不仅需要把利益、人情、价值观等交通事故之外的问题理清楚，而且需要培育讲逻辑、守规则的社会意识，沉着淡定、不骄不躁的心理品质。尽管这些都是庞大的社会工程，也需要社会的每一个参与者从一点一滴做起。

漫漫放映路，见证农村电影潮起潮落

洛隆县农村公益老电影放映员布江村

杨顺芳　郑晓强

布江村边检修放映设备边传授技术

露天电影，是大多数上了年纪的人的青春记忆。尤其是在上个世纪七八十年代，农村文化匮乏，看露天电影成了老百姓最喜欢的文化生活之一。

作为备受欢迎的电影放映员，就是给村民们"送宝"的人，可想而知在他们心中的位置。

说起布江村，整个洛隆县各个乡镇的老百姓可谓无人不知，无人不晓。

因为，老百姓喜欢看电影

近日，笔者采访布江村时，他正与徒弟四郎扎巴、洛松达吉在办公室里维修数字电影放映播放器。这个月，播放器有点不听话，坏了好几次，布江村就和徒弟照着说明书，摸索、维修，为下次放映做好准备。

"我师父特别喜欢电影，爱惜设备就像爱惜自己的儿子一样。"四郎扎巴笑嘻嘻地说。

笔者说明来意后，布江村就从抽屉里取出了两个小本子，还有当时放电影用的扩音器。已经沾满灰尘的放映设备，在很多眼里像个"古董"，可是对布江村来说，它们都是"宝贝"。

农村电影放映员的工作很辛苦，布江村为什么能坚持？他的答案很简单："因为老百姓喜欢看电影，能够品尝到'文化大餐'，所以我就喜欢放电影。"

洛隆县电影放映活动始于 1960 年。1974 年，13 岁的布江村成为洛隆县马利镇的一名农村露天电影放映员，这一放就是 46 年。

背着放映设备，翻山越岭

"电影是'活'的，它们时刻在提醒我。"说这话的时候，布江村的眼神里闪着光，他的思绪又回到春夏秋冬里的无数个夜晚，来自不同地方的乡亲们相聚在银幕下，注视着黑白跳跃的画面，或喜、或怒、或哀、或乐……

布江村回忆说，在 20 世纪 70 年代，黑白电视机在洛隆县很多农村还没出现，老百姓在辛勤的劳作之后，最奢侈的享受就是看一场露天电影。"在户外，我们挂起白色的幕布放映。银幕前，老百姓要么蹲着、要么坐着、要么站着，非常投入专注。"

"放电影时，我看到他们的眼神跟着电影情节起伏波澜，有满足、有快乐、有悲伤、有辛酸，好像自己身处电影里的情节。"布江村回忆道，"一面幕布、一个放映员、一束光，姿态万千的村民们，几乎就构成了露天影院的全部要素。"

"每次只要听到哪里放电影，就和同村的小伙伴一起去。哪怕天气再寒冷，哪怕不吃饭饿肚子，只要能看到电影，就别提有多高兴！"马利镇的措姆老人说，那时候，村里放电影，都跟过年一样热闹，就连附近村的群众也纷纷赶来。

在电影放映之前，布江村会把县里的各类宣传资料先发放给村民们，村民们有什么困难问题也会告诉他，他再向上级转达反映。"我都成了他们的连心桥啦！我的作用大着呢！"布江村难掩心中的自豪。

乡村的露天电影放映都是在夜间，放映完毕，多数已是凌晨。布江村说，当时，农村的路并不好走，遇上山路崎岖的村子或下雨，在路上花费的时间就更多了。

那时候，他常常一个人背着90多公斤重的放映器材骑马翻山头、爬陡坡，晴时一身灰，雨雪后满脚泥，一个人默默地走遍了所有乡村。

时代变迁，依旧在坚守

《小兵张嘎》《铁道游击队》《红色娘子军》……一部部爱国主义教育影片通过布江村的放映，在洛隆家喻户晓。如今，布江村依然坚守在工作岗位上，迄今共放映了近万场次电影。

时光荏苒。到了20世纪八十年代末，黑白电视开始走进百姓家，露天电影也渐渐失去了"市场"。随后，数字放映机，彩色、数字电影相继出现，看电影已成为百姓家中的寻常事。

但对于布江村来说，最大的安慰就是，现在放电影还是比较受欢迎的，而且也用上了更现代化的播放技术。如今，他带着数字影片解码片去昌都电影院拷贝，一两天就完成了，根本不用像20世纪70年代那样，花费近个把月时间往返昌都——洛隆更换电影拷贝，更不会有一边用脚蹬着发电机发电，一边播放着胶片电影的。

这个月，布江村准备带着徒弟为在山上挖虫草的村民们放映《英雄儿女》《红海行动》《焦裕禄》等优秀电影，共同庆祝昌都解放70周年。

"只要还有人愿意看、我还能动，我就会继续给各个乡村、学校、寺庙放电影。"布江村说，从参加工作的那天起，自己就下定决心，要用一生行走在放映路上，带给老百姓快乐和幸福。

　　农村电影放映员是中国70年代末80年代初活跃在农村文化阵地、普及农村电影放映、传播农业科普知识的一支生力军。他们是社会主义精神文明的传播者，在宣传党的路线、方针、政策，弘扬爱国主义精神，建设社会主义新农村的工作中发挥过重要作用。布江村作为其中具代表性的一员，46年来，常年坚守在电影放映第一线，不辞劳苦，跋山涉水，肩挑背扛地行走在电影时代的变迁路上，记录着露天电影的潮起潮落，用自己的辛勤付出点亮乡村的夜色，为广大农牧民送去精神食粮，带去欢乐。

　　如今，随着科技的发达，社会的进步，电影不再是农牧区文化生活中的主角，特别是在电视、智能手机普及之后，露天电影渐渐地淡出人们的视野。但对于布江村来说，13岁以后的生活就没离开过的电影，已经融入到他的生命里，对他来说，电影不仅仅是曾经的一份工作、一种经历，更多的是一种情怀，是一种见证祖国、见证西藏、见证昌都不断发展的情怀。

"雷锋"司机：小人物的大情怀

第九届"昆仑奖"全国见义勇为英雄司机扎西江村

杨顺芳

扎西江村

　　扎曲、昂曲汇合成澜沧江蜿蜒南流，孕育了藏东这颗璀璨的明珠昌都。这里的高山峡谷、民风民俗厚重了历史，也养育了山一样豪迈的康巴汉子和水一样柔情的康巴姑娘。这里的人民勤劳、善良，用汗水浇灌着生活的希望。他们也许平凡，却一定带着真诚和执着，谱写着新时代家乡最华美的乐章。

2012 年 12 月 25 日，荣获第九届"昆仑奖"全国见义勇为英雄司机称号的扎西江村，正是 78 万昌都人中间的一员。他以看似波澜不惊的过往，描绘出一幅色彩斑斓的人生画卷，成就了一位小人物的"雷锋"情怀。

采访扎西江村，是在 2013 年元月的一个下午。

头天夜里，昌都下了新年的第一场雪。市委小车班宿舍楼窄窄的院落里，颜色很单纯，地上一层白雪，天上一片湛蓝。五十开外的扎西江村早已站在家门口等候，一看见笔者便急忙迎上来，边打招呼边让进屋里。1 米 80 身高的康巴汉子，红黑色的脸膛，纯朴的微笑，顿时让这个寒冬温暖了不少。

扎西江村的家并不宽敞，也不富裕，就是平常藏式人家的摆设、装饰。屋里正中的柜子上面，摆放着 2012 年 12 月 25 日刚从人民大会堂捧回的"昆仑奖"。我们的话题，就从这小小的匾额开始。于是，他行车三十多载的岁月，化成了手边三十页的事迹材料和一个个令人惊叹的故事，平凡却又不平常。

追寻意义　平常之中见大道

人为什么活着？这惯常是哲学家思辨的永恒主题。雷锋说过："人的生命是有限的，为人民服务是无限的，我要把有限的生命投入到无限的为人民服务中去。"

"你为什么想到去帮助他人呢？"当笔者开门见山提出心中的这个疑惑时，从小跟着母亲长大、小学没有毕业的扎西江村，顿时陷入到对母亲深深的怀念之中。他至今忘记不了母亲日常做人的教诲："人在做，天在看。"

扎西江村 1992 年到市委小车班之前，在伐木场做过小工，水泥厂当过工人，也在运输一队跑过长途运输。妻子拥宗没有工作。艰难的岁月里，他用当年尚不足 4000 元的微薄工资，养大了一双儿女，撑起了一个幸福的家庭。

但这样一个康巴汉子从不吝惜把自己的爱给予陌生人。30 多个行车春秋，80 多万公里的行程，他用长满老茧的一双大手，累计捐出了近 5 万元的积蓄，更是与死神搏斗过 10 多次，挽救了 16 条鲜活的生命。一切的一切，无不传递着他那份朴实无华的爱心。

以心为田　不辞小善成大德

小车班的队长林松柏和扎西江村是 30 多年的老相识了。在林队长的眼里，扎西江村随叫随到，任劳任怨，天气不好路况差的地方总是积极主动争取出车，用扎西江村的话说他是老驾驶员了，对路况比较熟悉，驾驶经验也足。"他助人为乐在小车班甚至整个驾驶员圈里都是出了名的，好管闲事，乐善好施"，开始大家也并不理解甚至还有怨言，"家里老婆没有工作，还要养小孩，本来就不宽裕，每次出去，见不得有人落难"，大家相处的日子久了也就明白了，"他不图什么，只因为性格里长成的善良。"

市委老干部督导组经常深入各县、基层一线检查指导工作。当年 72 岁高龄的巴央老人只要下乡，一定要提前数日预定扎西江村的车，"怕别人把他给抢跑了。"在午后的阳光里，老人把扎西江村许多不为人知的故事娓娓道来。

有次督导组到市二高去调研，结束时却发现扎西江村不见了。这可把大家急坏了，心里都暗暗里地骂。不久，学校领导赶过来报告了详情。一位女学生不慎摔坏了同学的手机，孩子当场吓得哭了起来，母亲从丁青县农村也赶来了，家里穷拿不出钱来赔偿。扎西江村正好发现了这一场景，马上不厌其烦地帮忙调解，说尽了几大筐好话，又把身上仅有的 600 元钱拿出来，500 元钱赔了同学的手机，100 元钱给女孩母亲当作返程路费。

"扎西江村是难得的好人啊，哪里有困难，哪里就有他。好几次我们一起到边坝洛隆下乡，只要见到生活困难的老百姓，他就给钱。我记得的，在洛隆县中亦乡，他递了500元钱给一户家庭困难的老百姓。还有一次从边坝回来，到加玉桥，有个女孩搭车，说家里奶奶病危，扎西江村把她捎上往吉塘的家里赶。到了吉塘得知老人已经去世，他又掏出700元钱塞给女孩。和他在一起，我们这些有退休工资的都不好意思，每次也要多带点钱，受他的感染，碰到困难的也要帮一把。"

坚持扶贫　雪中送炭暖人心

时任市委办公室副秘书长索巴江措，2012年在昌都县若巴乡扎嘎村驻村，恰好与扎西江村"一管四联三结"活动帮扶的家庭同在一处。一提及扎西江村，索巴江措连忙竖起了大拇指。"他帮扶的家庭非常困难，家里有个患白内障的女人，带着三个孩子。唯一的男孩洛加患了肌肉萎缩症，两只手就剩骨头，生活不能自理，家里又没有劳动力。扎西江村经常主动下去，送茶叶、大米、面粉、毛毯、大衣、被褥、酥油、茶壶、锅，有一次还委托我带了桌子、靠背等。每次见我们，就问及洛加家的情况，希望帮忙解决一些具体的困难。"

当笔者询问孩子的现状时，扎西江村从口袋里拿出洛加的照片。照片中的小男孩双目无神，双手严重变形。多年来，扎西江村利用休假时间，从昌都各大医院一路打听到成都华西医院。了解到这个病现在已经可以治疗，大概要花费4万多块钱。洛加没有办理残疾证，只能报销8000元的医疗费。扎西江村就帮着多方联络，希望给洛加办理一个绿色通道，争取能提高医疗费报销比例。

"如果办不下来，这笔医疗费我自己想办法，这次从北京领回的奖金也应该够了。若巴乡卡堆村还有两户人家也比较贫困，我正在争取把那两户也纳入我的帮扶对象，我们少用一点，对他们那是极大的帮助。"谈到他的帮扶对象，这位50多岁的铮铮汉子满眼柔情。

林队长也讲了一个发生在路上的扶贫故事。"2001年曾路过边坝县拉孜乡。一辆县里的老式解放车和一辆老百姓的摩托车发生了碰撞，摩托车驾驶员大腿骨折。在场的老百姓都拿着刀、石头、木棍等，准备砸车和殴打汽车驾驶员。扎西江村二话没说就停车上前调解，最后，双方和解达成汽车驾驶员赔偿老百姓5000元钱，拉孜乡里帮着解决3000元的协议。扎西江村又把受伤的摩托车司机送到边坝县进行治疗。"

古道热肠　救人从不扬美名

爱因斯坦说："一个人的价值，应当看他贡献什么，而不应当看他取得什么。"扎西江村这位"雷锋"司机用他的一生践行助人为乐的诺言，带给他人无限的关怀和温暖，用一公里一公里抒发司机这个职业操守和道德情操，把大写的"人"字印刻在四通八达的公路上。

听说笔者要采访扎西江村，家住水泥厂的汉达一家提前从云南妹妹家赶回了昌都。这位中年男人受70多岁母亲的委托，一定要当面向扎西江村赠送迟到的锦旗，并打电话邀请笔者见证这一难忘的时刻。他说，扎西江村师傅改变了全家人的命运，担得起这份荣誉。

"1995年的一个晚上，大约10点过。父亲和母亲在昌都供电所附近被一辆大车撞了，大车肇事后逃逸。扎西江村正好路过，看见后立即停车查看伤情，将父亲和母亲背上车，送到120急救室。不久，父亲因伤势过重去世。扎西江村又背着昏迷的母亲上楼下楼，到各个科室进行检查。母亲因肋骨折断插入肺部有生命危险，需要立即手术。扎西江村跑去垫交了手术费，守到凌晨三点过。联系上我哥哥之后，他又把哥哥接到医院，很快就离去了。"一家人经过多方打听，才知道恩人是谁。"要不是扎西江村师傅，我们很小就成孤儿了啊。"汉达热泪盈眶，握着扎西江村的手久久不肯松开。

　　采访中，笔者专门去了一趟十多年前被扎西江村救过的女孩泽仁曲珍家中。当年的小女孩如今出落得亭亭玉立，已经是拉萨卫生监督所的一名干部并结婚生子了，客厅墙上挂着的全家福见证着这个家庭如今的幸福美满。看见扎西江村走进来，一家人都迎了上去。

　　1995 年的一天下午，小泽仁曲珍在去上学的路上，走到西大桥时突然晕倒，同学们都吓傻了，路人站在旁边也不知所措。扎西江村开车路过，二话没说抱着孩子就往医院赶。经过两个多小时的抢救，泽仁曲珍终于苏醒过来，告诉了扎西江村家里的联系方式。孩子的母亲斯郎群措赶过去时，扎西江村已经走了。"现在我们两家是好朋友，逢年过节像亲戚般走动，我女儿亲切地叫他扎西爸爸。要不是扎西江村，我都不知道女儿会发生什么事。"谈到往事，斯郎群措依然激动不已。

　　2012 年 8 月，巴央、常生两位老人也亲眼见证了扎西江村救人的一幕。

　　"那次老干部督导组前往昌都县约巴乡开展督导工作。在返昌途中，我们看见一个人泡在水沟里，身体的一半已经被泡成了白色。扎西江村立即停车跳下去，把那个人拉到路边。我和常生年龄大，也帮不上什么忙，只能打电话联系乡政府。当时，那人有微弱的呼吸，扎西江村一直在他胸口做心肺复苏。八月的太阳又毒又辣，那么高壮的汉子累的满脸是汗。10 多分钟过去了，那人咳出了肺部的积水，醒了过来。扎西江村又把他背上车，送到乡卫生院检查之后，我们才继续又赶路。"

美丽误会　彰显人性的伟大

　　妻子拥宗讲了发生在 1991 年的一个小故事。

　　"那时他还在运输队，没日没夜地跑长途。通讯也不如现在这般方便，几天不回家是常事。有次，他一个星期没有回家。我们后来才知道，他回家途中救了一个人，被警察扣留了一天。"

提起这件事，扎西江村至今还有些不好意思，"那是我平生第一次被扣那么长时间。"当时，玛日山上下起大雪，老百姓包的车翻到山下，哭声一片。扎西江村从洛隆回来正好碰上，立即赶到山下，把两名重伤者和一名轻伤者逐一背到车上，往昌都加足马力赶。一名重伤员到了三道班死了。送到市人民医院时，一名仍然昏迷，一名轻伤没有钱治疗，自己跑掉了。由于没有人证，警察把扎西江村错当成肇事司机，直到那位轻伤者到交警队来解释清楚为此。

"当时怕家里担心，也知道警察不会冤枉好人，所以当时就没有说。后来，老百姓都找到家里来感谢了，也就瞒不住了。救人，因为我碰到了，搭一把手，不算什么。看着那些在我眼前消失的生命，有的伸手却救不了，有的走到半道就去世了，那才心痛啊。"

"这是我的另一个儿子。"扎西江村又从柜子里拿出一张照片，照片上的小男孩机灵可爱。"一次和他一起到拉萨去，正好遇见他以前接送过的自治区档案局工作组的领导。领导开口就问，扎西江村，你芒康的儿子怎样了。听了这话，我当时真是急得不行。"谈到这个儿子，妻子拥宗又爱又恨，还是领导帮他解了围。"2008年，他送自治区工作组到左贡。行至邦达草原，他看见路边几个妇女打手势求救，旁边草地上躺着一位孕妇，身体有很多血。一问才知道，她们结伴到拉萨朝佛，走到这里，孕妇突然要早产了。"

一人一小两条人命啊！扎西江村赶紧请求领导把她捎上，带到左贡县人民医院，母子最终平安。现在每次到芒康，扎西江村都要去看看小孩，送点衣服、生活用品。孩子和他也非常亲近。

提及丈夫的这些事迹，妻子拥宗眼里满是理解也支持。"认识他之前，我就听说过他的事。1979年，他17岁在伐木场工作时，救出了被泥石流困在石灰土窑里的6位女同志，有1位因为情况紧急没能救出，每当想起她，他仿佛感受到了那位女同志被火烧的痛。为此，他这些年来一直深感内疚，如果那时动作能再快一点该多好啊。"

"这些年，他救了不少人，也捐了不少钱。虽然我们并不富裕，但我们却过得很幸福。因为我丈夫是个善良的人，是个被别人尊敬的人，我没有理由不支持他。"什么是得、什么是失，扎西江村一家人对此有着深刻的感悟与理解。

离开扎西江村家，已是华灯初放。晴朗的夜空升起一轮圆月，俯视着这温馨、祥和的大地，正向人们述说着什么。地上的积雪已被零零散散地踩了一地。沿着街边慢慢地走着，回忆着扎西江村讲述的点点滴滴，脑海里突然想起一句恰如其分的话来："天地间有种精灵叫做雪，散天漫舞，遁地无声；人世间有份感动叫做爱，温暖和煦，润物无声。"

笔者手记：积小善为大善

毛泽东同志曾说过，一个人做点好事并不难，难的是一辈子做好事。习近平总书记指出，"雷锋精神，人人可学；奉献爱心，处处可为。积小善为大善，善莫大焉。当有人需要帮助时，大家搭把手、出份力，社会将变得更加美好。"

50多年来，经过岁月的沉淀和时代的孕育，雷锋精神已成为热心公益、乐于助人、扶贫济困、见义勇为、善待他人、奉献社会的代名词，成为中华民族美德宝库中一朵绚丽奇葩，成为培育和践行社会主义核心价值观的同义语和先进文化的表征。

荣获第九届"昆仑奖"全国见义勇为英雄司机称号的扎西江村，出生于1962年，正值雷锋同志去世之年，扎西江村这个"小人物"把大情怀好像在那年继承了下来，在长大后的岁月里，累计捐出5万多元的积蓄，更是与死神搏斗过10多次，挽救了16条鲜活的生命，是见义勇为的杰出代表。2019年退休的扎西江村，如今依旧坚持从小事做起，从点滴做起，把学雷锋融入到自己退休生活的方方面面，继续发挥着余热。

笔者深感无法用一篇文章抒发心中的感受，但是，仍想通过扎西江村的故事，积极宣传、鼓励、尊重、支持见义勇为，弘扬真善美，传播正能量，做好做到位营造崇尚英雄、学习英雄、争当英雄的浓厚社会氛围。让我们积极伸出援助之手，哪怕是一个微笑、一声问候，把雷锋精神植入心中，把爱与温暖传遍藏东大地，成为雷锋式的"好人"，让雷锋精神"大众化"。

第五辑

脱贫路上领头雁

资本翻千倍的"创业先锋"

丁青县甘语仓特色农产品开发有限责任公司
总经理贡布多加

杨青曲珍

贡布多加交流创业经验

　　精干的板寸头，黝黑的皮肤，敦实的身材，脸上不时闪过一丝不易察觉的沉思，严肃的表情显得沉稳和严谨。他就是丁青县甘语仓特色农产品开发有限责任公司总经理，丁青县岗平商贸有限责任公司股东、副总经理贡布多加。除此之外，年届不惑的他头上还顶着自治区总商会理事、自治区工商联会员、自治区个体私营经济协会会员、昌都商会副会长等诸多头衔。"我没啥特别了不起的事情，只是在丁青县这片土地上，借助党和政府的政策东风，用真诚、汗水和知识去找寻自己的人生价值而已。"贡布多加谦逊地说。

另辟蹊径，艰难又快乐的创业路

在四川大学读书时，年轻的贡布多加曾参加一次辩论赛，主题是"公务员并不是唯一出路"，辩论过程中身为正方的他深受启发。2000年，从市场营销专业毕业回到丁青，即使遭到家人的强烈反对，他毅然放弃到政府部门捧铁饭碗的机会，选择到社会上自主创业，寻找更加广阔的发展空间。

创业之初，贡布多加兜里只有从父亲那里借来的2万元。一番思量，他用这笔钱先开起了一家小卖部，除了经营百货，每隔十天半个月就去趟青海、四川等地，购进一些受当地群众欢迎的农机具。有一次去西宁进年货，正是一年中天气最寒冷的严冬时节，刚开到一个山头上车子出了故障，加上油管又冻住了，只能在山顶等天亮后报救急。为避免被冻死冻伤，他和驾驶员只得用柴油点燃衣服来取暖。"那时，我都怀疑自己是不是就要冻死在山上了"但他以常人难以想象的毅力，咬牙坚持了下来。然而，他每个月赚到的一点钱，仅够维持基本生活。他意识到必须寻找新的机会。

转眼五年过去，到了2005年，有朋友邀请他去参观自己新开的沙石厂。在这次偶然的前行里，他了解到沙石料在丁青市场非常紧俏供不应求，而且利润空间巨大。"开一家沙石厂"的念头清晰地浮现在他的脑海，他立即行动起来，边四处筹钱边申请办理相关手续，筹到7万多元钱作为启动资金了，就在一处沙石料丰富的河谷开起了属于自己的沙石厂。

那段时间，人们经常看到他带领着6名工人在河滩上搭工棚、架机器、做实验，不停忙碌的身影。他说当时砂场虽然规模很小，不管是生产、销售还是管理，任何环节都不敢马虎。每天还要面对着各种不同的问题，技术难关、人员流动、市场变化，等等，各种问题需要一个一个加以攻克。他起早贪黑、顶风冒雨、毫不松懈地坚持了几年，终于让砂场渐渐走上轨道。

要想创业成功，光吃得了苦是不够的，更要有清醒的头脑和坚持的原则。大学期间系统学习的商品营销方法、成本核算知识、市场基本规律，让贡布多加比其他很多同时期的创业者具备更强的分析和解决问题的能力，更清楚地知道什么才是商业场上所向无敌的武器，才能让一个企业在经济浪潮中，能经受住一次一次的考验，才能站稳脚跟不断发展壮大。那就是要坚持"货真价实、童叟无欺"的经营理念。凭借着这一点，几轮交易下来，他用良好的信誉和高质量的服务，赢得了丁青建筑商们的信赖，并在砂石厂林立的情况下脱颖而出，实现了顾客盈门，赚到了人生的第一桶金。"归根到底，是诚信经营的结果。"他及时进行了总结。

为稳定已有用户、扩大新的市场，贡布多加在仔细思考分析后，开始开发针对不同用途，开发不同种类的产品，以满足不同用户的需求。因此，不久过后，当丁青的市场需求达到饱和状态，各企业间的竞争逐步白热化，不少砂石厂陷入经营困境时，贡布多加的砂石厂却规模越做越大，实力由弱变强，经营范围和经营项目也不断扩大。2013 年，他重新投资 400 多万进行了扩建。2016 年，他的企业已发展成为以建筑、建材为主的综合性企业，共有 15 名员工、53 名工人，且公司所属员工都参加了医疗、工伤等保险，有各类机械 14 辆，公司年销售收入在 300 万元左右，利润近 150 万元。

阔步弄潮，摸准市场脉搏占先机

无论身处顺境逆境，贡布多加总是及时总结经验，吸取教训，分析原因，每次都能做到在哪里跌倒就从哪里爬起来，而且不断扩大涉足范围，施展拳脚的天地也越来越广阔了。

在探索中，贡布多加看到了企业在带动当地群众增收方面的巨大作用。他在 2004 年，注册成立了丁青县海螺农牧民建筑有限公司，从刚开始只有 13 人的规模，发展到现在有 89 人，从刚开始从事简单的工程，到现在能承接建筑、桥梁各种项目，施工队成功带动多家农牧民家庭增加收入，不仅基本生活无忧，而且个个买上了运输车辆参与砂石运输，年收入较以前年年都翻了几番。

丁青小蓝青稞生长在海拔 4000 米以上的高原高寒地区，是当地极具知名度和独特优势的农产品。贡布多加敏锐地洞察到了其中蕴藏的巨大商机，在 2009 年成立了丁青县甘语仓特色农产品开发有限责任公司，致力于打造研发、销售为一体的纯绿色产品产业链。多年苦心经营下，公司规模的不断壮大，为保障公司产品的主要原材料小蓝青稞的品质，这几年，他在丁青县建立了 2000 亩地的示范种植基地，与周边地区农牧民实行土地使用权流转，合作模式实现土地流转规模化种植面积 4000 多亩。为最大程度提升农特产品的附加值及深加工水平，2016 年，贡布多加投资 4000 多万元，在丁青县筹建了一座年处理量 3 万吨的青稞杂粮食品加工厂，并与四川农业大学食品研究院合作，对青稞及其它农作物所富含的营养成分及功能开发进行科学的分析及利用。目前，已经成功申请到两项专利，产品远销 20 多个省市，在成都、天津等地设立了直营店。

随着事业的不断发展，贡布多加的思路不断开阔、眼光不断放远，为了收集信息，更新经营理念，提高经营手段，他购买电脑通过自学在网上收集市场信息，学习成功企业的经营理念。从中贡布多加深切感觉到信息和知识的重要性，感受到了网络对传统经营模式的巨大冲击，也捕捉到了其中的转型机会。2017 年 2 月，他带领甘语仓特色农产品开发有限责任公司工作人员定义产品价值，赋予产品应有的故事，通过了央视网商城严格的资质审核，成为央视网商城的优选品牌。经过网站商城媒体方式包装产品，他的公司实现了更便捷的网络推广，实现了品牌在电商平台更优化的打通，形成了独特的定位和更加多样的运营模式，他的事业也借助网络的平台走出昌都，走向全国。

致富思源，富而不忘回馈社会

"没有党和国家的好政策，也就没有我今天的成功，所以致富不能忘了国家，致富不能忘了社会。"他是这么说的也是这么做的，他每年都如实申报产额，上缴税金。仅2019年，他的四家公司共上缴税金187万元。

丁青县协雄乡协麦村村民鲁嘎带着三个孩子，生活特别困难。贡布多加知道后，就让他到自己的沙石厂打工，包吃包住，每个月工资3900元。一年后，鲁嘎省吃俭用攒了35000元，贡布多加就再给他借35000元，购买了自己的车，人车全部由厂里返租。这些年过去，鲁嘎的三个孩子长大成人，而且又购买了三辆车，成了乡里小有名气的富户。像这样，在贡布多加的帮扶下，贫困户变成富裕户的例子还有7、8家，他们年平均收入都达到了几十万元。

社会公益事业也是贡布多加一直热心参与的一项事业。他长期以捐资助学、精确扶贫等形式回馈社会。2014年，他创立了甘语仓助学助困基金，每年拿出3万元钱在当地小学里挑6名贫困的优秀生进行资助。各类捐助累计达100多万元。

为了带动更多的群众脱贫致富，2016年，贡布多加申请500万的三农资金贷款，与当地上百家农户达成土地租赁合作意向，同时返聘农牧民参与种植与管理，公司再按质量等级，高价回购所产农作物，农牧民参与分红模式进一步开发和流转土地。通过三重模式，农牧民的收入有了更进一步的保障，其中仅土地流转一项，就每年让农户增收近 200 万元。

贡布多加各方面的出色表现受到了社会各界的认可和广泛好评。2008 年他被自治区工商局、自治区个体私营协会授予"自治区诚信私营企业荣誉称号";2017 年，他的公司评为昌都市农业产业化龙头企业，同年他个人获西藏自治区首届"优秀社会主义建设者"称号，2018 年被评为自治区"民族团结进步先进个人"。

面对未来，贡布多加说，市场对谁都一视同仁，打铁需要自身硬，今后要一如既往地坚持"诚信为本、服务于民"的经营宗旨，进一步扩大生产规模，引进先进设备，创新工作机制，在不断壮大自己企业的同时带动更多的群众走向致富之路，为如期实现小康贡献自己的力量。

笔者手记：成功也许就是不走寻常路

如今大学生创业并不是什么新鲜事，可是在二十年前，大部分昌都人的概念中，读过书而且是名牌大学的毕业生，唯有进入政府部门才算走上了正途。可想而知，贡布多加想"不走寻常路"，当时要顶着多大的压力才能实现。但是他用勇气和毅力，做到了并且坚持了下来，从一条崎岖窄路越走越宽，最终走上高速，行驶在康庄大道上。

他的经验对我们如今的年轻大学生有很强的借鉴意义。应该说，创业，首先在一个"创"字，最需要的是敢想、敢试、敢闯、敢为人先的勇气。当前，市场变化万千，为创业者创造了无穷机会；新的行业层出不穷，为创业者开拓了广阔道路；而且，各级党委、政府连年出台优惠和扶持政策，为创业者提供了良好平台。我们知道，对创业者来说，"条件具备"永远只是相对的，从不会有万事俱备的那一天。很多事情，往往是干起来才具备条件，如果一味等具备条件再创业，那就意味着永远也干不成。今天的大学生在知识和文化方面具有明显优势，如果都能够像贡布多加一样，将所学的知识和实践相结合，敢闯敢试，坚定创业信念，拿出不畏困苦、愈挫愈勇的韧劲，敢闯、会闯、科学地闯，一定能在创业路上越走越远，有大作为。

为了父亲的嘱托，让洛宗糌粑香飘万里

洛隆糌粑加工厂厂长泽仁顿珠

王玮　夏怡雯

泽仁顿珠介绍糌粑加工工艺

走进洛隆县城孜托河畔的糌粑加工厂，一排既宽敞又整洁的厂房映入眼帘，炒熟的青稞香味迎面扑来。

洛隆糌粑加工厂厂长泽仁顿珠，1977年出生，他年轻、热情、充满活力。

泽仁顿珠从事食品行业是受父亲的影响。他父亲原来在昌都食品厂任生产车间主任。老一辈食品人那种诚实和纯朴，对食品品质和口碑的严格苛求，现在都传承到泽仁顿珠身上。对质量和信誉的追求，使洛隆糌粑加工厂的产品保持了香甜的口感，深受百姓和市场欢迎。

2010 年，洛隆糌粑加工厂获得了"洛宗"商标注册和"洛宗"糌粑产品 QS 认证，"洛宗"糌粑已成为洛隆特色产业的一张响当当的名片。

泽仁顿珠带着父辈的嘱托，积极开拓市场，不断研发新品。虫草糌粑、青稞挂面和糌粑饼干等高附加值系列产品已经成为洛隆糌粑加工厂的拳头产品。在他的带领下，洛隆糌粑加工厂从一个只有 8 名工人、一套清洗设备、年产 5 万斤糌粑面、年产值不到 20 万元的小厂，一跃成为拥有三套全自动生产设备、年产 80 万斤糌粑系列产品、年产值 300 多万元、占地 2000 平方米的集水磨加工、糌粑文化展示等一体化的糌粑厂工业园区。

产品质量是生命线

藏族俗语说："论眼前的口福是甘蔗甜，可过日子还得指望蜜一样的糌粑。"糌粑是由生长在青藏高原的青稞干炒磨制而成，是藏民族千百年来的传统主食之一。洛隆糌粑加工厂始建于 2006 年，采用传统工艺水磨和现代工艺相结合的方式制作出的白青稞糌粑，因其口感松软、香甜，深受老百姓的喜爱。

泽仁顿珠 2008 年从陕西咸阳西藏民族学院企业管理系毕业，分配到洛隆县糌粑加工厂工作。当时的糌粑加工厂只生产糌粑面一种产品，年产量约 5 万斤，年产值不到 20 万元，厂里只有一套简易的清洗青稞的设备和 4 台水磨。那时全凭工人手工翻炒青稞，炒制车间气温高达四五十度，工人很难忍受。由于夏季天气太热，工厂只在早晨开工。

泽仁顿珠到厂后，用3个月时间学了质检，开始加强质量控制，确保糌粑产品口感和质量的稳定。父亲对他的期望很高，专门到糌粑加工厂，既探望儿子的生活起居，又察看儿子的工作环境，以他从业38年的丰富经验，给儿子一些细节上的指导，比如注意员工个人卫生、提高员工个人素质等，根据父亲的建议，泽仁顿珠制定了糌粑加工厂员工必须遵守的细则。从细节着手，保证产品质量。父亲叮嘱他：质量和信誉，这是食品企业的生命。

担任副厂长以来，泽仁顿珠专门抓生产质量，每一批糌粑出厂都要经过严格的检验和抽验。2010年9月，糌粑加工厂获得了"洛宗"商标注册和"洛宗"糌粑产品QS认证。在旧西藏，县被称为"宗"，"洛宗"就是洛隆县。现在，"洛宗"糌粑已经成为洛隆特色产业的一张响当当的名片。

父亲的嘱托刻骨铭心

泽仁顿珠小时候，经常到父亲当时工作的昌都食品厂里玩，特别喜欢看工人们生产各式糕点、杂糖、饼干、月饼和生日蛋糕的过程。比如杂糖需要工人手工切割，工人们长年手工操作，一刀下去，切块大小相差无几，就像用尺子和称量称过。在一个大桌子上，每个人都有切杂糖的固定地方，长年累月，每个人的工位都成了凹槽。

有时候厂里会炸一些藏式油炸面食，看似简单的小食品，其实对刀功、翻炸、火候方面的技巧要求很高。厂里还酿造酱油、醋和青稞酒，是从内地学来的技术，在店里都是散装卖，他觉得酿造过程特别神奇，在这种潜移默化的熏陶下，他对食品行业非常感兴趣，立志今后要接父亲的班。

泽仁顿珠的父亲，在食品加工行业干了38年，是个"老食品人"，现在已经退休15年。他的年龄虽老，有些思想观念却很超前，比如在食品生产方法上总是求新求变。他年轻时去内地学习了3年，回来之后就在昌都食品厂扎根下来。父亲亲手制作的豆粉、汤圆粉都要排队买，过年前根本买不到。父亲总挂在嘴边的一句话是，食品质量好，才能销路好。这是他三十多年的从业准则。

对于泽仁顿珠选择去洛隆糌粑加工厂工作，父亲既对儿子从事自己的老行当感觉欣慰，又替儿子感到责任重大。父亲总是说："我们老两口身体都好，不用担心我们，要把全部精力投入到工作上。"在父亲的鼓励下，泽仁顿珠参加工作以来，一次都没有休过假，几乎每年过年都在厂里的值班室度过。

创新高附加值产品

泽仁顿珠介绍，青稞，一般分为白青稞和黑青稞，脱皮前白青稞颜色越白，黑青稞颜色越黑，籽粒越饱满，品种就越纯正。白青稞和黑青稞在口味上有一定区别：黑青稞糌粑略带咸味；白青稞糌粑口感香甜，不带咸味，而且青稞味道保持更久。

洛隆县山清水秀，土地肥沃，是全区的商品粮基地县之一，素有"藏东粮仓"之称。但是种植"白青稞"的农户却不多。加工厂采取"工厂＋基地＋农户"的生产经营模式，实行专业化和标准化生产，与6个乡（镇）的1000户种植户签订白青稞收购合同。2014年工厂收购了90万斤白青稞，其中收购的优质白青稞价格均高于市场价0.8元，使青稞种植户额外增收64余万元，这样既能提高老百姓种植白青稞的积极性，又给他们增加现金收入。

在做大做强白青稞糌粑的同时，2011年，糌粑加工厂自主研发的虫草糌粑还获得了国家知识产权局发明专利证书，并与四川大学合作引进了糌粑饼干、青稞挂面等新产品，同时将炒青稞、白青稞糌粑分为高中低三个档次，丰富了产品种类。随着市场不断开拓，2019年糌粑加工厂生产水磨糌粑30万斤，创造产值150万元。特别是糌粑、饼干和青稞挂面这些高附加值产品的推出，使加工厂产值有了大幅提升，比 2018 年多了 100 多万，仅此三种新产品就创造产值 520 多万元。由于产品供不应求，年底厂里实现零库存。

2019 年，截至笔者采访时，糌粑加工厂已收购白青稞 135 余万斤，使 510 家青稞种植户额外增收 41 万元，平均日产水磨糌粑 3000 斤以上，产量达 40 万斤，产值达 160 万元，创利润 40 万元。预计全年生产各类产品 110 余万斤，年产值达 610 余万元，创利润 150 余万元。

糌粑加工厂不断做大做强，泽仁顿珠没有忘记积极帮扶当地贫困的农牧民群众。他刚到加工厂的时候，厂里仅有 8 个工人，而现在发展到 43 名员工，加工厂增加的工人基本上全部来自各乡（镇）贫困农牧民，目前已经解决了 38 户贫困户就业，今年力争再解决 5–10 名户贫困户的就业问题。

现代设备助规模发展

2014 年，在政府的帮助下，投资 1000 多万修建的集水磨加工、糌粑文化展示等一体化的糌粑厂工业园区建成。新厂房有了，糌粑加工厂计划从四川引进青稞炒制设备，扩大生产规模，但是跑遍国内几大厂家，都没有现成的设备，只能由厂家派出专业人员根据需求共同研发。青稞炒制是保持糌粑良好口感的重要环节，过去的炒制方法是青稞加上沙子一起翻炒，以保持温度的稳定，炒好后筛掉沙子，放在皮口袋里，用木棒反复捶打脱皮。新引进的设备能不能实现青稞炒制的要求？没有现成的经验可循，大家心里都没有底。

设备安装好，刚试运行，问题就来了。第一批炒出来的青稞不熟，泽仁顿珠带领技术人员查找问题，发现设备是按照内地炒制芝麻的程序设计的，达不到炒青稞所需的温度；经过调整设备，第二批青稞炒出来，又出现了新的问题，青稞受热不均匀，有的不熟，有的炒糊了。他坚守在机器旁，茶饭不思，苦苦思索，第三天终于想出解决办法，在设备进料口加装螺旋形装置，一举解决了进料不均匀的问题；第三批青稞炒出来，又出现了全部炒糊的情况。泽仁顿珠想，过去炒青稞要加入沙子，可使青稞受热均匀，还防止过快散热，保持温度，为什么不加入沙子试试呢？这一次，加了沙子炒出的青稞大获成功。而且技术人员发现，炒制青稞过程中加入沙子，还更节电，沙子经后续工序筛除后，还可以重复使用。

历经半年的反复调试，青稞炒制设备终于上马。以前人工最多每小时炒制50斤青稞，现在1小时能炒制500斤青稞；以前人工炒制，青稞炒"开花"程度只有60%，而机器炒制"开花"率高达90%；比起传统脱皮方法，机器脱皮既快又卫生。在炒制设备成功的鼓舞下，厂里随后引进了青稞挂面制作设备，1天可生产3吨挂面，还引进糌粑饼干制作设备，1小时可生产200斤饼干。三套设备共投入190多万元。

伴随着生产规模的扩大，泽仁顿珠把视野扩展到更广阔的市场。2014年昌都农产品展销会上，"洛宗"系列产品不仅拿下两项大奖，而且带去的价值几十万元的产品全部销售一空，在2019年的茶马艺术节上荣获产品创新奖。青稞，这一在青藏高原生长的古老物种是高原人民生活的必需品，由它制成的各种食品因含糖量低、营养价值高等特点也正在得到内地消费者青睐。泽仁顿珠计划，下一步将在拉萨、成都、北京等地设立销售网点，将西藏的特色产品推向更加广阔的市场，让"洛宗"糌粑香飘万里。

笔者手记：老一辈精神要传承下去

泽仁顿珠谈到父子两代食品人的理念时说："父亲那一代人看重的是质量和诚信的坚守，在我心中，那就是一座座丰碑；我们这一代人的长处在于，善于引进科学技术，能开拓市场，懂企业管理。父辈坚守的质量和诚信是企业生存的根本，没有根本，何谈开花结果，何谈企业的发展。"

民以食为天，为消费者提供安全放心的食品，是食品生产经营者最基本的职业道德，"三聚氰胺牛奶""毒大米""地沟油"等等，无一不是生产经营者趋利忘义的结果，这些食品损害消费者利益，危害人们健康。泽仁顿珠在父亲的教导和鼓励下，始终坚守确保安全食品的信念，始终不忘应该承担的社会责任，这种精神值得人们点赞。

企业要承担社会责任，坚守社会道德的底线。作为生产者，忽视最基本的社会道德，没有底线，没有信誉，最终会失去消费者的信任，损失巨大的利益。但作为一名食品企业经营者，需要这种老一辈食品人认真实在的精神。只有这样，企业所生产的产品才能更加吸引人，才能让食品行业更加完善，为社会生产出健康放心的安全食品。

一位普通创业者的不渝初心

八宿县民族工艺服装加工厂总经理洛松群培

杨青曲珍　　洛桑旦增　　魏健楠

洛松群培裁剪传统花样

　　充足的光线、开阔的空间、整洁的环境，几十台缝纫机分成三列整齐排开，这是笔者在八宿县民族工艺服装加工厂里看到的场景。

　　这座工厂的前身是总经理洛松群培于 2012 年创办的邦达镇合作社。五年时间里，他依靠各级政府的扶持和自身坚持不懈的努力，把合作社变成了集就业、培训、销售等功能于一体的服装加工厂，并且年产值达到 300 余万元，带动当地 40 多户贫困群众脱贫，用实际行动坚持他在创业之初树立的信念"要尽自己所能帮助更多的人。"

创业：只为反哺社会

1975 年出生的洛松群培曾经是一位职教班美术老师，在任教 14 年后，突然决定创业。"因为小时候家里非常困难，受到了不少人的帮助，所以现在，想要通过自己力量，争取帮到其他人，对社会有所回报。"他说。

于是，他开始四处筹集资金和寻找场地。首先向所有的亲戚、朋友和同事集，五千、一万、两万……有多少集多少，终于集到了 50 多万元的启动资金。交通部门得知他准备组建合作社，帮助贫困村民创业增收，主动给他们提供了邦达镇道班空置房间做厂房。合作社建了起来，他更忙碌了，每天奔波在往返各单位、各县去拉订单、跑业务的日子，从第一笔做校服的订单获得肯定，做民族服装、做演出服……各种订单慢慢地多了起来，业务逐渐步入正轨。

2014 年，八宿县工业园区落成。为了扩大规模，让更多的群众从中受益，在县领导的鼓励下，洛松群培落户到园区内，投资一百多万购买设备，在占地近 6 亩的厂区里，成立了民族服装加工厂。工厂的工人从最初的十几人，一下增加了几倍；业务从最初的单纯服装加工，开始加工配饰挂件、各类帐篷等，设备从最初的几台人工缝纫机，变成了几十台电动缝纫机同时工作。

已经年过花甲的庞秋，是厂里最老的员工，从成立合作社时就跟着洛松群培打工，现在已经是做衣服版的师傅了，包吃包住外每天有 160 元的工资，"自从在这里打工，生活一年比一年好了，三年前还给家里买了一套新房子，我对现在的生活非常满足。"他说。

"我们公司现在有 47 名员工，全部都是建档立卡贫困户，有 12

名残疾人，正式员工每天的工资在一百元以上，年人均收入可以达到5万元左右。"罗松群众自豪地告诉笔者。

发展：必须要充当多面手

25岁的巴桑，眉清目秀、手脚麻利，却因为是聋哑人，又没有上过学，一直没有找到就业机会。经驻村工作队推荐，不久前她来到洛松群培的厂里学习技术。巴桑用手语跟我们交流时，洛松群培充当了"翻译"的角色，他告诉笔者，因为他这里有不少像巴桑这样的学员，所以留心学了些简单的手语，以便教他们学习技术时容易沟通。

在样品展示间，我们看到各类成品五花八门，整齐摆放和挂在架子上，但细看都无一例外地针脚匀净，做工精细。这是洛松群培对工人制作产品的工艺要求，他经常会充当"质检员"的角色，不时对加工好的产品进行抽检。他说："工厂的效益决定了发展程度，现在人们的生活好了，对物品的质量也开始讲究了，只要我们把控好产品的质量，价格上也相应地有所提高。"

传统工艺最大的缺陷就是款式保守、穿着欠舒适。因此，美术功底深厚的洛松群培在注重品质的基础上，借着到成都、拉萨等大城市考察的机会，经常留心观察街上流行、时髦、别致的服装，回来后结合传统进行改良，亲自设计服装样式当好"设计师"。"和传统的板式衣服相比，改良后的衣服销售得好得多，一件改良后的藏式斜襟衬衣每件能卖到两百元。2016年参加第二届三江茶马文化艺术节时带了一百多件参展，几天就销售一空了。"洛松群培颇有心得地说。

当然作为"绘画师"的本职并没有丢弃，洛松群培兴奋地介绍说，各式帐篷中，装饰了传统手绘图案的价格也水涨船高，比没有图案的高出两到三倍。"现在制作帐篷，可以根据顾客喜好可以选用祥麟法轮、喷焰末尼、瑞兽勤古、吉祥八宝、轮王七宝、八吉祥物等图案，价格可以卖到 1.5 万到 7 万之间，也是我们的主要销售收入之一，半年已经做了八顶的订单。"

未来：要让更多的人加入

对于已经取得的成绩，洛松群培并不满足，他将目光投放到更远的市场，准备再拓展更多的业务，向乡亲们提供更多就业岗位，多帮助几个家庭改善生活。

2017 年，洛松群培不但成功注册了"察瓦岗"商标，而且通过政府扶持和自筹资金，专门装修了专用厂房、购买了绘制商标用的新设备。

那是一座位于厂区东头、200 多平方米的房间，刚被铺上了强化地板，专门定制的 60 厘米宽、80 厘米长的制作台上摆放着 24 台电脑绣花机，每台机子上的 12 个针头各对应着 12 种色号的线，正在静静地等待着操作人员的一声号令。洛松群培非常自信地说："已经派技术人员到厂家去学习技术了，不久以后，只要我们能想得出来就没有做不出来的。"预计不久，消费者就能在市场上看到绣有我市第一个自主品牌的服装商品。

说起未来的发展计划，洛松群培踌躇满志。为此，他去了制作哈达的基地邛崃，做了为期 15 天的考察，为下一步开展制作哈达业务做好了准备。"目前全区只有拉萨有一家制作哈达的工厂，市里的哈达都是从青海运进来的。"对前景，洛松群培非常的乐观。"项目预计投资 300 万元，已经被列为市十三五重点产业扶贫基金项目，很有希望通过自治区审批。"

笔者采访时，附近朱巴村的驻村工作队到这里来想送几个送村里的贫困户到这里学技术，洛松群培当即拍板表示同意接受试学。罗松群培说，能够接纳这么多的人在这里学技术，主要是工厂作为县里的重点扶持龙头企业，政府在各方面都给予了大力支持。"这里的每位学员每天都有人社部门划拨的 80 元培训金，其中包括 40 元住宿费、20 元生活费外、20 元补助。学成后政府还给每人送一台缝纫机和一把剪子。"

2016 年，洛松群培还得到了 800 万的政府贴息贷款，"现在的政策这么好，只要老百姓肯干肯努力，政府就会尽全力支持，但是在扶上马后，我们要尽量自己撒开蹄子，不能老是向政府张口伸手啊。"因此，洛松群培说在未来五年内，一定要把加工厂建设成集生产、研发、展示、销售为一体的工艺品和藏东民族特色服饰供应基地，至少带动帮扶当地 47 户建档立卡户，促进 30 多名群众就业。

从洛松群培身上，我们可以看到在政府的扶持下，我市无数基层创业者孜孜以求和不屈不挠地向前行进，也看到了在他们的影响和带动下无数群众不断改变贫困现状。

笔者手记：给予可以是自身价值所在

因为幼时困苦的经历，尤其懂得贫困让人觉得压抑的难堪；接受过旁人的帮助，尤其懂得帮助对绝望中的人们的意味。这两种感受的作用下，罗松群培不断地提升自我、修炼自我，让自己不断变强变好变富裕，不仅让自己从此摆脱少年时困窘的阴影，更让自己有能力帮助更多的人，通过自己的付出使他们不再遭受相同的痛苦。这既是一种对自我的激励，也是对社会的回馈，更是精神最高层次自我实现的追求。

泰勒·本沙哈尔曾说过："帮助别人越多，自己就越开心；自己越开心，就越容易去帮助别人。为别人带来幸福，就是帮助自己带来意义与快乐。"如何让生活过得更好，如何过有价值的人生，如何生活得更有趣？罗松群培为我们做出了自己的解答，他把成长的过程中物质的缺乏也好，精神的磨难也罢，最终都化成生活馈赠的滋养，让心灵更加善良和柔软，让性格更加坚韧和顽强，让意志更加坚定而果毅。我们也可以学习他那种积极的生活态度，在漫长而短暂的人生中，不一定心怀伟大的梦想，不一定要做出惊天动地的作为，只要让自己也通过帮助周围的人，为看到他们幸福快乐而幸福快乐，成为一种实现自我价值的有效途径。

他和他追逐的百季梦

葡萄与葡萄酒学博士高捷

杨青曲珍

高捷

一个人至少拥有一个梦想，有一个理由去坚强。
心若没有栖息的地方，到哪里都是在流浪。

绚子《梦想》

前往芒康县纳西乡采访葡萄基地发展建设情况，迎面走来一个人：大胡子，大高个，一套橙色的运动服，上衣的帽子套在头上，双手放在裤兜里，说起话来慢条斯理、抑扬顿挫。经人介绍，居然是藏东珍宝酒业有限公司总工程师、总经理、葡萄和葡萄酒专业博士高捷。这让我们有些意外，他身上那股傲气更像是一个运动员或者艺术家所应有的，与那些头衔很难联系在一起，更与之前的很多采访对象有些不同。笔者简单说明来意后，高捷二话没说直接领我们去了基地，这反而让我们对他产生了浓厚的兴趣。

"真的可以干一番"

纳西乡平均海拔2900米。四月份了，春暖花开的季节，澜沧江两岸的山坡只有山顶上有些树，山腰和山下却只长着零星的灌木。正是这样一个特殊地貌特征，在七年前吸引了高捷前来创业。

2000年的时候，高捷从云南考到西北农林科技大学读本科，毕业后保送读硕士、再保送读博士。2009年，正在读葡萄与葡萄酒学博士的高捷认识了前来进修的芒康青年洛松次仁，在教学和交往中形成了亦师亦友的私交。有一天，洛松次仁跟高捷说他想建一个葡萄酒厂，高捷马卜就否定了这个想法。"当时我想啊他这个水平不可能，有些学了几年的人都还干不来呢，何况他才学几个月。"

架不住洛松次仁的再邀请，高捷勉强答应先到芒康看一看。开始，他只是抱着旅游玩一玩的心态来的，但是一脚踏上了这片土地，向四周一望，高捷的兴致就来了，首先这里地处干热河谷地带，属于高原温带半湿润性季风型气候，光照充足，干燥、通风却又不缺水，在这样的气候优势下种葡萄，可以整个生长周期都不施任何农药和化肥，是世界上酿制高品质绿色无污染葡萄酒的一块绝佳环境。

内地专业博士来到藏东小村镇，自然受到了洛松次仁家人和邻

306

居的热情款待。在交谈中，高捷了解到当地酿红酒饮红酒的习俗也有几百年历史了，相传是十九世纪中叶法国传教士带来葡萄籽和著名葡萄酒"波尔多"的酿造技术的。"这里有独特的生态环境，有群众酿酒的技术基础，有深厚的文化底蕴，有老百姓酿酒饮酒的习惯，我发现这里还真的可以好好干一番"当洛松次仁再次提出一起创业的想法，高捷立即同意，并且毅然放弃内地的学业和教学工作，一头扎到了芒康。

谈起当初的决定，他表示博士阶段大部分做的是高水平的研究、发表 SCI 论文、做顶层设计等，在芒康考察一段时间后，深刻认识到理论与实践不能脱节，而且其中实践更为重要，尤其是农业生产研究上，生搬硬套的方法行不通，如果能从土地里拿到认可，才更有意义，才是他真正所渴望的，他觉得他的潜力应该在这片土地中去发掘。

"什么工作他都干过"

到了芒康，高捷从实验、加工、管理各个环节，一步一步稳扎稳打地干起。他发现洛松次仁收购的原盐井青稞酒厂设备简陋，还停留在很低级的作坊式层面上，有必要把这个推到工业化、现代化葡萄酒工艺的高度。于是，高捷加紧策划和推进规范化管理，建立起了实验室、生产车间、包装车间，通过了国家食品质量安全ＱＳ认证，注册了公司，建立了"企业＋协会＋基地＋农户"的经营模式，一系列的动作为公司长远发展奠定了坚实的基础。到 2013 年，带动当地群众种植酿酒葡萄 2500 亩，葡萄酒产量达 100 吨，年产值达 1000 万元。工厂生产的酒无论是产量还是品质都得到了飞速的提升，好评如潮、供不应求。

这些成绩只是别人眼里的辉煌，对高捷来说，且不说初到陌生环境里的不适应，不说对远方家人的挂念，不说遇到课题研究瓶颈时的困惑，单是生产过程中遇到的琐碎问题就够他应对的。"电焊工、种植师、酿酒师、企业管理、司机、后勤、员工心理辅导、招聘人员，什么工作他都干过了"从湖北武汉前来和他一起做实验的华中农业大学李博士笑着对笔者谈起高捷创业初期的情况，"有一次他还差点被果农们打了"。工作人员解释说，这是在收葡萄的时候，果农不了解具体情况，产生误会才引发的。原来因为海拔高度不同，每年，河谷下面的葡萄成熟得要早些，上面的葡萄成熟晚些，如果一同采摘，做出来的酒的口感就会受到影响，于是，公司就从低海拔往高海拔慢慢采收。这样暂时没收的农民就急了，怎么解释也说不通。还有时公司根据葡萄的品质，收购价格略有区别，也会引起农民不满，为什么收我的是五元一斤，而收他的就五元五一斤。"这些都是源于葡萄种植户对制酒工艺的不了解，需要我们长期沟通、理解、融合。"高捷满不在乎地说。

在规模100亩的葡萄基地里，种植有赤霞珠、西拉、夏黑、烟七三、玫瑰蜜、水晶等七、八个品种，共300多株葡萄。笔者看到这些葡萄因为品种不同，长势迥异，有些早熟种苗木开始发芽，有红，有绿，有些刚刚冒起来，有些却只有光秃秃的枝干，还没醒过来，反而是为了改善土质种下的草籽，开出白色的小花更加引人注意。高捷说，这是因为这些葡萄既用来制酒用，也有带些研究性质和示范性质的，所以生长情况和管护方式也完全不一样。这些不同品种的葡萄有的香气好、有的口感好、有的颜色好，各有特点也各有用处，其中有些用来酿酒、有些用来染色，有些用来提味，像是炒菜时要放的各种主辅料。

在基地，我们看到一大堆黑色的土，里面有不少果梗和葡萄籽。据高捷介绍说，因为公司和当地群众签了合同，规定果农有多少工厂就收多少的。所以每年会有不少品质不佳的葡萄被挑剩，他就组织工人把它们重新堆到地里，发酵后和着牛粪腐熟了作为堆肥留着以后再施到地里，对这样的循环利用，高捷用了一句简单的话"只取走我们要的，不要的返回到地里，重新回归自然。"

"要耐住性子，慢慢来"

经过多年的耕耘，到 2015 年，高捷所在的公司生产能力达3000 吨级，年产葡萄酒 100 吨，厂房占地规模达 30 多亩，年葡萄容纳量 6000 吨，与农民签约种植葡萄面积达 2500 亩。看着公司逐渐发展壮大，业务也已经走上轨道，高捷开始在酝酿更大的计划，向他的百年梦想进军。

高捷说一个土壤里吸收的元素不一样就会呈现不同的特征，世界上最著名的葡萄产区有些属于河谷、有些属于高山、有些属于沙漠戈壁，各有各的特色。他现在最大的目标是把这个产区的葡萄酒特征凸显出来，把只有这里的土地才有的特征物质检测出来，找到这里独有的产区风土和酒类基因图谱。但是其中的微生物、酚类物质、品种的适应性……各项研究需要系统的数据来支撑，光靠一个人是没有时间和精力完成的。未解决面临的最大问题人才短缺问题，他正在通过和内地的老师、同学、朋友联系沟通，邀请他们带着学生前来或派研究生来跟他一起检测、记录、实验，一起进行专业研究。

前来做有机葡萄酿酒栽培实验的李博士就是被邀请高捷邀请进来的。他和高捷是大学本科、硕士、博士等学历下来十几年的同学，两人站在一起，一黑一白反差鲜明。李博士非常健谈"高捷一直坚持天地人合一的理念，如果能把他的专业理念贯穿到所有栽种的葡萄上，就一定会生产出世界顶级的葡萄酒。为此，他想在这里奋斗一辈子，把自己的人生价值体现在这里。"

谈到预计多久能让世界了解芒康的葡萄酒，高捷说只有具备产品、规模、市场、宣传等各方面的元素才能让世界了解你，"西方的葡萄园随便哪家都是几百年，中国才多少年啊，不能急，尤其是农业的事，要耐住性子，慢慢来，在这个过程中完全急不得。"在高捷漫不经心得有些散漫的外表下，是一个沉稳、不浮躁、耐得住寂寞的性子。"一百年顶多冒个泡"他最后半开玩笑半认真地说。

带着对葡萄和葡萄酒的痴迷，高捷在他认定能实现自身价值的地方扎下根，并将毕生研究和所学投入其中，不久还要将妻儿接来筑巢为家。这时我们刚开始的疑惑已经得到了解答，看懂了他在这个喧嚣的世界中沉静的表情。

笔者手记：梦想必须扎根泥土中

一位博士被一位刚认识不久的朋友硬拽到了一个陌生的小村镇。这个村镇名不见经传，而且无论是生活学习、课题研究，还是发展空间，各种条件都无法和他曾经生活过的任何一座城市相比，却在一番实地考察后，意外地发现正是他追寻已久的土地。他立即作出决定，回程辞别家人后，正式踏上那片土地扎下根来。从此，他一心耕耘和付出，准备倾尽一生积累的知识，在那片土地上播种希望和梦想。在把梦想转化成实践成果的过程中，他遭遇了挫折和打击，也收获着喜悦和感动。

"和土地打交道，周期必然会很长"博士高捷说。笔者觉得他对自己目标的明确性、付诸行动的果决很难得，但是最难得的还是，他并没有制定要在多长的时间内实现什么目标的具体计划，而是在满怀期待的同时，做好了不急于求成的打算，仿佛已经养出了和那片红土地一样沉得住气，耐得住寂寞的气质。

诚然，收获梦想是一个漫长而曲折的过程，我们只有做好充足的心理准备，攒够绝对的耐心和韧劲，才能在接受它的试探和考验时，做到包容它各种情绪化的不辞而别，抵挡突如其来乱我所为的外界行拂，应对自我随时可能出现的内心波动，最后顺利抵达遥远的彼岸拥抱梦想。当然，也只有这样，我们才能在抬头眺望远方天际时，保证梦想的一角能够深深地扎在土里，不会飘向虚无缥缈的天尽头，才能在我们挺胸握拳风雨前行时，保证仍能够脚踩厚实的大地，一步一步、不偏不倚、不慌不忙地前行。

从"卖货郎"到共同致富带头人

贡觉县夏龙绿色农畜产品合作社经理巴鲁

王玮　夏怡雯

巴鲁和他的青稞加工厂

　　"聪明的人从不等待机会，而是主动地寻找机会，抓住机会，把握机会，利用机会，只有踩在机会的肩膀上，才会取得更高的成就。调整好自己的心态，抢抓机遇，不放弃、不气馁，勤奋刻苦，踏实知足，用双手和智慧创造人生价值"，这是巴鲁时常说的一句话。

巴鲁，这个来自贡觉县三岩片区的康巴汉子，在昌都市举办的青年创业大赛中，在全部67个项目的激烈竞争中进入决赛，最终获得二等奖。他在群众中已经竖起一面致富带头旗，是当地群众学习的榜样。创业的成功，巴鲁收获的不仅仅是财富，更是广大农牧民群众的充分肯定。巴鲁说："自己的梦想就是带领乡亲们共同致富，同时也让贡觉既有营养又无公害的绿色有机食品走向更广阔的市场，更多的造福三岩的百姓。"

走南闯北卖货郎成了大老板

17岁之前，巴鲁从未离开过雄松乡，他每天在村子里放牛种青稞，看似波澜不惊的平静生活下，一个念头在巴鲁的心里生根发芽，渐渐长大。每当看到年龄差不多的同乡去拉萨、林芝闯荡，他那颗年轻的心就抑制不住地躁动，想去外面世界看看、闯闯。但是家里的男孩子只有他一个，按照当地的习俗，他必须留在家里。

巴鲁打定主意，没和家里打招呼，就搭上一辆开往拉萨的大货车，坐在车厢里来到拉萨。他找到在拉萨的同乡和亲戚，刚安顿下来，就开始学着做生意。他借钱从拉萨的批发市场进货，批发衣服、鞋子、卡垫、巴扎等商品，然后搭运木料的大货车去山南、林芝、日喀则等地交通不便的村子里卖。

搭车只能到主干道，到偏远的村子里只能继续走路。开始是和亲戚一起，后来就自己一个人去，每次都要背100多斤的东西，走上很远的路，虽然辛苦，但每次都能赚上两三千元，颇有成就感。后来，巴鲁买了一辆自行车，他把自行车托运到目的地附近县城，然后骑车去卖货。为了扩大生意，他还从乡村收购虫草，到拉萨转卖。

不久，父亲从贡觉追到拉萨，通过亲戚找到他，让他回家，家里人不相信他会做生意。巴鲁坚决不肯，父亲看他的生意做得有起色，能挣到钱，就自己回去了。

小本生意做了七八年，巴鲁渐渐有了一些积蓄，约五六万元，他已经不满足于小打小闹，开始盘算做更大的生意。1995年，他买了一辆东风货车跑运输。从昌都林场装木料，拉到成都，一趟要七八天时间，运费就是五六千元。忙时每月要跑两次成都，一次就要赚一万多元。他在成都购进大茶、大米、盐巴、啤酒、奶粉、胶鞋、电池等生活用品，然后运回贡觉县，他在雄松乡和罗麦乡开了两家商店，专门经销自己拉回来的内地商品。

当时跑运输的私车很少，除了去内地拉货，巴鲁也在自己的贡觉县各乡之间跑运输。开车是个辛苦活，雨雪等恶劣天气时行驶在山路上非常危险。有一次，他的车在妥坝乡的山沟里出故障，轮胎螺丝断了，他在原地等了两天，才遇到一位热心的司机，帮他修好车。

开始跑运输容易挣钱，后来开大货车的人越来越多，越来越挣不到钱。巴鲁把车卖掉，又回到拉萨做生意。这一次他再不是走村串巷的"卖货郎"，而是做起了珊瑚、天珠、虫草大生意，年收入达到几十万元。在他的支持下，父母新修了房子，他自己也在拉萨买了房，把3个孩子都送到拉萨上学。

随着生意越做越大，巴鲁也开始在全国各地考察，寻找新的商机。北京、天津、成都……他重点考察当地的特色产业，看到各地的特色产业搞得红红火火，比如茶叶产地的茶加工业，他看得越多，就越对三岩地区的农产品思考越多。贡觉县有丰富的绿色林下资源，有靠雨露滋润生长的青稞、荞麦、大麦，有新鲜醇厚的酥油……都是无污染的绿色食品，如果加以开发，一定会是个好生意。

30万元技术转让使厂子起死回生

2012年，巴鲁带着一腔的创业热情回到贡觉，包下了一家糌粑加工厂，成立了夏龙绿色农畜产品合作社。他说这是三岩人在做自己的项目，自己富起来还不够，还要让家乡人共同致富。

农牧民合作社的糌粑加工厂的厂房由东风投资援建，属于招商引资项目，巴鲁和合作伙伴接手时，厂里仅有两台机磨，一台手摇脱壳机，炒制青稞用的是柴禾，柴禾一车要五六千元，成本高昂，且全手工操作，产品没有那么精细，流程费时费力费钱，经营难以为继，厂里已没有一名工人。

巴鲁接手后，贷款100多万元，重新雇佣工人，更新生产技术，他从昌都、拉萨请专人制作青稞挂面、荞麦挂面，都失败了。配方比例很难掌握。面粉多了，没有青稞特有的味道；青稞多了，做出的挂面全部断掉。8个月后，巴鲁的合伙人撤资了，几次失败让合伙人觉得这个项目麻烦很多，即使成功了也没多大利润。

在接连的打击下，巴鲁没有气馁，他想，人争一口气，别人能做好的，我也一定能够做好。他把珍藏的三颗九眼天珠卖了，把其他的珊瑚和九眼天珠抵押贷款100万元，继续投入。

之前，巴鲁一直是乡里的榜样。他这样评价自己："我虽然没文化，但有超出常人的吃苦耐劳的精神。做生意时，我是做生意的榜样；开车跑运输时，我是开车的榜样；现在我承包了糌粑加工厂，既然选择了这项事业，就一定把这个项目做好。"

几经周折，他终于在雅安请到了会做青稞挂面的师傅，但师傅一张口就要30万元技术转让费，否则免谈。30万元，对于一家小企业算是天价，但是为了企业未来的竞争力和市场前景，巴鲁咬着牙答应了。

青稞挂面、荞麦挂面生产出来了，一推向拉萨、昌都市场就广受欢迎。现在，荞麦挂面每年销售12吨，青稞挂面每年销售10吨。

做大做强带来群众思想三大改变

一次，巴鲁去拉萨的一家糌粑加工厂参观，看到工厂里有一套全自动设备，他就千方百计打听到生产厂家，为农牧民合作社也订购了一套。新设备安装调试后，其威力很快显现出来：以前五六个人从早到晚能炒青稞2000多斤，现在1天能炒8000斤，只需3个人。由于农户把荞麦摊放在地上晒干，收购上来的荞麦往往掺杂了很多沙土。以前1人1天只能清洗200斤青稞，现在1天能洗1万斤荞麦。而且新设备比以前炒得更好，洗得更干净。

产量上去了，销售也跟上来了。夏龙绿色农畜产品合作社和县教育局签订了10年的合同，为学校"三包"每年提供200吨糌粑。2019年，年产值300多万元，年利润近90万元，新创造就业岗位44个，30多名来自贫困家庭的员工人均年增收达到3万元。

如今，农牧民合作社的主要产品已经由最初的两种，发展到糌粑、青稞挂面、荞麦挂面、獐子菌、松茸、小扁豆、酥油、虫草荞麦粉和核桃等9个品种。下一步，他们还打算生产藏香和大麦糌粑等产品。

同时，农牧民合作社向群众大量收购农产品，他们每年收购三四百吨青稞，收购价格比市场价高出10%；每年收购荞麦200多吨，青稞每斤5元的价格也高于市场价。这些都为当地农牧民带来每年近800万元的收入。

巴鲁带领下的夏龙绿色农畜产品合作社，不仅直接给当地群众带来现金收益，更主要的是带来了"三个改变"：改变了当地群众自给自足的农业思想，改变了当地群众"等靠要"的懒惰思想，改变了当地群众以牲畜数量论财富的传统思想。

由于工作突出，巴鲁获得了各级各类奖项。在荣誉面前，巴鲁计划在发展壮大企业的同时，进一步扩大合作社规模，更多的吸收贫困户员工，与普通农牧民群众心连心、同呼吸、共命运，始终把群众的利益作为发展的原动力。巴鲁说："合作社就是一个大家庭，兄弟姐妹的日子好了，这个大家庭才会更好。"

笔者手记：新农村召唤返乡创业

拉萨是巴鲁的"福地"，他在这座城市里赚到了第一桶金，从贩卖小商品起步，到做起珊瑚、天珠、虫草生意，他的生意越做越大。但是，2012年，在城市打拼多年的他，背起旧时行囊，却踏上返乡创业的归程。

返乡创业，不仅是草根群体新的梦想的追寻，也是乡村社会新的发展的召唤。农牧区是一个广阔的天地。经历了大城市洗礼的农牧民，拥有宝贵的创业资源。他们带回来初步的原始积累、先进的市场观念和宝贵的社会资本，可以有更多的选择，有更大的作为。巴鲁，从当年拼劲十足的"卖货郎"，到今天做大做强的农牧民合作社，体现出农牧民身上蕴含的巨大创业创新能量，由此衍生出县域经济一个崭新的增长点。

返乡创业，更为新农村建设洒下了一片明媚的阳光。新农村建设，不仅是经济问题，而且是社会问题。农牧民背井离乡进城打工做生意，所期望的，不仅是经济收入的增加，贫穷命运的改变，而且是美好生活的创造，幸福家庭的建设。返乡创业对乡村产业的发展，对乡村文明的进步，对乡村社区的重建，具有重要意义。返乡的农牧民有寻梦的权利，农牧区的广阔天地，有的是圆致富梦的机会。

用教育和文化托起东坝乡的希望

左贡县东坝乡原乡长嘎松泽培

王玮

嘎松泽培

　　左贡县大山深处的怒江河谷里，有一片草木茂盛的开阔之地，四周都是光秃秃的高山峻岭，地形仿佛一朵盛开的莲花。东坝乡就位于这朵莲花的花蕊之处，传说文成公主到过这里。这里溪水潺潺，鸟鸣清脆，瓜果飘香，如陶渊明笔下的世外桃源一般。

　　71岁的嘎松泽培是东坝乡原乡长，他家在军拥村。村里树木繁茂，郁郁葱葱，远远望去，一座座藏式建筑掩映在绿树丛中。走进嘎松泽培家，我们立刻被雕梁画栋、纹饰繁复的外檐吸引住了。这座始建于1995年的三层藏式建筑历时12年才完工，当时是村里最漂亮的房子。走进二楼客厅，房间高大宽敞，门窗墙柱上雕刻、彩绘了花草等各种纹饰。雕工精细，色彩鲜艳，富丽堂皇，简直像官殿一样。我们在着迷和惊讶中坐下来，听嘎松泽培谈起东坝民居文化和传统商业文化。

茶马古道成就独特民居文化

　　嘎松泽培介绍，东坝乡地处怒江河谷，气候温暖湿润，海拔不高，物产丰富，素有"昌都小江南"之称。历史上东坝乡是茶马古道众多支线上的重要驿站。自古以来，村人便有经商传统。过去村里有5、6家大的马帮，每个马帮都有100多匹骡马，叫做"百骡帮"，往来于川、滇和昌都从事长途贩运。当地有这样的习惯：男人除了家里缺劳动力留在当地外，如不出去闯荡，会被人认为无能，所以东坝的大多数男人在外经商、打工、跑运输、做手艺挣钱。

　　在嘎松泽培小时候，他的爸爸和叔叔就常年在茶马古道上跑运输，从西藏运出的是鹿角、虫草、麝香、贝母；从云南运进的是茶叶、红糖、布匹等，每次往返都要两个多月，有时过年都不在家。他们在路上非常危险，不但路不好走，还经常会遇到杀人越货的强盗。正是这些跑马帮的人们，用挣到的钱购买了价值不菲的木材等建筑材料，修建了富丽堂皇、美轮美奂的东坝民居。

　　据说，八九十年前，一个家族名叫西绕的"百骡帮"老板旺堆罗布，从内地监牢里买下了4名有手艺的汉族囚犯，把他们带回东坝修建房子。漂亮的房子一经落成，就成了当地羡慕和效仿的对象。富庶大户纷纷照样盖房，渐渐形成了一种民居风格。

东坝乡的特色民居外观仿佛是一座宏伟的宫殿，庄严气派，建筑大气而不失艺术造诣。一般都是三层布局，每层高约四五米，底层堆杂物，农具等。二层正中为长方形天井，天井四周为走廊，走廊四周有大小不等的房屋，作为客厅、厨房和卧室。三层的前半部分是平台（二楼的房顶），后半部是经堂和卧室。院内有院坝、马厩、堆庄稼的小房。一般藏式民居两年就可以完工，但是东坝民居完全建成要花上十数年，雕刻和彩绘的工程量非常巨大，往往要投入上百万。

在茶马古道兴盛时，由于本地和云南、四川等地贸易往来频繁，也促进了西藏和内地民族文化艺术的交流融合，东坝民居借鉴并吸收了内地的建筑风格和设计技巧。比如倾斜的屋顶铺上了琉璃瓦，屋顶上卧着栩栩如生的双龙雕塑，建筑的内外墙体绘画装饰中，内地常见的仙鹤、花鸟、凤、金蟾等在这里都可以见到。屋内窗户相比一般藏式建筑要大很多，窗框的装饰雕刻也堪称精美。茶马古道，这条延续上千年的商贸通道，为东坝人带来了财富，而东坝民居作为古道上的历史遗存，见证了茶马古道的历史兴衰。

从苦难走向温饱的童年

嘎松泽培1945年出生于东坝乡军拥村，小时候家里特别穷，爸爸和叔叔常年在茶马古道上跟着大商人跑马帮，妈妈在家干农活。全家只有地主分给的一小块地可供耕种，还有一些果树。每年都要缴纳沉重的赋税，大部分青稞、水果都要交给地主，剩下少量收成供全家生活，日子过得苦不堪言。每年到了冬季就没有吃的了，只能找地主家借粮食。为了填饱肚子，最差的"索瓦糌粑"（一种给牲畜吃的饲料）有时候甚至连这个都吃不到。

家里有5个孩子，嘎松泽培是老大。东坝乡气候好，他很小的时候没有衣服穿，经常赤身裸体在外面玩耍。稍大一点，一年四季都穿羊皮袄，打赤脚。有时爸爸和叔叔从印度和内地带回来漂亮的衣服，孩子们就像过年一样高兴。全家都住在一栋特别小的土房子里，孩子们都挤在一起睡，旁边就是家里的牲畜：一匹马，一头骡子和一头黄牛。

在旧西藏，只有寺庙里的僧人能够学习藏文和经书。8岁那年，父母觉得嘎松泽培聪明好学，就把他送到家附近的苯教寺庙萨拉寺出家。寺庙的条件比家里好一点，需要家里准备僧袍和自己带糌粑，寺院提供茶。当时寺庙管理很严格，小和尚们难免嬉笑打闹，或者经文背不下来，都要被师傅狠揍一顿。师傅拿鞭子打，打得嘎松泽培屁股淤青，三四天都没法坐着和躺着。

1959年西藏民主改革推翻三大领主，寺庙不再享有巨大的权力。14岁的嘎松泽培还了俗，在民办小学继续学业，由于他有一定的文字功底，担任了班级的队长，可以帮助老师管理和教学。那时候，孩子们都上了学，家里分到了地，再也不用交重税，地里的收成足够全家人吃饱。渐渐地村里来了不少解放军借宿，他们会在东坝休息几天再继续赶路，解放军不拿群众一针一线，不打老百姓，还给生病的老百姓看病，送给老百姓一些药，还拿糖和肉给小孩子吃。当时老百姓有个说法："解放军是神。"

教师和会计工作细心讲原则

1964年，嘎松泽培毕业留校，开始了他的教师生涯。他喜欢当老师，不仅教书育人，还有一份稳定的工资收入，能帮助家里。当时他的爸爸和叔叔不再跑马帮，在家务农，果园里核桃、桃、石榴、葡萄等果树收成越来越好，家境慢慢好起来。家里拆了原来的小房子，盖了一栋3层9柱的大房子。

学校里只有两位老师，比他大的尊追以前是寺庙里的格西，现在他们一起当老师。两人还合写了一首《识字歌》，至今嘎松泽培还会唱，悠扬的歌声伴着深沉的嗓音飞扬："文字是文化的根，不识文字不算有文化的聪明人，所以一定要好好努力学习。"他们教学生唱这首歌，很快歌声就传遍了全乡各个角落。

嘎松泽培回忆，那时最难的事就是家长对文化重视不够，有的家庭孩子想上学，父母不愿意，他就挨家挨户去家访，找家长谈。他拿自己做例子："学知识很重要，我从寺庙出来就一直学文化，如果孩子有知识，就可以像我一样拿工资。以前小孩子普遍没有机会上学，一字不识，现在有了机会必须要学，学到知识才能走出大山。"

1970年，人民公社成立，有文字功底、会使用算盘的嘎松泽培被选中担任会计。人民公社的会计是很复杂且政策性很强的工作，负责记工分，分优良差三种，分别计分7分6分5分。有的群众勤勤恳恳干一天活，却分数很低；有的干活少，却分数高。作为会计，嘎松泽培认为有责任做到公平公正，他实地调查，核实分数和劳动量是否一致，这些做法受到了群众普遍欢迎，却也得罪了不少村干部。他说，当时有的会计整天待在办公室里，而他是有事在办公室做会计工作，没事就和群众一起下地干农活。由于他的会计工作既心细、接近群众，又坚持原则，不仅群众对他的评价很好，也得到了上级领导的肯定。

18年，为了共同致富的承诺

1982年，嘎松泽培开始担任乡长，此后他连任7届，一共干了18年乡长。从当上乡长的第一天起，他就立志"带领群众走上致富路"，但是当时乡里不通公路。"要致富，先修路"，嘎松泽培想尽办法修路，但是谈何容易，一无资金，二无劳力。恰好时任西藏自治区副主席的江措来东坝乡考察，抱着试试看的态度，嘎松泽培提出了修路的要求，没想到江措副主席爽快地答应了，给了东坝乡50万元修路资金。嘎松泽培把全乡劳动力集中起来，每人每天给5元工钱，发动大家参与修路。很快，一条联通乡政府和318国道的路就修好了。

后来，国家又追加投入20万元资金，把原来一车道的路加宽到两车道。如此一来，东坝乡的水果依靠骡马外运的历史宣告结束。说到东坝乡的水果，历史上就是"核桃、桃子、石榴、葡萄"老四样，市场价格不高。嘎松泽培经过市场调研，引进了内地的苹果、梨和三四种桃子新品种，增加了果农的经济效益。有2亩多果园村民，年收入能够超过2万元。

由于嘎松泽培当过老师，深知教育的重要性。当时全乡90多名学生挤在一个小校舍里读书，且只有小学一二三年级，他力主修建一所新学校。学校选址遭到了部分格瓦村民的反对，他们要求在规划学校的地方盖一座寺庙，嘎松泽培甚至遭到了人身威胁。在他的坚持下，拥有一至六年级的新学校"东坝乡中心小学"终于建起来了，170多名学生在此就读，开始反对建学校的村民观念也有了转变。现在，东坝乡的人们是出了名的重视教育。仅军拥村就出了75名大学生。很多家长为了子女上个好学校，不惜让孩子到昌都和拉萨上学，父母不辞辛苦远赴异地陪读。

2002年，嘎松泽培退休。1982年他上任时，东坝乡人均年收入只有200多元，在左贡县处于经济社会发展较差的乡。他离任时，人均年收入已达近2000元，在全县排名第二。退休后，除了宣讲党的群众政策、新旧西藏对比外，嘎松泽培还在思考东坝乡如何才能全面建成小康社会的重大问题。他想，别的地方可以挖虫草、挖药材，东坝乡虽没有这些资源，但是有自己的传统文化民居文化和传统商业文化，将来可以立足于此发展旅游。他四处搜集了东坝民间传说，并把这些故事整理成书，他说，这是让下一代传承东坝文化的最好方式。

笔者手记：小乡村可做文化旅游大文章

"东坝"藏语即富强兴旺的百姓之意。漫步东坝乡，你会惊叹于在面积不大的乡村里，竟然密布着十几栋美轮美奂、风格一致的特色民居，不但有近百年的老宅，更有不少新建尚未完工的建筑。等到了解过东坝的历史，你就会恍然大悟，原来是茶马古道为东坝带来了巨大的财富，进而发展出独特的藏式民居文化。东坝是个有历史底蕴的地方，除了上述的民居文化和传统商业文化传承，在村落附近的山坳里，还分布有多处摩崖石刻，雕工精细的佛像和经文已不知年代，其中有一处疑似为古象雄文字，这为东坝的历史打开了想象空间。

东坝人的休闲也颇具文化意味，东坝围棋当地人称为尼木，没有固定的棋盘，不管走到哪，就地取材，地上划出6-18条纵横线，组成棋盘，捡起黑白两种石子当作棋子。游戏方法与围棋大致相同，只不过在最后计算输赢方面略有不同，据说东坝围棋也是当年来往于茶马古道的商人传入的。

当下，乡村旅游方兴未艾，体现出乡村传统文化的价值和吸引力。乡村清新的自然风光、单纯而宁静的原生态生活方式以及浓厚的人文气息，与城市的拥挤、嘈杂、堵车、高消费相比，更符合现代人寻找心灵安宁和乡土记忆的心态。特别是挖掘当地的文化内涵，突出地域特色，展示传统文化，这才是乡村旅游的灵魂。

嘎松泽培早年进过寺庙，当过教师，他深知文化传承对东坝乡的重要性。他退休后，一直在搜集整理东坝民间传说故事，致力于深挖东坝的文化内涵，为东坝设计出一条发展人文旅游的致富之路。如果东坝能围绕当地文化特色，开发出了一系列内容丰富、特色鲜明、富有品位的乡村旅游产品，假以时日，历史上茶马古道上的重要驿站东坝将焕发出新的活力，成为新时代昌都人文之旅的重要一站。

昔日贫困放牛娃，今朝致富领头雁

八宿县白马镇珠巴村党支部书记嘎次平

郝鹏举

嘎次平（左一）和村民们一起修路

在金秋时节走进八宿县白马镇珠巴村，映入眼帘的是整齐干净的硬化水泥路、成荫的绿树和树上挂满的累累硕果、别具一格而又展示着独特风采的藏式土房……好一幅"映日荷花别样红，青山正补墙头绿"的山村美景图，在这幅美图中，还点缀着村民们的欢声笑语、八宿县白马镇珠巴村党支部书记嘎次平的无私奉献和上级领导们的关心关怀。

在村委会大院内，笔者见到了嘎次平，一米八的个头，浓眉大眼，梳着整洁油亮的头发，身着一套整洁的西装，一看就是一个精明能干的人。嘎次平从 1986 年起，先后担任珠巴村村长、村委会副主任、主任、党支部书记等职，在 2011 年换届选举中，再次高票当选为珠巴村党支部书记。

当笔者走进他家时，"先进工作者""优秀共产党员"等诸多奖状、荣誉证书挂在客厅里。在他带领下，珠巴村多年被县、乡评为"优秀村两委""治安模范村"等。在众多荣誉光环的背后，是嘎次平默默地奉献。他，吃过别人没有吃过的苦；他，经历过别人无法想象的艰苦生活；他，做着很多人都没有做过的事。

那段放牛岁月，他学会了坚强

"少年时的放牛岁月，让我吃了不少苦，但也让我更加独立和坚强。"回忆起以前生活的嘎次平刚毅的脸上透露着淡淡的悲伤。

嘎次平 5 岁时母亲就去世了，跟着父亲相依为命，从 12 岁起，他开始上山放牛。"当时我连一双鞋子都没有穿过，整天都是光着脚去放牛，脚上被荆棘、石头划的伤痕累累。尤其是在冬天，由于没有鞋子和衣服，整天被冻得手脚通红、浑身发抖。"嘎次平在哽咽的声音里慢慢地回忆着艰辛的童年。当然，在童年里也有幸福的回忆，"我得到人生第一双鞋子是我这辈子最难忘的事，当时生产队的一个女队长次增卓嘎看到我整天放牛连双鞋子都没有，就把她自己的鞋子给了我，虽然鞋子很大，但当时我非常高兴，至今我还记得她的音容笑貌。"嘎次平动情地说道。

一次，嘎次平放牛时把 3 头小牛犊弄丢了，使他收获了人生中一份难得的宝贵经历。那是寒风呼啸的深冬的一天，仅穿着单薄衣服的嘎次平在放牛时感到又冷又饿，就躲在一棵大树下的杂草堆内取暖，不一会儿就睡着了，等他醒来时，天色逐渐暗了下来，他赶紧四处清点自己的牛，准备赶回牧场，却发现有3头小牛不见了，他立刻被吓出了一身汗，那个年代的一头牛相当于他一年的生计。苦苦寻找了2个多小时也没找到丢失的牛犊，天又完全黑了下来，又惊又怕的嘎次平只好赶着牛群回到了牧场，把3头牛犊丢失的事情告诉了哥哥，哥哥急得拿起木棍就要打他，十几岁的嘎次平又委屈又害怕，倔强的他当时就闹着要再次上山寻找牛犊，可是天已经黑了，山里又有熊、狼等凶猛野兽，别说他了，就是大人们也不敢单枪匹马进山，哥哥强行把他拉了回来，给他讲了很多道理，让他懂得了知错就改、亡羊补牢的道理……第二天一大早，哥哥陪他进山寻找丢失的牛犊，经过大半天的寻找，他们终于找到了丢失的3头牛犊。

在牧场待了4年的嘎次平不仅学会了独立和坚强，更是在哥哥的帮助和教导下学会了藏文和简单的数学。16岁那年，由于村里边严重缺教师，有了一点藏文基础的嘎次平开始在村里当代课教师，一干就是6年，他一边给学生们授课，一边通过自学提升自身素质和能力。

凭着踏实苦干的作风，他走上了致富路

自小吃够了苦的嘎次平坚信，只要肯干，能吃苦，就一定能换来更美好的生活。

1980年，嘎次平结婚后，他从老家白马镇旺比村搬到珠巴村，做了"上门女婿"。此后，他上山砍柴、在村教学点教书、到工地上打工……他不断积累着自己人生阅历并努力使之变为自己的财富。

1984年，珠巴村新建塞曲卡水渠，由于当时珠巴村的老村长身体不好，就让为人正直、踏实肯干的嘎次平带领全村劳动力修建水

渠。凭着踏实、苦干的作风和诚实、稳重的性格，嘎次平逐渐得到全村人的认可，一年后，他当选为珠巴自然村村长。

1989年，嘎次培当选为珠巴行政村村委会主任，履职后，他感觉自己肩上的担子更重了，特别是怎样带领全村人共同走上致富路，成了他整天思考的问题。

2008年，嘎次平看准了珠巴村距离县城近的优势，成立了珠巴村首支农牧民施工队，施工队成立之初，抓住了乡村水渠改造、水塘维修、道路改扩建和县产业园区落户珠巴村的大好机遇，积极参与当地工程建设，当年实现收入120余万元。年后珠巴村农牧民施工队有79名各类技术人员，57辆卡车，42辆拖拉机，2台搅拌机，1台大型装载机，总资产800余万元，成为了珠巴村群众增收致富的一大重要来源。

让全村人都富起来，是他最大的愿望

经过党和政府的培养以及无数好心人帮助，嘎次平比别人更懂得感恩。

"是党和政府的多年教育培养，是乡亲们的无私帮助和支持，才有我的今天，让我从一个放牛娃成长到村党支部书记、全村的致富带头人，我这辈子最大的愿望就是让全村人都富裕起来，都过上更加幸福和谐的生活。"谈起自己的愿望嘎次平坚定地说道。

嘎次平在逢年过节时都会积极主动的自掏腰包，帮助村里的贫困户购买过年过节物资。以嘎次平为总经理的珠巴村农牧民施工队也先后免费帮村里13户困难户修建了房屋。

在嘎次平家中，赡养着一位叫次拥拉姆的老人，与他无亲无故。1999年，次拥拉姆的丈夫去世后，唯一的儿子也因患精神疾病走失，她因此一病不起，生活无法自理，2002年嘎次平不顾家人的反对将次拥拉姆接回自己家里，像照顾母亲一样照料起老人的衣食住行。

老人身体渐渐好转，她说"这么多年来，嘎次平就像亲生儿子一样无微不至地照顾我，让我享受到了天伦之乐"。

嘎次平深知，自己如今的幸福生活离不开党和政府的亲切关怀，他时刻用自己的亲身经历教育身边的年轻人感党恩，跟党走。每到全村发放各项惠民资金时，他都会积极向群众宣传党的惠民政策。"我生在新中国，长在红旗下，虽然小时候吃过一些苦，比起父辈他们，我要幸运多了，我是沐浴着党的光辉成长起来的，党和政府的亲切关怀和帮助，让我不断进步和成长。现在政府每年都发放很多惠民资金，而且一年比一年多，我坚信，在共产党的领导下，我们明天的生活会越过越好，越过越红火。"嘎次平说道。

对于未来的生活他信心十足，"下一步，我们将继续壮大农牧民施工队队伍，加强工程承接和建设能力。同时，在村里建木材加工厂，加强工程建设的各项配套能力和服务水平，让全村群众增收致富更有保障。"

从2011年当选为村党支部书记至今，在嘎次平的带领下，珠巴村各项工作都走在全镇的前列，特别是从没发生过一件危安案件和村民违法的事情。

我市一千多个村（居）中，有很大的一部分是像嘎次培这样出生在民主改革后，借着改革开放的春风，带领广大农牧民群众寻找门路、改善生活、创造价值的一批基层党组织领导人。他们，对党怀有深厚的感情，经常说是党给了自己第二次生命；他们，思想作风务实、领导作风扎实、工作作风落实，做事总是从自身做起、从现在做起、从点滴做起；他们，与群众血肉相连，注重倾听群众愿望呼声，愿意帮着解决群众实际困难，在化解疏导社会情绪、促进社会和谐方面发挥的重要作用。

嘎次培们总是说自己的文化知识水平不高，有负于党的培养，但是他们积极适应新形势，努力学习新的政策措施，不断增强分析问题、解决问题的能力，不断提高自身素质，用不断努力和进取奉献，推动了广袤农牧区的改革、发展和稳定工作，把藏东的村居党支部建设成为了一个个靠得住、带得动、威望高、负责任、号召力和执行力强的战斗堡垒。

要实现 2020 年与全国、全区一道全面建成小康社会的宏伟目标，农牧区的发展状态起着决定性的作用，而农牧区的发展又要靠基层党组织领导人继续发挥作用，为切实做好这项工作，近年来，我市上千名干部被派驻下村（居）任党支部书记。这批年轻人有热情、有文化、有干劲、有理想，最需要借鉴的就是像嘎次培这样致富带头人的实践经验和实干精神，采访中，笔者也看到几辈基层组织工作人员手帮手、心连心地开展工作，为广大农牧民群众办理了一件件、一桩桩实事，这些实事好事像一缕缕春风把党和政府的温暖送进雪域高原的千家万户，暖了人心，鼓了干劲，练了队伍，让这片高天厚土洋溢着勃勃生机……

致富能人和达若村的四次变迁

卡若区如意乡达若村党支部书记罗布泽仁

王玮　格桑

罗布泽仁

　　从昌都市区出发，沿着扎曲河和 317 国道向北行驶 15 公里，你会看到，在一处依山傍水的坡地上，排列着一片整齐划一的黄色两层农舍，这里就是卡若区如意乡达若村所在地。这是一片现代化的世外桃源，走进达若村，笔直、整洁的道路两边，一盏盏太阳能路灯高峻挺拔，一行行胡杨树迎风而立，一排排藏式小楼色彩明快，每家每户的房顶上都国旗飘扬，整个村子里看不到杂物和垃圾，一片安谧祥和。

新农村示范村翻天覆地变化大

达若村是全市新农村建设的示范村。在村委会外墙上，用藏汉两种文字书写着"生产发展，生活宽裕，乡风文明，村容整洁，管理民主"，这是《中共中央关于制定国民经济和社会发展第十一个五年规划的建议》中对社会主义新农村的描述。乡村卫生所、娱乐室、农家书屋、幼儿教学点、体育器材一应俱全。就在这里，我们见到了达若村党支部书记罗布泽仁。

罗布泽仁是如意乡远近闻名的致富能人。他是个身材高大的康巴汉子，今年54岁，肤色黝黑，眼神坚毅，动作干练，笑起来热情淳朴。青年时，村里派活他总是抢着去，脏活累活干了不少，村里分东西他总是落在最后。对村里一些不平等的现象，年轻气盛的罗布泽仁当时就下定决心："如果让我当村长，我一定做事公平公正。"没想到这话果然应验。1998年开始，罗布泽仁一连干了6年村支书。2009年，村民再次推举他当村支书，一直到今天。

罗布泽仁说，他个人的成长经历是与达若村的变迁分不开的。过去达若村村民只靠外出打工，日子过得紧巴巴，如今村办集体经济红红火火，离不开党和政府的各项惠农政策，离不开全村人民的共同努力，也离不开发展过程中的几次大的调整和变迁。

初次变迁：走出大山通水通电通路

以前，达若村的居民分散居住在达玛拉山腹地的梅里卡、达若卡、若崩卡几个自然村里，距离现在的村子约10公里，人畜混居，基本上靠天吃饭，不通公路，没有电，用水要到一公里以外去背，要骑马才能走出山沟。家家户户都是各顾各的，没有组织发动起来。后来，附近林场修了一条土路，有些村民开始在林场打工，或者做一些木材生意。这样，劳动力较多的家庭日子过得稍好一些，缺少劳动力的家庭生活仍非常贫穷。总体说来，达若村在整个乡里是最贫困的村子。

2005 年，党和政府在雪域高原实施安居工程，政府开始动员居住深山里的群众整体搬迁到国道 317 沿线，给予每户 1 到 2 万元的安居工程补贴资金，还为搬迁下来的群众安装了自来水，通了电，盖了新房子。罗布泽仁响应号召，第一批就从若崩卡的低矮破旧的石头房子里面搬出来。当时也有不少群众不愿离开世代居住的老屋，但是看到搬迁下来的村民住上了新房，喝上了自来水、用上了电，又在 317 国道边，交通方便，没有搬迁的村民们逐渐开始动心了，他们的观念逐步发生了转变，村民们陆续开始了搬迁。

可习惯了放牧和种地的群众，走出大山后，日子仍然不富裕。千百年来一直沿用的原始耕作方式和生产观念，已经不再适应现代的生产生活需要。刚刚走出大山的达若村人，急需在思想认识和观念上接受一次洗礼，实现巨大的转变。

再次变迁：开发资源集体经济红红火火

2009 年，罗布泽仁受村民推举，再次出任村支书。这一次，他心里已规划好达若村的发展蓝图：立足资源优势，兴办集体经济。他决心大干一场。他看准了村里的砂石资源，村里贷款 100 万元加上村民集资，购置了大型装载机、挖掘机、搅拌机、东风翻斗车，组建了达若村砂石原料厂。55 户家庭每家出 1 名劳动力，每人每天发放 25 元工资。

在罗布泽仁的带领下，砂石厂采取"面向市场、自主经营、自负盈亏、自我积累、自我发展"的经营方式，初期也遇到了很多困难。刚开始并没有人知道达若村有砂石资源，没有生意，连运输车辆的汽油都没有钱买，罗布泽仁就找朋友借汽油，维持厂子正常运转。他们一家家跑企业跑市场，不久市场逐渐打开，再加上政策支持，生意开始找上门来，收入越来越多。砂石厂的收益不仅能还油还钱，更还清了贷款。

随着生意越来越红火，群众的分红也逐年提高。2010年，工资翻了一番，达到每人每天50元，每人还发放面粉200斤、大米100斤、清油10斤、面条50斤、大茶1捆；2011年工资又翻了一倍，达到每人每天100元，米面粮油和生活用品除了去年原有的，还增加了每户一套炊具、5对藏垫。

在这么好的形势下，罗布泽仁却没有躺在成绩簿上睡大觉，而是居安思危。他考虑，砂石资源不可能无休止的采下去，总会有资源耗尽的一天。面对群众高涨致富的愿望，达若村要避免坐吃山空，必须酝酿新的转变。

三次变迁：多种经营闯出新的一片天

"2012年开始，村里新组建了有资质的农牧民施工队，现在已经参与昌都市工程招标，同时村里还筹资20万元修建了占地面积150平方米的糌粑加工厂"，罗布泽仁一谈起达若村的发展就十分兴奋。如果说砂石厂和施工队解决了村里壮劳力的就业，那么糌粑加工厂就解决了妇女就业问题，这进一步普遍增加了村民家庭的整体收入。

2014年，由国家投资100万元、群众自筹资金50万元，村里又建立起了昌都富兴石材加工厂，进一步扩大集体经济的品类和规模。发放红利也逐年增多，2012年，工资再度攀升至每人每天150元，生活用品中，清油增至20斤，还增加了糌粑100斤；2014年，工资又翻了一番，达到每人每天300元，每人增加一套被子。

在集体经济之外，不少村民也受到罗布泽仁的启发，他们也干起了自己的经营事业。有的村民瞅准317国道带来的人流和商机，干起了售货商店；有的村民购置车辆跑起了运输。富起来的村民不仅注重改善自己的生活，也开始关注村容村貌。2013年新建了25户藏式二层农舍，2014年又新建了32户，整齐划一的藏式民居成了达若村一景。

如今，达若村村庄绿树成荫，花草争艳，农家庭院干净整洁。电话、电视、广播拉近了村民与外界的距离，提高了生活质量。在短短几年的时间里，达若村经济发展前所未有，群众思想观念极大转变，村容村貌极大改善，达若村也成为了一个远近闻名的社会主义新农村建设示范村。

四次变迁：公平达若和谐达若生态达若

罗布泽仁当上村支书后，认真排除了村里不安定的隐患。因为这家的牛吃了那家的青稞，村民之间经常发生争执。为解决这一问题，他把原来设在耕地旁的牧场重新迁到山上，把耕地用栅栏围起来，不让牛吃到庄稼。这样就消除了纠纷源头，村里打架和争吵少了，气氛变得越来越和谐了。

为了改变原来分配不均，解决没有劳动力的家庭收入很低的问题，让大家都平等地享受到村办集体经济产生的红利，罗布泽仁要求每家每户都出劳动力参加工作。如果家里没有壮劳力，出女人也行，她们可以做一些烧茶的后勤工作，同样参与分红，这样就保证了每家每户都有比较公平的收入。每年村集体经济分发红利开始前，罗布泽仁都会把一年来的村务情况、集体经济发展情况以及物资分配情况向村民们一一公开。不分家中有无劳动力，每家都发放一份生活用品，保证了村民最基本的口粮。

达若村村民普遍致富，收入迅速增加，这加深了村民对村干部的信任，他们支持罗布泽仁这位给全村带来幸福的好支书、好村长、好致富带头人，愿意听村干部的号召和呼吁，强化了村干部的公信力和威信。2015年春天，村民巴穷50多岁就去世了，除了"双联户"内部给巴穷一家援助外，村里还号召捐款，每家100元，党员200元，这些援助让巴穷一家暂时渡过了难关。

目光长远的罗布泽仁又开始在酝酿达若村的第四次变迁，这一次目标是改善生态环境，实现可持续发展。他说，村里的环境改善了，但附近的山坡还光秃秃的，下一步，村里将会在附近山上植树造林，多种树不仅可以改善周围的大环境、恢复生态，还可以造福子孙后代，这将会是未来一笔巨大的财富。

笔者手记：一个能人富一方乡村

　　达若村走过的道路证明，是发展才使达若摆脱贫穷面貌，并从贫困中崛起，而这发展离不开致富能人罗布泽仁。如今，凡是农村经济建设搞得有特色、有生气、有活力的地方，多有"能人"脱颖而出，他们多数有文化、懂技术、会经营、善管理、敢创新、能苦干，致富自己的同时更能致富一方。

　　达若村村民走出大山，迁入交通便利、通水通电的新居，居住条件大为改善，这次变迁得益于党和政府的好政策；但是接下来如何发展经济，改变贫困状态呢？罗布泽仁带领大家从村庄资源上想办法，红红火火地办起了砂石厂，终于改变了千百年靠天吃饭的历史，这一变迁得益于罗布泽仁的创新实践，取得了巨大成功；当所有人以为达若村可以安享富足生活时，罗布泽仁却开始了二次创业，组建施工队、办糌粑加工厂、石材加工厂，搞起了多种经营，避免了坐吃山空，经济收入连年攀升，成就了达若村的第三次变迁；可喜的是，罗布泽仁没有固步自封，而是下力气为富起来的村民打造一个享有公平、和谐和绿色生态的村庄，这是相当超前的谋划，心怀群众，立足长远。

　　罗布泽仁的创举创造了全村多数人的工作岗位，做到了人人有稳定的工作和收入，引领了生活幸福指数步步高升。发展农村经济离不开能人，好的致富能人，可以兴一个产业、活一个村庄、富一方百姓。站在农村发展的新起点，能人竞相带富的现象将蔚然成风。在藏东广袤的山野中，需要更多的罗布泽仁，需要更多的致富能人站出来、顶上去。

全国道德模范：赠人玫瑰，手有余香

芒康县盐井中学校长嘎罗

王玮　夏怡雯

嘎罗（左二）家访贫困学生

　　2015 年 10 月 13 日，备受关注的第五届全国道德模范评选活动揭晓，芒康县盐井中学校长嘎罗获全国道德模范提名。

　　就在获奖前夕，嘎罗还在每天忙于对今年要参加中考的贫困生进行家访，那年在学校初三学生中，有50名学生报考了内地西藏班，但有20多名学生，因家庭贫困，家长打算让孩子放弃上学。

为了让学校的每一位贫困学生能上学，嘎罗向家长保证"有什么困难，我们来解决"，他不希望成绩优秀的孩子因为没钱而不能上学。

"作为一名老师，必须要有自己的师德和责任心，关爱学生不光是去教书，更要关心他们的生活，他们有困难，我们要力所能及地去帮助。"20年的教学生涯，嘎罗一直用自己的行动诠释着何为师德与责任心。

爱生如子，助学帮困

1995年7月从事教师职业以来，嘎罗坚持扶贫帮困，积极资助贫困学生，为贫困学生送去爱心和温暖，先后资助30余位学生完成学业，资助金额达10万余元，被同学们尊称为"爱心老师"。担任校长后，他更热心公益事业，除自己拿出一部分工资资助贫困学生外，还经常为贫困学生奔走，积极争取社会热心人的支持，让每一位本校的贫困生都能得到资助。同时，他经常与贫困生谈心，问寒问暖，了解他们的学习、生活情况，及时掌握他们的思想动态，帮助他们解除困惑，让每一位贫困生健康快乐成长。

一名叫阿旺次仁的学生，小时候因为一场事故导致右腿残疾，现在完全是靠假肢行走，嘎罗了解到阿旺次仁的情况后，把他接到学校来念初中，专门腾出一间房子给阿旺次仁和他的母亲居住，还每个月自掏腰包给他们生活补贴费。嘎罗的爱心举动让阿旺次仁一家感动，阿旺次仁也感激地向嘎罗保证，自己会在接下来的几年里，用好成绩来报答嘎罗老师的一份恩情。

工作之余，嘎罗经常翻山越岭，步行数公里进行家访，了解学生家庭情况，建立"贫困学生档案"，以便及时资助。因为嘎罗的爱心和关怀，学校每一位贫困学生都顺利地完成了学业，大部分走上了工作岗位，被他们尊称为"爱心校长"。

有一次，嘎罗得知一个学生因为家里经济困难，考上了青海师范大学后上不起学，他立即步行 15 公里，风尘仆仆赶到学生家中，资助学生 2000 元，并鼓励学生树立战胜困难的勇气。四年后，学生毕业参加工作第一件事就是从工资里拿出 3000 元，来到嘎罗的家中表示感谢。嘎罗没有收下学生的钱，而是要这位学生将钱资助给和自己一样贫困的学生，让爱传递。

这些年里，嘎罗还从云南、四川等贫困地区招收了 18 名孤儿在盐井中学就读。自己掏钱给这些学生购买学习用品，日常用品，每月定额发给他们一些零用钱。无论何时，他都用一串串无私的爱心实现了助人的最高境界："大爱无痕"。

助邻睦邻，乐善好施

嘎罗工作在盐井中学，却一直和周边单位保持着友好互助的关系。周边单位的工作人员和学校附近的百姓，无不赞叹，"他帮助别人从来不知道疲倦！"

盐井一直没有闭路电视，都是靠卫星锅盖接收电视信号。那时，会调信号的人寥寥无几，而嘎罗就是其中之一。不管是学校的老师，还是外单位的同志，甚至是学校旁边的百姓，一旦卫星接收出现问题，只要一个电话，嘎罗都会及时赶到。有一次，因为卫星高频头有问题，他在给一位老百姓调电视时，一蹲就是 3 个小时，等站起来的时候，因为大脑缺血晕倒在地。事后，这位老百姓觉得过意不去，特意邀请嘎罗吃饭，嘎罗摆摆手，委婉地拒绝了。

在嘎罗的眼里，远亲不如近邻，能帮忙搭把手时绝不袖手旁观。这十几年来，嘎罗在课余时间，利用自己的特长，帮助校内外教师、干部职工、周边百姓共达 1300 余人次。

相对来说，盐井中学的办学条件要好。与其他小学、教学点相比较，嘎罗比出来的不是优越感，而是比出了不安。看到条件艰苦的教学点没有运输工具，在给学生买菜的过程中十分不便，嘎罗忍痛割爱，将学校的一辆生活车捐赠给了教学点。面对这一举动，很多老师并不理解，他耐心地做着思想工作，"同样是一辆车，在教学点的作用比在盐井中学大，那么为什么不充分发挥它的最大价值呢？"

次仁达瓦曾经是嘎罗的一名学生，在嘎罗的帮助下顺利完成了学业，如今，他已是云南一所藏文学校校长。他被嘎罗的行为深深感染着，自己也开始招收了不少的孤儿来学校上学，但因为学校的条件有限，他来到盐井中学找嘎罗帮忙解决学校缺校服和学习用品的问题，嘎罗听说后当即从自己的学校调剂了一些校服和学习用品给次仁达瓦。

次仁达瓦看着那满满一车的爱心物资，感激地说："我一生也忘不了嘎罗老师对我的恩情，以后我也会尽我最大的能力，去帮助社会上的那些孤儿，还有单亲家庭里的孩子，"

2009年，嘎罗从学校的电脑中省出10台捐给了盐井小学，支助他们开展电脑室的建设，2010年他从学校图书室选出487册适合小学生阅读的图书，捐给了木许小学，丰富了该校的图书种类。

扶贫帮弱，助人为乐

嘎罗生在城市，长在城市，学在城市，却对农民有着深厚的感情。他经常教育学生，要力所能及地帮助家庭困难的农牧民群众。

到盐井工作的第一个农忙季节，一到周末，别人都在利用这段时间打牌、搓麻将，嘎罗却四处打听哪家劳动力紧缺，哪家家庭困难。确定帮助对象后，他打个招呼立即脱下干净的西装，和他们一起干起活来。这在年轻的教师中无疑是一个另类。

嘎罗乐于助人的精神深深地感动了当地的老百姓，热心的老百姓纷纷给他做媒。1998年嘎罗同志与盐井本地的一位姑娘喜结良缘，扎根在这块气候宜人的土地上。

每年的两季播种、收割，他都要选择贫困的家庭进行帮助，这一帮就是20年。有一次，有一户男主人突然生病，被送往香格里拉治疗，此时正值秋收秋种的关键时期，家里的劳动力都外出陪同了，只留下一个71岁的老太太。焦急无奈中，老人家求人拨通了嘎罗的电话。他一听情况，立即利用周末组织了16名学生帮忙。事后，老太太握着嘎罗的手，感激得只顾流泪，一句话也没有说。

"他这样做完全是不务正业。"面对别人这样的评价，嘎罗有自己的观点，他觉得盐井中学地处农村，应该具有更朴实的真善美品质，关心帮助弱势群体，是师生必须具备的一种美德。"我这样做，对自己是一份快乐，对学生是一种德育。"

四川汶川5·12地震发生后，一方有难，八方支援，社会各界踊跃捐款，支援灾区重建家园。嘎罗先后捐款800元，捐献特殊党费1000元；玉树地震，他积极捐款600元，尼泊尔地震后，捐款1000元。

他的这些善举，在学校师生中起到了很好的模范带头作用。坚持助人为乐，让嘎罗成了名副其实的"月光族"。但是，最让他感到欣慰的是，自己的妻子总是在背后默默地支持着他。物质上的贫乏，换来精神上的丰满，嘎罗从帮助别人的过程中体验到无比的幸福感。用他自己的话来说："看到被我帮助过的人幸福的微笑，就是我最大的幸福。"

善帮乐带，甘为人梯

嘎罗一直是学校的教学骨干，他颇具特色的教学方法，深受学生的喜欢，教学效果十分显著。面对自己的精心研究的教学方法，他毫不保守，在教研活动中，全无保留的介绍给其他物理老师。对新分配的老师，从备课到课堂设计，再到语言组织、课堂管理、课后辅导、试卷分析等环节，几乎是手把手地教。

在嘎罗的帮带下，5 名物理教师成了学校的骨干，8 名班主任成了"班级管理能手"。

2008 年，昌都地区举行教学公开课比赛，学校准备派遣嘎罗去参加。他想了想，觉得还是应该让新分配的老师去锻炼一下。于是毫不犹豫地将机会让给了一位新老师。这位老师没有太大信心，嘎罗主动和他一起备课，对课堂设计反复地进行研究，修改。好几次都工作到深夜。在他的无私帮助下，这位老师在赛课中夺了二等奖的好成绩。很多在教学上得到过他帮助的教师都说，"嘎罗老师就像一架梯子，我们都是踩着他一级一级地成长起来的。"

"送人玫瑰，手有余香。"嘎罗用一颗真挚的心，孜孜不倦地帮助他人，或许失去了很多很多，比如说金钱、比如说时间、精力……然而，将玫瑰送给他人，失去的是娇鲜欲滴的花朵，留下的却是芬香四溢的精神。

"在帮助他们的同时，我得到了一份快乐，一份收获，在这个收获中，我也得到了一种激励。"嘎罗助人为乐的优秀品质镶嵌在盐井中学的德育资源里，将日久弥芳。

笔者手记：道德模范就是一面旗帜

　　藏东大地，道德之花再添新颜。第五届全国道德模范评选揭晓，芒康县盐井中学校长嘎罗入选。他为贫困学生送去爱心和温暖，先后资助 30 余位学生完成学业，资助金额达 10 万余元；他帮助贫困群众，23 年里，嘎罗帮助过多数个困难户，义务参加播种、收割等农活……道德模范作为你我身边的平凡一员，却在关键的人生时刻做出了不平凡的选择。道德模范打动人心的，是他们行为和精神中那些不平凡的力量。

　　一个充满阳光的城市，一定是拥有温暖的城市，更是站在道德巅峰上的城市。所以，我们身边每出现一个道德模范，就会为这个城市带来一片温暖，汇聚一种感动，催生前行力量。"榜样是看得见的哲理。"先进人物越是不断涌现，我们的社会就越能集聚正能量。把道德模范当作一面旗帜，就是要让他们的事迹广为知晓，深入人心。褒奖老百姓身边看得见、摸得着、学得到的"英雄"，推崇在基层涌现的"凡人善举"，能够更生动、更真实地引导人们从我做起、从点滴做起、从身边小事做起，使道德模范成为大家学习的榜样。

第六辑

巾帼英姿展风采

草根创业者讲述民族团结故事

全国民族团结进步模范、三八红旗手阿西亚

王玮

阿西亚介绍创业经历

20世纪末，回族女青年阿西亚顺应时代潮流，抓住鼓励创业的政策，成立了昌都改革开放后的首家私营旅馆，并将小旅社一步一步发展成为名噪一时的"班视昌"旅馆，引领带动了昌都旅馆业的快速发展。

创业中，她靠着勤奋、拼搏、脚踏实地，迅速摆脱贫困；致富后，她数十年如一日坚持帮扶困难群众，累计捐助 25 万多元；她为待业青年提供就业机会，尚德善行；她帮助生病旅客，为他们求医问药，助人不倦；她看望孤寡，扶助"五保"，从不求回报。点点滴滴、桩桩件件，用一个个实实在在的行动，在班视昌旅馆里，谱写了各民族之间团结友爱、互相帮助的温馨故事，这些故事在藏东大地上越传越广，成为一段段感人的佳话。

创业：白手起家开光明旅社

八十年代初，阿西亚的丈夫帕巴格来在中学教书，自己没有工作，全家就靠丈夫微薄的工资收入，而且儿女都要上学，日子过得紧巴巴的。当时改革开放的氛围浓烈，国家鼓励发展个体私营经济，阿西亚逐渐产生了创业的想法。

阿西亚的家距离客运站不远，每天有大量从各地来昌都的旅客聚集到这里，但附近却只有一家旅社，她觉得这是个很好的创业机会。她跟丈夫商量："改革开放政策这么好，我们胆子大一点，开家旅馆吧。"一番合计，丈夫也很支持她的想法。

说干就干，她们在原有的平房上，通过自己动手，亲友帮忙，用山上捡来的木头又加盖了一层，并用木条编好木墙，两边糊上泥巴，隔出了 10 个小房间。

房子盖好了，家里却没有钱买旅馆必要设施。于是，阿西亚贷款 6000 元，购买了 30 张钢丝床，以及床单、被褥等用品。在选择钢丝床时，阿西亚可是动了一番脑筋：一是要价格相宜，结实耐用；二是要轻便，可折叠，方便房间加床。为节省资金，床单被褥是阿西亚和朋友饿着肚子跑了一天的路从离家很远的地方买的，一人背一个大包，把 50 多套床上用品硬是给背了回来。

在阿西亚的辛勤劳作和四处张罗下，1983 年中秋节那天，昌都第一家私营旅馆"光明旅社"开张了。旅馆拥有 30 张床位，每张床位每晚收费 1.2 元，而对面的昌都旅社的价格是 2.5 元至 3 元。价格优势使光明旅社的生意出奇的好，差不多每晚都能住满。每天 30 多元左右的收入，相当于当时普通人一个月的工资。至今，阿西亚回忆起那段时光还兴奋不已，"我们赶上了好时代。"

经营旅馆非常辛苦，特别是对于一名女性来说。因为那时只雇得起一两个人，阿西亚每天都要起早贪黑，洗床单被罩，打扫卫生，凡事都自己动手，还会遇到各种意想不到的问题：有在旅馆里打架滋事的，有不给钱、偷偷溜掉的，也有习惯于晚睡，很晚才回旅店的。阿西亚经常要凌晨三四点才能上床睡觉，到了五点多，早起的旅客又来退房，想睡一个囫囵觉对她来说是一种奢侈。虽然身体劳累，但阿西亚说创业的激情让她的心情很愉快，日子过得很充实。

在阿西亚的苦心经营下，半年的时间就还清了贷款，再不久就成了昌都有名的"万元户"。有了钱，她用来改善生活，她给家里添置了黑白电视机、洗衣机和录音机；有了钱，她提升旅馆设施，在旅馆过道里也摆放了一台电视机，还准备了小板凳，住宿的旅客们大多数从未看过电视，一到晚上就坐在过道里看电视，觉得很稀奇，甚至附近的人也跑来专门看电视；有了钱，阿西亚还想到了帮助别人，她在城关镇选择了 10 户生活特别困难的家庭，每个月拿出 200 至 300 元钱轮流资助各家。

发展：领导鼓励旅馆做大做强

1986 年 9 月，全国人大常委会副委员长、第十世班禅额尔德尼·确吉坚赞来昌都视察，期间到光明旅社看了看。那天，闻讯而来的街坊邻居把光明旅社围得水泄不通，人们都想争睹这位中央领导和宗教领袖的仪容。"真见到班禅大师，我才敢相信这件事是真的"阿西亚在回忆往事时说。十世班禅在旅馆逗留了半个多小时，他认真察看了旅馆房间和设施后，用十分洪亮的声音对阿西亚说："现在政策好，你要好好干，以后不会再有'割资本主义尾巴'这种事了。"

"这是我一生中的最荣耀的时刻"，阿西亚为了纪念这一历史时刻，她把旅馆的名字改为"班视昌"，意为"班禅视察昌都"。

班视昌旅馆发展每一步都离不开政策引导和政府鼓励。1994年，时任昌都地委书记的李光文鼓励阿西亚把思想更加解放一些、步子迈得更大一点，继续扩大经营规模。他说："过去你们有发展思想，但是受条件局限，现在，你们已经有了很好的基础，胆子可以再大一点，再进一步发展旅馆业。"阿西亚听了这番话非常振奋，回去就和丈夫商量，打算盖一座拥有100张床位、4层楼的新旅馆，算下来大概需要100多万元资金。

主管部门派下来的工作组经过调研，很快就批准了扩建项目，他们也认可阿西亚的观点：尽管资金需求量大，发展机遇也不小班视昌旅馆主要的竞争对手、街对面的昌都旅社拆了，客源有保证。但是听到旅馆扩建的消息，亲戚朋友们都惊呆了："你们太不知足了！有这么富裕的生活，还不够吗？"很快整个昌都都传遍了：一名普通家庭妇女竟然敢贷款110万元。

不久，新旅馆建成了，这是整条街上唯一的一座四层楼房，一时间轰动了昌都，班视昌再一次成为当时昌都旅馆业的标杆，房价涨到每晚10元至25元，仍然颇有竞争力。尽管受班视昌"赚钱效应"的吸引，整条街新开了很多家旅馆，竞争加剧，但由于服务优、价格低、卫生好，班视昌的入住率并没有下降。这一次，阿西亚只用了5年，就还清了贷款。她还雇用了10名待业青年，开出了每月500元的工资，并且每年都按照100元的标准逐年上涨。

阿西亚变得富有了，但她踏实勤劳和乐于助人的品格并没有改变。多年来，她精心打理旅馆业务，很少外出游玩，耽于逸乐。在旅馆里，服务员干什么活，阿西亚也干什么，她说："服务的细节不完善不行，我没有坐享清福的习惯。"她对旅客的要求有求必应，提供开水、茶水、酥油茶，甚至下面条、煮肉也帮着做。阿西亚还在承担巨大贷款压力的情况下，把10户受助困难家庭的捐助金额上调至每月每户1000元。多年来，她累计捐出25多万元帮扶资金。

团结：夫妻和睦民族融洽

阿西亚的父亲是青海来的回族，她的老公帕巴格来是土生土长的藏族，多年来他们夫妻和睦，相敬如宾。

帕巴格来谈起和阿西亚相识的情况，语气平和但满含深情。那是在1971年，他因工作的关系经常去启齿街生产队，每次都会看到一个特别勤快、能干，名叫阿西亚的女孩子，她能和三四个小伙子搭伙抬重东西，甚至比男人还能干，不禁心生爱慕。经过一段时间接触，他终于俘获了姑娘的芳心。1977年两人结婚，1978年，阿西亚生下大女儿，两年后，他们的儿子呱呱坠地。结婚38年来，两人相互支撑，齐心协力，同甘共苦。特别是经营旅馆期间，帕巴格来主动承担起照顾家庭、教育子女的重任，让妻子阿西亚在事业上走得无所牵挂。

旅馆业是一个迎来送往的行业，也是一个充满故事的行业。1984年，从四川绵阳来到昌都的残疾人张大爷因为生活没有着落，白天挂着双拐外出乞讨，晚上就住在旅店里。阿西亚看他生活艰难，就雇他每晚在旅店值班，管吃管住，每月还给30元工资。老人在这里一住就是3年，生活终于安定了下来，不再四处漂泊。

1987年，来昌都打工的孙大爷染上肺结核病倒在了旅馆里。阿西亚不仅没有收取他一分钱的房费，还照顾他的一切生活起居，更拿出家中珍藏的藏药让他服用。住了整整一年，直到身体痊愈。临别时，孙大爷紧握阿西亚的双手，流下了感动的泪水。可阿西亚却说："只要我有能力，就应该去帮助有需要的人。"

1997年，两名大学毕业等待分配工作的藏族贫困生住进了班视昌。考虑到他们生活拮据，阿西亚没有收取任何费用。阿西亚说："不管是回族、藏族、汉族还是其他兄弟民族，在班视昌，我们都是一家人！"

真情付出自然能获得丰厚的回报。"这家旅馆的老板心地特别好。"阿西亚的名声逐渐流传开了，很多远道而来的客人都慕名前来住宿，把旅馆当作自己在昌都的家，客房时常爆满。蒸蒸日上的生意使阿西亚一家越来越富裕。

国家和社会也赋予了她更多的荣誉：阿西亚当选多届区、市级政协委员和人大代表，多次被评为全国民族团结进步模范个人、"三八"红旗手、劳动模范、优秀中国特色社会主义事业建设者、"双学双比"女能手、昌都十大女杰之一……

"做生意不能光想着赚钱，更要为社会、为他人做出贡献。"阿西亚说。

笔者手记：民族团结从家庭和睦做起

阿西亚创立昌都首家私营旅馆，在政府鼓励和政策支持下，她一心扑在旅馆经营上，勤勤恳恳、任劳任怨，起早贪黑，家里的重担几乎全部压在了丈夫的肩上。

她的丈夫帕巴格来从无怨言，不但干好了自己的教学工作，还默默地支持着妻子的事业，承担着教育儿女、孝敬老人的责任。平时，夫妻俩生活上相互关心、相互尊重；工作上相互理解、相互支持，互帮互学、共同进步。在他们结婚的 38 年中，帕巴格来用自己的努力和宽容善良之心，维护和建造了一个幸福美满的家庭，难能可贵的是他们的家庭更是民族团结的典范。

他们不仅家庭和谐，也把这种和谐带到了社会上、行业中，无论是爱心捐赠，还是旅客有困难，他们都不分族别，一视同仁，积极参与捐助，奉献爱心。和谐社会，离不开民族团结；民族团结，离不开和谐的多民族家庭；和谐家庭，是和谐社会的重要组成部分；而夫妻和睦，又是家庭和谐的重要基础。

国家的统一、民族的团结、社会的稳定，关系到中华民族的核心利益，关系到西藏的长治久安，关系到昌都各族人民的根本利益。拉近各民族间的友爱关系，各族人民同呼吸、共命运、心连心，不妨从夫妻和睦，家庭和谐做起。

守护45年，濒危藏马鹿种群终恢复

类乌齐长毛岭自然保护区管理员向秋拉姆

王玮　夏怡雯

向秋拉姆

在西藏东北部，澜沧江上游长毛岭河流域，有一片群山环绕、地势开阔、名叫那登通的草原。20世纪70年代，政府在这里建立了西藏第一处的马鹿自然驯化场地。几十年过去，这里已经变成了面积达6.4万公顷的类乌齐长毛岭马鹿自然保护区。在当前全国绝大部分地区野生马鹿已十分稀少、种源较缺的情况下，在长毛岭地区仍集中分布有 1000 余头野生马鹿。

藏马鹿，学名又叫"马鹿西藏亚种"，有人又叫它锡金红鹿，藏名译音"夏瓦"。它是马鹿家庭中非常特殊的一员，为西藏自治区的特有物种。它首次被科学家发现大约是在 150 多年前，在《濒危野生动植物种国际贸易公约》中，因其濒危性被排在了中国一级重点保护动物白唇鹿之前。它曾"被濒危"了半个世纪，被人们称作"神秘的生物"。

说到这里的马鹿，人们自然而然就会提起保护区里一位从 16 岁开始，至今已经养鹿半个世纪的老阿妈向秋拉姆，从冬到夏，她每年都在忙于巡视保护区，制止偷猎动物盗伐林木，为马鹿准备过冬的草料；从少女到老妪，她把全部青春与热情都献给了保护区的山山水水和每一只马鹿，谱写了人与动物、人与自然和谐相处的动人篇章，诠释了社会文明和进步中的人性光辉。不得不说，如果没有向秋拉姆对马鹿的真诚呵护，今日的保护区也许就是另一番情形了。

三只小鹿开启不解的马鹿情缘

在 20 世纪 70 年代，家住类乌齐县长毛岭乡协塘村 16 岁的小姑娘向秋拉姆发现了 3 只离群的小马鹿，自此拉开了她和马鹿间的难解情缘。

向秋拉姆看着 3 只刚出生不久的小马鹿，走路还很吃力的样子，实在不忍心让它们独自在野外自生自灭，就将小马鹿抱回家喂养。开始小马鹿很怕人，向秋拉姆也没什么饲养经验，但是她抱定了一个念头：动物都是有灵性的，你对它好，它自然也会亲近你。于是向秋拉姆就和小马鹿吃住在了一起。白天，没有奶瓶，就用嘴喂牛奶；晚上，怕气温太低，就和小马鹿同睡一张床，盖一床被子。几天下来，向秋拉姆越发喜欢上了这些可爱的马鹿，都把它们当成自己的孩子一样对待，她还给每只马鹿都起了名字，只要一喊，小马鹿不管在多远的地方玩耍，都会立刻蹦蹦跳跳地跑过来。日复一日地悉心照料，小马鹿慢慢地长大了，外出的地点也越来越远了，向秋拉姆感到是时候让马鹿回到大自然，回到山林，回到属于它的地方去。

看到小马鹿们渐行渐远地进入山林里的身影，向秋拉姆又是欣慰又是惆怅，然而让向秋拉姆没想到的是，仅仅过了几天，放归的小马鹿因为舍不得离开她，不但回来了，还引来了十多只马鹿。又惊又喜之余，她立即忙活起了给它们过冬的饲草，还千方百计为受伤病困扰的马鹿进行医治。从此之后，向秋拉姆的家便成了"马鹿俱乐部"。

一般马鹿的寿命在 16-18 岁间，向秋拉姆养大的马鹿却活到了 20 岁，尽管如此，马鹿死去的那天，向秋拉姆还是像个孩子一样哭了很久，精心喂养 20 年的小马鹿，在她的心目中早已成为了家庭中的一员，就像自己的亲人一样。然而向秋拉姆对马鹿的爱并没有因为这只马鹿的离去而结束，她继续辛勤地为其他马鹿准备草料，让它们平安过好每一个寒冬，这一养就是 50 年。

追求每一个生命被赋予的意义

如今，向秋拉姆已经 65 岁了，马鹿自然保护区的核心区域就是以她家的牧场为中心规划建立起来的，她也亲眼见证了保护区内马鹿数量从几百只壮大到千余只的"奇迹"，几乎每年鹿群中就会多出五六十只新生的小马鹿。"每一个生命都是值得被尊重的，每一个生命都有他活在这个世上的意义，人如此，动物也不例外"采访中，向秋拉姆质朴的语言说出了她这段人鹿情缘的起由，若不是那只被捡回的小马鹿，向秋拉姆便不会和马鹿结缘；若不是因为向秋拉姆对生命的尊重，马鹿便不会再回来，更不会有今天的类乌齐县国家级马鹿自然保护区。

走进马鹿自然保护区，川西云杉林、大果圆柏林、白桦林、雪层杜鹃灌丛、窄叶鲜卑花灌丛、奇花柳灌丛、锦鸡儿灌丛、沙棘灌丛等枝繁叶茂，多种多样的植物林为马鹿、白唇鹿等多种珍稀物种繁衍生长提供了良好的环境。保护区于1993年正式成立，2005年被定为国家级自然保护区。区内以保护马鹿、白唇鹿等野生动物和青藏高原亚高山森林与高山草甸过渡区附近自然植被为主，属国家一二级重点保护的动物共有44种。

春夏秋三季，马鹿都生活在山林里，只有到了冬天草都干枯，马鹿才会回到自然保护区内，这时，向秋拉姆早就已经准备好了它们过冬的饲草。除了准备饲草，向秋拉姆的日常工作还包括进行巡山，查看有没有受伤的马鹿需要帮助，有没有盗猎者潜入保护区等。向秋拉姆告诉笔者这里从来没有出现过盗猎者，保护马鹿、尊重马鹿、爱护马鹿，成了附近的牧民约定俗成的习俗和行为。

50年如一日和马鹿生活在一起，向秋拉姆已经离不开马鹿，马鹿也离不开向秋拉姆。当笔者问向秋拉姆还要养多久马鹿时，她告诉笔者，她会一直养下去，直到自己躺在床上不能动了。然后就会让儿子接自己的班，继续照看马鹿。现在，向秋拉姆和她的丈夫、儿子都是保护区的管理员，一家三口都住在保护区内，照看马鹿在他们一家人看来，是一种责任，一种使命。

笔者手记：万类霜天竞自由

保护区成立之初，向秋拉姆作为管理员每月只有 200 元工资，现在每月也不过 1000 元工资。向秋拉姆告诉笔者，以前她家也有蓄养了牦牛，后来成立马鹿自然保护区，她一心扑在马鹿身上，再也没有喂养其他牲畜。向秋拉姆为马鹿奉献了 50 年，没有任何怨言。是什么让她这样默默无闻地坚持下去？是爱，是她对大自然真挚、淳朴的爱，爱让她尊重每一个生命。

行走在马鹿自然保护区，就像是生动鲜活的课堂，向秋拉姆发自内心的地热爱动物、尊重生命是课堂每天讲述的内容，在这个过程中，无须课本，便能收获对生命伟大与神奇的认知。保护野生动物的个体，实则是在保护这个群体。马鹿的不舍离去，继而引来了更多的同伴，这是马鹿对人类恩泽的回应，是马鹿对人类毫无保留的信任。人与马鹿，如同牧民与牦牛，在高原上形成一幅相互依存、不离不弃的和谐画面。

我们人类也是自然生态系统的组成部分，保护野生动物与人类息息相关。保护野生动物就是保护人类自己，保护野生动物就是保护我们的家园。向秋拉姆用常年持续不断的关爱诠释着，对于大自然，我们可以做得更好，让西藏，我们的家园，树更绿，天更蓝，水更美，让野生动物自由地与人类在同一片蓝天下和平相处，万类霜天竞自由！

最忙碌的妇联干部：我的经历充满阳光

原昌都市妇联书记布拉

王玮

布拉（右）讲述阳光人生

"我的经历充满阳光"，这既是布拉对自己人生的概括，也是她职业生涯的生动写照。对于基层、乡镇、农牧区的妇女群众来说，也许她们没有太多的知识，但她们渴望知识；也许她们不懂什么技术，但她们需要掌握技术；也许她们并不太富裕，但是她们需要健康。妇联就是要教会她们知识，培养她们技能，给她们送去健康，像温暖的阳光一样无微不至。

布拉就是这样的妇联干部，对于帮助妇女排忧解难，协助她们发展，她总有浑身使不完的劲，整天干不完的事，即使退休了还在为此忙碌。这忙碌只是为了一个信念："没有妇女脱贫致富，就没有真正的美好家园。"

泪水和汗水都是成长的代价

布拉一谈到父亲，就眼圈发红。布拉的父亲是随十八军进藏的军人，昌都解放后留下来，在这里遇到布拉的妈妈，组成了藏汉家庭。1959年，布拉在昌都出生。父亲是从驻扎在扎木的部队上退伍的。小时候，布拉常听父亲讲从四川进藏的艰难险阻，他们边修路边打仗，经常没有吃的，只能挖野菜，吃老鼠肉，甚至煮皮带吃。父亲一点一滴的教育，逐渐培养出布拉不肯服输的个性。

1974年，布拉得到去陕西咸阳民族学院上学的机会，想到要离家这么远，她不禁顾虑重重。布拉的父亲对她说："我小时候家里穷，没有受教育的机会，如果不是人民解放军，我只能一直给人家当佣人，你现在有条件受教育，一定要上学！"听了父亲的鼓励，布拉决定远赴咸阳。临走前，父女二人聊了一整天，好像总有说不完的话。布拉一走三年半，后由组织调剂转入林芝八一农牧学院学习果林专业。

一心想学财会专业的布拉根本没想过要去学果林专业，她难过了很久，但还是坚持学下来。1981年，布拉在求学期间得到噩耗，父母相继去世。这不啻一个晴天霹雳！专业的不如意，父母双亡的打击，令布拉终日以泪洗面，一度想到轻生。老师和同学苦苦劝说，党和人民把你培养成才，上学期间的吃穿住用、助学金都是国家给的，你要想得开，为人民服务，为党和人民服务，就是对你父母的报答。

艰难地从痛苦中走出来的布拉迎来了毕业分配，她分配到洛隆县俄西区工作。那里交通不便，乡村不通车，外出只能骑马。如果不会骑马，就像没有腿一样不便，行李、口粮都没有地方装。布拉害怕骑马，听说有人从马上掉下来她吓得要命。去附近办事，她牵马走要走上半天。倔强的布拉鼓起勇气，克服恐惧，虚心向老干部求教，花大量时间练习，不知是累的还是紧张的，每次都大汗淋漓。一次，布拉取一份紧急资料，她骑了一匹跑得最快的马，快马加鞭，走路半天的路程只用 40 分钟就可以往返，这让布拉建立起了自信："别人能行的我也一定能行。"

干一行爱一行细致工作终出成效

1983 年，布拉从区上调到洛隆县林业局工作，她虽然并不喜欢，但强迫自己干下去，并逐渐爱上了这一行。这一时期，布拉经常到拉萨和昌都开会，开阔了眼界。让她最得意的一件事，是她组织 30 名农牧民群众，从马利区布许沟到查达拉山、康沙区的夏荣沟一带的森林里种树。刚开始，由于不懂种植技术，她尝试着把松树种子在水里泡发芽，再刨坑种好。当年全部用人工种下的树种子，如今已经长成成片的林子。

就这样，布拉从普通科员到副局长、局长，再到林业公安派出所所长、政委。一路走来，布拉体会到，只有尽心地向老百姓宣传，老百姓才可能理解各项政策。当地人上山砍树，没有保护森林资源、可持续发展的意识，不分大树小树都砍。为了教育群众，布拉就一个村一个村地跑，当面宣传。她不和老百姓说什么大道理，只是说"我们把树都砍了，子孙就没有树了"这样浅显易懂的话，她还编歌谣教给老百姓："不要乱砍小树，小树会生气的，小树会伤心的"，老百姓很容易就明白、接受了。

1995年，布拉任洛隆县副县长，从管树木转到管文教卫。她很快发现了问题，不少藏族农牧民家庭不愿送孩子上学，因为他们觉得上了学也找不到工作，不如帮家里干点活。很多孩子到了上学的年龄，却整天在家里看孩子或在外面放牧。布拉下定决心，一定要劝那些失学的孩子回到课堂上。她翻山越岭一乡一村一家一户地苦口婆心劝说村民："文化程度越高，致富能力越强"，"上学是放长线钓大鱼，将来有大回报，让孩子放羊，就等于短线钓泥鳅，得到的是眼前小利"。同样是老百姓听得懂的语言，深入浅出的道理，失学的孩子一个个被送回学校。就这样，洛隆成为昌都第一个实现普六、普九的县。

大骨节病以骨关节增粗、变形、运动障碍等为主要临床表现，重者丧失劳动力和生活自理能力，严重影响人民群众生产生活。布拉在下乡调研时发现，洛隆县中亦乡的大骨节病发病情况严重，立即向上级部门报告有关情况。不久，卫生部派出四名专家到中亦乡调查，专家将这里确定为全国罕见的大骨节病重病区，认定当地土壤是发病的主要原因。其他的乡镇呢？为拿到第一手资料，布拉跑遍全县进行大骨节病普查，结果发现，有5个乡镇都存在不同程度的大骨节病分布。据此，洛隆县对大骨节病患者和受威胁群众采取了换粮、调理营养结构等防治手段，向他们无偿供应大米，遏制了病情进一步发展。

思想工作和实际行动能化解坚冰

1999年，布拉调地区妇联任副主席。工作和生活节奏一下子慢下来，常年在基层繁忙中度过的布拉，一时间有点不适应。不过习惯于依靠基层、脚踏实地的她还是很快进入角色，结合5年《妇女儿童发展计划》实施情况验收，又开始下乡、跑基层。2005年，布拉担任昌都妇联主席、工青妇党组副书记，她的责任更重了。

2008 年"3·14"事件后，凭着高度的政治敏感性和责任感，布拉带领妇联和有关部门一起组织起来，去尼姑寺庙做宣传工作。工作组发现，不少尼姑寺庙的僧尼们有抵触情绪。布拉拿出过去做基层思想工作的看家本领，和僧尼促膝谈心，她比喻说，参与分裂活动就像"搬起石头砸了自己的脚"。很快，僧尼的态度明显改变。

有时实际行动也能感化坚冰。一次去察雅县的一个尼姑寺庙时，由于不通车，工作组组织有 21 匹马的马队驮着藏医藏药、B 超设备和发电机，一路颠簸 3 个多小时才到达。但一进寺就感觉气氛异样，僧尼们都低着头，不和工作队员有任何交流。布拉马上招呼大家安装好医疗设备，热情地为僧尼打 B 超进行体检，根据病情发放药品。到时，之前拒绝交流的僧尼们主动端出了寺庙刚煮好的米饭，给工作队员们吃，表示感谢。

经过布拉的不懈努力，类乌齐县的吉多乡群可林寺和桑多镇科查日追、察雅县卓玛日追、左贡县吉姆董寺等尼姑寺庙，都相继建立了"最基层的基层"妇代会组织和"妇女之家"。实现了哪里有妇女，哪里就有妇女组织，使尼姑寺庙的妇女组织成为"温暖之家"。

要办实实在在的，能看得见的事情

布拉是个待人和蔼的老大姐，但是一碰到争取妇女权益的事情，却毫不含糊。2011 年，她在妇联工作中发现了新的问题：村两委中妇女比例少。这下，布拉坐不住了，她连续 25 天跑了 11 个县 32 个乡镇 56 个村居委会，边调研边宣传。有的村干部说，那些妇女不行，不能干，话都不会说。布拉反对这种歧视妇女的观念，反驳说："五个指头有长有短，各有各的用处。"25 天跑下来，布拉的右腿肿得走不动路，医生诊断为长途乘车所致的静脉血栓，让她赶紧住院。布拉却坚持着把调研报告写完上交后才去住院。

常有人说，妇联工作是闲职，没事干。布拉可不这么认为，她说："妇联要办的事很多很多，而且能为妇女办很多实实在在的，能看得见的事情。"几年来，妇联牵头搞了餐饮、缝纫、驾驶等工作技能免费培训，培育出一批致富女能手。如八宿县白玛镇的泽安一家早年建成了2个高效温室大棚，经常背着菜去市场卖，她参加妇联组织的驾驶培训后，布拉又四处奔走，帮她争取资金购买了一辆面包车，解决了泽安一家的运菜问题。后来泽安已成为村妇委会副主任，走上了带领村民共同致富之路。

如今，已退休的布拉仍在为妇女就业奔忙。她帮助昌都汇丰发制品有限公司招聘员工，一次性就解决56名妇女的就业。这56名女工全部来自洛隆、左贡、八宿的贫困家庭，几乎都是第一次走出大山。布拉准备了学习用具，她们白天学习技术，晚上用一两个小时学习藏文、汉文、数学、法律、卫生等课程，布拉亲自担任老师教文化知识，还告诫她们一定要坚定树立"团结稳定是福，分裂动乱是祸"的观念。

布拉说，妇联是一个为弱势群体做工作的好地方。她遇到女孩子就问人家在哪里打工？工资多少？还满意吗？在妇联工作多年，她已经形成了随时随地帮助弱势群体的职业习惯。布拉这样总结自己："我充满阳光。"

笔者手记：说让群众听懂的话

布拉参加工作 30 多年，体会最深的是：干部要注意讲话的艺术。面对党员干部，面对普通群众，面对寺庙僧尼，怎么讲，讲什么，都大有不同。特别是对普通群众，干部说话要注意方式方法，要让群众听懂听得进。布拉制止滥砍滥伐，说的是"我们把树都砍了，子孙就没有树了"；她挽回失学儿童，说的是"上学是放长线钓大鱼，将来有大回报；让孩子放羊，就等于短线钓泥鳅，得到的是眼前小利"；她到尼姑寺庙做思想工作，说的是"支持分裂就像搬起石头砸了自己的脚"；她反对歧视妇女，说的是"五个指头有长有短，各有各的用处"。善于用大白话、大实话和群众语言深入浅出、解惑释疑；善于用聊天式、谈心式的语气娓娓道来、触及心灵；浅显的话语，形象的比喻，轻松的调侃，令人倍感亲切，一下子拉近了距离。

有的干部面对群众，如同一架念稿的机器，大道理一套一套，这样的话直接讲给群众听，不但不起作用，还可能适得其反。要说群众听得懂的话，就要像布拉那样深入基层，和群众打成一片，向群众学习语言，学习表达。要了解群众欢迎什么，不欢迎什么，了解群众的喜怒哀乐。然后，讲话才会有针对性，才会接地气，群众才会听得进去，才会记得住，才会产生力量。

"葡萄酒大王" 敢为人先致富路

芒康县纳西民族乡纳西村致富女能手玉珍

王玮

玉珍对亲手种植的藏红花品质非常满意

　　玉珍，1961年出生于芒康县纳西乡纳西村。只有小学文化程度的她，却有着敢为人先、发现商机的经营头脑，有着一股吃苦耐劳、永不服输的创业精神。她依靠自己勤劳的双手，辛勤的努力，从小做起生意，赚到人生的第一桶金，随后经营藏家乐、酿造本地葡萄

366

酒，成为当地赫赫有名的"葡萄酒大王"，带领大家一起创业致富。

致富路上的成功给玉珍带来了一连串的荣誉：2009年，她荣获自治区"劳动模范"、自治区"双学双比"女能手称号；2013年荣获"全国农村科技致富女能手"称号、2014年获"全国民族团结进步模范个人"，2015年4月获得"全国劳动模范"荣誉称号，2018年，当选自治区第十一届人大代表。玉珍的创业致富故事，是妇女撑起半边天的典型代表，是藏东大地上一位平凡妇女创业致富的一个传奇故事。

风雨无阻致富路诚信经营有回报

1983年时，玉珍家里生活并不宽裕，纳西村传统的盐田是全家最主要的生活来源。20岁出头的玉珍，怀着一颗对美好生活的向往之心，肩负着长女对家庭沉甸甸的责任，利用农闲时间尝试性地做起了小生意，虽然只是头花、盐巴这种小商品，但初步锻炼了玉珍观察市场、开拓市场的能力和信心。

25岁时，玉珍逐渐积攒了一点本钱，她越来越不满足于"小打小闹"。纳西民族乡地处国道214线上，随着往来客商的增多，她逐渐了解内地市场，决定去内地进货。玉珍第一次去云南德钦进货，身上只带了2000元，买回了不少帽子、衣服、袜子、饼干等商品，带回乡里很快就销售一空。初次成功鼓舞了她，她沿着这条道路走下去，三年以后，她以月租300元的价格租下了一间门面，小摊位扩大成了一家商店。她和两三家同行一起包车，往返云南德钦、下关、丽江，甚至四川成都，经营零食、面粉、服装，生意规模逐步扩大，满足了附近村民的日用品需求，通过多年的努力诚信经营，获得了村民一致好评，

但是市场很快就发生了变化，乡里商店越来越多，大家都去内地进货。玉珍渐渐发现买来的货卖不动了，店里不少食品快到保质

期也无人问津。那时家里正在盖房子，她索性放下生意，上山砍木料，一边给家里建房，一边思考生意的出路。当时藏文化开始在内地流行，但很少有人卖有关商品，玉珍经过试卖，认为这是一个好生意，于是一次就从拉萨进了3万元的藏族服饰，在本地和云南德钦同时卖。

进货的路千里迢迢，她跋涉千山万水，到拉萨单程就要五六天，遇到雨雪天气就得10来天。毕竟是一个女孩子，搬运沉重货物、连夜跟车运货、货物丢失、路况出问题而在外露宿等有很多不便，但她从不放弃，从不退缩，顺利的话，一次进货就可以赚到2万元利润。就这样，在新经济的大浪潮中，她凭借着坚韧不拔的毅力，吃苦耐劳的精神，在外拼搏多年，开办了纳西民族乡第一家藏族特色小店，终于淘到了人生的第一桶金，也为她积累了宝贵的经商经验。

"藏家乐"里品美酒新思路创新财富

藏族特色商品红红火火地经营了三年，别人看到卖藏式服饰赚钱，也去拉萨进货，渐渐这个生意也不好做了。不过，玉珍又开辟了新的经营领域。在惠民政策的鼓舞下，她带头干起了"藏家乐"。为了运营好"藏家乐"，她多次去云南、拉萨等地参观、学习房屋装修及接待旅客的技巧，回来后翻新了房屋，专门购置了器材。通过几年的管理实践，玉珍熟悉了不同地方旅游者的口味偏好，她亲手做的"加加面"尝过的人都赞不绝口。

玉珍很快成为当地旅游接客能手，来她家入住藏家乐的旅游者不断增多，收入不断增加。在她的鼓励和带动下，不少村民也以同样的方式修建了"藏家乐"。虽然方式方法相同，但是其他人经验不足，房屋布置等方面存在不足。玉珍无私地为他们进行技术指导和帮助，经过几年时间的精心管理，他们的藏家乐、农家乐普遍获得了不错的收入，更带动了周边乡村群众经营"藏家乐"达一百户以上。

到了 2002 年，玉珍意识到，光靠"藏家乐"一种经营很难发家致富，要成为致富"领头雁"，就必须有新思路。她想到，纳西村历史上就有种植葡萄的传统，家家户户都有种植。经过调查，她发现本地葡萄资源没有得到很好地利用，除了外地商人收购和自家食用，老百姓种的葡萄大部分都烂在树上或者用来喂猪。一个想法渐渐在她脑海中成熟起来，她决定收购当地的葡萄制造纯天然葡萄酒。

"万事开头难。"由于技术和经验的缺乏，加上制造葡萄酒的规模较小，开始的收入并不是很乐观。玉珍没有被困难吓倒，她反复摸索、改进酿造技术，去邻县参观学习、交流经验，葡萄酒酿造技术随之提高。在昌都第一次物资交流会上，玉珍的葡萄酒一炮打响，她带去的 28 桶葡萄酒销售一空。随着买她酒的人越来越多，产量不断增长，酒价也不断上涨。一开始卖每斤 5 元，后来 7 元、8 元逐年上涨。2009 年，玉珍酿造了 80 桶葡萄酒（一桶 100 斤），自己种的葡萄不够，她就大量收购村里种的葡萄；2013 年，她经营的藏家乐和制造本地葡萄酒纯收入达 14 万元；2014 年，她酿造了 240 桶葡萄酒，产品已走出昌都，远销云南。

致富不忘传帮带回报社会献爱心

"一花独放不是春，百花齐放春满园。"玉珍在经营好藏家乐，制造好本地纯天然葡萄酒的同时，她从未忘记左邻右舍和带动周边群众致富。纳西乡葡萄酒专卖店的牌子打出去了，本地葡萄的葡萄酒赢得了丰厚的利润，虽然所有人看得眼热，但谁也没有勇气去试一试。为此，古道热肠的玉珍多次亲自登门劝说，向他们免费传授经验和酿造葡萄酒的各种技术。功夫不负有心人，在她的劝说和帮助下，纳西乡很多家庭都开始酿造葡萄酒。玉珍还为当地群众提供就业机会，她的藏家乐和葡萄酒作坊先后雇佣数十名固定工和临时工，日工资平均达 100 多元。一位邻居种出的葡萄颗粒小，不好卖，她就央求玉珍"行行好帮我把葡萄买了，我还要供小孩上大学呢"，玉珍爽快地点点头说，明天拿过来吧。

她从没有忘记本地的那些贫困户、寄宿学生的生活状况。25年前，盐井的寄宿学生生活条件很差，她就把自己辛辛苦苦赚来的5000元钱捐给学校，希望所有寄宿在学校的学生有个好一点的住宿和生活。那时的5000元钱对一个普通家庭来说不是小数目，但她说，看到孩子们的学习条件好一些，能有几个孩子通过读书改变命运，她就满足了。

富裕起来后，她平日为当地贫困户、生老病死的家庭给几百元，甚至上千元钱生活补贴是常有的事。加达村有一个家庭，女主人疾病缠身，三个小孩上学，最大的不过上初二，全家6口人的生活陷入困境；措拉家3口人，2个小孩是寄宿学生，小的身体素质不好，三天两头去医院看病，母亲成天忙于打工赚生活费，日子过得非常艰难；郭然村有个精神不正常的聋哑人，每天乞讨为生……这些困难家庭都接受过玉珍的帮助。2012年春节，玉珍一次就为郭然村的贫困户捐助了56000余元的生活用品。近年来，她还为雅安灾区、玉树灾区、昌都和左贡相邻灾区捐款10000余元。

劳动致富，勤劳致富，这就是玉珍的信念。她说："自己愿意干的话，总有忙不完的事可干，但是现在生活好了，人们反而变懒了。"在自家的地里，除了种葡萄、玉米，她还拿出一亩地试种藏红花。绿色、天然、无污染的药材生意，是她最新的致富项目。玉珍已经把收获的藏红花拿到藏医院鉴定，如果专家认可，那将会打开任她遨游的一片新的天空。

　　玉珍发家致富是一段励志的故事。改革开放后，她在纳西民族乡很早就做起了小生意，积累了一定本金后，又是第一批开店，经营内地商品。当地商店越来越多，她马上掉转经营方向，瞅准市场空白，经销藏式服饰。在盐井，又是头一批经营"藏家乐"头一批酿造葡萄酒，处处"快人一步"，抢占先机。每当市场渐趋饱和、经济效益不断下滑的时候，玉珍就开始走别人没有走过的路。有想法，勤实践，敢为人先，不仅让玉珍的经营少有竞争，而且让她获取了丰厚的利润。眼下，她又率先开始种植藏药，其独到眼光令人钦佩。

　　许多农牧民搞经营喜欢"随大流"，"一窝蜂"，有了好项目不敢率先发展，等别人搞成功了才敢跟着搞。因此致富不易，钱越来越难赚。种粮，粮价低；种菜，菜价贱；种果，不值钱；经商，没本钱；打工，缺技术。一年到头汗水没少流，力没少出，日子依然过得紧巴巴。其实，农牧民难以致富，问题在于他们不了解瞬息万变的最新市场信息，也就不知道种什么来钱快，养什么赚钱多，上什么项目可致富，怎样经营才能稳赚钱。

　　玉珍之所以能发家致富，根本原因就在于有"敢为人先"的新观念。她善于在动态中寻找市场空白，绝不固步自封，不断迎接新的挑战，不断开发新经营品种，使自己在市场竞争中永远占据有利位置。致富道路千万条，只要肯树立新观念，敢为人先，就一定能够开辟出一条属于自己的特色致富的道路。

绽放藏东的"最美格桑花"

记党的十九大代表、江达县嘎通村党支部副书记、副主任拉措

刘晓江

拉措（左）在两会期间与其他委员交流

　　她是党的十九大代表，自治区党代表，市、县两级政协委员；是江达县江达镇嘎通村党支部书记；是江达县妇联副主席；是安馨驾校校长；是康巴藏东民族服饰加工销售责任有限公司的创办人……先后荣获西藏自治区民族团结进步先进个人、西藏自治区三八红旗

手暨第二届"最美格桑花"称号。

在拉措身上，荣誉和头衔很多，但她却从不高调，和人说话总带着朴实的笑容。2019 年 3 月，为采访拉措，笔者专程赶到江达。

江达，藏语意为"江普寺沟口"。在当地，群众常用"格桑花"来形容年轻貌美的女子。拉措就出生在这个风景秀丽、民风淳朴的小县城。

在群众眼里，拉措心地善良、乐于助人，犹如绽放在藏东的"格桑花"；在同事眼中，她是对党忠诚、让党和组织放心的"好党员、好干部"。

"我只是力所能及地帮助需要帮助的人，这是一名共产党员、也是每一名村干部应尽的责任。"拉措用实际行动践行着自己的誓言。

对党忠诚的"好党员"

以心许党，必将以行坚守。

1975 年 7 月 4 日，拉措出生于江达县嘎通村一户贫困家庭。1988 年在江达县小学毕业。虽然拉措的父母已经拼尽全力赚钱养家，但是无奈农民的收入始终有限，这使得拉措的童年生活比较艰苦，未受过进一步的教育学习。但锤炼出了拉措勤劳吃苦、善良诚信的品质，也让她懂得了生活的不易和感恩。2003 年 4 月，拉措加入中国共产党。

"今年是我入党的第 16 个年头了，但我还清晰地记得，我当时入党的初衷特别简单，就是想着要为群众干点实事儿……"谈及入党初心，拉措眼里饱含着深情。"坚信共产党员是为群众谋福利的。加入中国共产党，为了自己的儿女及老百姓过上更好的日子。"

入党后的拉措，始终坚持将党放心中，用实际行动践行入党誓言，坚决拥护党的路线、方针、政策，遵守党章党规，坚定不移感党恩、听党话、跟党走，以自己的言行践行合格党员标准。

多年来，拉措不仅坚持学党章，而且还自学各项支农惠农政策、法律条款。满满一抽屉学习笔记是她勤于学习的真实写照。

2009年10月，当选为嘎通村党支部副书记以后，她每次进村走访了解情况都会带上一个笔记本，把老百姓的家庭情况、收入情况、存在什么困难都会分门别类记录在册。哪户有多少牦牛？哪家有什么实际困难？她都一清二楚，大家都亲切地称呼她为村里的"活字典"。

为解决嘎通村环境卫生差的问题，拉措提议建设"文明、和谐、守法、向上"的"新嘎通"。为改变村民落后的思想观念，拉措带头挨家挨户地做工作。

2015年6月，在拉措的提议下，嘎通村成立了由30名妇女组成的"女子环境卫生整治队"，每周集中时间对村子进行一次大扫除，并形成惯例长期坚持下来，嘎通村环境卫生状况得到了极大改善，文明和谐守法向上的风气盛行。

在2017年6月，她撰写了《写给父老乡亲们的一封信》，从自己的亲身经历和感受，畅谈了江达县城近几年发生的翻天覆地的变化，江达老百姓在党的好政策指引下，生产生活条件所发生的翻天覆地变化，弘扬了社会好风气，传递了社会正能量，在全县农牧民群众中引起了强烈的反响。此举在当年度康巴昌都·十大新闻中榜上有名。

"作为一个常年与老百姓打交道的村干部，我一定要帮村里人找出一条脱贫致富之路。"拉措立志担当。

脱贫攻坚的"扛旗人"

2014年8月，拉措贷款创办了江达县永安驾校，后更名为安馨驾校，先后免费培训33名建档立卡贫困群众，这些参加培训的群众通过考试拿到驾驶证后，有的跑长途运输、有的在市里开出租车，月均增收 5000 元以上，成功脱贫致富。截至目前，驾校已经培养了学员 2000 名。

2015 年初，在得知外来村民袁桂英有创业意愿后，拉措主动找上门，为其出点子、找市场、拉赞助、做翻译。同年 3 月，由袁桂英自主创办的桑登家政装卸专业服务合作社正式成立。目前，该合作社共吸纳青年妇女 14 人就业，年人均增收 2.5 万元。

受袁桂英创业的启发，拉措成立了康巴藏东民族服饰有限公司，解决了村里 4 名建档立卡贫困妇女的就业问题，初期实现了人均月收入 1100 余元的目标；公司还免费为村里 39 名建档立卡贫困妇女培训缝纫技术，让她们掌握一技之长，更好地实现就业。

2016 年，拉措筹资 140 万元创办了"格桑花民族服饰加工销售责任有限公司"。她深入全县 13 个乡镇进行宣传，鼓励建档立卡贫困户来厂里学技术，并免费提供食宿，发放工资。

格郎是嘎通村建档立卡贫困户，妻子时常生病，3 个小孩都在上学，平时打工的收入难以维持家庭的开销。拉措得知情况后，2017 年 3 月，安排他当了公司的库管员。每个月有 3000 多元的工资。格郎对此十分感激。

"我从小就在这个村成长，只想着乡亲们都能够过上好日子……"拉措朴实的话语，寄托着她对嘎通村的爱，把自己的梦想植根于这块土地，践行着一名党员宣誓时的庄严承诺。

农牧民群众的"贴心人"

"饮水思源、富不忘本，坚持公益、回报社会。"这是拉措常挂在嘴边的一句话。

一直以来，只要入户走访，她手里总会有一本民情记录本，里面密密麻麻地记录着村民的家庭情况、收入情况、存在什么困难等。

2014 年，江达县推行群众事务干部全程代理机制，拉措主动揽过这项工作，多次往返镇政府和上级有关部门为老百姓办低保、出证明，办实事、解难事30余件。

江永俊美和其美拉姆是嘎通村的孤儿，从小无依无靠。拉措主动收养了他们，像对待自己的孩子一样照顾他们，供他们上学。

拉措说："我小时候家境不好，没读多少书，一直引以为憾。现在条件好了，我不想让村里的孩子也走我的老路。"

2017年春节和藏历新年期间，拉措自掏腰包，为村里的困难妇女送去6000元慰问金和价值8500元的医疗物品，并为16户建档立卡贫困户送去卡垫、米、面、油、砖茶等价值12000元的生活物品。

2018年"10·11""11·3"江达金沙江堰塞湖灾害发生以后，拉措为受灾群众捐助价值16000元的大米、面粉和食用油等食品。2019年春节期间，为正在处突的交警工作人员送去慰问金3000元，为环卫工人捐赠了自己服装厂加工的80套围脖和围裙，价值8000多元。像这样的事，拉措还做了很多。

对下一步工作，拉措有自己的想法："我想开办厨艺技能培训班，将深入各乡镇进行调研和宣传，鼓励建档立卡贫困户尤其是妇女群众参加学习。学成后，对他们开饭店还是出去打工，都是非常有利的。"

笔者手记：绽放在藏东的"最美格桑花"

想采访拉措由来已久。

江达县嘎通村的拉措是有名的女干部，头衔多荣誉多。这次采访前，我和她是在康巴昌都·2017十大新闻颁奖会上曾有过一次简短的接触，而此次采访印象更深，"我只是力所能及地帮助需要帮助的人，这是一名共产党员、也是每一名村干部应尽的责任。"采访完的当天，这句话在我脑中一直回响。什么是责任，我找到了答案。

近年来，像拉措这样不仅能够自力更生、又极富热心与爱心的女性像是一股清泉，正成为新西藏征程一道靓丽风景。她们依靠党和政府的各项优惠政策，辐射带动周边邻里乡间一起致富奔小康、能顶"半边天"的妇女。她们用一双双勤劳朴实的手，紧握自己的生活向更好发展，也让身边的人一起奔向那看得见、摸得着的幸福。我想，这可能也是所有三江儿女心中所拥有的信念，把平凡的事做到不平凡吧。

用爱书写人间真情

——记"中国好人榜"上榜人仁青措姆

边巴央吉

仁青措姆和她的丈夫胡胜光

仁青措姆，党员，现任昌都市第一幼儿园的教师。自 1994 年以来，她始终"守"字当先，"爱"字装心，几十年如一日地一边照顾瘫痪在床的丈夫和家人，一边坚守岗位，无怨无悔地承受着工作和生活的双重压力，用坚守诠释了"执子之手，与子偕老"的真谛，用爱书写了人间真情，用实际行动发挥了优秀党员的模范带头作用，赢得了昌都广大干部群众的称赞，于入选 2018 年 2 月入选为"中国好人榜"。

久病床前有贤妻

约访仁青措姆是在一个阳光明媚的春日午后，一踏进她家就被屋内的温馨场景所吸引：藏式柜子上摆放着精心装扮的全家福，明亮的地板如镜子，君子兰、文竹等植物长得正盛，她的丈夫和婆婆正半躺在床上聚精会神地看着电视里播放的排球比赛。

"当年，我老婆非常善解人意、知书达礼，尤其她的笑容非常迷人。"倚靠在床上的胡胜光首先打开了话匣子。

谈及两人的恋爱史，仁青措姆满脸绯红。她翻出一叠陈旧的信封递给笔者，"这些信是谈恋爱时他写给我的情书。第一次见我老公时，他穿了一身军装，那双炯炯有神的眼睛里闪烁着坚强的目光，很是吸引人。"夫妻俩相互赞美，彼此的眼中流露出"你最珍贵"的深情。

1994 年的一次老乡聚会上，半藏半汉的军人胡胜光一眼就看上了温婉贤淑的仁青措姆，部队与学校 200 多公里的距离，靠着书信连接着两人的心。一年多后，两人欢欢喜喜直奔民政局领了证，可"天有不测风云"，木以为将要开始甜蜜婚姻生活的一家却很快迎来了不幸的前兆——婚后第二年胡胜光患上了痛风。

"我丈夫 1992 年毕业于昆明陆军学院，毕业后他就来西藏当了兵。那时候连队里吃水非常困难，需要经常下到河里引流才能喝上水，基本上每周要去河里排水三次，一待就是一两个小时，雪山上流下来的水冰冷刺骨，他们又没有防水的胶鞋，再加上他所在的地方环境十分潮湿，才患上了这个病。"仁青措姆心疼地望着丈夫，忽而又一脸崇拜地说，"其实他可以不用下水的，可他是排长，他一心想着给战士们带好头。"

当疼痛难忍时，胡胜光就用止痛药和当地的藏药来缓解，可时间一长，连止痛药都丝毫不起作用。看着痛得整夜难以入眠的丈夫，仁青措姆心如刀割。她一边教学，一边自学按摩手法，每天夜里守在丈夫身旁给他按摩，一坐就是几个小时，有时甚至到天亮。

可好运并没有因此而眷顾他们，噩运接踵而来：2001 年，胡胜光的右腿已完全不能走动，双腿借助拐杖勉强只能挪动几步；2007年，胡胜光被确诊为强直性脊柱炎；2008 年，胡胜光左腿也开始僵硬，双腿患血栓，完全瘫痪在床……

面对心灰意冷的丈夫，仁青措姆鼓励说："你现在就只管好好养身体，努力配合医生治疗，一切都有我！"此后的日子里，仁青措姆给丈夫喂饭、洗澡、穿衣……

为了能让丈夫得到进一步的治疗，她每年利用放假的时间独自带着无法行动的丈夫去内地各大医院就诊，数十年间，从未间断。为了凑足治疗费用，她不惜倾尽家里所有积蓄，甚至还变卖自己的首饰。她随身携带的日记本上记了密密麻麻的医生的电话号码。

"我嫁给他，他就是我最亲的人，哪怕有一点希望，也不能放弃。"仁青措姆选择坚持到底，选择不离不弃。

如今，在仁青措姆的坚持和努力下，如今胡胜光病情好转，终于可以下床活动，双腿借助拐杖能勉强挪动几步。

"第一次下床活动时，我俩抱在一起开心地哭了。"胡胜光说到这里，眼角忍不住淌下泪来，对妻子无微不至的关爱、呵护充满感激。

自丈夫出院后，仁青措姆满载喜悦返家的同时更是怀抱各种笔记本回家，笔记本里记载着全是医生的嘱咐、注意事项、运动方法等基本医疗知识，就是为了便于以后的护理更加到位。

孝亲敬老源于大爱情深

"这些年，我们家最辛苦的就是她。我儿子行动不便，我老了，身体又不好，我们一家老小都靠她一个人支撑着。"年近九旬的婆婆衣拉感激地望向仁青措姆。

"婆婆照顾我老公比我照顾得周到，对我也很好。作为儿媳妇，这些都是我应该做的。"仁青措姆拉着婆婆的手有些不好意思地抢着说。

自从胡胜光生病以来，婆婆衣拉心里也十分着急，但又无能为力。她对儿媳妇，既是感激，又是心疼，总是希望自己身体健康些少给儿媳妇添点麻烦。

然而事与愿违，2012 年，患有多年高血压的婆婆突然患急性阑尾炎住进了医院。仁青措姆一边安慰婆婆好好养身体，一边每天都悉心地为婆婆擦身、洗脸、清洗衣裤等，同病房的人都以为她们是母女，纷纷羡慕衣拉有一个孝顺的好女儿。

照顾完婆婆，仁青措姆又急急忙忙返回家中为丈夫做饭，有时连睡觉时间都没有。

然而，面对困难，性格好强的仁青措姆反而变得更加坚强，既能无微不至地照顾生病的丈夫和年迈的婆婆，又能起早贪黑地坚持上班、送孩子上学、操持家中一切大小事物。

终于，经过 3 个多月的精心照料和治疗，婆婆的病情得到了好转。这个消息对于仁青措姆来说犹如黑暗中的光亮，这种重生的无比幸福感久久绽放在仁青措姆的脸上。

"苦日子会过去的，一切都会过去的。"仁青措姆总是安慰自己。

如今，在仁青措姆的照料下年近九旬的婆婆身体硬朗。闲暇时，仁青措姆还带着丈夫和婆婆到广场上晒晒太阳、聊聊天，一家人幸福和谐。

"身心疲惫的时候我也崩溃过、大哭过，可我们夫妻恩爱，婆婆又把我当亲生女儿一样对待，我的两个女儿也很懂事，我们很幸福。"仁青措姆微笑着说。

学生心中的"知心朋友"

然而，除了"贤妻良母"，在工作中，仁青措姆一直坚守职责，兢兢业业，是同事身边的"好榜样"，更是学生心中的"知心朋友"。

"有一次仁青措姆在上晚自习时，她丈夫病情加重，家里不停地给她发短信，但是她强忍着急切的心情，坚持把课上完。一下课，她就马不停蹄地跑回家。"同事达珍敬佩地说。

"我们的仁青措姆老师像妈妈一样关心着我们。有一次，我跟同学生气了，她教育我小朋友间要相亲相爱，要大度，我就主动和朋友和解了。我现在喜欢什么话都跟她说，她是我的'知心朋友'。"中三班学生达瓦玉珍小大人般地说。

自仁青措姆的家里出事后，得到了昌都市第一幼儿园师生的很多关心，大家也对她特别敬佩。然而，仁青措姆也没有因此选择逃避，勇敢面对工作和生活的双重压力，每天除了照顾家里的老小外，还认真履行着工作职责。

自1992年以来，仁青措姆相继在察隅县中学、洛隆县中学、昌都城关镇达野小学、昌都市第一幼儿园等学校任教。曾多次评为优秀教师、优秀班主任。面对岗位的调整，她从不墨守已养成的教育方式，针对不同年龄段孩子的心理特点和学习习惯，认真学习教育理论，最大程度利用课堂上的时间，积极探索教学方法，弥补时间和精力上的不足，形成了风趣幽默、亲切和蔼深受学生们喜爱的授课风格。

"育人"是仁青措姆坚持教学的理念。她在教学中和课外经常会穿插一些带有教育意义的故事，使同学们更能以积极的态度去面对学习，面对生活。在课外经常帮一些在生活上有困惑的同学解答疑问，耐心开导，做他们的"老师妈妈"。

"桃李不言，下自成蹊"，对仁青措姆而言，26年的教师生涯是她最宝贵的人生财富。如今，她的很多学生已经走上工作岗位，延续着她对这片土地和人民的热爱。

现昌都市直单位干部扎西罗宗是其中一名，说起自己童年的老师，他赞叹道："小时候，我的语文基础不好，是老师经常给我讲些有趣的童话故事，教我唱些好听的儿歌，慢慢地让我喜欢语文。后来上大学选择文科专业，喜爱研读文艺作品，都益于措姆老师从小对我文学思维的启发！"

"我什么都没做，我只是做了我应该做的事。"2018 年 2 月份，仁青措姆荣登"中国好人榜"，她却一脸害羞。

我国是一个文明古国，相夫教子，恪守家庭美德是中华民族的优良传统。尽管在仁青措姆眼里，她所做的都是一些平凡的事、琐碎的事，但她用二十多年的平凡而真诚的故事，书写着充满真情真爱的丰富人生……

笔者手记：爱的力量

采访仁青措姆，发现这个40多岁的妇女身上有一种独特的气质：善良、贤惠、重情。这种气质，尤其在她和老公胡胜光在一起的时候，愈发显现。

1992年，仁青措姆和胡胜光在一次联谊活动上一见倾心；1994年，俩人领取结婚证；然而，自结婚第二年起，丈夫胡胜光不幸患上了严重的痛风，直到2008年，他的双腿患血栓，完全瘫痪在床……

结婚20多年来，在仁青措姆身上，这样的不幸事情发生了很多很多。但她从未想过放弃，始终对丈夫不离不弃。为了给丈夫治病，她四处求医、主动学习按摩技术、每天按摩双腿、练习走路。不管白天工作多么辛苦，夜里她总会守在丈夫身旁，有时一坐就是几个小时。

面对她的故事，你可能下意识地会产生那么一丝疑惑：20多年来，她几乎献出了自己所有的青春和精力，不离不弃地照顾瘫痪在床的老公，为什么？图什么？每当被问起，仁青措姆都会不假思索地说："我只是做了我应该做的事。"就是这样一种朴素的语言，正是体现出仁青措姆贤惠、善良、重情的优良品德。

此外，20年来，她还一边服侍年迈的婆婆和抚育两个年幼的小孩，一边仍坚守岗位，用自己的爱和坚守撑起了一个家，扮演了"好妻子""好儿媳""好老师"的角色。仁青措姆在每一个故事中的言行，总能触碰人心最柔软之处，让笔者禁不住为之动容，为之落泪，为之赞叹。深深觉得：这，就是爱的力量！

最美格桑花：村民富裕就是我的幸福

边坝县马秀乡乡长妮妮卓玛

王玮　　夏怡雯

妮妮卓玛

　　她是全区优秀驻村工作队员，她是边坝县民族团结先进个人和十大杰出青年，她是最美格桑花。

　　她是农牧民的子女，她把青春年华献给了农牧区，她以赤子之心服务农牧民，在基层报效祖国，实现自己的人生价值。

她就是妮妮卓玛，一个 80 后，2005 年从大学毕业后被分配到了边坝县沙丁乡，这十年，她扎根基层、心系群众，一直在默默奉献，无怨无悔。

2011 年，在创先争优强基惠民活动中，作为沙丁乡副乡长的她来到了沙丁村驻村，从此与沙丁村结下不解之缘。2012 年，得知昌都选派机关优秀年轻干部到村任党支部书记，想到村里的路还不通，村民生活还不太好，自己还有很多规划没来得及实施，妮妮卓玛决定继续留在沙丁村，开始了三年村党支部书记的工作。2014 年年底，优秀的妮妮卓玛被组织安排到了马秀乡，任马秀乡乡长。2016 年 4 月 21 日，被组织安排到边坝镇任镇长。

"一定要改变沙丁村的贫穷面貌"

2005 年初到沙丁乡的妮妮卓玛被安排做出纳工作，一干就是两年，后来因为材料写得好，又被安排到了办公室当办公室主任。2011 年，在创先争优强基惠民活动中，作为沙丁乡副乡长的她主动提出要去驻村。

沙丁村里的条件很苦，很多干部不愿意去村里，可是妮妮卓玛却主动提出了要去。"既然我来到了基层工作，那么就要从真真正正的基层做起，要深入村里面，这样才能更好地了解农牧民，和群众融入到一起，为他们做更多的事。"

2012 年，昌都选派机关优秀年轻干部到村任党支部书记，妮妮卓玛想到村里的路还不通，村民生活还不太好，自己还有很多规划没来得及实施，妮妮卓玛决定继续留在沙丁村，开始了三年村党支部书记的工作。从那时起，妮妮卓玛就担负起了"沙丁村一定要改变"的担子。

妮妮卓玛深知，这方土地再不发生变化，人们将继续无法摆脱贫困。因此，她本着"一定要改变沙丁村的贫穷面貌"的信念，开始为这个村庄的命运奔波。

去沙丁村之前妮妮卓玛就有了一些初步的了解，因为沙丁村是乡里公认最难管的一个村。妮妮卓玛第一次召集全村大会的时候，全村 102 户、679 口人陆陆续续只来了几十个人，村民们毫无时间观念。他们觉得妮妮卓玛是乡里派下来的，而乡里又没钱，所以看不起妮妮卓玛带领的驻村队，觉得女孩子分到村里干不了什么事。

妮妮卓玛对这些情况感到很无奈也很无助。"为什么会这样呢？难道要这样放弃了吗？"

妮妮卓玛没有放弃，她知道，要想改变沙丁村，现在最关键的是要让村民们在思想上得到转变，要让村民们变得守纪律、勤劳动，不要总想着依赖别人，要让他们依靠自己的双手创造幸福生活。

妮妮卓玛用了三个月时间走村入户调研，每天早出晚归，挨家挨户了解群众的生产生活情况，她认真分析看到和听到的问题，从细节处开始抓起。村里有制度，但是没有细化，没有落实，没有督促，村民也不遵守，妮妮卓玛觉得这样不行，他们连最基本的制度都不遵守何谈改变和发展。一套新的村规民约制定出来了，妮妮卓玛在大会上宣布：村委会每次召集全村开会时都要打考勤，不来开会的，义务劳动不参加的都要加以处罚。

"处罚的目的是为了让村民养成良好的习惯。"妮妮卓玛告诉笔者，"除此之外还要以身作则，自己带头做，村民才会跟着做。"

妮妮卓玛看到村里的垃圾很多，就带领村民用了 10 天时间，清理了 50 吨垃圾，村子里、附近山上的陈年垃圾一扫而空。崭新的村容村貌如何保持？她给每家每户都划分了卫生区域，要求每周都要打扫一次，做义务劳动，刚开始有一些村民根本不理会，也不去参加劳动，妮妮卓玛就带头自己拿着扫帚去扫地，村民慢慢地也就跟着做了。"干部自己做好了，老百姓才会跟着走"，妮妮卓玛以身作则的做事原则在村民里树立了很好的形象，后来每有活动村民们都会积极参加，唯恐落在后面。

从沙丁乡到沙丁村有一条大约长 0.6 公里的硬化路，在怒江边上，一到冬季下雪路就特别滑特别难走。妮妮卓玛将道路平均分段，承包给了每家每户，自己也分配了一段，要求下雪天每天都必须清理积雪。这一次，全村没有一个人说不，没有一个人不来扫雪。

"只有行为规范了才能谈发展，只有让村民思想发生转变了，他们才会对生活有积极性。"妮妮卓玛就这样一直默默地告诉自己，不管多累多苦，她都要从一点一滴做起，改变村民。

"要致富先修路"

沙丁村历来很贫穷，村民们除了每年挖虫草就再也没有任何收入了，村里没有一条好路，村民也没有干净的水可以喝，村集体经济也没有一分钱，妮妮卓玛将这些情况看在眼里记在心里，没过多久便有了一个打算。

"要致富先修路。"这句话一点也不假，妮妮卓玛要做的第一件事就是修路。

沙丁村地处怒江边，四周被大山包围，村民几乎过着与世隔绝的生活，村里与外界唯一的通道，是挂在半山腰的羊肠小道，一旦遇到雨雪天，通行没有保障。

为了能尽快把路修好，妮妮卓玛带着专业人员连续一个月背着干粮和水，爬坡上坎勘察地形。一天走下来，她脚上磨出了血泡，小腿肿胀难忍，有时疼得连鞋子都脱不下来。为了减轻疼痛，不影响第二天的勘察工作，她就用纱布把脚底缠起来。就这样坚持了一个月，再苦再累一想到村民，妮妮卓玛觉得做的这些都是值得的。

有次雨天后上山，由于路太滑，妮妮卓玛差点滑到悬崖下。"幸亏当时村委会主任索朗扎西及时拉住了我，否则后果不堪设想。"事后回忆起来妮妮卓玛还是后怕。

道路修建过程中，白天，她与村民一起抢锤、一起搬石块，一同吃糌粑、喝酥油茶；晚上，她就和大家一起挤在帐篷中。"有一次，卓玛书记生病了，发着高烧，大家劝她回村休息，但她却坚持和我们一起修路。"村民次仁洛加说。

经过半年多的辛勤劳作，妮妮卓玛硬是带着村民在不靠任何机械的情况下，在悬崖峭壁上开辟出一条道路来，一条通向希望的道路。

路通了，村民们播种和收割庄稼方便了；路通了，可以搞蔬菜水果种植基地了；路通了，砂石厂可以办起来了；路通了，妮妮卓玛却瘦了 20 多斤。

"我要对得起我的工资"

在笔者的采访过程中，妮妮卓玛说得最多的一句话就是"我每个月拿工资，我应该也必须要为农牧民们做事，我要对得起我的工资。"这句话对于很多干部来说如果仅仅是说那是很容易的，但是要做到却是很难得。妮妮卓玛不仅说了而且还做到了。

路通了，如何提高村民收入，成为妮妮卓玛思考的头等大事，她决心带领群众走出一条创收路。

经过深入调研，妮妮卓玛发现，沙丁村沙石资源丰富，市场又比较广阔。她把村民召集起来，把组建砂石厂的想法告诉了大家，村民们一致表示同意。

为了使每户村民都能参与进来，她提出富裕的农户以现金入股，贫困的农户以劳代资入股，很快便筹集到了 12 万元的启动资金。2013 年初，沙丁村沙石厂建成，村里也有了第一个增收项目，当年就收回了全部投入，并实现了盈利。

村里的男青年都去沙石厂工作了，留守的妇女也纷纷找到她，让她帮着找一些事做。看到沙石厂经营逐步走上正轨，她带领村里的妇女建了一座蔬菜大棚。

对于种好蔬菜，出生在农牧民家庭的妮妮卓玛最拿手不过了。从小在家就会帮着父母种地的她，为了让自己有更好的技术，她晚上看书继续学习种植技能，白天就把自己种植经验和书本上学到的知识传授给村民，学好之后还去了拉萨的农场自己掏钱买最好的种子分给每家每户试种。在大家共同努力下，试种的蔬菜长势喜人，获得了丰收。

"当时我们的蔬菜主要就是卖给周边的施工队，后来我带领村民扩大蔬菜种植规模，成立蔬菜种植协会，把蔬菜卖到周边乡镇。"在妮妮卓玛的带领下，村民克服了"等靠要"思想，人人都有事可做、都有收入，生活更有奔头了。

妮妮卓玛还向上级要到了清理莫贡沟的项目，她带领村民清理失火后的干树，再种上云杉，和老百姓在山上待了三个月，项目完成了，村民也得到了大大的实惠，仅这一个项目全村就增收了300万元。

沙丁村渐渐地富裕起来了，每一个村民都很爱戴妮妮卓玛，妮妮卓玛也爱着每一个村民。妮妮卓玛离开的时候，村民们不管是女孩子还是老头子都流着眼泪和她告别，一直送了很远很远。现在，每当妮妮卓玛回忆到与沙丁村民一起奋斗的日子时，泪水就会湿润她的眼角。

2014年11月，妮妮卓玛离开了沙丁村，来到了马秀乡。地方变了，但是妮妮卓玛的心没有变。不管走到哪儿，她的心里始终想到的是她的村民。

她说："不论是在沙丁村，还是在马秀乡，我喜欢做实际的事，每天为群众做点事，心里才踏实。如果自己的努力能够帮助村民改善生活，变得更加富裕，那就是我最大的幸福。"

笔者手记：妇女能顶半边天

妮妮卓玛刚到沙丁村的时候，首先遇到的是群众的不信任，人们不相信一个弱女子能够为村庄带来多大的变化，这来自于根深蒂固的偏见。但是妮妮卓玛从制定村规民约入手，以身作则搞卫生，清积雪，树立起全新的风气。然后修通道路，打开村里资源外运的通途，砂石厂、蔬菜大棚、种树一个个项目得以实施，带动了村庄的经济发展，彻底改变了沙丁村贫穷落后的面貌。

上个世纪 50 年代，毛泽东提出"妇女能顶半边天"的口号，迅速响彻大江南北。如今，妇女参与政治、经济发展程度的高低，是衡量一个地区社会进步程度的重要指标。在昌都，像妮妮卓玛这样的女性已成为推动经济社会发展中的一支重要力量，在政治、经济、文化、教育等领域以及社会生活各个方面展示着妇女特有的风采和魅力。

毛泽东曾经说过："社会主义建设中，要充分发动妇女，好比一个人有两只手，缺少一只不行，缺少了妇女的力量是不行的，两只手都要运用起来。"当前，昌都已经进入发展的新时期和新阶段，如果没有妇女的积极主动参与，妇女中蕴藏的巨大资源和能量就难以得到充分发挥，这不仅影响经济发展，而且会影响社会进步。

昌都 30 万妇女姐妹不仅有儿女柔情的细腻，更有不让须眉的豪迈，她们自觉承担历史赋予的重任，将在推进昌都跨越式发展的进程中再展风采。

接骨女警：我想帮助更多人

八宿县公安局指挥中心民警斯朗措姆

王玮

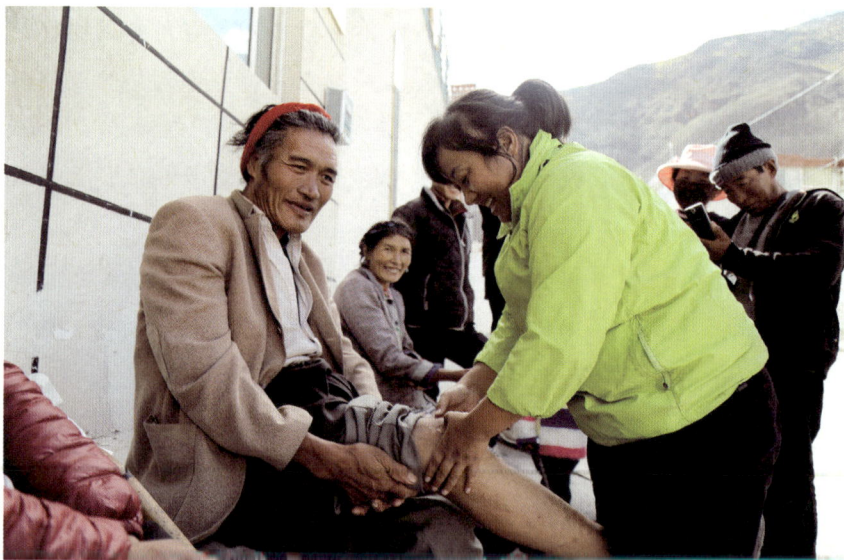

"斜杠"青年斯朗措姆为群众诊疗

　　她是 1989 年出生，青春阳光的女孩，在本该无忧无虑的年龄，却经常能看到她在公安局门口忙碌的身影，她在那里做什么？她在用自小从父亲那里学来的接骨医术为老百姓治病，不但不收取病人的一分一厘，反而拿出自己微薄的工资资助他人，她就是八宿县老百姓心中的好民警斯朗措姆。

笔者见到斯朗措姆那天，是她的休假日，她刚刚为群众看过病。斯朗措姆在指挥中心上班 24 小时休息 24 小时，本该休息补觉的日子，她却一直为慕名而来的群众看病。她向笔者介绍说："今天已经看了 11 个病人，刚刚看过的是巴东新村的村民扎西，他不小心从房顶上摔下来，脚脱臼了，我把脚接好，他现在可以走路了。"

自幼从父习得精湛医术

斯朗措姆的老家在左贡县扎玉镇，她家祖祖辈辈传承着精湛的接骨医术。藏族自古放牧，游牧场所大多在偏远草原，在骑乘、放牧、筑屋过程中，随时都可能发生意外，自己动手接骨历来是藏族人的传统。父亲的医术是奶奶教的，父亲名叫多多，是远近闻名的"接骨神医"，除了在左贡县闻名，还经常去拉萨、阿里、芒康、那曲应邀给人看病。几十年下来，父亲为数千农牧民接骨，没有出现一例错误，由此可见接骨术之高明。

父亲想把家族的医术继续传下去，可是斯朗措姆的姐姐和弟弟都不敢学，因为最初的学习要在天葬台进行。斯朗措姆天生胆大，从小就天不怕地不怕，父亲把人体的骨骼一块一块用绳子串起来挂在门口，挂出人体的形状。她不但观察得着迷，还上手研究骨头怎么断的，怎么接骨。她 7 岁时，父亲就带她去天葬台，教她仔细观察人的身体结构，将人体的骨头一个一个数，认真分辨手指、脚趾，胳膊、腿、躯干上的骨头，记住人身上有多少块骨头，分别是什么结构。

可能是因为女承父业的缘故，父亲特别爱她，在她很小的时候就教她藏文。13 岁时，她去昌都读书，父亲离开舒适的家庭，在昌都租房子陪读。这段时间她没有再学接骨，而是专心学习。课余时间，父亲在昌都看病时，她就在一旁观看。她特别佩服父亲，一摸病人的身体就能摸出骨裂，她虽有接骨的学习基础，却经验不足，摸不出来。

后来，斯朗措姆考上了咸阳民院计算机系，有一次体育系的同学打球崴了脚，非常严重，脚肿起老高。正当同学们不知怎么办的时候，她站出来，几下就将受伤的脚复位。此后她在学校名声大噪，一有学生崴手崴脚，老师同学都喊她去看看，每次都手到擒来。

父亲知道她在学校帮助同学，非常高兴，鼓励她说："要把病人当作是自己的家人一样，充满爱心，还要细心，有耐心。"父亲看病从来不收病人一分钱，在他看来，骨头断了本就是灾难，何况大多数群众并不富裕，自己有接骨技术就应该给群众治病。他也要求斯朗措姆这样做。那年父亲生病了，因胃癌中期住院治疗，在推进手术室之前，父亲还不忘嘱咐斯朗措姆："好好治病救人，不要辜负父亲的期望。"

站起来是把伞俯下身是头牛

2008 年，斯朗措姆大学毕业。2009 年，她作为"三支一扶"的志愿者到左贡县旺达镇工作。那时很多人找父亲看病，有时父亲去外地出诊，她就自告奋勇正式给人看病接骨，没有父亲的指导，她居然也顺利地治好了患者的伤病。

青海玉树发生地震灾害那年，斯朗措姆作为志愿者到灾区救助受灾群众。当时她的任务并不是给群众治病，而是抬担架。虽然她的胆子很大，但第一次看到那么多死难者，心里觉得很震撼。在玉树，她每天只吃一顿方便面，剩下的时间都忙于寻找伤员，忍着弥漫的尸臭抬死尸。这段经历坚定了她救死扶伤的信心。

2012 年 5 月，斯朗措姆考入八宿县公安局，分配到冷曲河警务站工作。对于工作，她最喜欢这句话："站起来是把伞，为百姓遮风挡雨，俯下身是头牛，带着深厚感情与群众打交道"，用以激励自己做一名全心全意为人民服务的好民警。在做好忙碌的本职工作之余，她一有机会就为需要的人看病。接诊骨病患者是耗费精力和体力的事，每次接骨后，斯朗措姆都大汗淋漓。

2013年，她调入指挥中心工作。指挥中心需要24小时值班，转天再休息24小时，这样的作息时间给斯朗措姆更多的时间服务群众。随着她接骨疗伤的名气越来越大，找她看病的人越来越多，她的病人遍及全县各乡镇，甚至外县外省。现在，斯朗措姆平均每天看十几个病人，最多一天她看了28个人，休息日的中午她只睡两小时，下午接着看病。为了让群众方便找到她，斯朗措姆把自己的联系方式贴在局大门口。每到她休息日，公安局门口就会聚集起不少人，等待看病，这已成为八宿县城一景。

对于重症病人，斯朗措姆经常到病人的住处去治疗，让他们不用带着病痛奔波，为他们减轻病痛的折磨。乃然村村民扎多上山砍柴，不慎柴禾垛倒塌砸断了他的脚踝及脚掌。斯朗措姆得知后，不顾自己休息，主动抽出时间去扎多家里为他治疗，为他按摩拿捏，足足坚持了两个多月，现已基本痊愈。

2015年7月份，斯朗措姆遇到了一名她看病以来病情最严重的病人，病人腿部骨折，骨头都露在外面。家属说曾去医院看，医生说需要截肢。听说八宿县公安局有个"接骨神医"，病人抱着试试看的态度找到了她。斯朗措姆把他安排到自己的宿舍，认真察看伤情，然后接好折断的骨头，再用木条固定，用纱布包裹，最后给病人服药，在伤处敷上七里散和云南白药。就这样，保住了病人的双腿。

白玛镇群众旺扎因骑摩托不慎发生交通意外，导致下颚骨损伤，去昌都医治未痊愈，痛苦不堪，连吃饭都会一阵阵钻心地痛，他找到斯朗措姆医治，在一个月时间里，斯朗措姆每天利用午休、下班休息时间，来回步行将近10公里去旺扎家里治疗，有时候去给旺扎治疗回来晚了，食堂已没有饭菜，她就自己就买泡面吃。现在旺扎骨伤已经痊愈，不再影响生活。旺扎为了感激斯朗措姆，多次请斯朗措姆吃饭道谢，但斯朗措姆一直婉拒。

捐出微薄收入温馨帮助暖人心

2013年，作为八宿县公安局第一批驻村入户队民警，斯朗措姆来到郭庆乡那塔村特困户罗松家。看到罗松家超出想象的贫困，她无法控制自己的情绪，很少流泪的斯朗措姆哭了。她尽自己所能帮罗松家解了燃眉之急。

村里还有一家男主人叫洛加，全家10口人，女主人残疾，全家有3名学生剩下的都是老人，只有洛加一个壮劳力，生活困难。他家的女儿拉姆高考毕业，考上了长安大学，学费、生活费对于家庭都是很大的难题，家里一度考虑让女儿退学。斯朗措姆听说后，几次来到洛加家，她了解到拉姆对大学教室里朗朗读书声、在知识海洋里徜徉的向往，她看着拉姆那求知若渴的清澈双眼，那渴望但又无助的表情，实在不忍心让拉姆因为家庭条件不好而辍学，于是请求她家人不要让拉姆退学，承诺尽自己所能资助她上大学。从那以后，她每月都给拉姆寄600元生活费，这笔资助将持续到拉姆大学毕业。

斯朗措姆下乡到然乌镇阿日村，来到特困户汀村扎西家，他的女儿曲措考上了湖北省职业学院。当时曲措正在学校申请困难学生，但是没有通过，在得知这一情况后，斯朗措姆就开导曲措，不要放弃学业，她愿意每月拿出400元资助曲措读完大学。

贫困学生白玛央青就读于西藏大学新校区艺术学院，她在校读书时经常跑到斯朗措姆舅母家里借宿，斯朗措姆经过了解，决定帮助白玛央青，每月资助生活费200元。当时斯朗措姆还是志愿者，每月只有1100元收入。

斯朗措姆比这些女孩都大不了多少，一直以姐姐的身份帮助着这些女孩。一名公安民警每个月的工资就那么点，但斯朗措姆没有吝啬，把自己的爱心献给了最需要帮助的人。

几年来，斯朗措姆为群众看病数千人，为贫困大学生资助3万余元。她牢记父亲的教诲，不怕脏，不怕苦，不嫌贫爱富，不收病人的钱的一分钱，不求任何回报，一心只为让群众从病魔中看到希望。

面对领导和群众的广泛赞誉，斯朗措姆谦逊地表示："我和父亲的医术还差得很远，父亲除了接骨，还会针灸拔罐，我也很想学会，以便帮助更多人。"

笔者手记：本职工作之外的精彩

二十几岁，对于很多风华正茂的青年人来说，正是挥霍青春、耽于逸乐的年纪。而斯朗措姆并不如此，她的时间分成了两半：一半专心本职工作，在公安局指挥中心接警，上情下达；一半原本是休息时间，她全都拿来为群众服务，用祖传的精湛医术接骨疗伤，每天平均接诊十几人，几年下来共义务看病数千人。

本职工作之外，有的人过于把生活当消遣，花前月下、卿卿我我；有的人一味追求个人享受，吃吃喝喝、花天酒地；有的人满足于平平淡淡、循规蹈矩；有的人一门心思经营人际关系，迎来送往、阿谀奉迎；有的人为钱所惑，蝇营狗苟，唯利是图；而斯朗措姆则是一心扑在病人身上，用毕生所学来医治伤痛。可以说，本职工作之外自由支配的时间，决定了一个人的生活情趣、决定了一个人的价值取向，甚至决定了你选择做一个怎样的人。

斯朗措姆说得好，她要做一名全心全意为人民群众服务的好民警。为人民服务没有上班时间和下班时间之分，也没有本职工作之内和之外的区别，群众有急事，党员干部就要在第一时间帮助群众解决，而不能因为是在休息时间就故意推脱，"群众利益无小事"，群众的事情就是自己的事情，本职工作之外更应该做好为人民群众服务，这是一种本职工作之外的精彩。

坚守乡村教学点，只因放不下孩子

察雅县香堆小学当多教学点教师琼卓玛

王玮　夏怡雯

琼卓玛为学生打饭

"一二三四、二二三四、三二三四⋯⋯"还没进入校门，就先听到了这一声声的口令，当我们走进校园，看到一位年轻的女老师正在给学生们上体育课。年轻女老师一身运动装扮，看上去非常精干。这位年轻的女老师就是琼卓玛，是家长和村长都希望能够留下来的乡村老师。

2011年，22岁的琼卓玛从四川省乐山师范学院毕业，同年8月被分配到察雅县香堆镇当多教学点支教一年。在偏远山区的农村小学，她忍受着孤独和寂寞，用爱心精心栽培和呵护贫瘠土地上的花朵，用真诚和行动实践着一名教师的社会责任，并连续两年获得县优秀教师和先进教育工作者荣誉称号。

"因为他们需要我，所以我留下"

香堆镇当多村地处偏远，交通不便，环境恶劣，被分配到这里的干部职工都想尽办法调离，一开始的琼卓玛也是这样的。当多教学点只有3个班16个学生2个老师，之前的支教老师把琼卓玛安排到了三年级。来到这里的第三天，琼卓玛就哭着给妈妈打电话要求离开。"这里生活条件比我想象中的要艰苦。"琼卓玛对笔者说，"这里就像一个信息封闭的孤岛，没有公路，只有一座吊桥通往外面的世界，也没有通讯信号，还时常停电，物质文化生活极度匮乏。到了晚上，满身乱爬的跳蚤几乎让我无法入睡，浑身被咬得都是包。"

比起环境的艰苦，最让琼卓玛难过的是与学生的沟通。虽然琼卓玛也出生在察雅，会说藏语，可是孩子们讲的当地藏语土语琼卓玛一句也听不懂，同样，琼卓玛讲的藏语孩子们也一句都听不懂。"第一天进入课堂的时候我还觉得挺好玩儿的，两三天后新鲜感一过，我就坚持不下去了。"琼卓玛说。

给妈妈打电话的时候，琼卓玛在电话里又哭又闹，说自己呆不下去了，让家人给她想办法，她要离开。后来，舅舅专门召开家庭会议，给琼卓玛做思想工作，说服她留下来做好自己的工作。可当时一心想着要离开的琼卓玛谁的话都听不进去，请了两周的假，自己偷偷跑去了昌都。妈妈和舅舅在昌都找到了她，继续做她的思想工作，希望能够说服她。"后来我自己想了想，觉得这样有点对不起妈妈，因为我是单亲家庭的孩子，妈妈辛苦把我养大不容易，现在都已经工作了还要让妈妈这么操心，所以我还是回去了。"琼卓玛在经历了一番思想斗争后回到了学校。

回到学校后，琼卓玛首先是让自己的心静下来，她觉得一个人做事，首先就是要把心静下来，这样才能更好地思考解决问题的办法。当时，给她带来最大困扰的是和孩子们的沟通问题，但这又是极其重要的，所以她首先解决的就是这个。琼卓玛和孩子们互相约定，课余时间她们一起玩耍的时候，她教孩子们一句通用藏语，孩子们教她一句当地土语，这样互相学习，慢慢地孩子们的通用藏语就练出来了。她还告诉孩子们，如果将来想要出去看外面的世界，语言一定要学好，在学校一定要讲通用藏语。

孩子们的通用藏语学好后，琼卓玛又开始让他们练习普通话。因为教育观念的落后，有的家长很不理解琼卓玛的做法，"都是一个村的孩子讲什么普通话，讲了他们也听不懂。"琼卓玛就不断地给家长做工作，并鼓励孩子们在家里看西藏卫视汉语教学节目和CCTV的少儿频道，多听多练普通话。

琼卓玛在这里的第二年，只要晚上有电便给孩子们上晚自习，晚自习的主要内容是练习普通话，而家庭作业就是教自己的家长普通话。"村里的小孩有在这里读书的，也有在县里和市里的，家长们经过比较，都觉得我这里的小孩胆子特别大，敢说又敢去做。"琼卓玛骄傲地告诉笔者，"越来越多的家长把家里过了上学年龄的小孩，送到这里学习通用藏语和普通话等知识，也不是为了应付考试，就是希望他们长大后能做些小生意，出去以后能更好地和别人沟通，这说明越来越多的村民开始重视教育了。"

当琼卓玛走进课堂，看着学生捧着书本，睁着一双双圆溜溜的大眼睛，更加坚定了信念。"是孩子们渴望知识的眼睛、渴望知识的心灵，支撑我熬过了那些难熬的夜晚。我知道他们需要我，所以我要留下来。"

"我不想叫你老师了，我想叫你姐姐"

学校最高年级是三年级，学生在这里读完三年级后将会整班移交到香堆镇小学继续读四年级，但是这里的家长因为教育观念的落后，三年级读完后，都不愿再将自己的孩子送去继续上学。

有个叫邓达的学生，今年本该念初一，却依旧还在读小学一年级，就是因为在移交过程中，家长没有送他去香堆镇读四年级，造成现在这样的结果。邓达是个特别聪明的小孩，但是不爱读书，只爱唱藏族情歌，学校里的老师和学生们听到他唱歌就会笑话他，但是在琼卓玛看来，这是他的一个爱好，应该让他继续下去。琼卓玛每天都在自己的宿舍里放很多歌给邓达听，有中文歌，有藏语歌，在他唱的同时告诉他歌词的意思，让他去理解每个字。就这样，邓达把歌学会了，汉语和藏语也讲得更好了。

邓达家有五个兄弟姐妹，三个姐姐已经嫁人了，唯一一个哥哥是僧人，所以家里的一切家务都落在了他的身上，邓达三年级读完后，他的爸爸便去学校申请了退学。"我去找了他爸爸很多次，他爸爸都不同意送邓达继续上学，但是我和邓达聊天的时候，他告诉我，他还想读书。听着他这样说我心里真的很难受，我告诉他，老师一定会让他继续读书的。"琼卓玛说这些话的时候，她的眼神是坚定的，"后来我把邓达带到我班里来继续读三年级，即使再多读一个三年级我也不会让他退学。"

邓达在念到第二个三年级的时候，他的家长终于同意让他去香堆小学继续念书，但临走时又反悔了。村里的老村长和生活老师都是邓达家的亲戚，琼卓玛找到他们，让他们也一起去做邓达家长的思想工作。最后，邓达的家长终于把他送去了县里读书。"想要改变生活，就要让小孩子去读书，知识改变命运就是这样的。"

"还有个女孩，现在和我的关系特别好，前几天发短信给我说不想再叫我老师了，想叫我姐姐，我感到特别高兴。"琼卓玛抑制不住喜悦地对笔者说。

那个女孩叫洛松卓嘎，是村长的孙女，现在上初一，她在琼卓玛来之前已经上了两年的三年级。在琼卓玛教三年级的那一年时间里，卓嘎成绩不是最好的但她是最刻苦的，当时因为家里的教育观念比较落后，家长都不同意让她出去上学，就在这里一直上着三年级。琼卓玛刚到这个学校的时候，她的家长丝毫没有让小孩继续上学的意向，但是琼卓玛教了卓嘎一年后，她的家长就转变了那种落后的思想，让卓嘎继续上学。

2012 年，村长一家把卓嘎送到了香堆小学，卓嘎本该上四年级，但香堆小学校长和老师都说卓嘎的基础很踏实，成绩也比较好，可以跳级到五年级。"卓嘎现在上初一了，我们经常联系，现在我们都以姐妹称呼。"琼卓玛高兴地对笔者说，"她告诉我以后要像我一样，当一个好老师。听她这样说我特别欣慰，觉得自己所有付出都是值得的。"今年三月份，琼卓玛生了一场大病，卓嘎放假回来让琼卓玛检查作业的时候，后面有两页纸是给她写的信，说想让琼卓玛继续留在这个地方。"这么小的孩子跟我说这样的话，我特别感动。"

"如果现在放弃，到哪里都是失败"

在当多村的四年时间里，琼卓玛觉得最对不起的人就是她的妈妈。琼卓玛还有个哥哥，可是得了重症型全身肌无力，照顾妈妈的重任落在了琼卓玛一个人身上。但是妈妈却一直鼓励琼卓玛"你现在是老师了，要对每一位学生负责，要尽心教好他们，不要放弃自己的选择。"

在这里的四年，有一句话一直鼓励着琼卓玛：如果现在放弃，到哪里都是失败。"这里的条件确实是不好，但是如果现在在这么小的地方我都放弃了，以后去哪里都是失败的。"环境的艰苦，沟通的困难，曾几度让琼卓玛想要放弃，可是看到这些可爱的孩子们，她选择了坚持。

四年里，琼卓玛把她所有时间都给了这些孩子，有时候县里打电话过来让她去开会，琼卓玛也会问他们必须要去吗，如果不是的话她就不去了，因为她走了这边就没老师了，她不想耽误孩子们任何一点上课的时间。

渐渐地，琼卓玛不再仅仅是这些孩子的老师，更是他们的"妈妈"。孩子们的衣食住行，家庭情况，没一个不是琼卓玛担心的。给孩子们洗澡抓虱子，是琼卓玛做得最多的事，帮孩子们募捐新衣服、文具，也是琼卓玛经常做的事。"卓玛老师还收养了一个小孩。"同在一起生活的驻村干部忍不住告诉我们，"卓玛老师家因为哥哥的病，条件本来就不是很好了，现在还收养了一个小孩，其实我真的打心眼里敬佩卓玛老师！"

琼卓玛说，她把那个孩子留在身边源于一件让她很心寒的事。那个孩子叫洛松旺扎，生在一个单亲家庭，家里只有妈妈和一个姐姐，村里家庭条件最差的就数他们家，住在村里最远的自然村达美组，他最初是寄住在另一个自然村的亲戚家里。有一次他来上学，学生都说他身上特别臭，琼卓玛开始以为可能是脚臭或者身上发臭。而洛松旺扎又特别内向，不敢说是怎么回事，就躲在厕所里不敢出来，琼卓玛没办法，只好去厕所找他。把他带到了自己的屋子后，没想到闻到的是大便的臭味。琼卓玛把他裤子拉下来一看，裤子里全是干了的大便，已经堆积有好几天了。"当时我的心里特别难受，我问为什么他没有告诉我，过了好几天后，他才告诉我原因。"琼卓玛有点难过地告诉笔者，"他说，自己因为晚上不敢一个人上厕所，所以就拉到裤子里了。我听了特别难受，我决定要把他留在我身边，照顾他的学习和生活。他刚刚开始上小学，基础很重要，我想把他的各种习惯都培养起来。"

谈及洛松旺扎三年级以后的打算，琼卓玛也面露担心之色，她说她也很为难，因为她家里的情况非常复杂，不敢替洛松旺扎轻易做决定。现在琼卓玛已经和洛松旺扎建立了深厚的感情，周末的时候他回家后，屋子里就琼卓玛一个人，安安静静的反而感觉特别不适应。

不管是"姐姐"还是"妈妈"，琼卓玛都在尽自己的最大努力照顾着每一个孩子，也许将来的某一天，琼卓玛会调离当多村，但至少在今天，她用她的坚持一直为爱坚守着这些孩子。

笔者手记：在困境中坚持就是成功

　　人生犹如一块香料，只有在坚持的信念为柴，坚守的行动为火的炙烤中，才能散发出最浓郁的芬芳。琼卓玛从最初的想放弃到后来的坚持、坚守，经历了最艰难的思想斗争。艰苦的条件、恶劣的环境为她的人生添加香料，当她决定坚持下去、守护这些孩子的时候，她的人生已经散发出了最浓郁的芬芳。

　　坚持如果只有痛苦，也就失去了坚持的意义。虽然环境是艰苦的，但琼卓玛的内心却是充实的。她从帮助乡村学生中发现了自己学识的用武之地；她从孩子们"姐姐"、"妈妈"的表达中看到了自己坚守的意义；她在学生们一点一滴的进步中明白了自己的人生价值。

　　其实坚持更多是一种人生。当一个人面临坚持与迟疑的时候，有的人选择后退也许是为了更好地前进；也有的人选择坚持，也许是为了见到更有意义的人生。这都是人生的选择．这都是坚持的另一种表达。当你感到最困难的时候，坚持到最后一刻，就是你离成功最近的时候。

逆风飞翔，坚守岗位直到生命最后一刻

疫情防控基层一线新闻工作者白珍

何瑞

白珍（左）在集中供养中心开展工作

翻开芒康县广电工作简报，映入笔者眼帘的是一张白珍和一位老人坐在一起亲切交谈的照片，画面温馨。

这张照片拍摄于 2019 年 10 月 12 日，是芒康县电视台的党员们走进芒康县集中供养中心开展尊老敬老活动拍摄的，这是能找到的白珍最后一张照片。

白珍，1985年5月出生于日喀则康马县，2009年参加工作，2012年7月入党。

2020年1月30日上午11时30分左右，忙碌了一个上午，连水都没来得及喝一口的白珍，突发脑溢血晕倒在工作岗位上……

生命最后时刻：伏案整理疫情报表

2020年1月30日上午，大年初六。当人们还在家里享受着春节假期的闲暇时，白珍早早来到电视台，在与台长尼玛次仁碰面打招呼中，她还聊起假期的趣事，尼玛台长一如往常给她安排了工作，看着白珍上楼时步履轻盈，并没有感觉到今天的她有什么异样。

在电视台三楼的党建办公室，白珍开始了上午的工作，排好2月份值班表，填写《进芒人员统计表》，起草今年的重点主题宣传，收集整理疫情防控的各项报表，安排办公区域的消毒防护……所有工作都完成后，白珍起身去卫生间，然而不幸的是，她在卫生间猛然起身摔倒后，头痛欲裂，当值班人员尼玛次仁和普布发现后，立即向附近的警务站求助，在送医路上，白珍开始呕吐，到医院做了CT后，医生确诊为脑溢血。

1月31日凌晨，带着不舍和眷恋，白珍永远离开了自己钟爱的事业和挚爱的亲人，她的生命，永远定格在34岁的年轮里。

"好领导、最亲的姐姐，我们想念你！""好笔者、好同事，我们舍不得你！"噩耗传来，生前同事和结对帮扶点的群众都难掩内心悲痛，泣不成声。

尼玛玉珍与白珍的工位相邻，尼玛玉珍说："我是去年九月份调入电视台，白珍姐还时不时给我带早饭，看到我对工作不熟悉，她还手把手的教我工作方法。"看着旁边空空如也的工位，尼玛玉珍几度哽咽："阿佳（藏语"姐姐的意思"）总是在为别人着想，平时她就是这样，假期有上报的材料她就自己来办公室处理，很少给我们打电话，尽量让我们休息，到现在我都不相信阿佳已经离开我了，我能清楚地记得和她一起工作的每一个画面。"

说起白珍，闺蜜米玛潘多掩面而泣："我和她都是日喀则康马县老乡，我们是初中同学，还同一年参加工作。我们平时在一起逛街吃饭时，她也随时会回单位加班，她很内向，不爱多说话，她有一个非常幸福的家庭，有两个非常可爱的女儿。我俩还约定，等退休了就搬去拉萨，一起逛街一起喝茶，而斯人已去……"

扎根基层：始终怀着一颗敬业的心

走访中，人们用一段又一段的回忆，勾勒出一名党员的价值追求和使命担当。

2017年来到电视台工作的扎西达瓦清楚地记得，第一次去拍摄新闻就是白珍带着他。

"那是一个县政府组织的法治宣传活动，白珍左手提着三脚架、右手提着摄像机，我就上前去帮她，她拒绝了我的好意，还郑重地告诉我，摄像机是笔者手中枪，是同生命一样重要的东西，人在哪，摄像机就要在哪，你是个笔者，以后也一定要自己拿摄像机。"

"现在每次拿起机子，我就想起她的话。"扎西达瓦说道，"以后我会接过她的使命，化悲痛为力量，拍摄更多的好新闻、好故事，对得起身为笔者的责任，不辜负白珍姐对我的教育。"

在干好新闻宣传和党建工作的同时，白珍对单位的结对帮扶工作也不放松，芒康电视台结对帮扶戈波乡戈波村的10户村民。戈波乡属于"三岩"片区，整乡易地扶贫搬迁任务艰巨。

2019年6月25日，电视台笔者米玛次仁和白珍一起去戈波乡戈波村开展结对帮扶时，一路上下起了雪，还翻越4座大山，早上

9点从台里出发，到达村里已经下午两点了。

村民桑登尼玛清楚记得这个文静的姑娘。"不能只顾及眼前的利益，为了长远更好发展，让小孩、老人得到更好的医疗、教育，搬迁至条件更好的地方。"这是白珍在宣传党的政策说的话。

"白珍多次来到我们村，村民们对她都很熟悉，她为我们做了很多事，失去这样一位好干部，我们真的很伤心。"桑登尼玛哽咽着说。

作为基层新闻工作者，白珍的身影总出现在最偏远、最基层的地方，她深入田间地头采访农业发展，深入工地采访工程项目建设情况，她采访过奋战在脱贫攻坚一线的乡村干部，见证过贫困群众在党委政府的带领下实现脱贫走上致富路上期盼和喜悦；她常常与基层干部、农牧民群众和施工人员促膝交谈，听群众话家常，用群众的语言讲群众关心的事，以群众喜闻乐见的方式传播党的方针政策。在电视台工作的4年里，白珍先后在各级电视台、网络媒体发表新闻稿件700多篇，脚步走遍了芒康县16个乡镇61个村居。

生命最后两天 以必胜的信心对战疫情

1月29日，白珍结束年休，未做任何休整便投入到工作中。在白珍的电脑文件夹里，《缘起千年盐田的铜铃声——芒康县"重走茶马古道"主题宣传活动方案》已经基本完成，文档的最后修改时间是1月29日23时13分。

据芒康县委宣传部干部登增四郎介绍，重走茶马古道活动方案是由县委宣传部和电视台一同负责的，白珍是这个方案的主笔，对这个方案十分上心。"我记得，去年11月，这个方案的提纲出来了，当时我去电视台找她，她还与我商讨方案，我们计划3月底之前一起把这个方案完成，而现在已经成了一个未了的心愿。"登增四郎说道。

芒康广播电视台干部嘎玛如今接手了白珍的工作，她没想到，一个单位的党建工作如此繁重，要上报的材料像个不定时的闹钟一样随时会响，忙得脚不沾地更是常事。"每次走进这间办公室，看到阿佳做的方案、表格和宣传栏的时候，我就感觉她就在我们身边，时时激励着我引导着我，我接手了阿佳的工作，我就会时时刻刻以阿佳为榜样，把这份工作做好，把责任扛在肩上。"嘎玛说道。

台长尼玛次仁很痛苦失去了白珍这样的好帮手。"白珍工作认真踏实、任劳任怨、责任心强，安排的工作必有回应。上传的新闻更是多次检查是否上传成功，她的工作从来没有出过差错。"尼玛次仁表示，"在阻击疫情的关键时刻，我们将化悲痛为力量，化压力为动力，带着白珍的期盼，充分发挥好广播电视的宣传职能作用，凝聚起全县人民战胜疫情的斗志和力量。"

县委组织部副部长贡秋拉姆对白珍这样评价："白珍同志自参加工作以来，扎根基层、默默无闻、任劳任怨，在新闻战线上笔耕4个年头，直到生命的尽头，为芒康县的新闻宣传工作奉献了自己的青春年华。她是一名优秀的基层党务工作者，也是党的新闻战线上的一名优秀战士。"

音容已逝，感动犹记。白珍只是千千万万奋斗在阻击疫情战线的勇士们的一个缩影，只是芒康经济社会发展洪流中的沧海一粟，她虽然倒在工作岗位上，但是在阻击疫情中展现出来的担当、奉献精神永在！

34 岁的白珍走了。

1 月 30 日上午，大年初六。当人们因为新冠疫情的影响待在家里享受着假期的闲暇时，白珍却逆行在新冠疫情防控工作的宣传报道里，突发脑梗倒在了自己的工作岗位上。

她离开得如此匆忙，只留下了为数不少的作品和勤恳工作的背影……

绵绵江水，缓缓长流。白珍长期活跃于基层农牧区新闻工作一线，田间地头、山野牧区、生产厂房，都能看到她举着镜头拍摄的身影，特别是在今年突发新冠疫情时，投身防控报道工作中不遗余力，直至疲累过度，倒地身亡。

同样作为新闻工作者，平凡而不普通的她，于笔者是亲切的、是熟悉的。笔者对她在新闻工作中的投入和付出深有体会，对她寄予新闻工作的热爱和执着同样深深理解。我们将继续踏着她的足迹，奔忙在新闻战线上，用手中的笔和镜头传播力量、记录事件和鼓舞人心，用一个个作品践行初心和使命。

第七辑

春风吹开百花香

唐卡人生，感受古老传统的温度

嘎玛嘎赤画派第十代传人嘎玛德勒

王玮　夏怡雯

嘎玛德勒（左二）介绍嘎玛嘎赤画派

2015 年 9 月 20 日，在首届三江茶马文化艺术节系列活动书美影展上，一位老人出现在展览现场，他兴致勃勃地观看展出的唐卡作品。平静的展馆引起了一阵骚动，观众和参展的唐卡艺人们慢慢聚集起来，簇拥在老人周围，和他打招呼，向他问好，有人请教绘画方面的问题，老人微笑着一一作答。最后老人驻足在一幅嘎玛嘎赤画派的唐卡作品前，脸上露出了喜悦。

这位老人就是西藏自治区工艺美术大师、嘎玛嘎赤画派第十代杰出传人嘎玛德勒。他是一株常青树，从艺 70 余载不辍，绘事精纯，懿德垂范，遍育桃李；他是一位走过 80 多年风雨的老人，更是一位蜚声全藏的"国宝级艺术家"；他曾以一己之力延续着"嘎玛嘎赤画派"的古老传统并加以发扬光大；他是一位善良平和、德臻完美的长者，默默以自己的品行春风化雨，滋润后人，为唐卡艺术的成长与成熟注入了情感的温度，树立了追逐的坐标。

刻苦学画练就纯熟技艺

嘎玛德勒 1932 年出生于扎曲河畔的嘎玛乡比如自然村。嘎玛乡历史上就盛行文化内涵丰富而又工艺独特的民族手工艺，如唐卡绘画、铜像锻制、配饰打造、玛尼石刻……现在已经成为闻名遐迩的"民族手工艺之乡"。

嘎玛德勒从 5 岁开始学习藏文，8 岁时开始学习画唐卡，老师是他的舅舅贡布多吉和他的父亲西热洛桑，舅舅主要教他《造像度量经》中最基础却又最重要的比例、尺寸，父亲则教他如何画线条和涂色。他热爱绘画，又很有天赋，经常是一边干农活一边学画唐卡：在耕地时想着比例关系，在放牛时想着如何画线条，在割草时脑子里都是如何涂色。慢慢地他已经能把《造像度量经》全部背下来，牢牢地记在自己的脑子里。在画唐卡时，就严格按照书上要求的比例，放大或者缩小，非常准确。

那时没有电灯，学画唐卡要抓紧白天的时间多画，到晚上只能借着月光，或者点牛粪的火光，甚至一手拿着点燃的香，猛吹一口气，借着突然一亮的香火，赶快画几笔；没有纸，他就在木板上练画。十几岁时，嘎玛德勒就已经跟着师傅去外地的寺庙，参与壁画的创作。几年下来，他已经走遍包括甘孜、玉树在内的整个藏族聚集区。

16岁时，嘎玛德勒终于出师。他的第一件独立完成的作品是为青海囊谦一座寺庙画的壁画，主题是弥勒佛的身世故事，一整面墙一共画了九个场景，构成了一个完整的故事；他的第一副独立完成的唐卡作品画的是文殊菩萨。这些作品得到了广泛的称赞，嘎玛德勒渐渐小有名气，同年获得唐卡画家堪布学位。

那时，嘎玛德勒的绘画技艺已经非常纯熟，对主家提出的各种主题要求都得心应手，而且他的作品没有定价，对方愿意给多少就收多少。对他来说，绘画不仅仅是谋生手段，他的作品也不是商品，他把绘画当作自己生命和信仰的寄托。

"文革"期间，由于受政治环境的影响，大量的寺庙、佛像和经书被毁，当时村里制作佛像的工匠也都开始改做农具。唐卡艺术也随之遭到破坏，社会大形势也不允许他再画唐卡，嘎玛德勒把自家祖传的一部《造像度量经》藏起来，每日参加农牧劳动。那些年，嘎玛德勒不得不先后从事教师、公社组长、生产队队长、兽医防疫员等职业。在乡民办小学，他教了十几年的书；又当了几年的业余兽医，给牲畜看病。只在深夜别人看不到的时候，偷偷地拿起画笔画唐卡，如此技艺才没有生疏。

广收徒弟画派后继有人

直到1979年，嘎玛德勒才又重新光明正大地画唐卡，刚开始时他画一小幅唐卡只要1元钱，但是市场价格上涨很快，到了80年代他的唐卡很快就涨到300元，现在则是十几万元。但是和市场追捧相比，他更在意的是自己的徒弟。

1980年，嘎玛德勒收了第一个徒弟，那时他生病卧床在家，他的外甥格来绕吉来看他，就开始跟他学画。后来，随着他的名气越来越大，家里的亲戚、村里的邻居，乡里的、市里的，外地的，都来找他学画。目前，嘎玛德勒已经收徒400多人，其中包括蒙古族、汉族的学生，甚至有在大学任教的老师。

嘎玛德勒从来不收学徒一分钱。徒弟有的是在他那里学习几个月，有的是跟他学画十几年，他都一视同仁，免费提供食宿，还把自己的毕生绝学毫无保留地传授给弟子。以前唐卡师傅都不教女人画唐卡，但是他发现孙女德青玉珍喜欢画画，而且很有天赋，他就打破陈规旧律，把手艺传授给她。嘎玛德勒现在有五名女弟子，在他心目中，徒弟没有男女之分，只有天赋高低和是否努力的区别。

现在不仅嘎玛德勒带徒弟，就连他的大孙子丁增平措也开始带自己的学生。今年28岁的丁增平措从6岁开始在爷爷的教导下学习绘制唐卡艺术，是目前唯一的家族传承人，也是自治区第一批非物质文化遗产传承人。丁增平措在爷爷的熏陶下，目前已创作上百幅唐卡作品，目前西藏的各寺庙和内地的知名人士都珍藏有他的作品。看到唐卡艺术后继有人，得到群众的喜爱，嘎玛德勒老人心里很欣慰。

嘎玛德勒介绍，嘎玛嘎赤画派于16世纪由南卡扎西创立，他曾在南京观赏了汉地画师绘制的《普渡大斋连环长卷》，此后在勉唐派画风基础上吸收了中原汉地的风格，创新了嘎玛嘎赤画派。嘎玛嘎赤画派受汉画的影响，注重抒情写意，设色淡雅清丽，多用重彩烘染，讲究颜色对比，结构严谨，画面整洁，勾勒人物衣纹较为细腻，人物神态生动。他说，我的最大心愿不是变得多么富有，而是希望保护传承好嘎玛嘎赤画派唐卡艺术，把它一代代传下去。

笔耕不辍入选非遗传人

2008年，"嘎玛嘎赤画派"唐卡入选第一批国家级非物质文化遗产扩展项目名录，随之嘎玛德勒荣获自治区级非物质文化遗产传承人称号。2009年，他被自治区级文物保护研究所聘为特约研究馆员。年过八旬后，嘎玛德勒依然身体健朗，精神矍铄，仍能手持画笔，在精美的画布上挥毫泼墨，描绘传奇。

嘎玛德勒每天早晨7点半起床，除了吃饭、会客，白天主要精力都放在教学生画唐卡上，每天还要抽出一个小时自己作画。他经常谦虚地说，和历史上最出色的噶玛噶赤画派大师相比，自己的绘画功力还有差距。他也时常对弟子们感到担心和忧虑，年轻时画唐卡很少被俗事干扰，每天一心一意作画，而现在的学生普遍每天杂事很多，思想复杂，作画以经济利益为主，不大讲究画工，画到一定程度就不去深究，和自己又有很大的差距。因此，他要求学生必须精确严谨，不允许学生在绘画的过程中偏离先辈传承下来的法则和度量。

他经常教育学生，唐卡艺术依傍着深厚的宗教文化而生，要学唐卡首先要学的是"五明"。"五明"中的"明"就是学问、学科，"五明"为五门学科，概括了当时所有的知识体系；其次，按照《造像度量经》的要求，比例一定要准确；第三要有深厚的绘画基础，勾线、涂色技法要熟练、稳定、耐心。他拿自己年轻时画唐卡为例，那时的颜料色调较浅，涂色需要一遍一遍地涂，颜料在画布上堆积起来，颜色逐渐加深，不像现在涂一遍就了事。

嘎玛德勒说，自己最开心、最欣慰的就是学习嘎玛嘎赤派的学生们比以前多了许多，而且其中有很多优秀的年轻画师。每当看到来自各地到这里学习的学生，他都会发自内心地感到高兴。

老艺人嘎玛德勒，一生经历过不同社会的变迁，体味到人间的酸甜苦辣。现在，在这个幸福的时代里，他终于能够安详地坐在纯净的阳光下，用普普通通的画笔、矿石颜料，在画布上描绘着祖先的经验和信仰，在把物质变成精神的艺术创造过程中，融入古老传统的温度，也融入幸福时代所蕴含的安宁与和谐。

笔者手记：耐得住寂寞，守得住繁华

耐得住寂寞，才守得住繁华，但凡成功之人，往往都要经历一段无人喝彩、寂寥无趣的人生岁月，而这段时光恰恰是沉淀自我的关键阶段。在最浮躁不安的青春岁月，嘎玛德勒心如止水，日复一日专注于唐卡、壁画创作；在社会动荡的"文革"期间，他只在深夜拿起画笔，即便没有观众和赞赏，他仍潜心钻研唐卡技艺，把人生中青年、中年最美好的时间都沉淀在唐卡艺术中。

藏艺十年，昔日翩翩少年终一鸣惊人，20世纪八十年代以来，嘎玛德勒不仅在艺术上臻于完美，创作出一大批传世作品，获得了一个又一个荣誉，而且广收门徒，把自己的精湛技艺传承给一个个好学的年轻人。嘎玛德勒自70多年前从师学艺，一笔一画都是几十年心血的凝聚。而让他最为担忧的，还是唐卡传统的流失以及传承人的缺失，一门古老的技艺要传承下来并不容易，又有多少人可以耐得住寂寞呢？

机遇总会垂青于有准备的人，而浮躁之人最容易感到寂寞，也最难以耐得住寂寞。没有韧性的等待、没有耐心的坚持，自然功败垂成，不会有机会看到绚烂夺目的彩虹。如果总是浅尝辄止、一知半解，也不要去想能获取机会的垂青与眷顾。只有安安静静地用心去做好每一件事，终有一天会水到渠成。

传承就是信仰，
"齐吾岗巴"画派后继有人

市文联美术书法家协会理事长扎巴旦增

王玮

扎巴旦增

2015 年 6 月初，中国唐卡艺术节组委会在昌都进行作品评审时，一幅名为《释迦牟尼》尚未最后完成的唐卡作品让国家级评审专家感到震惊，作品整体呈藏红色，佛像极富立体感，有从画中凸出的感觉。一位专家评价道：这幅唐卡属于"齐吾岗巴"风格的作品，

"齐吾岗巴"画派年代悠久，到现在几近失传，除了类乌齐寺等一些古老的寺院壁画外，现在已经很少能够看到，"齐吾岗巴"画派在昌都后继有人，令人惊喜。据了解，这幅令专家惊叹的作品已确定参展第二届中国唐卡艺术节，它的笔者就是市文联美术书法家协会理事长、类乌齐县工商联主席扎巴旦增。

《释迦牟尼》是扎巴旦增2014年9月开始创作的作品，2014年对于扎巴旦增而言是收获的一年。这一年4月，扎巴旦增获得《"指尖神"藏族唐卡嘎玛嘎赤派传承人精品展》荣誉证书；5月获得第十届"西藏青年五四奖章"；8月获得西藏自治区农牧民宣讲聘任书，以及在青海玉树第八届康巴艺术作品唐卡节获得优秀奖；9月被选入于拉萨召开的首届唐卡艺术高端论坛。而他于2011年创建的昌都市类乌齐县雪域工艺加工中心，经过三年发展已成为藏东地区屈指可数的民族工艺品作坊之一。

静心细作绘制唐卡如同一场修行

日前，笔者来到扎巴旦增的画室，只见他盘腿坐在藏垫上，正在专心致志地对《释迦牟尼》做最后的绘制工作，画面上的佛像跃然布上，四周包围着金色、蓝色、红色的小佛像和纹饰，栩栩如生。画室里挂着几幅已经完成的唐卡，他介绍，唐卡是用彩缎装裱后悬挂供奉的宗教卷轴画，是藏族文化中一种独具特色的绘画艺术形式，题材内容涉及藏族历史、政治、文化和社会生活等领域，距今已有1300多年历史。

扎巴旦增介绍，绘制唐卡前要有许多准备工作。首先，要根据画面大小来选择尺寸合适的画布，材质最好是薄软的浅色棉布，然后打底色，刷一层拌有牛胶的矿石白粉，晾干后再细细打磨，就可以绘制唐卡了；其次，唐卡颜料要研成粉末，原料来自大自然，都是矿、植物精华，粉末加入被水稀释的胶水，再加热搅拌，制成颜料，这些颜料的色泽明亮鲜艳，经久耐用，赋以艺术加工之后就像具有生命一样让人感动。几百年前的唐卡就跟刚画出来的一样。

准备工作完成后就可以绘画了。用炭笔在白画布上画出图像的素描草图，再勾勒成墨线，然后涂上相应颜色。一次只上一种色，由浅入深。绘佛像时，要先画莲花座，再画布饰，最后画佛身。然后是画金，用金色画衣服上的图案、衣服上的佛光圆圈；然后把所有需要用墨勾的线再勾勒一遍，再画眼睛，一幅唐卡画就活灵活现了。最后，去裁缝那儿进行裱糊，唐卡就完工了。

扎巴旦增认为，画唐卡最重要的是静。首先要心静，心无杂念，每次作画都要全身心地投入其中；其次目中无人，身心中只有佛祖。他说："飞速变化的时代更需要坚守传统，画唐卡就如同修行"，他每天早晨、中午、晚上都要习诵经文，帮助自己平静下来。唐卡绘画中佛祖脸部和眼睛都是最重要的部分，这部分更要静心描绘，把佛祖的神态、智慧、慈祥和光泽画出来。

学画的艰苦岁月让他更加坚强

扎巴旦增的爷爷叫夏擦·顿珠，1902 年出生于类乌齐县，爷爷小时候，在类乌齐寺宁玛扎仓（宁玛教派僧院）当过僧人，从夏珠活佛那里学习了佛教绘画技艺，后来还俗，在寺庙附近盖房成了家，家名叫夏擦仓。1937 年，扎巴旦增的父亲夏擦·顿加出生。顿加也在尼玛扎仓当过几十年僧人，期间学习了绘画技艺，参加过寺庙十六罗汉像的绘画工程。他们的唐卡绘画风格被称作"齐吾岗巴"画派，主要艺术特色在于保持吸收尼泊尔及印度西部画风的某些特点的基础上，增强了藏族的绘画表现手法，人物描绘自然流畅，装饰图案缜密，笔触细致，服饰变化多样。

扎巴旦增 1984 年出生，到他这一代，已是手工艺世家第四代。幼年时候，扎巴旦增家境殷实，家里用麻袋装的青稞垒得老高，酥油多地吃不完，但是随着父亲生病，家道开始中落，生活变得艰难。尽管如此，扎巴旦增从6岁起便受到家庭传统文化的熏陶，父亲顿加把绘画技艺统统传授给了儿子，包括独一无二的家传《造像度量经》。除了父亲，扎巴旦增还拜类乌齐县著名画师次仁为师，学习藏式彩绘，逐步掌握了唐卡绘画、泥塑雕刻等传统技艺。

14岁时，为了进一步提高画技，扎巴旦增离开家来到昌都，借宿在熟人家，开始向昌都文化局的拥中尼玛老师学习以唐卡为主的各种绘画艺术，后又师从西藏展览馆的阿桑米兰学习内地水墨画和西式油画技法，并将这些技法融入到唐卡绘画中。这是一段艰难的岁月，类乌齐距昌都路途较远，路况不好，为了省钱，扎巴旦增往返只能搭大卡车，坐在露天车斗里，灰尘很大，到了目的地，整个人已经灰头土脸、面目全非了。那时口袋里有两三百元就很幸福了，回家一趟不容易，扎巴旦增要靠这点钱过上大半年，还要经常饿着肚子，四处搭车去寺庙临摹壁画。他说，每一个老师都给予了他莫大的帮助，至今他画唐卡时，还能感觉到笔触里面有父辈和各位老师的影子。

最初朝不保夕的艰辛，也让扎巴旦增更加坚强。到了2010年，扎巴旦增已逐步掌握油画、门萨绘画以及佛像雕刻等技艺。他开始夏季外出打工，为寺庙画壁画，做一些木器彩绘，冬天再回昌都继续学习。由于技艺多样且日益纯熟，扎巴旦增逐渐有了自己的徒弟。扎巴旦增和几个徒弟们游历那曲、四川、青海，承包寺庙翻新、唐卡制作等一系列工作，渐渐有了积蓄，他家也从村里最穷的变成最富裕的一户人家。

扎巴旦增在艺术方面表现出惊人的天赋。早在2005年，他荣获"昌都第六届康巴文化艺术节书法、美术、摄影、唐卡展览一等奖"。在之后的几年当中，他的各式唐卡作品更加异彩纷呈。至今，扎巴旦增已创作了五六百幅唐卡作品，其中很多作品延续了"齐吾岗巴"画派的传统，保持了很高的艺术水准。

在传统文化中淘金在创业中传承文化

2011年，扎巴旦增创建了昌都类乌齐县雪域工艺加工中心，主要业务包括：制造销售藏式室内装饰成品，绘制寺庙壁画、民房绘画、雕塑佛像等。雪域中心2012年收入60多万元，2013年收入100多万元，2014年300多万元，迅速发展壮大，已在藏东地区民族工艺品作坊中名列前茅。2014年，扎巴旦增创立类乌齐县扎旦民族文化手工艺工贸公司，主要从事抢救传统唐卡、佛像雕刻、金银画、经书等古代文化研究与恢复工作。

扎巴旦增心中时刻挂记着父老乡亲。2013年，扎巴旦增积极响应号召，成立了"类乌齐热血青年爱国成才创业工程雪域工艺中心创业见习基地"，帮助当地青年学习藏民族手工艺技术。到2014年，"创业见习基地"已招收学徒几十人。同时，扎巴旦增的企业还招收并培训残疾人、孤儿及贫困家庭为主的农村青年，帮助他们掌握一技之长，从而增收致富。2011年至2014年期间，他招收并培训170余人，学员们大部分来自他的类乌齐老家，部分来自洛隆、昌都和青海，甚至还有汉族学生。对于学生，他全部免费提供食宿和服装，画得好的学生还有1000元至1万元的收入。

2015年开始，扎巴旦增被昌都市职业技术学校聘请为美术老师，他依据藏族传统绘画经典《造像度量经》制定出教学方法。不同于现代美术教育的临摹，而是教学生经文，再让学生根据经文的规定，把心目中的佛像画出来。比如度母是什么，什么样子，什么颜色，什么动作，什么坐姿，什么发型，都有其固定的模式，一边念经文，一边画出来。

即使有繁忙的教学任务和公司业务，扎巴旦增也没有放弃艺术上的追求。他白天忙于教学和打理公司，晚上就拿起画笔进行创作，每天都画到深夜，早晨6点就起床看书，给自己"充电"。2013年，他的作品获"第七届藏青川滇毗邻地区康巴文化旅游艺术节美影展入选奖"。因为他高超的艺术造诣，并且传承了"齐吾岗巴"画派风格，今年，类乌齐寺决定邀请扎巴旦增主持国家级重点文物保护单位查杰玛大殿壁画修复工程。

扎巴旦增行走在藏域之巅，他脚踏实地，步步登向藏族手工艺的技艺高峰；他心怀同乡，时时不忘与乡亲们共同致富。他用如火的青春与热情在"藏东明珠"的土地上贡献力量、放飞梦想、执着前进。

笔者手记：传承是我们这一代的责任

扎巴旦增的唐卡很美。看他作画本身就是美的享受，笔触沉静内敛，精雕细刻之处有种精神的力量。

扎巴旦增说，唐卡是被朝拜的对象，凝聚了藏人的信仰，因此他画唐卡都是在虔诚的心态下创作的。从这个意义上说，唐卡跟普通字画完全不同，是更具精神内涵、文化内涵的心灵艺术品。更有意义的是，扎巴旦增传承的家族技艺"齐吾岗巴"画派由于年代久远已濒临失传，传承这一画派，扎巴旦增责任重大。他决定，三至五年内，将在最顶尖的徒弟中培养出20位传承"齐吾岗巴"的唐卡画师，使这门绝学后继有人。

目前，唐卡在收藏市场大热，但是市场追捧的是富丽华贵的作品，"齐吾岗巴"画派繁复缜密的风格恰恰与之不符。在言必称"市场经济"的当下，"齐吾岗巴"唐卡该如何走出自己的道路？对传统文化来说，并非什么东西都可以推给市场。民族文化犹如一个人的姓氏，不能听任市场交易。扎巴旦增对于传统的坚守，不仅仅是对家族传承的依恋，更多的是在肩负传承的责任。

在商品化大潮冲击下，民族文化艺术的价值毋庸置疑，因为只有为珍贵的民族情感找到寄托，我们生活的世界才不会变成单调乏味之所。虽然年轻人普遍对传统文化兴趣不高，但总有一天，富起来的中国人会对精神世界有更高追求，对传统文化重燃兴趣。因此，有价值的艺术形式必须传承下去。就像人们所说的：传承是我们这一代的责任，这是沉甸甸的责任。

象雄唐卡丁青画派：传承创新为技至精

丁青县一级唐卡画师罗布玉加

王玮　夏怡雯

罗布玉加

2015年8月的一天，笔者在一间敞亮的画室，见到了丁青县一级唐卡画师罗布玉加。他身着藏装盘腿坐在卡垫上，正在专心致志地作画，面前是一幅一面墙高的黑唐作品，黑色的底色上只有金、银两种颜色，画中护法金刚手持法器，怒目圆睁。这是一幅为丁青

428

苯教名寺孜珠寺所画的壁画，已经画了有好几个月。在隔壁的教室里，有七八名徒弟也在安静地绘制唐卡，他们笔下的佛像跃然画布之上，四周花丛云海，栩栩如生。

丁青，藏语意为"大台地"，古称"琼布"，历史上曾是象雄古国属地，至今还有大量的象雄文化遗存，罗布玉加就是象雄唐卡丁青画派的传承人。目前，这支画派只有他们一个家族在传承，并且家中仅有三人在画唐卡，正面临着失传危险。因此，现在的罗布玉加在不断锤炼自身精湛技艺的同时，把更多的精力放在了传业授徒上，从而带动更多的人从事这项事业，更好地传承和发展传统唐卡绘画艺术。

师从外公学画，练就一身硬功夫

罗布玉加，1970 年出生于丁青县丁青镇茶龙村古老的东朵家族。东朵家族至今可追溯的历史已有 700 多年，其中擅长绘画的代代有人出，他们的绘画风格被称为象雄唐卡丁青画派，这一画派历史悠久，基于苯教传统，是西藏土生土长的艺术类别。历来以画功细腻、染色古朴而远近闻名。至今在罗布玉加家中的经堂里，还有先祖亲手画的唐卡多幅和 50 平方米壁画，保存至今仍然非常完好。

罗布玉加的外公泽仁拥培是东朵家族的第六代，生于 1921 年，幼年师从父亲学习传统绘画技艺，十七岁时就出师，以画师的身份被邀请到后藏著名苯教寺院雍仲林寺画制壁画。西藏和平解放之后，先后培养了包括罗布玉加在内的一大批唐卡绘画专业人才。

从小，罗布玉加就酷爱画画，经常自己一个人在家中画着玩儿。在 12 岁那年冬天，父母选了一个日子，把他送到外公家开始正式学画。从此，罗布玉加每年冬天都在外公家学习。那时没有纸笔，烧火炭灰加入酥油涂在木板上就是最好的画板。罗布玉加最初是在木板上反复练习画线，直到线画得稳了后，才开始学画佛的轮廓和衣服的线条。

冬天过后，天气转暖，罗布玉加回到家里放牧。在高山牧场上，他也不肯放弃练习，最常用的方法是找一块平整的石头，在上面分解练习画佛的头、手和脚。随着课程的不断推进，罗布玉加愈发感到了绘画技艺的难度，每次感到泄气时，他就给自己打气，"既然选择了绘画，就必须要学好，要把绘画作为一生的事业"。日子一晃过了5年，他将全部精力与才智投入到基础技法练习中，练就了一身白描的硬功夫。

罗布玉加说刚开始学画的时候，外公对他并不十分满意，时常会发现很多错误：比如佛像的头、腰、身的尺寸和比例不符合标准；涂色的时候，颜色深浅不一、边界不清晰等等。而他会在每次指出后，不断认真进行修改纠正，直到自己和外公都满意为止。后来他年龄的逐渐增长，绘画技艺的不断提高，外公不时会带一些纸来供他练习，其中大部分纸上一面还印有字画，因为纸在当时很稀缺，罗布玉加舍不得浪费每一块的空间，总是反复琢磨后，才慎而又慎、非常认真仔细地画上每一笔。

传承传统技法创新独特精神内涵

1980年，外公被聘请到昌都地区文化局从事唐卡绘画教学研究工作。不久后，又被派到拉萨参加全区的唐卡绘画艺术大赛，当时有40多位艺术家参加比赛。各参赛代表被要求用一周的时间创造一幅作品，外公所画的南天王像，得到了我区著名唐卡画家、时任自治区文化厅厅长安多强巴的高度赞赏，也受到了业界人士的广泛关注，一时间声名鹊起。

那年秋天，外公把罗布玉加带到昌都继续学画。铅笔、纸张再也不用愁了，罗布玉加尽情投入到学业中，他一边忙于砥砺笔法，一边精进藏文、绘画理论、佛家经典等知识，为日后从事民族文化艺术工作奠定了扎实的根基。在外公的悉心培养下，罗布玉加系统地学习了素描、勾线、调色、上色等技艺，并开始绘制完整的唐卡作品。

回忆那段时间，罗布玉加说外公不仅是他学习唐卡绘画的启蒙老师，更是他学习如何做人的人生导师。让他至今印象深刻的是每次吃饭的时候，外公总会从各个生活细节上提出一些基本礼仪和注意事项，而且和传授绘画技巧时一样的严格，一丝不苟、毫不含糊。外公说，一个人的道德素质，决定着一个人的行为习惯，行为习惯反过来会影响个人的道德水平，只有具备较好的个人品德，才会在学绘画时有所精进，日后才会对社会和其他人更加有所裨益。

在外公严厉而不乏慈爱的教导下，罗布玉加逐渐养成了坚韧顽强的性格，每当有某种技法怎么也学不会时，他就感觉吃什么都不香，做什么都不安心，一直反复琢磨，他告诉自己必须要持之以恒，多加练习，掌握好本领。一旦掌握了这种技巧后，他会连续画上一整天，完全沉浸在坚持到底后取得胜利的欣喜中，感觉不到时间的流逝，特别是在完成一幅成功作品时，那种成就感更成了鼓励罗布玉加继续画下去的动力。

再后来，利用一年一度的休假时间，外公会带着罗布玉加去丁青、那曲、江达、类乌齐等地的各寺庙画壁画，积累实践经验。第一个去的寺庙是一个日追，壁画的内容是寺庙活佛的历代转世图。几年后，他已经可以独立为各寺庙绘制精美的壁画作品了，但是每个冬天他仍然会回到外公身边继续学习深造。

在日复一日的探索和实践中，罗布玉加潜心研习传统文化，思索传统唐卡的神圣奥秘，逐步形成了独具一格的绘画特色。特别在勾线、开眼方面，罗布玉加对明与暗、光和影的把握上的突出细节描绘；在云层、植物、动物、袈裟、飘带等的设计和色彩的处理上，融入了自己独特的创新手法以及对艺术绘画的精神内涵理解。

教学创作两不误佳作频出屡获大奖

2003 年，丁青县中学创办职业教育，开设了藏医班和绘画班，罗布玉加承担起绘画班的教学工作。外公听说他开始收徒授业，就鼓励他："当年我是怎样把你培养成唐卡画师的，你就照样培养人。"第一期绘画班有32名学生，大都基础非常薄弱，他牢记外公的嘱托，从一点一滴教起，从一笔一画教起，把自己全部的家传技艺毫无保留地教给学生。

在周围都极力追求经济价值的大环境下，白天的时间都用在教学上，对罗布玉加的收入影响很大，但他完全不为所动，仍然把大部分精力投入到教学中。除此之外，罗布玉加还利用晚上和周末的休息时间进行唐卡创作。他说："外公去世后，我成为了这一画派的传承人，为回报外公对我的爱和培养，我要继续努力提升绘画技艺，用自己全部的心血与智慧培养更多传承人才，把象雄唐卡丁青画派发扬光大。"

2010年和2011年，罗布玉加的参选作品连续获得丁青县热巴艺术节暨虫草交易会绘画展览一等奖；2011年，他被授予"一级唐卡画师"的荣誉称号；2012年，他在西藏唐卡艺术展中获得第一名；2013年，他的唐卡作品《麻母百东》获第七届藏川青滇毗邻地区康巴文化旅游艺术节书美影展入选奖；2014年，他的作品《千咒圣母》《黑骡天母》入选"首届中国唐卡艺术节"精品展，其中《千咒圣母》获铜奖。今年，罗布玉加的作品又入选"指尖神韵"西藏一级唐卡画师联展。

相较之下，罗布玉加在育人方面的成就没有这么引人注目，但是在他的心目中相关的奖励毫不逊色，他在2009年至2019年连续10年被评为丁青县中学优秀教师。2003年至今，罗布玉加共收了200多名弟子，150名已经毕业学员中，有20多人开始在业内崭露头角。罗布玉加经常对弟子们说："象雄唐卡丁青画派是上一代留给我们的珍贵传统文化，我们要在掌握传统的基础上，继续提升自己，研习传统文化，把绘画技法学的更深，传得更广。"

笔者手记：从唐卡艺术到文化产品

　　唐卡是藏族文化中一种独具魅力的艺术形式，内容涉及藏族历史、政治、文化等诸多领域，堪称藏民族的"百科全书"。把唐卡艺术恰当转化为文化产品，实现它的经济价值，既可带动当地农牧民致富，又为中华文明的传承创新增光添彩。罗布玉加组建自己的团队，培训民间技师，推介徒弟创作的唐卡走向文化市场，售出后他自己分文不取。就这样，通过培训带动，不仅使徒弟、学员实现脱贫致富，更重要的是使象雄唐卡丁青画派实现在保护中发展、在发展中传承的目标。

　　文化是一个民族世代相传的遗传密码，传统文化是民族历史发展的见证，沉淀着民族历史情感。只重传承不重发展，会使传统文化渐渐失去活力；只重发展不重传承，会使传统文化渐渐失去内涵。传承民族传统文化与发展文化产业并重，罗布玉加对传统唐卡艺术的传承、创新和发展，走的是一条可持续发展的路子。

让更多人感受芒康弦子带来的快乐

芒康弦子国家级传承人次仁旺堆

王玮

次仁旺堆

国家级非物质文化遗产芒康弦子，被誉为"茶马古道"上的"古道神韵"。它是一种流行于芒康及周边地区的民间歌舞，以弦子（藏族特有的一种胡琴）为伴奏乐器，男女聚集在一起，随着弦子节奏的变化，歌声舞姿变化多样，独特的舞姿和音乐的结合堪称完美。

弦子舞队无论是聚拢散开、列队绕行，还是扬袖旋转，都体现出丰富的文化意蕴和审美内容。

芒康弦子的国家级传承人次仁旺堆，1956年出生在芒康县纳西乡，2014年才从芒康县民间艺术团副团长的位置上退休，毕生都在和歌舞打交道，致力于搜集、整理各地的芒康弦子。他改编的《弦子故乡》《盐田姑娘》《扎西热巴》等舞蹈，不仅被群众喜闻乐见，广为流传，还多次获奖。他说，芒康弦子歌舞所表达的，既有描绘家乡大好河川的内容，也有向往爱情的倾诉，还有祈求和平安康的表述，那欢快的舞步和悠扬的歌声既源自生活，也赞美生活，歌颂幸福的生活，希望能让更多人感受芒康弦子带来的快乐。

芒康人生活中缺不了弦子舞

在芒康，弦子舞已经成为当地群众生活中不可或缺的一部分。在芒康县城的广场上，每到傍晚，随着广场大屏幕开始播放弦子舞曲，人们慢慢聚拢过来，围成圆圈，载歌载舞，人多的时候，圈子扩得很大，而且是里外两圈，有数百人跳舞，围观的人更是不计其数。此外，每年七八月份，碧绿的草原上开满鲜花的时节，芒康十六个乡（镇）都会开展以弦子舞为主的丰富多彩的文艺活动。白云蓝天下，伴着粗犷而悠然绵长的胡琴旋律，男女围成一圈，圆形舞队如草地上盛开的格桑花。

在采访中，次仁旺堆拿过一把类似于二胡，但比二胡稍短的胡琴，随口唱了一段弦子曲调，沙哑粗犷的嗓音唱出了欢快的歌声。他介绍，芒康弦子的歌舞表演中，优美舞蹈动作常伴悠扬有如天籁般的声音，那就是胡琴声，声音浑厚悦耳。表演时由男子拉胡琴，女子舞彩袖，弦子的歌词大部分为迎宾、相会、赞美、情意、辞别、祝愿的内容；曲调繁多，歌词丰富，舞步多变。

歌舞队伍中的排列也遵照一定的次序，有舞头、舞尾。舞头也叫排头，一般都是在弦子歌舞中有影响力的人物，能作词编舞，且有一定的组织协调能力。歌舞的节奏、快慢则以男子拉弦子的音乐节奏为准。舞蹈时男女舞队各围成半圈，时而聚圆，时而疏散，且歌且舞；男子舞姿重在舞靴、踩脚，显示豪放粗犷之美；女子突出长袖轻柔舒展之美。

据介绍，芒康弦子的产生，和芒康特殊的自然环境密不可分。昌都很多地方高耸的山脉，被澜沧江、怒江和金沙江拦腰切断，形成了山高谷深的地貌，巍峨的大山、险峻的峡谷、奔腾的江水，阻断了人们之间的联系，也阻断了通往外界的道路。在孤寂的环境中，人们为了丰富自己的精神生活，时常舞动起豪放不羁的脚步，表达向往自由的心声。如今，芒康弦子已经成为广大群众重要的娱乐方式，丰富和活跃了群众的精神文化生活，提高了群众的文化素质，增强了他们对祖国和家乡的热爱。

初试锋芒业余演出队获赞誉

次仁旺堆7岁开始在草原上放牛羊，草原就是他的舞台，他会经常练习从大人那里学来的舞蹈动作。那时村里的四个小组经常组织舞蹈娱乐活动，晚上一闲下来，大人们就跳芒康弦子，小孩子们跟着凑热闹，看多了，有了乐感，自然而然就学会了。他还模仿人人，用玉米秆自己做简易胡琴拉着玩。次仁旺堆说："小时候经常看到爸爸妈妈在田间地头跳芒康弦子，特别是逢年过节跳得更多，自己就是在弦子的歌舞环境中熏陶长大的，慢慢也爱上了它。长大后，越来越离不开芒康弦子。"

15岁那年，次仁旺堆开始上学，在学校里他参加了业余演出队，经常在各乡演出，演出队很受老百姓的欢迎。次仁旺堆印象最深的是，每次去木许乡的阿东牧区总是受到特别的欢迎，只要听说演出队要来，村民就到很远的地方迎接他们，帮演员背服装道具，到演出时，围观的有五六百人，很多遥远山上的牧民也赶来观看，演出结束了，大家还意犹未尽，直到演员走远了才散开。这些演出为次仁旺堆积累了最初的演出经验。

很快，学校业余演出队参加了县里的舞蹈比赛，拿到了第一名。他们还准备到拉萨去参赛，为此排练了一个月，但因为路不通未能成行，于是就去江达、贡觉、八宿巡回演出。演出队要坐大卡车去各个乡村，一坐就是七八天，到贡觉还得长时间骑马，马镫把次仁旺堆的脚都弄伤了。江达的孩子们没见过胡琴，他们围上来小心摸一下，被碰出的声音吓一跳，又跑开了。次仁旺堆喜欢这种演出生活，特别是人们为他们的表演而欢呼的时候，他心里就特别高兴，音乐响起，跳起芒康弦子，一切疲劳都抛之脑后。

1976年，次仁旺堆在盐井小学留校教数学，3年后，又调到县小学教音乐和绘画。教书的课余时间，他也没忘记芒康弦子，经常组织学生演出队排练。在县小学，一名广东来的老师每天晚上都弹脚踏风琴，从小就有音乐天分的次仁旺堆被深深吸引了，他每晚跟着广东老师学琴，边弹边识简谱，一晃三四年过去了，他学得很刻苦，头发都掉了很多，这一段学琴的经历为他打下了扎实的音乐基础。

把芒康弦子搬上专业舞台

1984年，各县成立乌兰牧骑宣传演出队，次仁旺堆负责招收队员，标准就是年轻，一般在12-15岁，五官端正，舞台形象好。这次一共招了20人，这20人后来就成了芒康民间艺术团的骨干成员。一开始，次仁旺堆为演出队编的舞都是新疆舞、云南舞等流行舞蹈，但是演员们都很年轻，没有这方面的基础，学起来很费劲。次仁旺堆灵机一动，为什么不能让他们跳从小就会的芒康弦子呢？于是他尝试性地编一些芒康弦子舞蹈教给队员。

第一次正式表演芒康弦子是在县里的嘎托镇加托村，以前演出

437

都是跳其他地方的舞蹈，这一次他们把芒康弦子搬上了舞台，比老百姓平时跳得更加整齐划一，加上服装统一，舞到高潮时加进去很多花样动作。观众看到自己熟悉的旋律跳出来却更精彩，他们忍不住欢呼起来，跟着演员们舞动起来，他们没想到自己平时跳的舞蹈也能在专业舞台上演出。群众的激情反过来也感染了演员，包括次仁旺堆在内的演员们都倾情投入，这次演出大获成功。

乌兰牧骑宣传演出队在县里"火"了之后，县里的各类"三下乡"活动中，演出队成了标准配置，演出队一出马，所到之地家家户户集体出动观看演出，在现场进行各种宣传、发动工作效果特别好。

1986年，满怀信心的次仁旺堆带队参加了昌都的舞蹈比赛。当其他县的队伍上场表演时，他的心顿时凉了半截。其他县的演出队伍都是成年人，舞蹈动作舒展有力，相比之下，平均年龄不到15岁的芒康队就像是儿童节演出。不出所料，当年丁青县的丁青热巴夺得冠军。此后，一直到1993年，芒康参赛队都没拿到过名次。

硕果累累把芒康弦子传承下去

1994年，演出队又面临去昌都参赛，这一次次仁旺堆憋着一口气。演员们都长大了，身体更加强壮，舞蹈动作特别有力度。他暗下决心，一定要"狠狠地编"一支能打动自己、打动观众、打动评委的芒康弦子。他把多年来搜集到的各种藏区舞蹈出场、收场、花样、高潮等等出彩的表演，统统糅合在一支芒康弦子舞蹈中，整个舞蹈流畅华丽、欢快动人、激情四射。功夫不负有心人，芒康队终于在比赛中拿到了第一名，为芒康争了光。他们再接再厉，又在拉萨举行的自治区比赛中获得第一名，全国政协副主席，西藏自治区政协主席帕巴拉·格列朗杰到现场观看，非常喜欢他们的芒康弦子。以后每当芒康民间艺术团到拉萨演出，帕巴拉主席总要到场观看，甚至能叫出主要演员的名字。

　　这一年，在一场原生态演出中，次仁旺堆出场演出，他下场后觉得很累，好像耗尽了气力，他意识到自己可能不再适合登台演出了。芒康弦子讲究"拉、唱、跳"配合，对体力的要求很高。于是他把自己的工作重心转移到培养新人和编舞上。担任芒康县民间艺术团副团长期间，他经常走村串乡，拜访民间老艺人，将流传在民间新的舞蹈动作，新的唱法等收集起来。虽然都是芒康弦子，但每个乡有每个乡的特点，比如端庄稳重的盐井弦子舞、潇洒飘逸的徐中弦子舞、动作难度较大而轻松舒展的索多西弦子舞、自由开放的曲邓弦子舞等。经过他的加工、整理和改编，再传授给民间艺术团的演员们。

　　在南宁国际全国民族民歌比赛中，他把芒康弦子和丁青热巴混合在一起、改编了一年之久的作品《扎西热巴》，获全国第十届"群星奖"舞蹈大赛金奖，《弦子的故乡》等作品也在自治区文艺调演中获奖。

　　为了把芒康弦子传承下去，次仁旺堆悉心发现和培养新"苗子"，把自己的学习方法毫无保留地教给他们，至今他教过的学生已有300多人。现在，次仁旺堆希望他的大儿子能继承他的事业，大儿子以前总逃学，父子间严肃地谈了一次，儿子说想去学跳舞，第二天他就把儿子带到排练现场，演员们排练一支新舞已经排了十多天，儿子刚去竟然能跟上，他很满意儿子的天分，但是"需要更加努力"。

　　后来，次仁旺堆虽然已经退休，但仍然为盐井中小学教授做操形式的芒康弦子，让学生在锻炼身体的同时，能学到芒康弦子的基本动作。他还为昌都三江茶马艺术团写曲子、编舞蹈，为芒康弦子的传承发挥自己的最大能量。

笔者手记：传承民族舞传递正能量

在昌都，在芒康，每当夜色降临，广场上民族音乐响起，总会有大批民众聚集起来，从少年到青年，从中年到老年，不分性别民族，人们随着音乐舞动。舞者自得其乐，用曼妙的舞蹈表达着对生活的热爱，观者也被活力与激情感染，得到了美的享受。昌都的民族舞蹈形式多样，内容丰富多彩。芒康弦子就是最具代表性的舞蹈之一。次仁旺堆介绍，弦子舞不受任何限制，不管人有多少，场地大小，均可以跳弦子舞。所以，芒康弦子非常适合这种大型群众文化活动。

作为国家级传承人，有着传承民族舞蹈，传播正能量的使命。次仁旺堆说："我想通过我的舞蹈，展现我们非常热爱生活，表达我们对美好生活的态度和对未来生活的期待。"舞蹈是一个民族对生活的态度，艺术会直接碰触人的心灵，从这个角度来说，舞蹈，特别是群众喜闻乐见的芒康弦子，对于营造"和谐、健康、快乐"的氛围，对于传播正能量的意义非常重大。

跃动在雪域高原的"热巴舞者"

丁青热巴国家级传承人丹增曲塔

王玮　夏怡雯

丹增曲塔（右）指导舞蹈动作

自治区成立50周年庆祝大会上，群众游行、彩车展示活动中，热巴鼓方队大放异彩，成为庆祝大会上一道亮丽的风景。刚登场，欢快的鼓点、清脆的铃声、独特的服装、奔放的舞姿就吸引了在场众人的眼球。当队伍到达主席台前，节奏突然加快，男演员身体离地翻转腾跃，翻转一周脚尖点地时正好踩在一个鼓点上，女演员边打鼓，边将五彩的裙裾舞成一朵朵热烈盛放的花朵，相映生辉，现场一片潮水般的掌声。

看着眼前的一幕，丹增曲塔喜极而泣，"'热巴'，后继有人啦！"感慨之余的丹增曲塔向笔者娓娓道来"热巴"的前世今生。

盛行琼布丁青的热巴舞蹈，前身是苯教的"巫舞"和"图腾舞"；它吸收了古象雄文化、宗教文化、民间文化的精髓，极具艺术价值和研究价值；它以铃鼓伴奏，融说唱、舞蹈、杂技于一体。"热巴"即意为"破碎如丝的服饰或布衣"或"如穗的发辫"，舞者腰系短裙状的用羊毛或牛毛编织的染有三色或五色的辫条，随着各种高难度动作，裙条飘起，舞姿热情奔放。

丁青热巴国家级传承人丹增曲塔介绍，在旧社会，"热巴"是由卖艺为生的流浪艺人班子表演的，故也被称为"东方吉普赛舞"。在浪漫的名称背后，是艺人们艰辛的生活。西藏民主改革以后，特别是近年来，"热巴"舞的传承和保护，得到了全社会的高度重视和大力扶持。2006 年 6 月，丁青"热巴"舞被列入国家第一批非物质文化遗产名录，这种古老的民间艺术，从此走出神秘的雪域高原，让越来越多的人一睹它的风采。

16 年学习，学出纯熟舞技

丁青素有"中国热巴艺术之源"的美称。热巴流派有三种，其中色扎乡的多琼热巴舞姿优美、粗犷豪放、旋律动听，故而深受欢迎。丹增曲塔老人就是这一流派的传承人。

丹增曲塔，1947 年出生于丁青县色扎乡卡通村的一个农奴"差巴"家庭，妈妈在丁青驿站支差，为来往的马帮卸货、烧茶和煮饭，一天忙到晚，他从小给地主家打杂跑腿，维持生计。丹增曲塔 12 岁时，西藏民主改革给村子和全家都带来了巨大的变革。家里 9 口人分到了 18 亩地。丹增曲塔也进入沙岗学校学习，尽管那时没有课本和纸笔，他还是满心欢喜地学习了藏文，农奴子女上学在旧西藏根本无法想象。

当时的课程比较轻松，课余时间他迷上了舞蹈。每隔一两天，他就去亲戚次成家学跳热巴舞。那时热巴舞是村里人主要的娱乐方式，人们在节假日跳，修寺庙打墙时也跳，据说跳了热巴，打好的墙不会倒。特别是西藏民主改革后，在农闲时和假日里，人们自发组织起来尽情地舞蹈，围成一圈载歌载舞，用热巴表达对新生活的喜悦之情。

离开学校后，丹增曲塔就一边在家务农，一边跟着亲戚学习舞蹈。随着年龄的增长和长达 16 年的学舞，他的舞技越来越纯熟了。他也更多地了解到热巴的历史，他的热巴老师是次成，次成的老师是加达，加达的老师是四郎贡布……师承最早能上推到 17 世纪，有三四百年的历史。多琼热巴创始人扎嘎司·多琼，传说他神力无比，有一次到边坝演出时，在路上有一群野狗疯狂地冲到艺人面前，扎嘎司随手抓了一块石头大喝一声，野狗仓皇而逃，手中所握的石头竟然被握出了五个手印。

丹增曲塔介绍，多琼热巴没有音乐伴奏，只用鼓铃敲出鼓点，一般是男人摇铃，女人敲鼓，跳法花样也更繁多，有带鼓平转、猫跳翻身、正反转、两人翻滚、三人叠罗汉等等。70 年代后，传统热巴不但被继承下去，而且还有所创新。在舞蹈方面吸收弦子、锅庄等舞蹈元素，音乐方面也增加了乐器伴奏，歌唱方面在独唱、二重唱的基础上增加了合唱，使之更符合舞台演出的需要。

演出一鸣惊人，荣誉纷至沓来

1973 年开始，丹增曲塔学成出师，开始带徒弟，并负责乡里跳舞、教练等工作。当时，政府对热巴艺术的支持力度加大，专门腾出一间房子，作为排练场所。1975 年，县里要组织丁青热巴演出队去地区参加比赛，色扎乡每个村都挑选出舞跳得最好的村民，一共 20 多人进行排练，次成和丹增曲塔都在其中，次成还要负责编舞，在县里他们练了一个多月舞，然后去昌都参赛。

在昌都，一共有 13 个县的演出队参赛，丹增曲塔在台下看着其他县的表演，都觉得没有丁青好，自信心顿时增强。轮到他们出场了，他们跳的是一种带刀的热巴，演员们手持藏刀，舞姿热情奔放，一亮相就把全场震惊了，连在场专家都没见过这种舞蹈。成绩出来，丁青热巴果然拿到了第一名，每人都得到了一面锦旗，大家心里都美滋滋的。后来。地区艺术团还专门派人到丁青去学习他们的舞蹈。

在那之后，一直到 2004 年，丹增曲塔每年都要带队去昌都参加各种比赛，要去部队、乡村进行巡回演出，每次都大受欢迎。特别是布查村，一听说演出队要来，全村男女老少一个不差地都来观看，还拿出各类美食来招待演员们。90 年代以后，尽管电影、DVD、电视等现代娱乐方式开始普及，但人们仍然喜爱热巴，学热巴，跳热巴，甚至几岁的小孩子也跟着跳。

2006 年，丁青热巴被列入国家第一批非物质文化遗产保护名录。2007 年，丹增曲塔第一次领到了地区发放的 2400 元钱补贴，这是国家对他传承热巴艺术的奖励。这让他完全没有想到，自己只是个跳热巴的艺人，政府却给了他这么大的鼓励。2007 年是 2400 元，2008 年、2009 年是 2500 元，2010 年、2011 年是 5000 元，2012 年是 8000 元，2013 年是 1 万元……这些年国家给的补贴一直在不断上涨。

把热巴传承下去是最重要的事

从 1973 年到现在，丹增曲塔已经从事了 40 多年丁青热巴的演出编舞、人才培养工作了，乡艺术团的 40 多人都是他的弟子，县艺

444

术团也有8名演员是他教出来的。如今年事已高的他，已有十几年不跳了，但还是积极参加各种活动。乡里组织演出队，他免费当老师，丁青县举办热巴艺术节，每年都少不了他忙前忙后的身影。

丹增曲塔的家里有一件珍藏的宝贝，有客人来访的时候他总要拿出来展示一下。这是国家文化部2008年颁发给他的一件水晶认证雕塑，上面刻着"国家级非物质文化遗产项目（丁青热巴）代表性传承人"字样。老人感慨地说，跳了一辈子热巴，这是他一生中得到的最高荣誉，既是对他的肯定，更是对热巴艺术的认可。

丹增曲塔拿到这沉甸甸的证书，感受到国家的关怀和温暖，也深深地意识到自己身上肩负的重担。他说，国家下了这么大的力气来传承和发展热巴艺术，加上现在老百姓的生活好了，学热巴、看热巴的热情高了，作为老艺人，应该尽自己最大的能力把这门古老的艺术发扬光大，我有这个信心和热情来担负起这个责任。

从那以后，丹增曲塔不仅开始教儿子次仁达措跳热巴，也教他兄弟的女儿跳热巴，他们都进入了艺术团。就连小孙女也在家庭的影响下学起了热巴，经常在家里给大人们表演，稚嫩的舞姿常把全家逗得哈哈大笑。在村里，只要有年轻人愿意学热巴，他就不惜花时间教授和指点。

丁青是重要的虫草产区，产量大、品质好，享誉全区。当地群众从采挖虫草中获得了极大的收益。但是，教热巴、学热巴、跳热巴会耽误很多工夫，虽然在时间上努力避免"撞车"，但对采挖虫草、农牧业生产多少还是有些影响。丹增曲塔对影响收入却不以为然，他说钱是次要的，关键是要做对热巴艺术有意义的事，他要一直教人们跳热巴直到跳不动为止。

笔者手记：给民族特色艺术更多温暖关爱

看到丹增曲塔和他的弟子跳舞，总能被那热情质朴的热巴舞蹈所吸引，可以深切地体会到一种真实、厚重的美。这种美，超越时空，飞越历史，穿越千年，回荡在灵魂的最深处。以丁青热巴为代表的民族特色艺术，是非物质文化遗产的瑰宝和奇葩，需要用温情和善意好好呵护，加以传承，大力弘扬。

"要结合新的时代条件传承和弘扬中华优秀传统文化，传承和弘扬中华美学精神。"习近平总书记在最近召开的文艺工作座谈会上强调。如果能够像习总书记嘱托的那样，在新的时代条件下，让更多优秀文化艺术走出大山，走向全国，传承保护这些民间文化艺术资源，它们完全可以成为时代的强音，产生出巨大的文化效益和社会效益。

丁青热巴发源于人民，根植于人民，本身就是群众的生活样式和情感表达。而发展文艺事业，不能脱离人民这个源头活水，而是为了满足人民的精神文化需求。从这个意义上说，传承和弘扬优秀民间文化艺术，就是在守护群众的精神家园。做好这项工作，有助于增强凝聚力，形成良好社会风气，弘扬社会主义核心价值观。让我们带着关怀和温情，把丁青热巴这支民族特色舞蹈跳得更加刚劲潇洒。

"只要走得动，我会一直把藏戏跳下去"

察雅县香堆藏戏自治区级传承人阿布穷琼

王玮　夏怡雯

阿布穷琼接受笔者采访

　　"世界上还有几个剧种是戴着面具演出的呢？世界上还有几个剧种在演出时是没有舞台的呢？世界上还有几个剧种一部戏可以演出三五天还没有结束的呢？"这是小学课文《藏戏》一文中的开篇，连续三个反问，道出藏戏的三个特点戴面具、没有舞台、时间长。

藏戏的藏语名叫"阿吉拉姆"，意思是"仙女姐妹"。它起源于8世纪藏族的宗教艺术，17世纪时，从寺院宗教仪式中分离出来，而察雅县香堆藏戏是全区最有名的"蓝色面具"的主要流派之一。据说，当年香堆寺的香堆康泽曾派次旺仁增等5位喇嘛，到拉萨觉木隆剧团学习藏戏，学成回来后在香堆一带就有了这一比较传统的藏戏，人们把它俗称为"朗他康鲁玛"，意为康巴式的传记。

每至农闲，察雅县香堆镇的阿布穷琼便换上华服，组织村民在田间跳起"香堆藏戏"。阿布穷琼是香堆藏戏传承人，据他介绍，藏戏大约起源于距今600多年前，比被誉为国粹的京剧还早400多年，被誉为藏文化的"活化石"。藏戏有着悠久的历史，并且在历史发展的长河中衍生出了众多派别。香堆藏戏源于觉木隆藏戏，发展过程中融入了地方特色，流行于察雅县，广受当地群众欢迎。以前香堆寺只是在特定的时间或重大的宗教仪式上进行表演，后来香堆藏戏逐渐从宗教仪式中分离出来，发展到民间。2006年5月20日，藏戏经国务院批准，被列入第一批国家级非物质文化遗产名录。2009年，香堆藏戏经察雅县人民政府同意被批准为县级非物质文化遗产，2010年10月被自治区人民政府批准为自治区级非物质文化遗产。

从小练就童子功

香堆藏戏在蓝面具流派中产生最晚，但发展最快，表达最丰富成熟，形式最精美沽泼。以男女演员分别扮演角色，善作世俗戏剧表演，并在内容和形式上创新发展较多而备受世人称道。它在藏戏诸多流派中，威望最高，影响最大，传播最广。

阿布穷琼，1970出生于察雅县香堆镇。父亲是做泥塑佛像和面具的匠人，当时察雅的很多寺庙里的佛像都是阿布穷琼的父亲制作的。阿布穷琼有四个兄弟姐妹，他是最小的一个。小时候，阿布穷琼也跟着父亲学过泥塑，而如今，只有二哥继承了父亲的手艺。阿布穷琼在他稍大时，因为浓厚的兴趣，便跟着藏戏师父次登扎西学习藏戏，开始了他的藏戏人生。

今年 50 岁的阿布穷琼，从第一次演藏戏到现在已经 30 多年，还在他 12 岁的时候，便已经是别人的小师父了。

当年的香堆到县城还没有公路，只能骑马走小路，年事已高的师父经受不住路途的折腾，便指派阿布穷琼去县城，指导别的学生。年仅 12 岁的阿布穷琼没有辜负师父的期望，出色地完成了任务。谈及此事，阿布穷琼脸上还能看出当年的喜悦之情。

藏戏本就是一项复杂的艺术，它是在室外演出的，观众也会离得很远很分散，所以唱腔必须特别嘹亮高亢，才能让观众听清唱词。此外，唱藏戏对身段也有要求，比如开场戏要围着场地打绳子（一种侧身翻），连着打几十个，所以，藏戏要从小学起，打牢基础功。阿布穷琼虽然只是普通的农家子弟，学唱藏戏完全是出于个人喜爱，但他也在师父的言传身教下，努力学习、探索。

阿布穷琼刚开始学藏戏的时候，是藏戏团里年龄最小的一个，却也是学习最刻苦的一个。为了练好藏戏中跳的部分，让自己的手更有力量，阿布穷琼便在河边，用沙子装满藏靴来练手劲，练翻跟头。日复一日，阿布穷琼就这样练就了最扎实的基本功。

从田间跳上舞台

2013 年的昌都藏历年春晚，阿布穷琼带着他的团队到昌都演藏戏。"唱腔浑厚、服装华丽、舞姿优美、道具多样"，表演完后，人们这样形容阿布穷琼和同乡带来的民间藏戏。这是他作为"香堆藏戏"传承人，与同乡一起组成民间表演队，首次将家乡的"宝贝疙瘩"搬到了更多的观众面前。从此，香堆藏戏也从田间跳上了舞台。

伴着如小雨击打屋檐般的鼓点，握惯了锄头、拿久了鞭子的香堆镇农牧民在阿布穷琼的带领下登上舞台。他们身着华丽的藏戏服装，头戴蓝黑色面具，前额饰金色日月，两颊有黄色短须，鼻子上挂满贝壳和珠串，时而闲庭信步，时而碎步疾行，很快便进入了各自的角色。

"我们那次表演的是八大藏戏之一的《卓娃桑姆》，内容反映了喜马拉雅山区一个门巴族小王国的宫廷斗争。大家农闲时经常跳这出戏，所以几乎没怎么排练就登台了。"阿布穷琼告诉笔者，村民们第一次将表演场地从田间地头换到了漂亮的舞台，大家都很激动，阿布穷琼也希望自己能带领村民到更多地方演出。

阿布穷琼说，艺术团里的演员都是挨家挨户挑选出来的，自己和老一辈的"香堆藏戏"传承人一起手把手教大家舞步和唱腔，在艺术团里阿布穷琼担任艺术指导这一职务。"我们平时主要表演《卓娃桑姆》《智美更登》等传统藏戏剧目。由于藏戏队里男女比例有些失调，所以，队里的老阿爸经常会被戴上花冠、涂上口红来扮演女性角色。"他笑着说。

女性角色由男演员来扮演，是香堆藏戏和其他地方藏戏的最大区别，在香堆藏戏发展的过程中，阿布穷琼和老一辈的传承人一直将其保留着，成为香堆藏戏的一个亮点。而在舞步上，阿布穷琼也在不断探索中将步法做了大量改动。"该保留的要保留，该学习改进的我们也应该改进，不能一成不变，但也不能把重要的东西丢了。"阿布穷琼对笔者说。

光靠演藏戏，收入是有限的。在香堆镇，阿布穷琼开了家超市，在虫草季节也会去山上挖虫草。但是教藏戏、学藏戏、演藏戏却是他生活的重心，虽然这会耽误很多工夫。有次，阿布穷琼在昌都做虫草生意，县里通知马上回香堆进行表演，他便放下手中的生意连夜赶回了香堆。对影响收入的事情，阿布穷琼不以为然，他说钱是次要的，藏戏永远是首要的，因为钱是挣不完的，而藏戏带给人们的精神享受是无法用金钱去衡量的，要做就要做对藏戏传承有意义的事。

谈到香堆藏戏未来的发展，阿布穷琼告诉笔者，他会把藏戏传承给师父家里的年轻男孩和艺术团里资质高的学生，并倾力教导他们，而自己也会努力钻研，争取把香堆藏戏发展得更好，让更多人感受这门艺术的魅力。"只要走得动，我会一直把藏戏跳下去。"

笔者手记：台上一分钟，台下十年功

台上一分钟，台下十年功，这句话本身是对演员的一个说法，每个演员在成功的道路上是需要付出长久而艰辛的努力。当我们在看阿布穷琼唱腔浑厚、舞姿优美的藏戏表演时，却不知他在背后对每一句唱腔、每一个动作进行的成千上万遍练习。在少年时代，练习高难度的动作成了阿布穷琼童年的全部；而如今，传承香堆藏戏是阿布穷琼生活的全部。

音乐奏起，锣声响起，鼓声敲起。藏戏表演者们又将把毕生所学，所练的精湛技艺转化为艺术展现在世人面前。藏戏上那看似简单的艺术手段：唱、诵、舞、表、白，但演员们却要在台下练许久。艺术家们付出许许多多的汗水和努力，才能在台上挥洒自如，运用得心应手，给观众们带来了极大的身心享受。那些观众们如雷贯耳的掌声是给他们最大的鼓励，惊天动地的喝彩是给他们表演的最大肯定。

上天是公平的，机会和成功是留给那些有准备的人的。纵观古今中外，但凡成功人士或为人类进步与社会发展做出杰出贡献的人无不是"台上一分钟，台下十年功"的忠实践行者。无论是什么行业都一样需要有扎实的基本功、出色的业务能力和良好的综合素质，需要日复一日，年复一年地努力和积累，才能厚积薄发，想不劳而获，或想走捷径，都是徒劳。千里之行始于足下，九层之高起于累土，无论从事何种工作，都要从小事做起，从基础做起，积极做好迎接挑战的准备，做到有备而战、战之能胜。

获得"格西拉让巴"学位的年轻人

察雅县烟多寺僧人索朗欧珠

王玮　夏怡雯

索朗欧珠和他的藏书

　　藏香缭绕，一抹阳光透过窗户照进僧人索朗欧珠的宿舍里。他披上深红色的僧袍，盘腿坐于榻上，将书桌上密宗的经书摊开，开始了日常学习。多年的学经生涯，这样的生活索朗欧珠早已习惯，且已成为他人生中最重要的一部分。出生在察雅的索朗欧珠皮肤稍黑，个子不高，显得憨态可掬，他是烟多寺的一名僧人，十几岁开始经学经。

2015年4月5日，在拉萨大昭寺释迦牟尼主殿前的大院内，西藏自治区2015年度藏传佛教学经僧人考核晋升格西拉让巴学位立宗暨颁奖仪式举行。就在那天，索朗欧珠从西藏自治区政协副主席、中国佛协西藏分会会长珠康·土登克珠手中接过"格西拉让巴"学位证书，成为近年来获得这一学位的最年轻的僧人，完成了自己学经20年的梦想。

潜心修行二十载

"路漫漫其修远兮，吾将上下而求索"，索朗欧珠就是以这样的精神追寻真知，虽然前方的道路还很漫长，但自己将百折不挠，不遗余力地去追求和探索。在学经的道路上，他不断前行，努力探索每一本经书。

藏传佛教各教派的学经僧人，均需多年的艰苦磨练才能有所成。要成为一名经师，有的教派需学习5年，有的需学习8年，而索朗欧珠所学的格鲁派则是最严厉、也是最耗时的。自索朗欧珠16岁进入烟多寺开始，漫长而艰难的学经之路也随之开始了。

从7岁开始，索朗欧珠就一直跟着村里的藏医益西旺加学藏文的读写，后来也在乡里的小学念了一点书。因为家庭条件不好，念完小学索朗欧珠便没有再继续读书，一直在家边务农，边学藏文，直到16岁。

刚进烟多寺的时候，索朗欧珠并不是直接就学习经文，而是继续学习藏文。到了19岁，他才正式开始学习经文和辩经。这时，索朗欧珠遇到了他学经之路上很重要的一个人。"格堆是我在寺庙里的师父，他也拿到了格西拉让巴学位。因为他学识渊博，在佛学上有很高的造诣，我想成为像他那样的人，所以就一直在努力学习经文。"

索朗欧珠讲到。

索朗欧珠和师父格堆吃住在一起，师父不仅要教他诵读经文，还要教他怎么做人。师父每天早上五点开始看经书，索朗欧珠也要在这个时间起床，开始一天的学习，师父晚上什么时候休息，索朗欧珠必定也会学习到那个时候。因为小时候学过藏文，有一定的基础，所以跟着师父学习经文和辩经就轻松了许多，加上他对佛学有较高的悟性，所以师父也特别喜欢索朗欧珠。"要做一名爱国守法的僧人。"这是师父时常教导索朗欧珠的一句话。索朗欧珠谨遵师训，坚持原则，连续几年被评为市、县级爱国守法先进僧尼。

除了钻研佛经，辩经也是修习佛法的重要方式。索朗欧珠说，辩经的主要内容以藏传佛教重要著作为主，称五部大论。在烟多寺的辩经院里，每天都会出现这样的景象：僧众围坐成小组，每组一人站立，念珠悬于左臂，口中娴熟发问，紧要处右手"啪"地击打左掌后划向天空，在另一个关键时刻再次划落击打；另一人端坐一旁，对答如流。辩至激烈处，站立者腿脚挥舞，思想碰撞之激烈形之于外。

索朗欧珠说，辩经过程中的击掌动作，一方面可以激发僧人辩论的激情，调动学习气氛，另一方面则是为了干扰应答僧人的思路，考验双方定力。"辩经时，僧人无长幼之分，只为相互激发、相互学习。"

就这样，索朗欧珠潜心修行二十余载，如今自己也成为了别人的师父。只有经书陪伴的日子是孤独而沉闷的，可是在索朗欧珠看来，那却是种享受，他认为，在学习经书和辩经的时候，"那才是真正的我"。

功夫不负有心人

这一学就是 20 多年。20 多年的时间里，索朗欧珠潜心学习了藏传佛教显宗的五部大论，即《释量论》《入中观论》《现观庄严论》

《戒律论》和《俱舍论》。回顾20年学经生涯，索朗欧珠说："很多次想放弃，因为觉得烟多寺这么多僧人中没有几个是格西拉让巴，照样也过得好好的。"但是每当看到恩师，想到父母，想到自己心底一直坚持的东西，索朗欧珠又咬牙挺了过来。

寺庙里的僧人通常会在早晨七点起床，然后去大殿吃早饭诵经，开始一天的学习，在凌晨一点左右自修完成后再休息。但索朗欧珠认为，想要获得格西拉让巴学位，就要付出得比别人更多。于是他每天早晨五点就开始背诵经文，他房间里的灯光，往往也是寺庙里最后一个熄灭的。在遇上不懂的问题时，索朗欧珠就会主动去请教老师或佛学造诣高的前辈，直到明白为止。

2014年5月在哲蚌寺，他和来自色拉寺、哲蚌寺、甘丹寺、强巴林寺等寺庙的10名僧人一起参加了格西拉让巴学位夏季考试，就藏传佛教五部大论的所有内容和藏文基础语法、政治法律等内容进行了考核。功夫不负有心人，索朗欧珠在考试中获得了第一名。

格西拉让巴是藏传佛教格鲁派僧人修学显宗的最高学位。这个近似于现代意义上博士学位的宗教学位，是每一个藏传佛教学经僧人的最高目标。僧人学完必修的显宗经典后，可以考不同等级的"格西"（多让巴格西、林斯格西、措让巴格西和拉让巴格西），此后可任扎仓或中小寺院的最高主持人（藏语叫"堪布"）。可以说，格西拉让巴是格鲁派每个学经僧人的最高目标，但是只有极少数僧人经过几十年修行的才有可能获得此学位。索朗欧珠靠自己的努力到达了梦想的彼岸。

"考试那天其实我很紧张，很怕自己答不好题。但当考官提出问题后，我反而不紧张了，因为那些题我都会。"说这些的时候，索朗欧珠还显得有些激动，"后来去答辩时也是一样，他们问了我几个《五部大论》里的问题，不怎么难，很容易就答辩完了。"

谈到获得格西拉让巴学位时，索朗欧珠毫不掩饰自己的喜悦之情，他说格西拉让巴作为藏传佛教格鲁派僧人修学显宗的最高学位，是每个藏传佛教学经僧人的最高目标，他感到无比的自豪。"我感谢我的父母把我送到寺院，让我走进了藏传佛教，我更感谢我的恩师格堆，他给我智慧的力量，让我无法停下学习佛经的脚步。"

如今，索朗欧珠自己也带了很多学生，向他们传授自己的学经之道。索朗欧珠告诉笔者，相比之下他更喜欢自学，白天教学生会占用很多时间，他只有利用起早和晚睡来把新知识补上。但是作为格西拉让巴的获得者，他有责任教出更优秀的学生。他经常教育弟子："学习的过程虽然辛苦，但作为佛弟子，一定要潜心修行，努力研习，增强对佛法真谛的领悟。"

年轻的格西索朗欧珠谈到未来，表示自己将一如既往钻研藏传佛教。因为对于他来说，佛海无边，学无止境。他说："我将用我的一生去探求无边佛法，做一名弘扬佛法，爱国爱教的普通僧人。"依止"善知识"的漫漫修行路上，索朗欧珠且行，且收获……

笔者手记：依止善知识

"千佛廊前坐，依止善知识。"高僧晋升格西拉让巴学位，能更好地满足信教群众的宗教需求，弘扬藏传佛教的优良传统，进一步调动学经僧人的学习积极性。格西，藏语意为"善知识"。中国佛教协会西藏分会通常每年会在拉萨三大寺轮流组织考试，僧人要经过严格的预考和终考答辩才能获得这一学位。获得格西拉让巴学位的考僧都是各大寺庙的主要经师，他们博学多才，宗教学识深厚，精通藏传佛教《五部大论》。索朗欧珠能获得这一学位，相当不容易。

在精进修学，不断提高宗教学识、文化素质和道德修养的同时，僧人也要依止另一种"善知识"。这就是坚持爱国爱教的光荣传统，深刻认识宗教的命运和祖国的命运息息相关，坚定不移维护祖国统一和民族团结。依止了这种"善知识"，引导信教群众实践宗教教义中扬善抑恶、平等宽容、扶贫济困等积极思想，为推动宗教适应中国特色社会主义社会作出积极的探索；依止了这种"善知识"，就可以成为新一代政治上靠得住、宗教上有造诣、品德上能服众、关键时刻起作用的宗教人士。

重现贵重藏药"座台"的藏医传人

原市藏医院制剂室主任、昌都藏药厂副厂长布穷

王玮　格桑

布穷（中）讲解药材特性和用途

"座台"被雪域人民称为藏药中的至宝，是历代名医把珍贵的矿物质经过特殊加工炮制之后，炼制成无毒而具有奇特疗效的药物"欧曲坐珠钦莫"，简称"座台"。"座台"是藏药加工最精深的技术，也

459

是最奇绝的一门技术，该技术已入选国家非物质文化遗产。现在，"座台"既是一门药物炮制工艺，也指经这种工艺加工制成的药物成分。七十味珍珠丸、仁青常觉、芒觉、坐珠达西等贵重藏药中，"座台"是不可缺少的成份，因其制作方法难度极大，一直以来，掌握该技术的人寥寥无几。

在昌都，就有一位传承了"座台"传统加工工艺的藏医药师，2014年他独立主持完成"座台"的制作，他就是现已退休的原昌都市藏医院制剂室主任、昌都藏药厂副厂长、享受国务院津贴的藏医世家第四代传人布穷。

历时20天复杂工序"座台"出世

藏药分贵重藏药和普通藏药，贵重藏药一般含有珊瑚、珍珠、玛瑙、座台、蓝宝石、翡翠等矿物药材，这些矿物药材不是直接入药，而是通过富有传奇色彩的藏医秘传工艺提炼。在1990年和2007年，布穷全程参加了藏药贵重制剂"座台"的制作，2014年昌都藏药厂开始第三次"座台"的制作，这一次是由布穷独立主持完成的，共获得202斤"座台"成品。布穷说，由于"座台"技术工艺复杂，有的原料要准备两三年乃至更长时间，因此，每制作一次"座台"都要间隔多年，甚至有时要10年以上，这更凸显了"座台"的来之不易。

"座台"是藏医两千年前的技术，后来一代代发展下来，两百多年前藏医界把这个操作规程定下来沿用到现在。"座台"中有一种原料是水银，而水银毒性很大，将水银入药要经过很多工序，要加很多材料才能改变水银的毒性。"座台"是藏语，翻译成汉语就是洗煮，就是要洗掉汞的毒，洗煮之后形成的黑色的粉末，称为"座台"。

制作"座台"是个艰辛的过程，制作现场封闭，所有参与人员在制药过程的几十天内都不得离开，日夜坚守。过程中因为毒性较大，操笔者如果程序不当有中毒的危险。而且在繁琐的手工工艺流程当中，稍有失误便前功尽弃。为提高效率，布穷研究改进了"座台"的制作工艺，他自己设计了研磨设备，改变了一直以来由人工研磨药物的历史，使"座台"的参与人员和制作周期从40人40天减少到10人20天。

布穷介绍，"座台"本身对中风偏瘫、胃肠溃疡、肝炎、关节病、皮肤病具有疗效，将"座台"技术融入药物制作过程中，还可以扩大原药的治疗范围。比如仁青常觉由一百多种药材组成的，常用于治疗慢性胃炎、胃肠溃疡、各种癌症及其他疑难杂症。但由于它含有"座台"成分，因而它也可以调和"龙、赤巴、培根"各病（龙、赤巴、培根是藏医中的三大因素，龙相当于中医的气或风，赤巴相当于火、培根相当于水和土）。再如含有"座台"成分的七十味珍珠丸，在治疗中风、偏瘫、癫痫、心脏病、高血压、脑萎缩、脑供血不足等心脑血管和神经系统疾病时，疗效优于不含"座台"成分的同类药物。"座台"与其他药物合理配制，不仅能平衡药性，延长药品有效期，而且能明显提高原药的疗效。因此，在仙露七十味珍珠丸、仁青常觉等名贵藏药中，"座台"是不可缺少的成分。

从名师学经典终成藏医大家

布穷1966年出生于八宿县同卡镇一个经历充满神奇的医学世家，到布穷已经是第四代。冥冥之中，一根无形的线把幼小的布穷与博大精深的藏医学连在了一起。7岁时，布穷跟随哥哥学习藏文读写，以及《三十颂》和《音势论》等语法论著。布穷从小勤学苦练，他按照藏族传统练字方法，白天抱着一块抛光的木板，用削好的竹笔蘸上黑炭制成的墨水，一笔一划，重复着练习字体。夜晚点燃牛油灯，在微弱的灯光下读书识字。在哥哥的监督和教导下，布穷逐渐掌握了藏文读写和基础知识，13岁开始攻读藏医经典《四部医典》。

《四部医典》是公元 8 世纪伟大的医学家宇妥·元丹贡布创作的优秀医典，是历代藏医学习的必读书，有"不读《四部医典》，不可为人医"之说。藏医传统教学以识记为主，记忆超凡的布穷，每天能够背诵藏医学理论书籍 8 页之多，15 岁至 20 岁在八宿县夏里乡当赤脚医生，给病人切脉查尿诊断病情，当时他的诊治疗效，已在整个乡村小有名气。

之后，他开始游历四方，拜师学医，先后从师措如次朗、旺加、向巴格来等名医，再到西藏藏医学院进修，在老师的谆谆教导和自己的孜孜探求下，很快求得真经，全面系统地掌握了藏医常见病、多发病的临床诊疗和藏药材鉴别、加工、炮制等技术。1980 年，布穷被昌都藏医院正式录用，成为藏医院独当一面的主治医生。

精湛医术赢得患者的心

布穷的诊室四壁都挂满了锦旗，每一面锦旗都浓缩着他精湛医术。2010 年 4 月，布穷在四川出差时遇到一位吃东西咽不下去的藏族病人卓玛吉宗，这位来自那曲的女患者四处求医很久，在内地已经花了不下 7 万元都无法医治，整个人骨瘦如柴，非常痛苦。布穷经过认真诊断，认为是神经性吞咽困难，并用随身携带的七十味珍珠丸和其他藏药治疗，很快就收到了疗效，患者奇迹般地康复，能自如地进食了。

布穷接诊过不少危重病人，特别是肝癌患者，经他医治，病人的病情又控制了很多年。一位肝癌晚期的汉族病人在其他医院已经下病危通知，被告知只能活几个月，布穷精心调配的藏药使他的生命又延续了三年。2011 年 10 月，类乌齐县的仁青泽旺因高血压、脑溢血导致瘫痪在床，话都说不出来，家人忙送他到市藏医院诊治。布穷采用放血和服用普通藏药、贵重藏药相结合的疗法医治，不久，病人就能够下床，现在已经行动自如。

藏医经典大概有 300 多个成熟的配方，但是根据病人和病情的不同，配方都需要根据实际进行调整，所以针对每一个病人开出的配方可能都是不同的，这就要靠医生长期诊病过程中总结经验。

布穷说，平时自己和家人生病了一直都吃藏药，小孩子得了感冒、发烧这种常见病，都是通过藏药来调理、治疗。"藏药的一部分药材是提炼自矿物、金属等物质，不了解藏医学的人会有排斥心理。"布穷解释说，"藏医学根植于藏文化，患者在相信医生的同时，认识并理解藏文化，才能全心配合治疗。"

用心制药药材好药才好

布穷回忆，年轻时学医，每年要跟随师父三次上山采药，来年再制成藏药。"藏医之所以独到，就因为有生长在高原区域的药材。这是传统藏医学的精髓和宝藏。只有认药、识药、懂药性，才有可能做一个合格的藏医。"

藏药中植物药材大约有 500 个品种以上，目前藏药厂的药材来源主要是市场采购，规模种植只能满足少数品种。布穷说，只能在藏药产地种植，这样药效比较高，不能把高海拔的药材拿到低海拔地区，那曲的一些药材就不适宜在昌都种植。对于藏药的原料，布穷深感忧虑，以前上山采药是需要哪部分采摘哪部分，比如需要花、叶的只采花和叶，药用植物还可以继续生长。但是现在的采药人往往不了解哪是药用的部分，他们把植物整根挖走，造成了很多草药资源的毁灭。现在昌都藏药厂和乡镇村的藏医达成合作，由基层藏医协助收购和采集当地的药材，用来交换藏药厂的成品药，这样能在一定程度上保护药材资源不受毁灭性的破坏。

至于传统藏药的安全性，布穷认为，经过数百年的反复使用，已经验证了藏药的有效和安全。传统藏医对制药有严格要求，做药者必须亲身试药，以验证药效。直到现在，布穷还是按照这一要求，新制作出来的药,他都要首先吃一粒。他介绍,昌都制药厂目前生产300多个藏药品种,有一整套的现代管理方法来保证其稳定性。每一批药生产出来以后要留样,在留样观察室少则存放三年,多则存放十年,每三个月按照操作规程监测其有效性和稳定性。

现在,布穷的弟子遍布昌都各县,他的儿子也接过父亲的衣钵,在类乌齐县从事藏医工作。布穷除了把医术和制药经验毫无保留地传授给弟子,认真、敬业、规范、严谨……这些40多年行医制药过程中沉淀下来特质也将一并传承下去,这是藏医专家布穷已内化于个性中的宝贵特质,也是藏医事业可持续发展最需要的品质。

笔者手记：藏医药需要名师传承

对于藏医的传承，布穷感慨，现在学校里培养出来的学生，往往求知欲不强。以前他学医的时候，上进的意志很强，带着问题主动找老师寻求解答，而且不仅只拜一个老师，从每一个老师那里都可以学到藏文、医术和制药等不同的知识和本领，通过拜师学习，可以真正懂得应该怎样给病人看病，跟老师学到的不仅是一个个配方，更重要的是独到的经验和思路。

在藏医领域，最高水平的技艺、最机密的配方、最难掌握的经验，仍被一些高水平的老藏医所有，而这样的医生往往年龄偏大，他们一旦不再行医，其所占有的知识就有消失的危险，其他年轻医生又要苦苦摸索几十年，有可能还会求而不得。藏医里面有效的医术、配方如果不传承下去，无疑是藏医的巨大损失。

从老师的身上传承了技艺的布穷，也乐于把藏医文化传承下去。像布穷这样的老专家是藏医事业发展最可宝贵的智力资源和知识财富，在藏医的继承创新中发挥着不可替代的重要作用，将他们的学术思想、临床经验、医德医风传承下来，并不断加以发展、创新、发扬光大，是继承发展藏医，培养造就高层次藏医人才的重要途径。

一把刻刀刻出写意人生

江达县波罗木刻自治区级传承人朗加

王玮

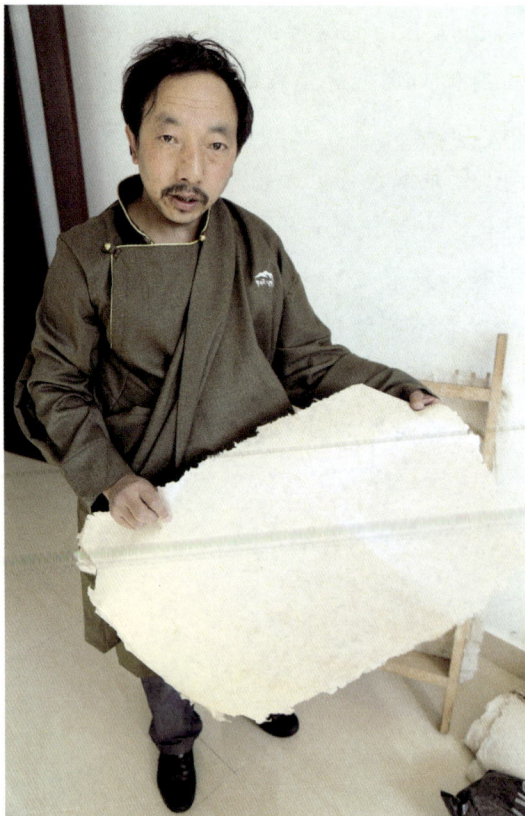

朗加展示波罗木刻工艺

朗加，江达波罗木刻自治区级传承人。这位康巴汉子平时憨厚、木讷，但是他一拿起刻刀，整个人都不一样了，认真，专注，手中的刻刀快速移动，精准灵动。不一会，空白的木板上就出现了精致的花纹和规整的文字。

波罗古泽木刻雕版起源于1676年，由于当时的德格第12世土司、第6世法王却吉·登巴次仁发起，当时四川的德格、白玉，以及西藏的江达都隶属德格土司管辖，加之当时佛教盛行，用于印制佛教经文的木板雕刻工艺得到了空前的发展和壮大，推动了波罗木刻印刷技术的全面发展。整个清代，土司、宗本耗费了大量的人力物力，以较原始的制版刻板方法，兼收并蓄各种学科历史文献和各教派典籍，在寺庙刻制数以万计的木刻雕版。全国重点保护单位"德格印经院"中百分之八十以上印经版均来自江达波罗乡，由一个乡村的民间艺人承担如此重大而神圣的经文雕版任务，不能不惊叹为一个奇迹。

如今，波罗木刻已经进入国家级非物质文化遗产名录，已不仅限于刻制经书，应用已扩大到历史典籍、政策宣传、旅游纪念品等领域，其技艺已经得到了传承、创新和发展。凭借一把刻刀，郎加不仅开创出个人和家族的幸福生活，而且他挑起大梁，开办农牧民手工业合作社，广招徒弟，实现了木刻艺人的共同致富。朗加说："趁着我现在年富力强，眼神和精神还好，好好教年轻人。要是能培养出更多接班人，让波罗木刻代代发展壮大，那我就开心了。"

拜名师学艺成为熟练木刻艺人

朗加1968年出生在江达县波罗乡古泽一带冲桑村一户刻版世家，从小耳濡目染，深深爱上了刻版制作技艺。波罗乡的古泽历来有木刻的传统，地处高山峡谷地带的冲桑、古色、外冲、阿当、彭宁等村落，因地处高山峡谷，其农牧业生产受到限制，而森林资源异常丰富，盛产质地优良、适合精雕细刻的优质木材，波罗木刻所用的刻版，全部来自当地出产的两种树木。在相当长一段时间里，当地不少群众主要靠雕刻维持生计。

据不完全统计，冲桑、古色等村落有200多人从事木板雕刻，仅冲桑村就有40多人都身怀祖传的木刻手艺，夏天在外地献艺谋生，冬天返回波罗，这已成为波罗古泽一带民间艺人惯常的生活方式。他们长期以来为德格印经院刻制经版。过去的德格土司出手极为大方，给刻经工匠的工钱是刻下木屑等重的金银，如果雕版上刻的是小字，就给黄金，如果刻的是大字就给白银。重赏之下，工匠木刻技术愈加细致，终于成就了波罗木刻的名气。

朗加12岁时先拜父亲江泽为师，后拜古泽一带著名的木刻雕版艺人色培为师学艺。爸爸比较和蔼，经常语重心长地对朗加说，你是家中长子，必须要继承家传的木刻技艺，人不能靠偷抢，而要靠自己的手艺过上幸福的生活；色培老师则比较严厉，他平时话不多，一旦徒弟木刻出现失误，他就会大发脾气，朗加很害怕他，因而学习更加认真。

跟老师学习了6年之后，朗加先后去色达、白玉、德格等地当学徒。木刻是非常辛苦的劳作，一块字体中等大小的《丹珠尔》刻版，一个熟练的工匠要刻3天。从早到晚，除了中午吃饭休息一小时，就是刻个不停，长时间保持一个姿势，到了晚上腰肩酸痛难忍。长期的刻版生涯让他的技艺愈发纯熟，那时他已经可以脱离师傅的指导，独立完成木刻了。

20岁那年，朗加来到石渠为一座寺庙刻经版。他原本以为自己的技艺已经很高超了，不料，自己刚刻不久就被严厉的寺庙主管狠狠地骂了一顿，指出了他刻的经版很多问题。刻版讲究规范，比如字体大小、距离都有一定之规，有时一不留心就会出差错。羞愧之下，他毁掉刻错的经版，重新刻制。他在这座寺庙一待就是4年，跟一位高僧认真学习藏文、画佛像和藏文书法，不仅经文的刻制技艺有了提高，而且学会了佛像插图的刻制技术。

25岁时，朗加已经成为熟练的刻版制作艺人。1992年，西藏自治区邀请波罗古泽的133名艺人，到拉萨参与《丹珠尔》刻经。每人先刻一章经进行考试，结果有33人被淘汰了。朗加刻的经版细节精致，没有任何瑕疵，受到西藏佛学院领导和高僧的好评，不仅给他献上哈达，还奖励了300元。朗加在刻版时，经常有人向他请教木刻技术方面的问题，甚至要向他拜师，这一切都使他深受鼓舞。

从此，朗加把自己的一生与刻版技艺深深融为一体。他还先后到四川德格、白玉、青海玉树、西藏拉萨、昌都，以及云南德钦等地刻版。经过长期的实践，他的木刻雕版技艺越来越成熟，受到区内外的广泛好评，前来拜师学艺的人越来越多。

成立合作社把波罗木刻发扬光大

朗加介绍，刻板的原料采用当地生长的"桦胶树"，选取其中质地顺直且无疤的树段，经过分割、去除水分后放入特殊的液体中浸泡，次年再熏烘、刨平，方才用作版胚。木板雕刻工具分大小 50 余种，一个雕刻艺人随身携带的必备雕刻工具不下 20 种。

波罗刻板做工精致，在藏区雕刻艺术中属于精品之列。刻好的经版大的可卖 800 元至 1000 元，小的价值 400 元至 500 元。一部经文的木板雕刻工艺流程可细分为裁纸、撰写、内文校对、印刷、临摹雕刻、经文校对、进油、晾晒、兑制朱砂、上色、防护、分页、核对、捆扎包装等近 20 道工序。

在制作中，刻板内文首先必须经过享有盛名或民间公认的藏文书法家书写而成，经过严格校对之后，将文字用特殊液体印制木板并晒干，由雕刻艺人按照原文临摹刻制，出成品后须经过 12 次严格校对；确定无任何差错后，刷上酥油汤晾晒；晾干后涂上朱砂颜料，用一种能防虫蛀的植物熬成水汁，将其浸泡再清洗，其后交付工人印刷即成。由于选材优质、雕刻技艺高超、做工精美，数百年来，波罗雕刻经久不衰，享誉藏区，因此朗加希望把这门技艺通过合作社的方式进一步传承、发展和壮大。

除了木刻雕版，朗加还把视野扩大到相关产业。历史上古泽曾生产藏纸藏墨，但现在已经失传。朗加翻阅历史书籍，向村里的老人请教，经过一番实践，终于摸索出了藏纸藏墨的制作技艺。藏纸的主要原料是一种叫狼毒草的野草，因草质本身具有毒性，故藏纸久经岁月不怕虫蛀鼠咬、不腐烂、不变色、质地坚韧、不易撕破、耐折叠、耐磨等特点。藏墨由桦胶树皮烧制的烟灰制成。他们纯手工打造的藏纸藏墨一经问世，很快受到了广泛欢迎。

万事俱备，2013年1月，朗加作为法人，投资近百万元，成立了江达县波罗乡农牧民手工业合作社，经营木刻雕塑、木刻经版、藏纸藏墨制造、经文印刷、民族手工艺等传统技艺。合作社的成立，不仅使传统的波罗古泽木刻雕版技艺得到了较好的传承，而且也为不少农牧民找到了增收致富的渠道，取得了经济和社会的双重效益。

为了传承和发扬好波罗古泽刻版制作技艺，提高传统手工艺品技艺，也使波罗古泽刻版制作技艺后继有人，同时扩大波罗古泽刻版制作技艺的知名度，且更大程度地吸纳农牧民群众，朗加在原有的基础上，由国家投资100多万元，新建了合作社厂房，整合零散的加工作坊，扩建项目，申请了"古泽"商标，开发围绕刻版制作技艺项目的衍生产品，未来他还将进一步开发藏香、芜根和藏装等产品，同时建设产品陈列馆、旅游观光、住宿为内容的设施，借助生产、流通、销售等手段扩大规模，将江达波罗古泽刻板的资源优势转化为文化产品的保护方式。

笔者手记："藏文化毁灭论"是欺世谎言

在采访中，针对达赖集团所谓"西藏文化毁灭论"的谬论，朗加说："近几年，对非物质文化遗产的申报和公布，将对藏族传统文化的抢救、保护和弘扬工作，推向了从未有过的高峰。波罗古泽木刻技艺的申遗和传承发展，以事实有力地驳斥了'西藏文化毁灭'的谬论。"

投入巨额资金维修西藏重要的古文物建筑和寺庙、普查整理西藏非物质文化遗产项目并投入资金对其进行保护、收集整理和保护各种西藏古典文献……多年来，政府一直致力于保护西藏传统文化。对于朗加的农牧民手工业合作社，国家投资100多万元加以扶持、扩建。流传于西藏各地、社会各阶层当中的谚语、故事、歌舞、戏曲、神话、传说，甚至衣食住行、婚丧嫁娶等生产、生活习俗都成为收集、整理、出版研究的项目。

西藏文化是藏民族世代繁衍、生生不息的精神支柱，是中华文化中的一颗璀璨明珠，也是世界文化中的一份宝贵财富。大力发展特色文化产业，是发掘、传承、保护、发展藏文化，推动文化大发展大繁荣的重要途径。几十年来，国家投入大量的人力、物力、财力，用于我区优秀传统文化的传承与创新，取得了举世瞩目的成就，有力地回击达赖集团的欺世谎言"西藏文化毁灭论"。

图书在版编目（CIP）数据

昌都：70人70个故事 / 杨青曲珍，刘晓江主编 . -- 北京：中国藏学
出版社，2023.3

ISBN 978-7-5211-0424-0

Ⅰ . ①昌… Ⅱ . ①杨… ②刘… Ⅲ . ①通讯 – 作品集 – 中国 – 当代
Ⅳ . ① I253.1

中国国家版本馆 CIP 数据核字（2023）第 034935 号

昌都：70人70个故事　　　　　　　　杨青曲珍　　刘晓江　主编

责任编辑　张荣德
装帧设计　海龙视觉
出版发行　中国藏学出版社
印　　刷　中国电影出版社印刷厂
版　　次　2023 年 3 月第 1 版第 1 次印刷
开　　本　787 毫米 × 1092 毫米　1/16
印　　张　30.5
字　　数　382 千字
书　　号　ISBN 978-7-5211-0424-0
定　　价　120.00 元

图书如有印装质量问题　请与本社发行部联系
E-mail: dfhw64892902@126.com　电话: 010-64892902